危世图存

中国历史上的15次中兴

冯敏飞◎著

新华出版社

图书在版编目（CIP）数据

危世图存：中国历史上的15次中兴 / 冯敏飞著.
北京：新华出版社, 2016.8
ISBN 978-7-5166-2761-7
Ⅰ.①危… Ⅱ.①冯… Ⅲ.①中国历史－古代史－研究 Ⅳ.①K220.7
中国版本图书馆CIP数据核字(2016)第191570号

危世图存：中国历史上的15次中兴
作　　者：冯敏飞

选题策划：黄绪国　　**责任校对：**刘保利
责任编辑：张　谦　　**责任印制：**廖成华
封面设计：臻美书装

出版发行：新华出版社
地　　址：北京石景山区京原路8号　　**邮　　编：**100040
网　　址：http://www.xinhuapub.com
经　　销：新华书店
购书热线：010－63077122　　**中国新闻书店购书热线：**010－63072012

照　　排：臻美书装
印　　刷：北京文林印务有限公司

成品尺寸：160mm×230mm　1/16
印　　张：25　　**字　　数：**250千字
版　　次：2016年10月第一版　　**印　　次：**2018年3月第二次印刷

书　　号：ISBN　978-7-5166-2761-7
定　　价：39.80元

目录

下篇　中兴的经验与教训

走出兴盛衰亡的历史循环

马　勇

不久前，新华出版社编辑张谦小姐寄来一部书稿，希望我写几句话以为序。书稿题为《危世图存》，是福建知名作家冯敏飞先生“历史随笔·王朝三部曲”之三。厚厚一大摞，数十万字。工作之余，我抽看了一些自己感兴趣的部分，也渐渐形成了一点不成熟的想法，写出来与作者、编者，以及各位读者一起思考，也期待各位同好批评。

冯先生这部书体大思精，以十五个章节描述了自少康中兴、盘庚中兴、武丁中兴、光武中兴、万历中兴、同光中兴等十几段历史故事，并以文学笔调描绘这些中兴留给后世的经验、教训与启示。这些中兴故事的定名，多从传统史学一般看法，反映了那时历史学家对那段历史的观察与思考。中国历史学从孔子开始就树立了“资治通鉴”的传统，书写历史并不简单地记录事实，而是为了让“乱臣贼子惧”。

历史是中国人的宗教，至少在佛教传入中国之前如此。现代史学当然不止于此，现代史学已渐渐成为一个正常职业，以追问历史真相为目标。没有真实，就没有经验、教训，或启示。甚至，现代历史学并不认为历史的创造者在进行重大决策时会考虑历史因素：历史给人们的唯一教训，就是人们从来都不知道吸取历史教训。熟读中国历史没有哪一位政治家能够超过毛泽东，但看毛泽东毕生重大决策，不论成功，还是失败，有多少与其历史知识有关？中国历史文献无不强调王朝初建后与民休息，但看毛泽东，在新政权建立后，直至其去世的二十八年间，几乎没有一天停止过斗争。

是毛泽东不知道历史吗，显然不是。因此，现代史学以求真为目的，自有其道理。

人们无法从历史中汲取经验，是因为历史活动太复杂，每一件事就如同世界上每一个人一样，不可能有完全相同的两件事、两个人。历史确有因果关联，也有相似性、相近性，但如何认识历史因果关联，人们在多大程度上能够掌握，乃至操控历史关联，可能还得存疑。

历史发展具有偶然性，决定偶然性的那个具体因素，才是历史学要寻找的东西。但对于大历史来说，也不能否认历史发展有其规律大致可循，比如，通观三千年中国历史，不论怎么演化，基本上就是一个又一个王朝“兴起、鼎盛、衰落、灭亡”的四部曲。没有例外，“兴盛衰亡”四个字，说尽了中国王朝政治的全部规律。

中国政治家、思想家当然想过如何超越“兴盛衰亡”的历史循环规律，自周公、孔子以来的思考，尤其是浩如烟海的道德箴言，无疑都期待所在王朝千秋万代。在“家天下”的背景下，政治家理所当然具有深沉的忧虑，没有哪一个帝王不像秦始皇那样想，让自己的王朝一世二世以至于永远，皇权永固，江山不变。但为什么历朝历代都找不到出路，历朝历代都没有逃出“兴盛衰亡”的历史循环率呢？

写到这儿，不由自主想到了黄炎培先生与毛泽东 1945 年的一次对话。那年 7 月，抗战胜利指日可待，国内问题再次凸显，黄炎培、褚辅成、冷遹、左舜生、章伯钧、傅斯年等六人以国民参政会参政员身份往访延安，在不到一百个小时的时间里，所见所闻让黄炎培感慨万千，对共产党统治下的新气象充满期待。7 月 4 日下午，黄炎培一行到毛泽东家作第三次正式商谈（《黄炎培日记》卷九，57 页）。闲聊中，毛泽东询问黄炎培在延安参观、交流的感想，黄炎培脱口而出：

我生六十多年，耳闻的不说，所亲眼看到的，真所谓“其兴也勃也”，“其亡也忽焉”，一人，一家，一团体，一地方，乃至一国，不少单位都没有能跳出这周期律的支配力，大凡初时聚精会神，没有一事不用心，没有一人不卖力，也许那时艰难困苦，只有从万死中觅一生。继而环境好转了，精力也就渐渐放下了。有的因为历时长久，自然地惰性发作，由少数演为多数，到风气养成，虽有大力，无法扭转，并且无法补救。也有为了区域一步步扩大了，它的扩大，有的出于自然发展，有的为功业欲所驱使，强求发展，到干部人才渐见竭蹶、艰于应付的时候，环境倒越加复杂起来了，控制力不免趋于薄弱了。一部历史，“政怠宦成”的也有，“人亡政息”的也有，“求荣取辱”的也有。总之没有能跳出这周期律。中共诸君从过去到现在，我略略了解了，就是希望找出一条新路，来跳出这周期律的支配。

毛泽东闻言欣然对答：

我们已经找到新路，我们能跳出这周期律。这条新路，就是民主。只有让人民监督政府，政府才不敢松懈。只有人人起来负责，才不会人亡政息。

黄炎培听了之后暗想：

这话是对的。只有大政方针决之于公众，个人功业欲才不会发生；只有把每一个地方的事，公之于每一个地方的人，才能使地地得人，人人得事。用民主来打破这周期律，怕是有效的。（《延安归来》，65 页）

毛泽东的自信是对的，黄炎培的想法也是对的。中国完全有可能打破“兴盛衰亡”的周期律，可以“长盛不衰”，可以“兴而不亡”。

近代以来，许多国家逐步走上了这条路，不论是君主立宪，还是民主立宪，大致上都是毛泽东所说的那些原则，只有人人负起责任，才不会人亡政息。我们去看英美法德日，以及后起的加拿大、澳大利亚，北欧诸国，不论是继续奉行君主制，还是共和制，都可以看到一个规律，就是大家的事大家做主，政府有自己的权力边界，政府始终处在被监督的地位，因而这些国家或许因为经济周期出现某些困难，然我们很难想象这些君宪、共和国家会发生根本逆转，或发生颠覆性事件，会重蹈“兴盛衰亡”四部曲。

对于近代域外经验，中国人一直密切关注，从法国大革命至苏联解体，中国人对世界变化都是全程监督，反躬自问。在确有把握的前提下，中国也曾毫不犹疑地进行尝试，本书所描写的“同光中兴”，就已不再是传统帝国背景下的中兴运动。同光时期中国政治变动之大，远远超出我们今天的想象。在同治初年，中国启动了现代化运动，这个运动在最初阶段谨守“中体西用”的原则，充分利用“后发优势”模仿西方，迅速提升国家竞争力。

清廷最高统治者在决定向西方学习的时候，意识到了西学的整体性，意识到学习了西方的器物，就不可能完全拒绝器物背后的思想、制度以及一切文明。清廷最初强调“中体西用”可以做多重解释，但不管怎样解释，都表明那时的人意识到了西学的整体性、复杂性。可惜的是，最高统治者沉迷于器物层面的成功，没有及时将改革引向深入，以致有甲午战败，三十多年辉煌毁于一旦。

痛定思痛。甲午战后，中国人不仅没有停止学习西方，而且开始向先前的敌人日本学习，开始将改革引向深入。1895 年《马关条约》签订不久渐渐兴起的维新运动，以及维新运动失败后重启的新政，后来的宪政，都是清廷主导的政治变革，清廷统治者至少在 1906 年预备立宪开始时，已清醒意识到只有宪政才能让清帝国走出“兴盛衰亡”四部曲，才能克服人亡政息的周期律。可惜的是，清廷宪政改革还是晚了一些。当一个坏政府开始向善并要从事改革时，历史留给它的时间永远都不可能无限多。人们在不改革时可以容忍严酷的统治，可以为了存在不要自由，不要人权。但当坏政府开始改革时，如果不能抓住机遇，大刀阔斧，尽快进行，那么革命往往就在这样的时间点发生。法国历史学家托克维尔的《旧制度与大革命》对此有很好说明。

冯敏飞先生的这本《危世图存》在某种意义上说就是《旧制度与大革命》的中国版，或者说是中国例证、中国范式。过往几千年，中国始终在“兴盛衰亡”的四字诀中周期循环，近代中国工业发生后，中国试图走出这样的历史怪圈，寻找一条“兴而不亡”、“盛而不衰”的新路，晚清的改革、北洋的实践、蒋介石的探索、毛泽东的期待，都是例证。相信中国最终一定能够走上毛泽东所说的这条新路。

这是阅读冯敏飞先生大作后的一点感想，不对之处，敬请作者、编者、读者赐教。

马勇，2015 年 12 月 21 日

（本文作者系著名历史学家，中国社会科学院近代史所研究员）

引言：柳暗花明又一村

一

常有人说羡慕文人，斗酒诗百篇什么的。我呜冤叫屈：我不是诗人，没法浪漫。写长篇既是脑力劳动，又是体力劳动。长年累月，既要有激情还得保持耐力，苦不堪言。特别是写历史，孤灯青影，饱受孤寂。一连写几本，也就是一连好多年一下班就自我禁囚在书房兼卧室，早急于摆脱。去年那个明媚的6月中旬，敲上《家天下是如何倒掉的》最后一个句号，我不由长长一叹：终于……

可是，就像一个发誓不再受生育之苦的妇人，没几天又怀上啦！因为《家天下是如何倒掉的》这样一段文字：

正如每一个老人死前都病过多次，每一个家天下覆灭之前也都成功地被救亡过。试想：西周之初不是就有王族管叔鲜等勾结前朝残余及外国势力叛乱吗？可是摄政的周公成功平叛，并开创盛世；西汉之初不是有“七王之乱”吗？刘恒也成功地平息，开创盛世；北宋之初辽军不是也逼近都城开封吗？可是赵恒挡住了，也开创盛世……不胜枚举。如果不积极作为，勇于并善于化险为夷，那时候就非常可能是他们的末世，而根本没有上百年后幽王、刘欣及赵佶之辈的机会！

掩卷而思，我在“每一个王朝覆灭之前也都成功地被救亡过”问题上来回踱步，徘徊不已。成功地救亡并开创新的盛世，显然比失败而覆亡更值得探究。

盛世与末世两个点，其来龙去脉都专题考察了，但从危机到盛世这样一种特殊的历史进程还未仔细探究。《家天下是如何倒掉的》强调：每一个朝代之末都不是没有另一种可能，今后国家永恒也是一种可能，但这都只是“或然”。“已然”的，只是简单点到的周、汉、宋，没能展开，似有遗憾，这里补上。

一个王朝不仅成功地挽救覆灭的危机，死里逃生，化险为夷，并开创新的盛世，换言之就是“复兴”。

二

“每一个王朝覆灭之前也都成功地被救亡过”，而且多次，甚至可以说无数次。那么，怎么认定“成功地救亡”？又该选择哪些“成功地救亡”的范例？

我想借助于盛世名单。历史上盛世说得多，具体研究少。拙作《中国盛世》尝试全面梳理，理出历史上的盛世共43余个。“盛世”是属概念，也是种概念，具体可分“盛世”、“治世”（即“XX之治”）和“中兴”三类。所谓“中兴”，“兴”即兴盛，关键在于“中”字。《辞源》释“中兴”：“由衰落重新兴盛”，指国家由衰退而复兴，中途振兴，转衰为盛。如汉时《诗·大雅·烝民序》：“任贤使能，周室中兴焉。”南宋王观国在《学林》一书中，详细解释：

中兴者，在一世之间，因王道衰而有能复兴者，斯谓之中兴。

请注意这里有两个前提：一是“一世之间”，隔朝代就不算了；二是“王道衰”，如果前一任或几任帝王政绩不“衰”，那一般也不称中兴，而该称“之治”或“盛世”。《辞海》则简洁地注释为“复兴”两个字。

中兴的反义词是“中衰”。历史上诸多中兴之誉，也有“嘉道中衰”之怨。自民国以来，常有“中华民族的伟大复兴”提法，在某种意义上说就是盼“中兴”！所不同，这里指整个民族，跨朝代而言，视野更为广远。但历史上，也即本书所指中兴，一般限于当朝。

历史上的中兴盛世，除“少康中兴”、“盘庚中兴”、“武丁中兴”、“宣王中兴”、“昭宣中兴”、“光武中兴”、“孝文中兴”、“元和中兴”、“会昌中兴”、“大中中兴”、“景圣中兴”、“建炎中兴”、“弘治中兴”、“万历中兴”、“同光中兴”之外，还有个“孝宗中兴”。这个中兴较特殊，一身二任，既指南宋孝宗赵昚时期，也指明朝孝宗朱祐樘时期。赵昚时期又称“乾淳之治”，朱祐樘时期又称“弘治中兴”，再说“乾淳之治”紧接的是“建炎中兴”，与衰而复兴的定义不符，为避免混淆，也为更严谨些，就不采用“孝宗中兴”之说了。这样共15个。

限于篇幅，《中国盛世》没将43个盛世全部具体介绍，而只重点描述了13个，其中中兴仅“昭宣中兴”和“光武中兴”两个。在这里，对15个中兴全面加以考察。

上篇

中国历史上的15次中兴

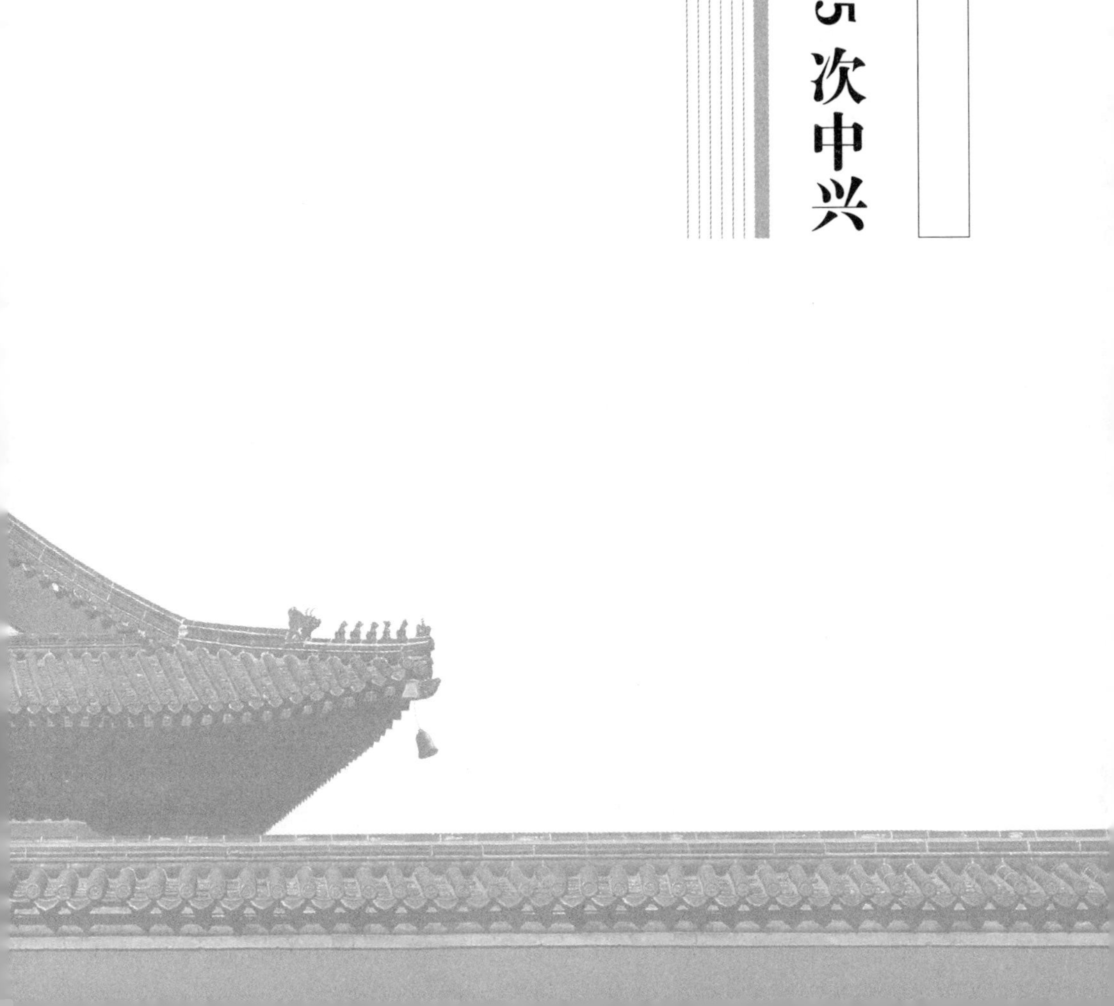

第一章 少康中兴
姒家天下失而复得

本章提要 少康是夏朝帝王。太康王因沉湎游猎被篡国，少康作为遗腹子逃亡，长大后又被追杀。在旧臣及岳父的帮助下，他发明“美人计”，以弱胜强，恢复夏王朝。

历史上公认的中兴之世总共才 15 个，我很想将它们每一个都详尽考究一番。可是，稍加深入，我便犯难。

以可信度为标准，中国历史可以划分为这样四个时代：一是神话时代，二是传说时代，三是半信史时代，四是信史时代。神话时代指远古时期，从盘古开天地到有巢氏、燧人氏、伏羲氏、女娲氏和神农氏时代。传说时代指前 27 世纪至前 23 世纪。与神话时期明显不同，传说多少有点事实存在，即使全属虚构，也比神话更严谨些。半信史时代指前 23 世纪至前 8 世纪，特点是事实成分大增，有些得到考古文物支持，但仍然属于神话传说，有时候一连数百年一片空白，有纪年也只是后人推算。信史时代指前 9 世纪 50 年代迄今，前 841 年文字记载开始得以保存，再没断过。

15 个中兴中，“少康中兴”、“盘庚中兴”、“武丁中兴”都属于半信史时代，资料既少又不太可信，因此只能作简要介绍，并请在阅读中加以特别注意。

积弊：玩物丧国

这是中国历史上第一个“中兴”盛世，距今约 4000 年，遥远得很。然而，从人性的角度看，一点儿也不陌生。我总觉得，千百年过去，历经沧海桑田之变，物是人非，但人性基本不变。否则，《诗经》中那些爱情、官场及人生感悟等篇章不会让我们现代读者感到亲切，感到那也是我们的心声。

本来“天下为公”。所谓“天下”，吴稼祥认为“就是具有不确定边界的大规模和多民族政治共同体”，“在世界史上就是世界性帝国；

在中国地区，它被认为最早由大禹开创、西周创造性继承，称为‘华夏国家’”。在大禹及以前时代，部族首领“民主选举”，以“禅让”的方式交传。禹本名姒文命，传说他在前2205年建立中国第一个王朝——夏。关于夏政权及接着的商是否为统一的王朝，学术界尚存在争论。新锐历史学者刘仲敬认为：“夏朝不存在的可能性大于存在的可能性。”2013年，易中天宣布潜心著36卷本《易中天中华史》。在已出版的《国家》一卷中，他写道：

把夏看作是一个发育成熟的“王朝”，也是自作多情。不但夏不是，商和周也不是。准确地说，夏是“部落国家”，商是“部落国家联盟”，周是“半独立国家联盟”。

……

即便是西周，也只有城市国家，没有领土国家，更谈不上“中央集权，天下一统”。因此，夏商周都不是朝代，而是“时代”。

史学中的学术争论非常多，我这里一般不介入，只能就基本可信的内容谈些读史感觉。

姒文命寿命长，官命薄，在位仅八年，100岁去世。当时东夷部落首领皋陶，任“理官”，掌管刑法，用独角兽獬豸治狱，坚持公正；同时注重父义、母慈、兄友、弟恭、子孝，天下大治。因此，皋陶后来被作为狱官或狱神的代称，成为中国司法界的鼻祖；獬豸则成为中国传统法律的象征。姒文命原先准备将王位禅让给皋陶，不想他英年早逝。当时还有一位优秀干部，名叫益，帮助禹治水有功，于是姒文命将继任的位置让给他。

然而，不知出于什么动机，姒文命又暗中培养自己的儿子姒启，搞“隔代遗传”。姒文命死后，“法定”接班人益继位，启却杀了益夺位。另有一种说法是：益继位后，觉得天下人大都归顺启而不服从他，只好让位给启。

当时，有扈部落（今河南洛阳）不服启，宣布独立。洛阳常被称为“天之中”，1963 年在陕西发现西周铜器何尊铭文中的“兹宅中国”，很可能指的就是这里。有扈部落所处地理位置正统得很，可这独立就出格了。启率军平叛，巩固地位。

启继承父亲的帝位却抛弃父亲节俭的作风，政权稍安便沉溺于享乐，作“九韶”、“九歌”乐舞，“湛浊于酒，渝食于野”，游玩无度。他在位十年，死时不再禅让有功贤臣，而直接传给自己的长子太康。从此，中国帝王交班方式变为“世袭制”，“公天下”变成“家天下”。为此，启倒是受到中国儒家的推崇，武则天改国号时，追尊启为“齐圣皇帝”。

没想到，太康太不争气，不是自己争取来的江山一点儿也不珍惜。他为父王发扬光大的是游猎，“不恤民事”，民怨鼎沸。有一次，一走就三个多月，忘乎所以到了黄河以南。有穷氏部落（今山东德州）趁机反叛，夺取夏的都城。夏都说法较多，姑且认为是阳城(今河南登封)。当太康高高兴兴带着猎物回到洛水边的时候，有穷氏重兵阻拦，不让他回都城。太康无奈，只好在阳夏（今河南太康）筑城驻下。这时，太康继位仅两年。太康五个弟弟陪着母亲到洛水南岸等待他回来，苦苦盼了 20 余年，直到太康死也没能再见面。

兄弟追思他们祖父禹的功绩和品德，再看看如今，无限悲哀，于是作《五子之歌》。这诗原文过于“古”，唐朝同谷子改编如下：

邦惟固本自安宁，临下常须驭朽惊。

何事十旬游不返，祸胎从此召殷兵。

酒色声禽号四荒，那堪峻宇又雕墙。

静思今古为君者，未或因兹不灭亡……

这一改，好读多了！这是中国最早的诗歌，也是中国最早的亡国之叹，更重要的是体现了中国最早、最原始的政治思想：“民惟邦本，本固邦宁”。可惜太康不知道，他的后代们也并非都记取。

“后羿”这个名字我们不陌生。不过，至少有两个后羿，我们熟知的是前一个，即神话传说中美女嫦娥的丈夫，射日英雄。据说远古时候天上有十个太阳，烧得草木、庄稼枯焦，尧帝便请后羿帮忙，射下九个太阳，只留一个。从此气候宜人，万物生长。不想，天帝听信谗言，把后羿、嫦娥夫妻放逐人间。后来嫦娥偷吃仙药，带着她可爱的小白兔奔月去了。

再一个后羿是夏朝时候东夷族有穷氏的首领，也是个射术高超的英雄。前一个后羿连老婆都管不住，这个后羿可能干多了！姒太康有国难回，就是这个后羿率领他族人干的。想必“家天下”的观念当时已经普及，所以后羿抢了太康的权，却不敢自己称王。20 多年后，太康死，后羿仍然不敢坐姒姓的帝位，便扶持太康的弟弟姒仲康做傀儡。这种事，以后历史上常见。姒仲康在位 13 年死，后羿又让他的儿子姒相继位。然而，这后羿与太康一路货色，造反只不过是为了特权享乐，“不修民事而淫于原兽”。为了有更多时间和精力去游猎，他将政事全部委托大臣寒浞。

寒浞是寒国（今山东潍坊一带）人，从小娇生惯养，胡作非为。13 岁那年，父母忍无可忍批评几句，他便把父母捆了，照样出去为非作歹。邻居告到族长那里，族长将他驱逐。他听说后羿攻占夏都，便前往投奔。途中向一户人家借宿，并向这家主人学得一身高超武艺。他怕师傅再收别人为徒，就把师傅全家毒死，然后继续奔夏都。他伶牙俐齿，被后羿认为义子。他从各地挑选众多能歌善舞的美女入宫，献数百坛美酒，又挑数十匹良马，还培训上百名郊猎高手，让后羿十分开心。

寒浞认为后羿是个了不起的英雄，但并不忠心于他。后羿 58 岁的时候，还强纳一位 18 岁的美少女纯狐为妾。这纯狐不是省油的灯，暗暗准备报复，与寒浞臭味相投，狼狈为奸。他们里应外合，逐个迫害后羿的亲信，几乎只剩他们的死党。有次，后羿将他们捉奸在床，非常愤怒，要杀寒浞，但他已不是寒浞的对手，反而被杀。寒浞可不信“家天下”那一套，自立为王，立纯狐为正妃，改国号为寒。

寒浞即位后大肆屠杀有穷氏族人。他将后羿的尸体剁成肉泥，拌毒药制成肉饼给后羿的族人吃，不吃便用乱刀砍死。有穷氏族人逃到边远地区隐姓埋名，中原再也找不到了。

第二年，夏王相联合诸侯兵分三路攻打寒国。寒浞早有准备，两军对峙月余，无功而返。寒浞也没力量去攻夏。僵持中，寒浞一方面征招青壮年加强军事力量，另一方面在统治区实行削富济贫、减轻赋税等一系列仁政，人民生活逐渐改善，国势逐渐壮大。

经过充分准备，寒浞向夏发动突然袭击，大获全胜。第二年，寒浞采用分而治之、各个击破的战术，对夏发起决战。这次大战虽然获胜，但损失很大，寒浞不敢恋战，暂时罢兵。夏本来有能力反击，但不敢反攻，让寒国得以喘息。经过六年休整，寒浞再次对夏发起决战，攻占夏都，姒相被杀。至此，夏正式亡国，所统治区域全落到寒浞手里。

新政：首创“美人计”

●复国

寒浞攻占夏都时，流血有声，他以为把夏王的子孙斩尽杀绝了。万万没想到，夏王相一个怀孕的妃子从城墙的狗洞里爬出，逃回娘家有仍（今山东济宁），生下遗腹子男孩，取名少康。

少康有志气，长大后当主管畜牧的小官。不料走漏消息，寒浞立刻派长子寒浇率军追捕。少康逃往有虞（今河南虞城），因祸得福，被国君虞思招为女婿。虞思对这女婿越看越欢喜，还把城邑赐给他，赏良田十顷，士兵 500 名。少康广交天下勇士，决心复国。

逃亡到有鬲（今山东平原）的夏国老臣伯靡，暗中联络残存的族人，投奔少康，组成一支复国大军，向寒国宣战。首先攻寒浇的封国，杀了寒浇。接着战胜寒浞的次子寒戏，收复中原地区大部，然后围攻寒浞的都城。

少康的力量毕竟有限，难于匹敌。于是，他利用一个美丽的女仆，名叫“女艾”，让她乔装打扮，打入寒浞宫中，不断送回情报。《楚辞·天问》

中描写：

惟浇在户何求于嫂，何少康逐犬而颠陨其首。

女歧缝裳而馆同爰止，何颠易厥首而亲以逢殆。

浇谋易旅何以厚之，覆舟斟寻何道取之。

这诗写少康袭击寒浇，寒浇躲得很隐蔽，身披坚甲，以为万无一失。少康根据情报找到他，在田间放犬追逐，杀了浇，割下他的头。据说女艾是中国历史上第一位女间谍，也是世界上最早有记载的女间谍。这说法可能经不起推敲，但她对少康击败寒浞，显然发挥了至关重要的作用。

这时，寒浞年近 80 岁，只能躲在深宫里。他的部下见大势已去，纷纷反叛。寒浞想自杀都来不及，被光着屁股拉出来，凌迟至死。寒浞另一个儿子豷，则被剁成肉酱。于是，少康重建夏朝“家天下”。

少康在母亲肚子死里逃生，夏朝在少康手上死里逃生。

●政绩

少康在位 21 年。那么，他的中兴是番怎样的景象？很遗憾，史籍没什么记载，几如一片空白。倒是传说窃国大盗寒浞治下轻徭薄赋，国运兴旺。挺奇怪的是，为什么只在乎少康复国，而不在乎他治国？是忽略，还是不堪目睹？

在这个中兴之世，我们想看的没看到，不想看的倒是无意看到：篡权、怠政、好酒贪色、玩物丧志、偷情、美人计、恩将仇报、阴谋、屠杀、酷刑、吃人……这些后世常见的丑恶在那个时代居然早有了！由此可见，那个时代并不是儒家想象那般美好，“礼崩乐坏”并不是孔子时代才开始；或者说并不存在所谓“礼崩乐坏”这回事，因为远古并不存在什么礼乐文明，越早期的人类会越多地带有兽性才是吧？

关于少康复国之后，唯有一点线索是酒，如东汉《说文解字》：“古者少康初箕作帚、秫酒。少康，杜康也。”秫酒即高粱酒，我们现代还常能饮到的“杜康酒”，渊源原来在此，少康是酒的祖师爷。

酒可以作为盛世的标志。如唐宋盛世，满城酒香。然而，宫中酒气太盛绝不是好事。有人给少康的大爷姒文命进献一坛酒，让他美美地大醉一场。醒来，他深有感触地说：“酒真是太好了！正因为如此，后世一定会有人为它家破国亡！”于是他下令禁酒，但他的子孙还是不幸被言中，一代又一代重蹈覆辙。启就“湛浊于酒”。

许海山主编的《古中国简史》写道：

由于少康“复禹之绩，祀夏配天，不失旧物”，复辟了夏王朝，因而在夏代历史上有重要地位，被称为“少康中兴”。所谓“中兴”，就是夺取被“僭取”的权力，“不失旧物”，恢复了夏朝的姒姓祀统。

我觉得，中兴的意义如果仅限于此的话，那很可能对当时人民没什么实际意义，对我们今天也没太大意义。

后续：归于沉寂

柏杨说“少康中兴”后历史沉寂了 200 余年。对此中兴本身，他写道：

姒少康的故事，在中国流传不衰。尤其当一个政府受到严重打击，失去大量疆土，岌岌可危时，一定会强调这个故事，用以鼓励士气和增加信心。

可见，这次中兴的意义仅仅如此。

“家天下”从此形成一个传统：江山是谁家的就是谁家的，弄丢了，捡回来还得还给谁家！后来的历史，无数次强调了这一点。几千年历史上，生产资料及百姓本身常常被“公有”，国家权力却始终被私有。

反思：怎样才算创新

少康作为遗腹子死里逃生，在外婆家长大，成人后也只是一个主管牛羊事务的小官。他能复国主要依靠三种力量，一是岳父赠送的 500 兵；二是残存的老臣及部族，其数量不可能太多；再就是美丽的女间谍女艾。在敌众我寡情况下，女艾发挥了以一胜千胜万的作用。

古人打仗往往也讲“礼”。你看春秋战国时期的宋襄公进攻郑国时，楚国相救，反攻宋国。双方在泓水（古河名，约在今河南柘城西北）相遇。楚军开始渡泓河时，宋军部将目夷建议：“楚兵多，我军少。趁他们渡河时发起进攻，肯定能赢！” 宋襄公听了直摇头：“哎，不行！我们是‘仁义之师’，怎么能趁人家渡河的时候搞袭击呢？”楚军过河了，开始在岸边布阵，目夷催促：“可以进攻了，再不进攻迟了！”宋襄公坚持说：“还是等他们列好阵吧！”等楚军布好阵，蜂拥冲来，大败宋军。为此，宋襄公被人嘲笑千古。这表明当时才开始“礼崩乐坏”，在此之前宋襄公此举肯定会大获赞美。孙子兵法三十六计之类都是后来的东西，少康时代应该没有。少康时代打仗，应该双方都像宋襄公一样“仁义之师”，而不应该有什么“袭击”之类的阴谋诡计。所以，当少康创造性使用“间谍”这样一种战术时，出乎敌人的预料，很容易打他个措手不及，反败为胜。不过，宋襄公这故事跟少康复国的史实有些矛盾：早在夏朝就充满阴谋诡计了，到春秋还会有宋襄公那样迂腐的战争吗？或者说：宋襄公时代还如此文明，夏朝何至于那般丑恶？两者必居其一？

世界古代史专家晏绍祥指出：最早谈及“道德滑坡”问题的，是雅典享有“最无偏见的历史学家”之誉的修昔底德。修昔底德与孔子差不多时代。当罗马共和国进入最后一代时，罗马人也开始讨论他们的道德崩溃问题。近代早期的欧洲，特别是 17 和 18 世纪，欧洲人对古代的道德也开始产生浓厚兴趣，并且把古代共和国的存在与发展，与古代人的所谓美德联系起来。所谓古代道德高尚，其实不过是人们因为对现状不满，把古代理想化的结果。

在春秋之后的明争暗斗中，使用什么卑劣手段也不奇怪，奇怪的倒是有些人仍然太笨，不知道以智取胜。例如唐末皇帝李晔，跟他祖宗李世民相比简直天壤之别。李晔是太监扶植起来的傀儡，又被一个个军阀挤兑，皇帝当得十分窝囊。李晔还有一定主动权的时候，自然于心不甘，与宰相崔胤密谋除宦官，却一次次失手。李晔觉得不妙，要求崔胤将机密奏章装入囊袋并密封好呈送，千万不要在便殿面奏，以免泄密。可是宦官韩全诲发现这秘密，挑一批美女进献，通过美女暗中掌握皇上的阴谋。李晔没觉察，与崔胤密商剪除宦官的计划泄露。韩全诲与军阀勾结，武力挟持李晔。李晔成为人质，彻底失去主动权，最后被军阀杀了。其间几年，他就没想出一条妙计，甚至没想到那时候已常用的“美人计”，半推半就走向毁灭。

少康如果像李晔，不发明“美人计”，就难以掌握寒浇、寒浞的情报，无法以少胜多，永远处于被动，不仅无法复国，反而非常可能被追捕，斩草除根，大夏也就永无复兴之日。

所谓“创新”，该指横空平添一样全新的、富有积极意义的东西，而不是简单在数量上加减。曾有新闻说杭州三万人同时在雨中跳舞创吉尼斯纪录，又说上海300多人在床上吃早餐创吉尼斯纪录，还有上万人同时洗脚、打麻将、吃火锅等等。我想起一个笑话：砍一棵树削尖一下，可以申请最大牙签的吉尼斯纪录。由此可见吉尼斯纪录与诺贝尔奖的差别。十几亿人同看一场“春晚”， 绝对可以在吉尼斯纪录上巍然屹立永久。以此类推，中国可以轻易垄断90%以上的吉尼斯纪录，可那又有多少实质性意义？

少康的“美人计”成功在于实质上的首创，敌人根本想不到防范，所以能有以少胜多之功效。此后，用的人多了，尽管在漂亮程度上不断提高，可是人们知道如何防范，就不一定灵验了。

第二章　盘庚中兴
换一块风水宝地

本章提要　盘庚是商朝帝王。“九世之乱”上百年，国势衰落，外敌威胁严重。盘庚要迁都，贵族强烈反对。盘庚软硬兼施，终于迁成。从此，国都 200 余年未变，国家安定兴盛。

是否真有一个大一统的商政权，近 100 年来虽有殷墟大量甲骨文出土，有些学者仍然持疑。美国学者麦克尼的《世界史》是一部经典著作，该书写道：

我们从刻写在甲骨文上的简短记录无法对商朝社会和政府进行太多的推测。其他考古材料无非也只能告诉我们，商朝社会是尚勇的、贵族制的……商"帝国"可能在武士酋长之间分封，这些酋长只受遥远的更高的中央权威节制。但是由于实在缺乏证据，所以无法得出明确的结论。

英国历史学家塞缪尔·E·芬纳，专注世界历史中政府形态的发展，所著《统治史》被认为是 20 世纪西方政治学中有重大影响的巨著。英国《经济学家》杂志评论："如果政治科学领域存在诺贝尔奖的话，芬纳一定会因为这部超乎寻常的三卷本《统治史》而获此殊荣。"然而，美国芝加哥大学教授赵鼎新在其中文版译序中说："我个人认为这一评价仍然低估了芬纳的卓越工作。"

这部学术著作写道：

在有组织的政治活动方面，中国是一个相对的迟到者——商王朝（这个原始帝国是模糊不清的）开始政治活动之时，苏美尔和埃及的政治体系已经存在了 1500 年之久。

所以，我们仍然只能模糊而论。

积弊：九世之乱

自古以来，就有些人会做不会说，而有些人则会说不会做。夏朝末代帝王桀是后者代表。他说："天之有日，犹吾之有民"，意思说天上有太阳，就像我有人民一样。太阳不会灭亡，拥有人民的我也不会灭亡。他做的却是"赋敛无度，万民甚苦"，人民咒骂"时日曷丧，予及汝偕亡"，意思说这个日头何时亡啊，我们情愿与你同归于尽，可见人民之恨到何等地步！

就是在这种背景下，商部落迅速发展壮大。前1766年，商部落首领汤正式兴兵伐夏，战前隆重誓师，控诉夏桀盘剥压迫人民的罪行，声明自己是秉承天意征伐，拯救人民于水火之中。商人士气大振，一举推翻夏王朝。然后在西亳（今河南偃师）召开"景亳之命"大会，取得3000诸侯拥戴，汤成为天下新主。

坐天下比打天下难多了！据说汤长命百岁，长子太丁比他早死，只好选太丁的儿子太甲继位。太甲不争气，把朝政弄得乱七八糟。顾命大臣伊尹看不过去，将他幽禁三年，闭门思过。等他认识到过错，这才恢复王位。为此，中国有条成语"伊霍之事"，伊指的就是伊尹，霍指西汉的霍光。他们辅政摄政，虽然没篡位，但是权倾朝野，让很多大臣不安。不过效果不错，太甲脱胎换骨，推行德政，"诸侯咸归殷，百姓以宁"，有点盛世的样子。可是，太甲死后，其子沃丁继位，伊尹去世，国力中衰。沃丁去世，其弟太庚继位，国势没起色。太庚之子太戊，任用一批能臣，国家恢复元气。他在位75年，其子仲丁继位。这时，东南方的夷族兴起，并向商朝发起挑战。仲丁虽然将外敌击退，自身也被重创。仲丁死后，他的兄弟们争夺王位，谁势力大谁即位，一乱百余年。

首先发难是仲丁的弟弟外壬，导致国力衰落，两个部落发生叛乱。外壬死后，他的弟弟河亶甲继位，多次发动对外战争，更加衰落。河亶甲死后，他的儿子祖乙继位。祖乙重用贤臣，国运有所恢复。可他之后几任，又持续衰弱。《史记》写道："比九世乱，于是诸侯莫朝"。诸侯公然不到中央朝贡，意味着国家趋于瓦解，春秋等后来的历史也如此。同时，西北部落如土方、鬼方、羌方等趁机发展，对商朝威胁日益严重。而商朝贵族内部矛盾更加激化，王室贵族或倨傲放肆，或淫逸奢侈，离心力日增。

不过，有的专家学者对九世乱之说持疑。如清时梁玉绳《史记质疑》认为："九世之乱"期间祖乙有所恢复，而中丁、外壬、河亶甲三代符合商朝兄终弟及的传统，中丁之前的雍己、大戊，以及阳甲之后的盘庚、小辛、小乙也如此，所以"九世之乱"的说法欠妥。

新政：迁都

据说，现代生意人称"商人"，就由远古的商民族演化而来。他们最早的祖先外出洗澡时看到一枚玄鸟蛋，吞食后怀孕生子。"玄鸟"古人称之为燕子。燕子春来冬去，居无定所，或树洞树缝营巢，或沙岸钻穴，或衔泥黏在楼道、房顶、屋檐为巢，年复一年忙碌不休。他们以鸟为图腾，殊不料成为他们命运的征兆。

商朝国都，最早在亳邑（今山东曹县）。后来，由于九王乱，不得不多次迁都。仲丁时迁于傲（今河南郑州），河亶甲迁于相（今河南内黄），祖乙迁于庇（今山东鱼台），此外还有专家学者说曾迁都于嚣（今河南郑州西北）、邢（今河北邢台）、奄（今山东曲阜）等地。商朝 400 余年，有记载的迁都多达 14 次。《古中国简史》分析：

我们若在地图上把仲丁到盘庚间的几次迁都路线描绘出来，就很容易看出，商人这几次迁徙，是从西逐渐向东转移的。这与成汤由东向西的迁徙却正好是方向相反，这实际上是商人势力从西方向东方后退。后退的原因，当然是因为商王朝内部正处在"比九世乱"的争权斗争中，因而引起国力的削弱。

商王朝的统治者当时很可能不是这样认为，但他们无疑认识到这样迁都的危害。因此，阳甲的弟弟盘庚上台后，决心扭转这种情况。据《史记》记载，盘庚是商朝第 20 任帝王，而从甲骨文卜辞"周祭谱"看应是第 18 位。

盘庚认为，商王朝经过九王百来年的折腾，处于如同"颠木"，即倒地行将腐烂的大树的危险境地。为此，他提出的对策仍然是迁都，只是方向要从奄迁到“殷”，即今河南安阳西面的小屯村，目的是“绍复先王之大业，底绥四方”。他说迁殷有三大好处：一是殷地肥沃，有利于发展生产，改善人民生活；二是一切从头做起，抑制王室、贵族的既得利益，缓和社会矛盾；三是距东部叛乱势力远些，有利于国家稳定。正因为迁都要影响王室、贵族的切身利益，他们不愿迁，有的甚至煽动平民闹事。

想想两三千年之后，当朱棣要将明都从南京迁往北京的时候，不也遭到许多大臣反对吗？为此，朱棣杀过人。也许朱棣学的正是盘庚。面对强大的反对势力，盘庚撰文三篇，大讲“天命”和先王遗命，并将反对迁都的贵族找来，苦口婆心劝说：“迁都是为了国家安定。你们不理解我的苦心，导致朝野恐慌，这是大错！你们休想改变我的主意！”同时，盘庚发出严厉警告：“对那些奸诈邪恶的人，我要斩尽杀绝，绝不让他们在新都蔓延滋长！”

由于盘庚强硬坚持，反对势力只得让步。迁都之后，有些百姓不适应，纷纷想回老家，有些贵族趁机煽动迁回。盘庚又及时发表一篇训话，重申“无有远迩，用罪伐厥死，用德彰厥善”，即不管与商王血缘远近，犯罪就处死，立功便封赏。这样软硬兼施，迁都大业总算完成，国家也逐渐安定下来。《史记》描述盘庚迁都之后：“行汤之政，然后百姓由宁，殷道复兴，诸侯来朝。”

从此，商都稳定在殷城，以后200多年没再迁都。因此，商朝又称“殷商”，或“殷朝”。近代在安阳小屯村一带发掘出大量文物，证明那曾是商都遗址，称“殷墟”。

后续：人亡政息

盘庚死后，他的弟弟小辛继位。小辛放弃盘庚的治国之策，商朝国运又衰落。他在位时间有的说是 3 年，有的说是 21 年，还有的说是 50 年，详情几如空白。

反思：三思之余

“盘庚中兴”确如盘庚所说，是枯木逢春，也如“少康中兴”死里逃生。

迁都实际上是一次大规模的社会改革，古今中外屡见不鲜。但迁都不是件容易的事，最大的阻力不是敌人，不是百姓，而是贵族。在一个地方几十年上百年，家族越来越大，盘根错节，利益无所不在。一旦迁都，虽然他们的身份还在，特权还有，但有形无形的损失不小。他们会站出来反对，完全可以理解。令人难以理解的是他们反对的强烈程度，居然会煽动平民闹事，上上下下一起反对，大有不收回迁都令不罢休的态势。

盘庚态度非常坚定，非迁不可。对于那些贵族，要杀几个也不难，而且效果可能很明显，但从长远看绝不是上策。于是，他更注重“思想政治工作”，一边连写三篇文章，一边亲自找部分贵族面谈，大讲“天命”和先王遗命，表明自己坚定不移的立场，并公然威胁要杀那些顽固分子。事后，有些贵族故技重演，煽动往回迁，盘庚又发表一篇训话重申他的态度，迫使他们丢掉幻想。就这样软硬兼施，迁都大业如愿完成，进而使国家出现复兴局面。

西晋司马炎开创了“太康盛世”。可他一死，八王争权夺利，相互厮杀，史称“八王之乱”，一乱 16 年。同时，还有“五胡乱华”，到处发生民变。司马炽继位后，很想收拾这个烂摊子，心有余而力不足。京城地区的形势日益恶化，司马炽发出紧急命令，派出使者前往全国各地，征召军队救援。行前，司马炽心急如焚地对这些使者发表重要讲话：“请你们务必替我在各地说清楚，今日京城尚可救，再迟就来不及了！”结果，只有镇南将军山简派兵前来救驾，却被刚起事的民军打得落花流水。大将军荀晞有韩信之誉，鉴于当时洛阳饥荒，四周又有叛乱，建议将都城东迁至仓垣（今河南开封北），并表示派船数十艘，兵 500 人和 1000 斛谷粮护送。司马炽认为这是个好主意，一口答应。可是首都“市长”潘滔不同意，大臣们不敢支持。再说大臣和太监们贪恋宫中财宝，不愿离开。司马炽优柔寡断，迁就利益集团，放弃迁都之策，错过时机。等到司马炽终于下决心迁都时，洛阳的守军已逃得差不多，他出宫没几步就被盗贼洗劫，只得返回。司马炽不果断，随波逐流。东海王司马越是动乱八王中的最终胜利者，司马炽既不能制伏他，也不能说服他，却又越来越难以容忍。刚好荀晞与司马越的矛盾公开化，荀晞向各州发布檄文，公布司马越的罪状。司马炽便想借刀杀人，秘密下诏，委派荀晞讨伐司马越。司马越也发布檄文，派兵进剿荀晞。荀晞早有防备，派骑兵杀了司马越的党羽。司马越急血攻心，一病不起。反叛势力趁势追击，晋军最后主力被歼，荀晞被俘叛变，司马炽自己也被俘以至被杀。如果司马炽能像盘庚，及时迁都，避开敌人锋芒，则获得地理上的空间。而如果能像盘庚一样说服司马越等，那么荀晞非常可能不至于被俘叛变，上下左右团结一心，何至于自己也随即成为俘虏？

第三章　武丁中兴
成就泱泱大国

本章提要　武丁是盘庚之后的第三代商王。面对长期衰落的国势，他继位后冷静思考三年，从草根中起用人才，又有文武兼备的妻子妇好鼎力相助，四方征战，拓展疆域，使商王朝成为当时的世界一流强国。

积弊：小辛之衰

小辛死时由其弟小乙继位。小乙在位十年，死时由其子武丁继位。小乙在位期间政绩如何，无考。

俗话说“手指头也有长短”，各民族的发展更是千差万别。古罗马是文明古国，不甚发达的邻居如北方的日耳曼人，威尔士和苏格兰的凯尔特人，东方的波斯人和帕提亚人，东南部的阿拉伯人等，被他们统称为“野蛮人”或“蛮族”（Barbarian）。“蛮”在汉语中有粗野、凶恶、不通情理之意。先秦时对非华夏民族，秦汉至魏晋南北朝时对南方少数民族仍然泛称“蛮”或“南蛮”。当时蛮族主要有朔方、土方、大彭等，他们经常侵扰，商朝面临着生死存亡的威胁。

新政：征战四方

小乙显然没什么政绩，不过他培养了一个好太子武丁。他让武丁小时候就“久劳于外”，生活于平民之中，知稼穑之艰难，而不至于说“没饭吃就喝肉粥”的胡话。

武丁更重要的品质是善于用人。与一般新官上任三把火不同，武丁继位后“三年不鸣”。有人说是为父丧守孝，其实他在为治国深思熟虑。他求贤若渴，有次梦见圣人，身穿红衣，面貌如何如何。醒来，他命画家画出这梦中人，然后命官员到各地去寻。结果找到一个叫傅说的奴隶，正在建筑工地做苦工。这样的农民工会是治国能臣吗？武丁自己也生疑，便微服私访，到工地跟傅说一边搬砖块，一边畅谈国家大事，发现他果然有真知灼见。那么，该怎样让朝中大臣也相信呢？武丁说是根据先帝托梦找到的人才，没人敢反对，便破格提拔他为宰相，同时任用的还有甘盘等十位贤臣。正是在众多能人的辅佐下，武丁在政治、经济、文化和军事诸方面推出一系列新政，国家很快复兴，百姓皆欢，“小大无怨”。

针对外敌的威胁，武丁用兵四方，进行了一系列征战：

——土方，卜辞记载有一次土方入侵，五日报告多次，可见敌情之急。但在武丁后期的卜辞中再不见土方的名字，由此推测土族被消灭。

——鬼方比土方更北，是后来强大匈奴族的祖先，战争特别激烈，时间也更长。武丁将他们击败，但只是暂时驱出，没能彻底击溃。

——羌方位于西部，地广人众，十分强大。卜辞记载，武丁对羌方的战争一次就调动 13000 人，被俘羌人有的被强制生产劳动，有的作为祭祀中敬献给神灵的牺牲。

武丁通过战争拓展了商朝版图和势力范围，西起今甘肃，东至海滨，北及大漠，南逾江、汉流域，成为包含众多部族的泱泱大国，实际上奠定了秦始皇之前华夏族的大体疆域。《诗经·殷武》开篇描述：

挞彼殷武，奋伐荆楚，

罙入其阻，裒荆之旅。

有截其所，汤孙之绪。

“荆楚”即楚国。这诗描述：武丁多么威武啊，奋力讨伐那南方的楚国，深入它险阻的内地，将他们俘虏，占领它领土，成汤子孙功勋卓著！这表明：武丁时期商朝势力已达到南方的荆楚之地。

武丁有 60 位妻子，其中一位叫“妇好”。1976 年，在安阳小屯西发掘出了妇好的墓。从出土的器物看，她是一位有着较高军权的王后，也是执掌神权的“巫”。巫是当时代表人类与上帝通话者，因此拥有相当的权力。更令人刮目相看的是，她多次带兵出征。出土的甲骨文表明，她多次率军征伐土方、羌方、巴方等国。在一次征羌方的战争中，她统兵多达 13000 人，是迄今所见商代用兵最多的一次。在对巴方作战中，妇好领兵布阵设伏，断敌退路，等待武丁在东面击溃敌军，逐入埋伏圈，予以全歼。这是中国战争史上记载的最早的伏击战。此外，她还曾率军镇压奴隶反叛，被称为中国最早的女政治家和军事家、中国历史上第一位有据可查的女英雄。

武丁每次征服后，在那里筑城邑，实行最直接也最有效的统治，播撒文明的种子。为此，武丁把自己的妻、子、功臣以及臣服的少数民族首领分封在外地，称为侯或伯，开分封制先河。这是商朝的极盛时期，也有人称“武丁盛世”。

后续：兴不过三代

武丁在位 59 年去世，由其子祖庚继位。祖庚在位 11 年，政绩不详。其弟祖甲在位 33 年，初期尚能“知小人之依，能保惠于庶民，不敢侮鳏寡”，末年则“重作汤刑”，淫乱，商朝国势又衰退。

反思：人才在哪里

我简直想给武丁改个名：什么“武之兵丁”，分明是“文之人主”嘛！

虽然父辈没留下什么盛世，想必也留下一些相对好些的文官武将。武丁如果满足于做个守成之君，在现成班子当中选些人才，未必一定就糟。问题是他想得更远，所以不像一般人那样“新官上任三把火”，而“不鸣三年”，深思熟虑，不拿朝廷当实验室。当时可不比现代，全国也没几个人识字，那么除贵族之外还可能会有栋梁之材吗？当时的迷信气氛非常浓，不然不会给我们留下大堆甲骨文。武丁也信神信梦，根据梦去寻找人才。但傅说毕竟太草根，武丁不能过于“迷信”，便亲自去工地。“面试”满意了，这才决定破格重用。为了更具说服力，也为了傅说在今后工作当中更具威信，武丁又编了个梦，说是先帝推荐，用心良苦。傅说不负众望，很快征服失国，并在北海筑了一座城，武丁便提拔他为地位最高的“三公”之一。甘盘是位文士，武丁“劳于外”时发现的，继位后予以重用。还有武丁之妻妇好，能文能武，能主持祭坛也能征战疆场，实属难得。有这样一批文官武将辅佐，何愁不中兴？

古代用人没什么年龄、文凭、性别、户口、党派、资历之类的条条框框，令人感慨！李斯在《谏逐客令》一文中指出：“物不产于秦，可宝者多；士不产于秦，而愿忠者多。”秦地欠发达，被视为野蛮之地，没什么人才。但自秦孝公任用商鞅变法开始，敢于破除门第之见，善于选用出身卑微的不同国籍的人才。相反，一些朝代虽然人才多，却武大郎开店，埋没人才，糟蹋人才，甚至将人才逼到敌国去。政治越腐败，越缺乏信任，才越需要条条框框。

中国历史上关于“求贤若渴”之类的佳话颇多，但我想武丁求傅说还是有些与众不同，不可忽略。到工地去找傅说，好比刘邦月下追韩信，不必多言。可贵的是武丁还为傅说创造了一个较好的工作环境，让他不至因出身卑微（有的还说是囚犯）让人轻视；更重要的是立有战功之后，让他享受“三公”最高礼遇，而不是“狡兔死，走狗烹”。

第四章 宣王中兴 昙花一现

本章提要 宣王是西周王姬静（约公元前827－前782年）。厉王与民争利又禁堵言路，民愤极大，被“国人”驱逐。宣王继位后，有针对性实行改革，对外主动征战并连连取胜，周室威信有所恢复。

积弊：厉王暴政

西周灭商建国之初，文王、武王、成王、康王几代人励精图治，特别是周公制礼作乐，40年刑具不用，四方来贺，民众富裕，被誉为“成康之治”，成为儒家千百年最向往的时代。然而，明君难终。《诗经》第一首也是知名度最高的《关雎》：

关关雎鸠，在河之洲。

窈窕淑女，君子好逑。

众所周知，这诗写一个君子追求一个漂亮又贤惠的女子，没追求到，夜里怎么也睡不着。殊不知，这是“批判现实主义文学”。专家学者认为，这诗实际上是批评康王沉湎女色，疏于朝政。康王后期还好战，劳民伤财，导致后任南征伐楚全军覆没；同时变得嗜杀，社会经济开始衰落。康王没丢江山，只是侥幸。康王之后，一个个周王似乎只继承了康王的侥幸。

我难免不想：既然周公已经“发现”授命的“天机”，制定了那么完备的礼乐制度，怎么不多出几个“明君”？在《中国盛世》一书，我凭直感写道：

俗话说“一代亲，二代表，三代了”，意思说：第一代人是亲兄弟，第二代表兄弟，第三代就基本没什么亲戚感情。西周开始分封的时候，那些诸侯不是亲兄弟也是开国功臣，跟天子当然很亲，很感激，很忠诚。下一代，亲情必然疏淡一些，感恩也不同——因为他继承其父，而不是直接从天子那里接手，这样对天子的忠诚度也就自然减弱一些。再下一代，再淡化一些。如此下来，经过几代十几代淡化，还能残剩多少亲、多少恩、多少忠？正所谓“成也萧何，败也萧何”啊！何况，你周王也不是个个像成王、康王，而像厉王、幽王的倒不少。一家之父母如果像成王、康王，那么子女争吃争穿可以请父母做主。如果像厉王、幽王，那只好兄弟自己大打出手。春秋战国时代就这样，天子衰落得跟庙里的泥塑菩萨一样，形同虚设，诸侯之间争权夺利，烽火连天。

欧洲中世纪有个特征：我主人的主人不是我的主人，我附庸的附庸不是我的附庸。先秦分封结果就如此，人们只感恩直接给我饭吃的主人（诸侯），不认给主人饭吃的主人（天子）。孔子周游列国，谋求施展理想抱负的职位，却到了离京城很近的地方也没去朝见周王。周王仅剩京城附近一小块地盘作“生活费”。稍想多些开支就得向各封国讨，打仗则要靠各封国临时派出兵马粮草。农村迄今可以常见：几个儿子分家，父母仅剩自己一间房，初期感情尚好可以几个儿子家轮流吃饭，随着感情变淡，父母像足球样在几个儿子家踢来踢去，两老只好自己另起炉灶，甚至外出流浪。分封制更是如此，注定不可久长！

《中国改革通史（先秦卷）》从理论高度剖析：

在“尚德”原则之下进行的宗法分封的政权体制建设，确实保障了周初政治的稳定。但是，当“尚德”与宗法制结合为有形的行政机构时，便不再具有周初透过不断的武装殖民性质的封国时期的活力。不管是血缘宗法制还是政治宗法制，它最有效的功能便是稳定内部秩序，增强一致对外的实力。然而，内部秩序的稳定，必然造就对“尚德”的否定，最终改变“德”的实际内涵，即由周公一代的“保民”演变为“保王”。所以，对西周宗法制的研讨，不在于是否“嫡长子继统”或“一世一及继统”制，只要它渐变为一种封闭的机构和僵化的行政制度后，便不可能从它之外吸取新的活力，历史发展本身便可以使之自然崩溃。

我觉得这一段论述非常深刻！不仅西周如此，此后汉唐宋明清等“家天下”莫不如此，几千年一遍遍重复而已。一个个造反夺权，然后祭起儒家大旗，唱着“保民”的口号行“保王”之实，随着时间推移破绽越多，迟早有败露真相的那一天。

西周共传十三代，其中第十代姬胡，谥号“厉王”，意指暴虐，是中国历史上为数不多被冠以此号的帝王之一——并不是中国历史上暴君少，而因为谥号系其后人加封，为尊者讳。不过，有的学者认为厉王被污名化。在金文（青铜器铸文）中只称他“剌王”，而没称“厉王”。“剌”训字“烈”。《谥法》：“安民有功曰烈，秉德遵业曰烈。”这才是宣王对厉王的真实评价。孰是孰非我不敢认定，还是从众吧！一般说厉王一方面大搞“国进民退”，把大大小小的行业收归官府经营，与民争利，贵族和平民都很不满。美国著名学者威尔·杜兰特在他《历史的教训》一书中说：“在上千年的历史中，十多个国家都有过社会主义者的改革实验”，追溯到公元前 2100 年的苏美尔时期，并说“中国也曾经尝试几次国家社会主义”，所举例是汉刘彻及王莽时期。如果该说法成立，那么我想应该提早到周厉王时期。周厉王在“国进民退”的同时，大搞“红色恐怖”（周朝崇拜红色），派秘密警察抓所谓诽谤者，残酷镇压，导致人们见面不敢说话而只能用眼神示意……

为此，我十分惊讶，一方面感慨于中国“文字狱”历史之悠久，另一方面则感慨于中国“文字狱”的历史倒没停滞，完全与时俱进！眼睛是心灵的窗户，也是一个非常可怕工具。它不仅能看，还能“说”，照样传递不满与愤怒。也许就是这个原因吧，古代刽子手往往要蒙上对方的眼睛，老农要驴磨面也会蒙上它的眼睛，周厉王却不知。他自我感觉尚佳，还以为万民拥戴，社会和谐，得意说：“怎么样，没人诽谤朝政了吧？”大臣召公冒死驳一句：“只不过堵人们的嘴而已，并没有解决问题！”现代还常见一句话“防民之口，甚于防川，川壅则溃”，就是从这里来的。

周厉王之后的帝王就越来越“聪明”了！秦始皇不仅堵人们的嘴，还蒙人的眼——焚书。汉帝们又进一步，只让看被篡改的儒书，混淆是非。

宋之后发现“天下”远不只是“中国”，朱元璋们又拼命实行“海禁”，让人看不到更先进的文明。日本电影《追捕》中有这样一幕：精神病院大楼顶上，罪犯集团成员医生唐塔指着痴呆的横路近二，对被劫的检察官杜丘说：“真是幸福的人啊！人的野心、欲望和反抗心理全都忘记了，正在欢度他的余生！”用这话引导杜丘从楼上跳下去。帝王为了自己龙椅稳定，也是像唐塔那样引导人民“欢度他的余生”。当前某个小国为让人民相信它是全世界最幸福的地方，仍然这么干。

所幸唐塔强迫杜丘吃的药物被他偷偷吐掉，神志不清是伪装的，一旦看清真相，立即反击。许多民众的愚忠，其实也是被迫伪装的。正如法国启蒙思想家孟德斯鸠所揭露：“专制政体的原则是恐怖，恐怖的目的是稳定。但这种稳定并不是太平，它只是缄默而已。”这种“缄默”不会久长。山东大学历史学博士甄鹏说：“专制国家的稳定是表面的，它依靠国家机器把人们的不满压制起来，而不是疏导和化解。人们的真实愿望被扭曲成服从和麻木。须知，矛盾压制得越厉害，就会爆发得越猛烈。”

仅仅三年后，即公元前 841 年，是中国历史上非常有意义的一年！就是从这一年开始，中国历史有了不间断的文字记录，从半信史时代步入了信史时代。当然，文字记录不乏有意造假，信史时代的历史也不一定都可信，早在周初年开始就不断有人作伪书，所以孟子感叹：“尽信书，不如无书。”这是题外话。这个时期历史记录虽然年年有，但本书可利用的极少，因此本章仍只能简单介绍。

那么，这第一页中国历史记录记下了什么？记下的是件惊天动地的大事：“国人”不满到极点，群情激奋，团结起来将厉王赶跑！当时，国都城内的人称“国人”，城外的称“野人”或“鄙人”。“国人”中有贵族，也有平民，包括百工、商贾及下层奴隶。这一事件史称“国人暴动”或“国人起义”。因为厉王被从国都镐京（今陕西西安长安区）驱逐到一个养猪的地方去（今山西霍县）了，所以又被称为“彘之乱”。当时的“国人”

还算比较文明，只是将暴君赶走了事，没有追杀。大臣们推举召虎、周定公两人共同行政，号为“共和”，史称“共和政治”。

14 年后，厉王在彘死了，召虎公开了一件惊人的秘密：当年“国人”围攻王宫时，他把幼小的太子静藏在家里，让人们杀的是他自己的儿子。现在，他和周定公主动还政，拥立长大成人的太子静，即周宣王，共和结束。这 14 年虽然有不间断的文字历史，但没什么大好事，也没什么大坏事，挺平静。这个传奇故事，跟少康遗腹子逃亡有几分相似。

不过，据战国时代魏国编著的《竹书纪年》记载，所谓“共和”实际是人名，一个叫“共伯和”的人执掌厉王被逐后的朝政。《竹书纪年》较《史记》早，一般认为更可信。

新政：有的放矢

宣王的王位来之不易，但他并不珍惜，沉湎后宫，疏于朝政。幸运的是他有个好妻子姜氏。我曾在《中国盛世》中写道：“风水轮流转，两周时期美女多出姜家，两汉时期美女多出窦家”。不信请读《诗经》，当中写有几位姜姓美女。所以，我们有理由想象周宣王的这位姜氏也是美丽的，出乎意外的是这姜氏深明大义，主动摘掉耳环簪子请罪，说她让周宣王起了淫逸之心，必然导致铺张浪费，进而天下大乱。周宣王听后大为感动，从此勤于朝政，给中华文化留下一个“姜后脱簪”的典故。

宣王重用召虎、周定公、尹吉甫等贤臣，效法成王、康王的成功经验，针对其父的弊政实行改革：

——厉王搞“文字狱”，他就广开言路，虚心听取各方面意见，并警告官员不得贪污，不得鱼肉乡里，不得纵酒闹事。铜器“毛公鼎”记载宣王所发的政令，有毛公的签字才生效，表明当时的朝局并不太专断。

——厉王搞“国进民退”，他就搞“不藉千亩”。以前每年春耕时，天子举行“籍田礼”。可是因为集体耕种公田之法难以继续，籍田礼名存实亡，于是宣王废除此礼，官府放宽对山林川泽的控制，调动人们生产积极性。

就这样，国内形势很快开始好转，诸侯恢复来朝，周室威信有所恢复，军力壮大。

周初，西北部的戎狄渐渐发展壮大。从此，“戎狄交侵，暴虐中国”。周王曾经被迫迁都到犬丘（今陕西兴平南），也曾兴师北伐但失败。宣王安内后，便着手努力解除外部威胁：

——伐西夷。前 824 年开始大规模反击戎人，尹吉甫率师进攻至今甘肃镇原一带，迫使西戎向西北退去。同时对昆夷（西北古族）和玁狁（秦汉前称匈奴）发动战争，令他们不再敢进犯。我们可以从《诗经》读史，如《出车》：

我出我车，于彼牧矣。

自天子所，谓我来矣。

召彼仆夫，谓之载矣。

王事多难，维其棘矣。

这些史诗都较长，这里所摘只是开篇一小段（下同）。这诗大意是说：从天子所在的都城，调出我的战车，召集车夫，准备出征。边境有难，我们可不能大意！还有一首非常漂亮的诗写这段历史：

岂不日戒，玁狁孔棘。

昔我往矣，杨柳依依。

今我来思，雨雪霏霏。

行道迟迟，载渴载饥。

我心伤悲，莫知我哀！

士兵返乡途中回忆：哪一天能不严加戒备？玁狁人凶险得很。想当年上战场时，杨柳青青。如今回来，漫天大雪。回乡之路如此遥远，饥渴难耐。我的心非常悲伤，但没人能理解！这位士兵的哀伤，简直是我们民族之痛，延绵了好多个世纪。

——征淮夷。前826年命召虎等率军讨伐，沿淮水东行，使那一带方国中最强大的徐国（今江苏泗洪一带）臣服。各方国迎接王命，进献贡物。试读《诗经》中《江汉》：

江汉浮浮，武夫滔滔。

匪安匪游，淮夷来求。

既出我车，既设我旟。

匪安匪舒，淮夷来铺。

这诗大意是：长江和汉水波涛汹涌，我们的战士奋勇前进。他们可不是游乐，而是为了平定江淮一带的叛乱。我们的战车已经出征，军旗高高飘起。这不是为了嬉戏，而是为了平息淮夷。又如《嵩高》：

嵩高维岳，骏极于天。

维岳降神，生甫及申。

维申及甫，维周之翰。

四国于蕃，四方于宣。

大意是：那巍峨的岳山，直耸云霄。太岳降下神旨，生姜姓二氏，是国家的栋梁，是四方国家的保障，又像四方边疆的城墙。

——征南国。征讨申戎（今陕西、山西间）、条戎（今山西运城中条山北）等，但只有征申戎取得胜利，其余均告失败。

后续：明君难善终

殊不知"姜后脱簪"的作用有限。也许是红颜易老之故，姜后魅力不再，甚至红颜薄命，总之周宣王的"妻管炎"很快痊愈。他又变得深居宫中，贪图享乐。同时，他变得过于好战，后继乏力。前789年伐姜戎，军力几乎丧失殆尽，他本人也差点被俘。此外，他还不注重生产，却要"料民"即调查人丁户口以加强税赋。兵役和徭役过于沉重，农奴纷纷逃跑，不少田地成草场。他逼迫鲁国废长立幼，不服就出兵讨伐，不仅使鲁国陷于混乱，“诸侯从是而不睦”。诸侯不再肯出力保卫王室，有的甚至蓄谋叛乱。他本人晚年也重现危机，贵族感到不妙，用脚投票。

仅仅为点鸡毛蒜皮的小事，宣王就要杀大臣杜伯。杜伯的朋友左儒挺身而出，宣王怒斥：“难道你眼中只有朋友，没有国君？”左儒说：“国君有理我服从国君，朋友有理我支持朋友。现在国君要冤杀朋友，我当然要进谏。”宣王更怒：“我偏要杀他，你能怎么样？”左儒说：“我愿陪他去死！”宣王说：“我偏不让你死！”结果，还是杀了杜伯，将左儒押送回家，左儒便在家中自杀。其实，宣王也内疚。有次打猎，恍然见杜伯从路边左侧蹿出来……宣王吓坏了，尖叫一声，再也没醒来。接班的便是那个臭名昭著的幽王，“烽火戏诸侯”就是他干的，十年就彻底断送了西周江山。

所以，“宣王中兴”颇有争议。有的学者认为：“宣王时期不但没有缓和各种社会矛盾，反而暴露了统治力量的虚弱”；有的教科书甚至说“宣王中兴”名不符实。

日本学者平势隆郎在《中国的历史》一书中评论：

追溯历史，我们会发现即使对于因社会形态迥异而产生的不同王朝，人们都能将这一王朝理想化来为己所用。持续到战国时代的周王朝对于战国时代的诸侯国而言，无疑是各国想直接继承其权威的对象，同时也是各国希望扳倒其权威的对象。

该书甚至说：“我们也能从若干制度的利用状况看出周宣王时期被认为是理想的时代……这时仅仅恢复了周厉王的年号而已。”

反思：李煜为什么当不了皇帝

周宣王跟他老祖宗康王一样晚节不保，我这里不做人物评价，就不计较了，姑且只论其好的一面。厉王很糟，宣王如果跟他一样，尽管有召虎、周定公等贤臣辅佐，也非常可能被驱逐。“国人”既然有了第一次，第二次就更容易。所幸宣王明了这点，有意识地跟父辈切割，有针对性实行改革，赢得民心，恢复国势，进而征战四方，全面复兴。能如此，历史上也是不多的。

南唐是大唐之后江南一个较有实力的小国，但生不逢时，敌国林立。其前身是吴国，虽然国势强盛，但不仗势欺人。919 年吴军大败吴越国时，部将建议乘胜穷追吞并它，彻底解除后患。丞相徐温却告诫说：

天下离乱久矣，民困已甚，钱公（吴越君主）亦未易可轻。若兵连不解，方为诸公之忧！今战胜以惧之，戢兵以怀之，使两地之民各安其业，君臣高枕，岂不乐哉！多杀何为？

徐温将军队撤回，而派出使者与吴越和谈，双方保持 20 多年友好关系。不久，吴国改国号“南唐”，李昪勤于政事，变更旧法，但继续与吴越和睦相处，与民休息。他常说：“百姓皆父母所生，安用争城广地使之肝脑异处，膏涂草野？”941 年，吴越都城失火，宫室、府库、甲兵焚尽，君王则大病，将帅们纷纷建议出兵，事半功倍。李昪却坚持说：“疆域虽分，生齿一理，人各为主，其心未离，横生屠戮，朕所弗忍。且救灾邻，自古之道。”结果，不仅没出兵，反而送去大量救灾物资。在五代十国那个“礼崩乐坏，文献俱亡”的纷乱时代，南唐却出现“儒衣书服”景象，很像春秋时代的邹鲁。李昪去世的时候，还特地遗嘱太子李璟：“善交邻国，以保社稷。”李璟即位后却改变国策，大规模对外用兵，消灭西、南马楚与闽国。然而，他满足于此，变得贪图享乐，政治腐败，弄得有点像周厉王时的怨声载道。对外则变妥协，屈从后周，削去帝号，改称“国主”，史称“南唐中主”。“南唐后主”李煜继位，像宣王进行一些改革，如针对当时土地兼并日趋严重问题，李煜创设民籍和牛籍，连鹅生双蛋、柳条结絮都要抽税，指望能借以缓解国难。但因触犯官僚地主的利益，遭到强烈抵制，以失败告终，民心也失散。对于北方威胁，朝野充斥着悲观颓丧，李煜本当重振人心。可他只乞求佛祖慈悲，到亲自为僧尼削揩屁股“厕筹”的地步。对外一味妥协，只是忧心，每天与大臣借酒浇愁，悲歌不已。他下令自贬礼制，如“诏”

改称“教”，降诸“王”为“公”，以避讳宋朝。情报说宋军在荆南造战舰，请求秘密派人焚烧，李煜吓坏了，生怕惹怒对方，哪敢批准。

几年后，宋军果然南侵，李煜这才下令烧宋船，可是迟了。偏偏天公也不作美，突然北风大作，反而焚及自身，南唐大败。李煜两次派大臣出使北宋，进奉钱财，请求缓兵。赵匡胤回答了那句著名的话：“卧榻之侧，岂容他人酣睡”。反过来，宋不也是南唐的“卧榻之侧”吗？李煜继位时，赵匡胤刚将北周篡为北宋，又忙于对付北汉及辽的战争，李煜为什么不趁机振作起来，与北汉、辽联手南北夹击宋？李煜天真地幻想安稳做北宋的臣子，“酣睡”14 年，以至宋灭了北汉转而南下到金陵，他还不敢相信。登城巡视才发现，城外已遍布北宋旗帜，围得水泄不通。李煜做了俘虏，只能写写“问君能有几多愁，恰似一江春水向东流”之类凄美无比的诗句，赵匡胤还是难容，剥夺他继续“发愁”的权力。

如果周宣王像李煜，对内改革失败，对外满足于称臣，不积极备战，不主动出击，很可能也做了别人的俘虏。

汽车司机不喜欢开太平直的路，因为视觉疲劳发困，容易出事。当皇帝跟当司机一样，也不一样。一样是都怕车毁人亡，因此司机希望有些坡弯让自己手脚动动保持高度警惕，皇帝却过于怕风吹草动，只想风平浪静抱着美女睡大觉。当然，百姓也希望平稳。问题是要发展就得主动求变，切实解决问题，承受必要的颠簸。李煜能“酣睡”几时？宣王主动改革，主动出击，晚年倒是在深宫“酣睡”了好些年，寿终正寝。当然，应当让宣王离岗回家“酣睡”颐养天年，另当别论。

第五章 昭宣中兴 托“周公”之福

本章提要 “昭”指西汉昭帝刘弗陵，“宣”指他的继任者宣帝刘询（公元前 86- 前 49 年）。刘彻嗜杀好战，将盛世的积蓄耗光，后继无人，晚年才痛悔。在霍光尽心辅佐下，平定西域，缓和社会矛盾，儒法兼备，民生经济发展。

积弊：充满血泪的盛世

中兴即复兴，意味着此前曾经衰落。“昭宣中兴”之前，是“汉武盛世”（前140–前87），上接的又是“文景之治”（前180–前141），再就是刘邦开国的新兴景象，不是一系列盛世接踵而至吗，何曾衰落？

西周留下的礼乐文明，早已荡然无存。而汉代留下的文化，迄今鲜活，例如“汉民族”、“汉语”等等。这一切得归功于汉朝开国皇帝刘邦。英国著名历史学家约瑟·汤恩比评论说：

人类历史上最有远见、对后世影响最大的两位政治人物，一位是开创罗马帝国的恺撒，另一位便是创建大汉文明的刘邦。恺撒未能目睹罗马帝国的建立以及文明的兴起，便不幸遇刺身亡，而刘邦却亲手缔造了一个昌盛的时期，并以其极富远见的领导才能，为人类历史开创了新纪元！

刘邦死后，他的妻子、儿子们都不错，继续奉行“无为而治”的国策，从民之欲，从不劳民，政治、经济和思想文化各方面持续发展。文帝刘恒和景帝刘启当政时期，税收为当时世界最低，刑制由野蛮转入较文明，被誉为“文景之治”。刘启后期，尽管人口成倍增加，有的地区增长四五倍，各郡县粮仓还是满满的，只好露天堆放，中央粮库多得发霉。皇家马苑多达30万匹，百姓的马拴满大街小巷。国库存钱太多，以致串钱的绳子生虫，散钱多得无法计算。

前141年刘启去世，刘彻继位，即著名的“汉武帝”。因为生刘彻的时候刘启曾梦见赤彘从云中降临，所以给他起名彘。后来要他继位，自然不能称皇帝为猪，便改名为彻，意为聪明透彻。实际上刘彻也是个才子，著有《秋风辞》等作品，鲁迅评价其“缠绵流丽，虽词人不能过也”，“武帝词华，实为独绝”。更重要的是他 16 岁登帝后，很有雄才大略，决心“有为”！政治上实行“推恩令”，强求诸侯王分封诸子为侯，进一步削弱他们的势力，同时设刺史监察地方。经济上将冶铁、煮盐、酿酒等厚利的生意收归国有，禁止诸侯铸钱，将财政集于中央。文化上实行“罢黜百家，独尊儒术”，将儒学抬高到特殊地位。前 140 年，平民出身的公孙弘以儒家身份出任丞相，封平津侯。从此，读书人为了做官而拼命读儒学。

如果统治者以法学取士，读书人会拼命读法家；如果以墨学取士，会拼命读墨学。儒学两千年独尊的地位，并不是它理论本身的魅力吸引读书人，而是封建统治者用它附加的官位诱惑读书人。想当年，杨贵妃“姊弟兄皆列土，可怜光彩生门户。逐令天下父母心，不重生男重生女”。那几千年当中，宦官常受宠，不少人争着当太监。帝王一旦不捧，儒家照样被掘祖坟。

刘彻时期开疆拓土，击溃匈奴，东并朝鲜，南诛百越，西愈葱岭，征服大宛，奠定了中华疆域版图，首开“丝绸之路”，被誉为“汉武盛世”。然而，从另一方面来说，这个所谓的盛世几乎堪称人间地狱。

刘邦入关时“约法三章”，不久萧何定汉律九章，刘彻增至 359 章，其中死罪 409 条，凡 1882 目，另有死罪例 13472 条，多得法官也看不过来。前 130 年开始实行“见知法”，即官吏目睹或者听说某人犯法而不举告，谓之“故纵”，与犯法者同罪。前 128 年实行“不举孝廉者罪”，即官员不推荐人才得治罪。前 117 年拟发行“白鹿皮币”，要求亲王贵族到长安朝觐时购买，征求财政部长颜异意见。颜异认为这是一种变相勒索，但不敢吭声，只是忍不住呶了呶嘴唇，也立即给逮了，罪名是“腹诽”，即你虽然没说出来，可是你在肚子里反了，结果也是死。“自是之后，有腹诽之法”。前 99 年作“沉命法”，即敢藏匿造反者处死刑，凡官吏查捕不力者皆处死。这样，诏狱（皇帝交办的案件）越来越多，一年 1000 余起，罪犯达六七万。一时间，人人自危。公孙弘之后的六名丞相，三人自杀，二人被杀，一人自杀未遂。前 103 年任命公孙贺为相，他不受印，泣不肯起。刘彻生气拂袖退朝，他才不得已领命，出殿便大呼："我从此危机四伏了！"河内（今河南沁阳）太守王温舒，生性暴虐，曾经干过杀人越货的勾当，摇身一变升官，一上任就滥捕辖内所谓罪犯，不论罪大罪小，有罪无罪，牵连 2000 多家。他上报将罪大的灭九族，罪小的杀其本人，没收全部家产抵押赃物。这报告上呈两三天就批复，立即执行，血流十余里地。

因为匈奴"数和亲而常先犯约……反复无常，百约百叛"，骚扰汉边不已，刘邦就恨不能消灭他们，刘彻要大力反击是完全可以理解的。经过"文景之治"几十年积累，国力大增，也完全可能解除北方后患。但当时与匈奴处于以"和亲"为主的相对和平时期，要用武力也应适可而止，见好就收。在当时的反对声中，大臣主父偃的说法最有意思：

夫匈奴难得而制，非一世也。行盗侵驱所以为业，天性固然。虞、夏、商、周固弗程督，禽兽畜之，不属为人。今上不观虞、夏、商、周之统，而下循近世之失，此臣之所大忧，百姓之所疾苦也。

这话意思是说：匈奴难制并非今世，南侵盗边是他们的天性。虞、夏、商、周时代都不向他们征税，把他们当禽兽看待。如今不学古而重蹈近代失策，是我最担忧的事，也是百姓的疾苦。刘彻重用主父偃这个人，但并不采纳他这观点，结果不幸被他言中。如前 111 年，张掖、敦煌各出兵万余骑，深入匈奴 2000 余里，却不见一敌，无功而还。前 103 年，令赵破奴率二万骑出征朔方（今内蒙古伊盟）西北，又深入匈奴 2000 余里，却被敌八万包围，赵破奴被俘，全军覆没。前 97 年，20 万骑分兵三路出击，也是败归。据计算，当时中原长途奔袭，10 万军至少得 30 万人马运粮草，可以想见这战争规模多大！著名美籍历史学家黄仁宇在他的《中国大历史》一书中写道：刘彻的"匈奴战争使国库大为亏损，这也是西汉（亦称前汉）

衰退之一大主因”。付出了国家衰退的代价，你说这战争算不算胜利?

更要命的是：刘彻不仅对匈奴要雪祖宗之耻，还在东、南、西、北四方挑起战争，有些战争显然不必要，甚至非正义，可以说是个“战争狂”。刘彻很喜欢马。张骞出使西域时，在大宛（今中亚费尔干盆地）见到一种马，跑得非常快，会流鲜血样的汗，因名“血汗宝马”。刘彻听了动心，特地铸一匹金马，命人送到大宛，请求换一匹“血汗宝马”，没想被拒绝。汉使者发怒，当场砸了金马。大宛见金马并非真金铸，感到被戏弄，也怒，杀汉使者。为此，刘彻马上派兵讨伐大宛。战争失败，能回敦煌的兵士不过十之一二。刘彻更怒，派兵拦在玉门关：“有敢回来的，一律斩杀！”刘彻下更大决心，发囚徒、恶少及边骑六万，不久又增发吏有罪者、亡命者、赘婿、商人、故有市籍（商人户籍）、父母有市籍、祖父母有市籍者为兵，浩浩荡荡远征。遇阻挠一旦攻克便屠城，围攻大宛 40 余日。大宛抵挡不住，只得杀了国王，献出宝马。平心而论，这与鸦片战争是不是有某些相似?

刘彻像秦始皇一样喜欢东巡西巡，到处求仙和长生不老药。如前 110 年东巡海上，令数千人乘船求蓬莱神仙。第二年又赴东莱（今山东龙口）求神仙，另派数千方士采芝药，并大造楼台以恭候神仙大驾光临。此外，刘彻还喜欢大搞“形象工程”，制造太平盛世的假象。这跟战争一样烧钱，只能进一步向百姓榨取。

据统计，2013 年中国军队人数居世界第一，有 230 万，但比例仅占总人口的 0.18%。美国第二，150 万军队，占 0.5%。印度第三，130 万，占 0.11%。俄罗斯第四，110 万，占 0.8%。朝鲜第五，100 万，占 4.3%。而刘彻时期军队在 25–130 万之间，按总人口 6000 万计，比例高达 0.5%–2%。汉代的基本税是人头税，15–56 岁的男女，每年课税 120 钱。刘彻时期以纳税人口 4000 万计，一年总收入 48 亿。而卫青、霍去病两位将军发给士兵的奖金就要 20–100 亿，全年正常的财政收入还不够支付这一项军费。何况由于战争人口锐减，到刘彻末期减半，百姓实际赋税超过法定的数倍。本来，百姓 7 至 14 岁每人每年纳口钱 20，现改为 3 岁起征，并提高到 23 岁，田租则 30 亩按 100 亩征收。三岁娃娃怎么为国创税利？

刘彻对自己的亲人，跟对百姓和外族一样残暴。前 92 年一天中午，刘彻午睡时梦见几千个手持棍棒的木头人打他，吓醒。他认为有人诅咒，立即派江充追查。江充是“绣衣使者”，代表皇帝和朝廷缉捕京城匪盗，监察官员和王公贵戚，有调动军队的权力，可以诛杀各地官员，气焰冲天。因为太子刘据主张对外息兵、对内德治，与刘彻政见刚好相反，与江充心里有疙瘩。于是，江充利用他们父子矛盾，率巫师到各处掘地寻找木头人，直接查到刘据居室，用带好的木头人陷害他。刘据派人把江充杀了，刘彻大怒，令丞相率兵平乱。《剑桥中国秦汉史》写道：“如果历史可信，这次为猜忌心理的总爆发付出的代价是惊人的。战死的人数可能达到一万。除了皇后和皇太子自尽以外，皇后的两个女儿被处死；已知六名亲戚，包括丞相公孙贺和他的儿子（九卿之一）公孙敬声，也死于非命。”刘据有三子一女，全因“巫蛊之乱”遇害。

前90年9月，皇陵守墓官田千秋上书，为太子刘据鸣冤。刘彻看了此谏，不能不开始后悔，于是一方面提拔重用田千秋，一方面无比怀念太子刘据，特筑“思子宫”……

刘彻开始反思往事。前 89 年 3 月封禅泰山时，又采纳田千秋的建议，停罢方士求神仙之类。他真挚地向群臣检讨：“向时愚惑，为方士所欺。天下岂有仙人？尽妖妄耳！节食服药，差可少病而已。”

主父偃曾向刘彻进谏：别忘了秦末“暴兵露师十年有余……百姓靡敝，孤寡老弱不能相养，道死者相望，盖天下始叛也”，“夫务战胜、穷武事者，未有不悔者也”。刘彻当时没在意这话，继续不断征战，如今终于后悔，肠子都悔青了！这年 6 月，当大臣请求派兵屯田轮台（今属新疆）的时候，刘彻“痛陈既往之悔”，说：“当务在禁苛暴，止擅武，力本农，修马复令（因养马以免除徭赋），以补缺，毋乏武备而已。”从此不再出征。同时，他公开检讨与承诺：

朕即位以来，所为狂悖，使天下愁苦，不可追悔。自今事有伤害百姓，靡费天下者，悉罢之！

刘彻还深刻地认识到："若后世又如朕所为，是袭亡秦之迹也。"正是出于这种历史责任感，他主动做"自我批评"，承认错误，表示悔改，并开创一种文体："罪己诏"，或者说"新风"。从此，当朝廷出现危机或遭受天灾之时，有些帝王会发布《罪己诏》，及时公开自省自责。据统计，历史上先后有 90 余位帝王下过罪己诏，不仅发生重大人祸要主动检讨自己的领导责任，连发生不可抗拒的天灾也要深刻反省有什么过错让老天爷生气发怒。应该说，能"罪己"比那些死不认错甚至还强求民众颂扬的好太多了！

刘彻不是嘴上说说，而是脱胎换骨，彻底整改，重回休养生息的国策。在宣布停止征战的同月，任命农学家赵过为"搜粟都尉"，负责指导农民推行"代田法"改革。春秋战国时盛行"畎亩法"，畎指田地之间的沟，宽一尺深一尺。陇则类似田埂，宽一尺高一尺。"代田法"指畎与陇相间，每年互换。在畎中播种，苗生叶以上，稍耨陇草，用陇土培植根苗，能耐风旱，产量比"畎亩法"高一斛以上，深受农民欢迎。

这样，天下逐步恢复兴盛与和谐，而避免像强秦一样暴亡。司马光论曰：刘彻"其所以异于秦始皇者无几矣……晚而改过，顾托得人，此其所以有亡秦之失而免亡秦之祸"。"顾托得人"指刘彻在临终时指定霍光等四人为顾命大臣，辅佐幼主，而霍光"因循定职，无所改作"，忠实地执行了刘彻晚年的改革路线。千古帝王"异于秦始皇者无几"，而能像刘彻那样"免亡秦之祸"且让下一代中兴者实在是不多！

说来令人难以置信，帝王三宫六院，妻妾妃嫔如云，却时常发生没有儿子或者难选个适合儿子继位的问题。其原因很多。例如刘彻有六个儿子，太子刘据因"巫蛊之祸"被迫自杀，次子齐怀王刘闳也被白发送黑发。剩下四个：一是燕刺王刘旦，博学经书杂说，好星历数术，倡优射猎。刘据死后，很有希望成为太子，却操之过急，上书请求入京师，激怒刘彻，反被压制。二是广陵王刘胥，为人骄奢，好倡乐逸游。三是昌邑王刘髆，李夫人之子，李广利外甥。李广利和刘彻侄儿刘屈氂策划谋刘髆为太子，事发后李广利投降匈奴，刘屈氂被腰斩。前 88 年，即刘彻去世前一年，刘髆去世。四是最小的儿子刘弗陵，据说像极刘彻少年之时。

问题是刘弗陵太小。为此，刘彻双管齐下，一是为防止自己死后主少母壮，吕后之事重演，将刘弗陵生母赵钩弋赐死，使赵氏没有亲人可以成为“外戚”；二是命画工画一幅周公背负周成王的图，赐予霍光，其意昭然若揭。霍光是刘彻的奉车都尉，“出则奉车，入侍左右”，用现代话来说是驾驶员兼秘书，深受刘彻信赖。同时，还委托其他一些官员共同辅佐，如车骑将军金日磾、左将军上官桀、御史大夫桑弘羊等。

前 87 年春，刘彻在弥留之际立刘弗陵为太子。死后，霍光等人奉刘弗陵继位，即汉昭帝，时年八岁。一个八岁的男孩子，现在刚上小学三年级的年龄，但在历史上当皇帝绝对没问题。跟周公与成王一样，皇帝的权益由刘弗陵享受，皇帝工作全由霍光干，史称“政事一决于光”。

也许真有所谓“天人感应”，刘彻杀戮太盛，报应到他子孙身上。前 74 年，刘弗陵 21 岁年纪轻轻就病死，而刘弗陵没儿子，汉室又面临选继承人的难题。

本来也不太难，选昌邑王刘髆的儿子刘贺，即刘彻亲孙子，根正苗红。然而，这刘贺太不争气，进京继位途中也忍不住派人抢掠民间美女和财产。霍光忍无可忍，与大臣们商议，奏请太后同意，将刘贺即汉废帝给废了，改立刘彻惟一的曾孙刘询（刘病已），即汉宣帝。

刘询虽然年仅 17，可谓历经沧桑。这又得提及惨不忍睹的“巫蛊之祸”：太子刘据与丞相双方兵马在长安街巷激战五日，刘据兵败带着两个儿子出逃，藏在湖县（今河南灵宝）一位好心的穷人家里，又被官吏发现，无处可逃，只得自缢。两位皇孙也被杀，幸好尚在襁褓中的刘询逃过一劫，但也被下狱。又幸逢负责此案的邴吉心善，知道太子被诬陷，怜悯这个无辜的婴儿，让忠厚的女囚在宽敞干净的房间哺育他。后来，刘彻生病，巫婆说长安监狱有天子气，他还下令将狱中人连夜处死。邴吉紧闭大门，拒不执行。天亮了，刘彻也清醒了些，叹道："天意啊！"于是大赦天下，刘询才得救。要不是侥幸碰上一连串好人，刘询哪逃得出这一连串死局？当然，从他继承皇位来说，也"得益"于刘贺糟糕得离谱。

刘贺上位被及时制止，在那没有民主机制的封建时代，更是奇迹。钱穆认为明清以前的中国并不能说是皇帝专制，从这个方面来说，有一定道理。

且说刘询，历史证明他是位好皇帝。西汉制定庙号、谥号史上最严，十一个皇帝仅四个有正式庙号，刘询是其一（另三位是刘邦、刘恒、刘彻），可见其功德之高，也可见霍光在选皇位继承人方面之慧眼与公心。

新政：内外兼顾

●平定西域

西汉时，西域小国林立，小的只有千余人，最大乌孙也只有 63 万人。有的像讨厌的蚊子，骚扰中原千百年。刘彻重拳出击，匈奴遭受沉重打击，但他们南侵之心未改。步入"昭宣中兴"后，匈奴内部发生根本性变化，他们因王位争执，加之四面树敌，备受打击，实力开始衰退。虽然对汉还有些骚扰，但已是强弩之末，逐步变为朝贡。我想，如果画张图示意这期间匈奴与汉的关系，那是一条抛物线。不过，抛物线虽然直观，但没法画，因为相关事件无法转换成具体数据，还得用文字描述。

（一）上升线段：矛盾冲突增多阶段。刘弗陵继位这年冬，也许是想报复刘彻，也许是想给新上任的小皇帝一个下马威，匈奴进犯朔方，杀掠边民。前 85 年，匈奴内讧，开始衰落。北疆沉寂几年，也许内讧平息得差不多了，前 80 年突然发两万骑入侵。汉军追击，斩获 9000 人，生擒小王。

匈奴怕了，远走西北。第二年匈奴遣 9000 骑兵驻受降城（即居延城，今内蒙古额济纳），听命于汉。从此，侵盗之事日少。前 78 年春，匈奴贤王部 4000 骑分三路进犯张掖（今属甘肃）。张掖太守率军反击，大破之，仅几百人逃回。从此，匈奴不再敢犯张掖。前 72 年即刘询继位第三年秋，匈奴似乎又想试试汉室新帝实力，一边频频侵汉，另一边侵乌孙。乌孙在今巴尔喀什湖东南、伊犁河流域，北邻匈奴。乌孙王曾被月氏杀害，他儿子刚诞生时由匈奴王收养，后来得以复国。恩人不知为何变脸，乌孙王及其有个美丽名字的解忧公主只好连连致书刘询，表示愿出精兵 5 万，东西夹击匈奴。刘询自然乐意，由五位将军率 15 万骑出征。

（二）**转折点：**由冲突转为友好。前 71 年正月，听闻汉朝大军从长安出征，匈奴吓坏了，马上安排老弱赶着畜产远远回避。5 月汉军到，俘斩敌级 3000 余。同时，乌孙王率 5 万骑从西路进军，俘斩匈奴 4 万余，畜 70 余万头。冬，匈奴王亲率数万骑报复乌孙，俘虏一些老弱。不料天降大雪，人马冻死，生还不足十分之一。这时，丁零（今贝加尔湖以南）、乌桓（今辽宁阿鲁科尔沁）又和乌孙联合，趁势向匈奴进攻，杀敌数万，获马数万。又因饥饿，匈奴死十分之三。这样，匈奴实力大衰，依附匈奴的小国纷纷瓦解。随后，刘询又派 3000 骑分四路进击匈奴，生俘数千。匈奴终于被这一连串打击制服，只想与汉和亲，边境渐趋宁静。

（三）**下落阶段：**冲突减少转为友好阶段。前 68 年，刘询认为匈奴不再构成威胁，撤去塞外诸城，让百姓休养生息。匈奴王一听这消息，非常高兴，马上派人作媒，想与汉和亲。匈奴其中一部落却不高兴，连忙率兵进犯汉边境，想破坏匈奴王与汉和平。汉军发兵屯要塞，那部落只得逃去。秋，匈奴一个酋长率数千人赶着畜产降汉。前 64 年，匈奴又出兵进犯汉在车师（今新疆吐鲁番）屯田的官兵，汉另派 7000 屯兵相救也被围困。刘询派张掖和酒泉（今属甘肃）骑兵救援。前 62 年，羌（今青海境内）与匈奴勾结，想攻鄯善（今新疆若羌）和敦煌，从而阻断汉与西域的通道。汉派使者出访羌，晓以大义，他们最终放弃。前 60 年，匈奴王率众降汉，汉将郑吉发动西域各国五万人热烈欢迎。郑吉威震西域，趁势在乌垒城（今新疆轮台）设西域都护府，负责督察乌孙等 36 国。从此，汉的号令行于西域全境。不久，匈奴撤去在西域的官员，并派员朝汉贺岁又和亲，其乐融融。

前 58 年匈奴内部又发生争位事件，相互厮杀。次年，汉朝多位大臣提议趁机灭匈奴。御史大夫萧望之则认为这样出兵，他们必然远逃，无功而返，不如派使者前去安抚。在他们弱时予以关怀，让他们感恩，以图长远友好。刘询采纳这一建议。前 56 年 7 月匈奴一王子在内部纷争中失败，逃来降汉。11 月又有匈奴大将不满内乱，率数万人降汉。第二年，因为匈奴来降越来越多，在西河（今内蒙古伊盟）、北地（今甘肃庆阳）设属国，专门安置匈奴降者。前 54 年，匈奴王对汉称臣。刘询认为北疆平定，撤减边卒 20%。随后又有匈奴人因内战失利降汉，匈奴王遣使入汉贺岁。前 52 年，匈奴王叩访五原（今内蒙古包头）边塞，奉献国珍。刘询为此下诏，要求以礼相待，规格在诸侯王之上。同时派遣使者前往迎接，所过之郡军民夹道欢迎。匈奴王抵长安，上国书称臣。刘询赐玺绶、冠带、黄金等。匈奴王诚挚地说："希望能让我留居光禄城（今内蒙古伊克昭）！万一有战况，我一定会保卫！"刘询同意，派 6000 骑送他出朔方，并赠谷 34000 斛。匈奴分裂派闻知，连忙远逃。从此，乌孙以西至安息（今伊朗）各亲近匈奴的小国都转而尊汉。前 50 年，匈奴两派都遣使朝汉，汉予优待。

●司法改革

刘彻其实比秦始皇更残暴，曾经有官员当面批评他杀人太多，当心天下的人才给杀光。前 67 年，司法部小吏路温舒，与前文温舒同名不同姓，品性更不同，他上书直陈：死囚流的血盈满街市，其他囚犯比肩相连，诚感可哀。人之常情，安乐时愿意活下去，痛苦时则求早死。严刑拷打之下，要什么口供就会有什么口供。问案人员利用这种心理，故意把囚犯的口供引导到犯罪的陷阱。他还为此建议：改变重刑罚的政策，主张"尚德缓刑"，反对刑讯逼供，废除诽谤罪以广开言路。对此，柏杨评价说：

仅靠行政命令当然不能改变悠久传统，因为冤狱与酷刑，是无限权力政治制度下的产物，此种制度存在一日，冤狱与酷刑存在一日。像司马迁、周亚夫、颜异，事实上任何法官都救不了他们。但路温舒的奏章，使我们发现中国人权所受的蹂躏，自古就没有有效的保护。这份奏章，是中国最早争取人权的呼声，虽然很温和，很微弱。

看完这份奏章，刘询增设司法官员四名，加强对地方司法机构的控制，以慎刑狱。

同时，另有涿郡（今河北涿州）太守郑昌上疏，请删定律令，以正其本，使愚民知所避，奸吏无所弄。

从路温舒和郑昌上书的内容来看，当时司法还挺黑暗。所幸一出生就坐牢的刘询不像刘彻，采取了一系列改革措施。他上台当年就开始提拔执法公平的官员，数度解决疑案。此后更加重视，如前 69 年要求定罪量刑一律从轻，前 66 年以刑讯致死人多少考核狱卒优劣，次年为周勃等 136 人的子孙平反，前 64 年开展全面检查并对治狱不平者不用，前 62 年诏 80 岁以上除诽谤杀伤人者不论罪，前 54 年又派 24 名官员巡行天下查冤狱及苛暴不改的官吏。这样，初步改变了刘彻时期人人自危的恐怖局面，缓和了社会矛盾。

与此同时，对贪官污吏严惩不贷。田延年是功臣，是酷吏，也是“大老虎”。田延年任河南太守时非常残暴，每到冬天集中处决死囚，往往血流数里，人称“屠伯”。但在霍光想废昌邑王而另立刘询之时，尚有犹豫，田延年鼓励他下定决心。因此，刘询上台后很感激田延年，封他为侯，提拔为大司农，主管全国财政。没想田延年又贪财，在修建刘弗陵墓圹的时候，利用雇牛车运砂的机会贪污 3000 万钱。御史大夫田广明替他说情：“《春秋》上有以功覆过的大义。当初废昌邑王的时候，如果没有田延年一番慷慨陈词，哪有皇上今天？现在，由官府拿出 3000 万替田延年赎罪，不就得了吗？”

刘询坚持要审判。田延年叹道:“我有何面目进牢狱?”他不肯主动去受审,拿着一把刀想自杀又下不了决心,在自家园子里来回踱步,不知所措。过了几天,听外头传来鼓声(类似现代警笛),他才连忙自刎。

●注重民生

(一)《盐铁论》

“昭宣中兴”在经济方面留下了翔实史料,这就是著名的《盐铁论》。不过,这实际上是一本政论性散文集,内容不限于经济,还涉及当时政治、军事、外交、文化等多方面。

为从经济上加强中央集权,推行盐铁官营、酒类专卖及均输、平准、统一铸币等一系列新政。这些政策收到良好效果,但也给农业、工商业和百姓生活带来一些影响,特别是剥夺地方诸侯和富商大贾的既得利益,引起强烈不满。于是,前 81 年朝廷召集各地贤良文学 60 多人,与官员共同讨论民生问题,后人把这次会议称为“盐铁会议”。会上,双方对财经政策、屯田戍边、与匈奴关系等一系列重大问题展开激烈争论。这是中国历史上第一次规模较大的国家大政辩论会。结果,废除了全国酒类专卖和关内铁官。

30 年后,大臣桓宽根据这次会议的官方记录,加以“推衍”整理,把双方问题详尽记述出来,写成《盐铁论》。这本书在经济思想史和文学史上都具有重要价值。

(二)常平仓

战国时李悝在魏实行“平籴”,即官府在丰年购进粮食储存,以免谷贱伤农;歉年卖出所储粮食,稳定粮价。刘彻时,桑弘羊对此加以完善,创立“平准法”,大同小异。刘询时期连年丰收,谷价有时贱到一石五钱,农民利益受损。前 54 年实行粮食收贮,在一些地区设立粮仓,收购价格过低的粮食。

鉴于每年从关东向京师水运官粮费用过大,大臣建议从近处的三辅(今陕西中部地区）等地籴谷以供京师，可省漕卒过半。收到成效后，在边郡普遍设粮仓，谷贱时增其贾而籴，谷贵时减贾而粜，名曰“常平仓”。从此，“常平”作为一项正式制度全面推行。

前 44 年有人借口关东连年灾荒，说常平仓与民争利，结果与盐铁官等一同废罢。

后来，晋、隋、宋、明、清也设“常平仓”。钱穆说：

汉代的平准制度，此乃一种调整物价的措施。此制度在中国历史上不断变通运用。即如粮价一项，遇丰年时，政府以高价收购过剩粮食，以免谷贱伤农。待到荒年季节，政府便以低价大量抛售积谷，寓有赈济贫农之意。此项制度，随后由社会上用自治方式推行，即所谓社仓制度。据说美国罗斯福执政时，国内发生了经济恐慌，闻知中国历史上此一套调节物价的方法，有人介绍此说，却说是王荆公（王安石）的新法。其实在中国本是一项传统性的法制。

芬纳也认为这比埃及类似的做法更为先进。所以，有人说“常平仓”是中国对世界的伟大贡献之一。

（三）减租减税与放贷

“昭宣中兴”时期，减轻农民负担，解决农民实际困难，是常有的事。如前 85 年遣使给无种子、无口粮的贫民放贷，同年 8 月又因灾免收所贷出的种、粮，并除当年田租。前 79 年诏不收本年度马口钱（牲畜税）。第二年春免中牟（今河南郑州）贫民的租赋，停止运粮进京四年。前 77 年免民 4—5 年“口赋”（刘彻开始向 7—17 岁儿童征收的人头税），以及所欠达三年的“更赋”（22—56 岁的男子要服力役或兵役，不愿亲身服役而出钱代役）。前 74 年诏减口赋钱 30%。前 73 年免当年租税。前 71 年诏受灾的农民免租赋。次年 49 郡国同日地震，诏勿收租赋。前 67 年因边境屯戍驻军久劳百姓，诏流民归还，权借公田，贷种、粮，并免徭役。次年诏减天下盐价。前 64 年被灾者不收当年租赋。前 55 年诏减天下口赋。前 52 年减民算赋（向成年人征收的人头税）30%。第二年免当年田租。

同时，各级官吏将劝科农桑、发展生产作为首要政务。委派农业专家蔡葵为“劝农使”，巡视全国，指导农业生产。这样，农业连年丰收，谷价创汉代最低。《汉书》称当时：“政教明，法令行，边境安，四夷亲，单于款塞，天下殷富，百姓康乐，其治过于太宗（刘恒）之时。”

后续：“纯任德教”实验

刘彻虽然“独尊儒术，罢黜百家”，但他所尊儒术，并不是先秦儒学原旨，而是一套以儒家为主，融合了道、法和阴阳等多家学派思想的封建专制理论。换言之，史称“舞文巧诋以辅法”、“习文法吏事，缘饰以儒术”，现代学界称之“儒表法里”，通俗说儒学不过是用来作为法的辅助与装饰而已，不客气说就是刽子手的白手套。胡适说它事实上是“一种合成的宗教，其中混杂了无数的民间迷信和礼仪崇拜的因素……上面薄薄地覆盖儒家和早期儒家经典的伪装，以便使它们看上去显得受人尊敬并具权威性”，但“这种儒家学说根本不是孔子所教导的或被孟子哲学化了的学说”。美国学者埃森·盖尔评论汉皇帝特别是武帝时指出：尽管“在实际的治国之道上，他们恢复了秦朝法家政治家令人沮丧的政策”，但为了取得声望，“他们用了一些与‘儒学’相一致的东西来装点门面”。比如刘彻表面重用儒生公孙弘，但他毫无建树；实际重用的是桑弘羊，而桑弘羊却是个公认的法家，他称赞秦始皇，轻礼孔子，所推行的改革“并没有改进道德状况，反而使民众变得更加热衷于争权夺利了”，被人民诅咒要杀了他才能解救旱灾。董仲舒明说：“霜者天之所以杀也，刑者君之所以罚也。”他还亲自编写《春秋决狱》，收录 232 个经典案例，用《春秋》经义注释刑罚。实际上，刘彻用法还特别严酷。汉学家顾立雅认为：“与秦朝以来的政府相比，汉武帝的统治也是更为集权、残暴和专制的政权之一。”

刘彻的接班人刘询也一样。一天吃饭的时候，太子刘奭对父皇提意见：

“您持刑太深，应当多用儒生！”刘询本来高高兴兴，一听这话立时变脸，斥责道：“汉家自有制度，本以霸王道杂之，奈何纯任德教，用周政乎？”历来是“霸道”与“王道”兼杂着用，礼法并重，怎么可以只用周政德教呢？这话可谓一语道破天机。

“霸道”指法家，“王道”指儒家。关于法家，顾立雅阐释：“之所以称之为法家，是因为他们强调了法律在治世中的作用。不过，更能说明问题的称呼可能是把他们称为极权主义者，因为他们倡导最强有力的集权管理，并希望使个人完全从属于国家。”相关专家学者认为，“霸王道杂之”主要表达了两个层面的意思：一是王霸结合，即儒法结合，礼法、德刑结合。这种结合可以表达为政治指导思想与法律制度的结合、道德伦理与法律的结合、理论与实践的结合、政治家与思想家的结合等等。二是在王霸结合为主的前提下，或确立王霸结合这个多面体之后，再对道、墨、名、阴阳等凡是符合巩固、完善封建大一统帝国政治秩序和长治久安的所有学术思想，“杂”而采之，兼而用之。这里的“杂”，包含对具有不同政治文化色彩的思想广为吸纳、兼容并蓄、为我所用的意思。

而法家，也不是“纯任”的！针对商鞅，著名历史学家陈寅恪就说：那是被儒家改良过的法家。

中国人言行不一，伪君子长盛不衰，“儒表法里”之后愈发严重。我在《中国盛世》中感慨：

看中国历史，常觉得困惑：统治者满口仁义道德，怎么动不动就诛人九族甚至十族，而且还要凌迟——千刀万剐？又为什么那么多人会人格分裂，说一套做一套，对自己孩子也信奉“棍棒底下出孝子”？听听“霸王道杂之”之说，便可以恍然大悟！

《炎黄春秋》总编吴思在仔细揣摩了一些历史人物和事件之后，发现支配中国封建统治集团的东西，常常与他们宣称遵循的那些原则相去甚远。“对于这个擅长舞文弄墨的集团，要撇开它的自我吹嘘和堂皇表白，才能发现其本来面目。”吴思还一针见血揭露：它们说的那些很漂亮的东西，“假如当真行得通，我们的文明肯定有资格征服世界——无须花那些冤枉的钱搞大选、维持议会和最高法院，统治集团就像人民的父母一样慈爱，像圣贤一样英明。”所谓“外儒内法”、“内圣外王”，也就是吴思所说的“潜规则”吧，在中国潜行数千年。

从这个角度看，秦始皇显然逊色一筹。有人评论说：“秦兴也，法家；秦亡也，亦法家。”秦氏是靠商鞅、韩非等法家思想发展壮大的，他们那一套非常适合“马上得天下”。然而，在统一六国如此巨变的新形势之下，秦始皇却依然赤裸裸用那一套强硬的统治招数，而不知华丽转身，加以改革，笼络人心。当然，秦始皇统一后也想过重用儒生。试想，如果他真能保持那种“天下之士斐然乡风”，可能暴亡吗？秦始皇之败，成全了儒家，而将法家的名声败透了。从此 2000 多年的统治者，虽然没一个离得开法家思想，却再也没一个公开打出法家的旗号，让儒家占尽了便宜。

且说刘询对仁义懦弱的刘奭不满，觉得“乱我家者，必太子也”，很想改立，但刘奭的生母是刘询的患难之妻，母以子贵，他下不了改皇后的决心。前 49 年 12 月，刘询在是否更换太子的犹犹豫豫中去世，刘奭继位，即汉元帝。

大权在握，刘奭放手“纯任德教”。继位当年，孔子第十三世孙孔霸上书请求“奉孔子祭祀”，他当即下诏封孔霸为关内侯，赐食邑 800 户及黄金 200 斤，号褒成君，负责祭祀孔子事务。同时，以儒家标准选官用人。太学博士弟子数量，由刘询时的 200 人激增至上千。这些博士弟子，每年按甲、乙、丙三科考试，合格即授以相应的官职。因此，当时社会流传这样的话：“遗子黄金满籯（竹笼），不如一经。”读儒经做官，成为当时入仕的主要途径。

这时期，虽然有“昭宣中兴”的老本可吃，人口数达顶峰，将军陈汤本着“明犯强汉者，虽远必诛”的原则，使汉匈百年大战终告一段落，但刘奭“纯任德教”的国策在内部很快出现负面效应。豪强大地主兼并之风盛行，过于放纵外戚、宦官，而“德教”并不能解决这些实际问题，社会危机日益加深。中国古代四大美女之一的王昭君，就是被刘奭远送至那荒漠的。

再说刘奭身体太差，不到 40 岁头发、牙齿就脱落了。这样，他只好将政事委以宦官石显。石显因为少年犯罪被处宫刑当太监，外巧内阴，先后谮杀京房、贾捐之等能臣。他权倾朝野，结党营私，收刮资财多达一兆，把官场搞得乱七八糟，国势一天比一天衰弱。

反思：替他人作嫁衣

“昭宣中兴”37 年，其中前 20 年都由霍光主持朝政。最重要的政绩是与匈奴由战转和，转折点就发生在霍光手上。接手时，刘彻留下的是一个烂摊子。如果霍光平庸，非常可能没这个复兴。如果霍光要篡位的话，这还是汉室的末日。霍光之功不可没，且大于刘弗陵、刘询。

封建社会“家天下”，没本事不要紧，活可以让别人干，位不能改他姓。好比上门女婿，名份不可让。当然不乏女婿将女儿拐跑的，掌大权摄政而将皇位夺了的并不少见，比如王莽、朱全忠、赵匡胤等一大串。霍光不是没有条件，而且还有被别人篡夺的风险。与霍光同样辅政的上官桀就不服：你霍氏可以摄政，我官氏为什么不行？于是，依附皇帝之姊盖长公主，结成反霍联盟，将官氏年幼的孙女送入宫，封为婕妤，想通过公主和孙女取代霍光与刘弗陵。还有一个更是愤愤不平，这就是燕王刘旦。他比刘弗陵年长，理当立他为太子，由他继位，怎么能让给那么小一个弟弟呢？经过几年密谋，形成以盖长公主和刘旦为首的两股反对势力。他们联合起来，利用刘旦的合法身份发动政变。

前 80 年 9 月，霍光外出休假，他们认为时机已到，便叫一个人用刘旦的名义上书这时年已 14 岁的刘弗陵，说霍光在检阅京都兵备，附近道路戒严，还跟匈奴勾结。霍光擅自调兵，目的是为了推翻刘弗陵，自立为帝。为保卫刘弗陵，建议召刘旦入朝。他们的图谋是：这奏章呈上后，刘弗陵会立即按奏章内容宣布霍光的罪状，紧接着组织朝臣胁迫霍光辞职。可万万没想到，刘弗陵将此奏章扣压，不予理睬。第二天霍光得知上官桀等人的阴谋，便站在周公负成王图前不动。刘弗陵见霍光没来上班，连忙向朝臣打听。上官桀以为胜利在望，煽风点火说："因为燕王揭露他的阴谋，不敢来上朝了！"刘弗陵随即召霍光入朝，却劝慰说："我知道那奏章是造谣诽谤！你调动兵力，燕王远在外地怎么知道？何况你如果真要推翻我，无须如此大动干戈！"大臣听了无不惊叹，没想到小小皇帝如此聪明善断。

上官桀等人的阴谋被揭穿后，不甘罢休，干脆赤膊上阵。他们计划由盖长公主设宴请霍光，埋伏兵卒将他杀了，然后废刘弗陵。又一次出乎他们意料的是：这阴谋被盖长公主门下一名官员知晓并密报。于是，刘弗陵、霍光先发制人，将上官桀等人逮捕，诛杀他们家族。盖长公主和刘旦自知罪孽深重，先后自杀。

这时，霍光如果要假戏真做，应该挺容易。他可以发动轰轰烈烈揭露批判刘彻运动，结合这次政变，添油加醋，让全国人民唾弃刘氏统治，而将自己打扮成大救星。从他能够废刘贺改立刘询的情况看，这是非常可能的。而从王莽、赵匡胤们的实践看，还可能是轻而易举的，并可能光耀史册。

如果霍光有爱惜羽毛的洁癖，那么他可以像曹操。曹操"挟天子以令诸侯"，成为事实上的皇帝，逐步将或明或暗的对手清除。孙权劝曹操称帝，曹操将孙权的信给大臣们看，生气说："这不是明摆着把我往炉火上推吗？"群臣也奉劝曹操自立。曹操仍不肯，说："如果真有那个天命，那我就当周文王吧！"曹操至死没称帝，只是将官爵传给自己的儿子曹丕。第二年，刘协禅让曹丕，追谥曹操为魏武帝。

霍光的儿子、女婿、弟弟都任要职，霍光的夫人还不满足，想将自己小女儿立为皇后。可是，刘询下诏说："我很思恋落难时的一把剑，你们帮我找回来！”群臣猜测老半天，才明白他想立的是从民间带回的妻子许平君。霍光夫人不甘善罢，竟然指使将许后毒死。许后的儿子立为太子后，霍光夫人又想毒死这太子。霍光死后第三年，霍家人利令智昏地密谋以霍皇后（霍光之女）的名义废掉刘询，改立霍光一个儿子为帝。刘询大怒，诛杀霍氏数千家。不过，我觉得这很可能是桩冤案，因为刘询此前削了霍光儿子、女婿的实权，至少可以说是引蛇出洞“阳谋”逼的。即使是真的，那也意味着妻儿们很可能探过霍光的心意，认定霍光不可能会有二心，不得不等他死后一搏。这一搏，有人认为给霍光抹黑，我却觉得更显霍光的光辉。

儒家之“礼”，本来对平民百姓忽略不计，只冲着贵族。孔子最恨做着大臣而想着天子的好处，礼制规定诸侯只能享受“六佾”舞，而擅自享受“八佾”，他就觉得“是可忍孰不可忍”。大臣的城墙超过礼制的高度，他派武警部队去强拆，引发战乱，自己也丢了官。孔子很想将权力关进礼的笼子，百姓则在法的笼子，没想几千年来实际上权力什么笼子也没关，百姓则给关进礼与法的双层笼子。关于这点，后文有具体论述。这里想讲的还是霍光，虽然功勋卓著，也恪守本分，但身后被家属坑了。刘询在未央宫设麒麟阁专门陈列功臣画像的时候，只写霍光的官职和姓，略其大名，略示惩戒。曹操更糟！如今你问一下，恐怕人们十之八九回答：“奸臣！”那是戏文的影响。而赵匡胤真的将人家孤儿寡母的天下篡了，有几人骂？史上不公之事太多了！

第六章　光武中兴
汉室死而复生

本章提要　光武指汉武帝刘秀。王莽篡汉，天灾人祸，一时涌现几十支民军，天下大乱。刘秀称帝后（25–57），恢复汉室，大力解决奴婢和土地兼并等历史遗留问题，农业劳动生产率居历史最高水平，人口达历史高峰。

积弊：王莽带来的乱局

刘奭死后，太子刘骜继位，即成帝。刘骜生母王政君被尊为太后，外戚王氏家族开始登上政治舞台。刘骜生活荒淫，不仅宠幸赵飞燕、赵合德姐妹，还热衷同性恋，将朝政全委诸位舅舅。外戚权倾朝野，没干什么正事。前 7 年，刘骜去世，由于没儿子，只好让侄儿刘欣继位，即哀帝。想不到，让刘欣“名垂青史”的却是更痴情的同性恋。

谏大夫鲍宣上书直言，当时“民有七亡而无一得”，即天灾、苛捐杂税、贪官污吏掠夺、豪强地主兼并、国家徭役误农时、地方杂差误生产、盗贼抢劫；另“有七死而无一生”，即酷吏打死、判刑从重、陷害加罪、盗贼伤害、仇杀、饥荒和瘟疫。对此类谏，刘欣全当耳边风。前 5 年，大臣夏贺良上奏：“本朝历法已衰，应当重新受天命。先帝因为没有顺应天命，所以未添皇子。现在，皇上病久，天下又多变异，都是上天警告。只有改年号，才可让皇上延年益寿，生养皇子。否则，什么灾祸都可能发生！”刘欣欣然采纳，大赦天下。可是，刘欣的病依然不好，派人一查，发现夏贺良等人是一伙骗子，便以妖言惑众罪将他们处死，新年号用了没两个月。《剑桥中国秦汉史》说：以此为象征，“说明汉王朝为振兴帝国实力而作的最后努力失败了”。

前 1 年 6 月，年仅 25 岁的刘欣突然死了。刘欣又没儿子，只能将年仅八岁的庶孙刘衎迎为嗣。王莽任大司马，协助太皇太后王政君和童子皇帝。王莽父亲早死，没轮到封侯，家境孤贫。王莽以孝母闻名，又博学多览，独守清净，为人谦恭，对家里人要求也十分严格，朝野都称颂他。大臣上书盛陈王莽功德，建议像周王敬重周公一样，加封王莽“安汉公”尊号，意思是他使汉朝得以安宁。另有大臣称颂王莽的功德，建议增加王莽的封国，让他像周公一样光耀。对此，有官民 8000 多人附和，实在是一大奇迹。王莽只得“笑纳”，加号“宰衡”。因为周公为大宰，另有夏末商初被誉为中国历史上第一个贤能相国、帝王之师伊尹是“阿衡”，合二为一，无上荣光。不久，大臣又纷纷举荐“安汉公”升为摄政王，代天子行政。公元 8 年，呼吁王莽当真皇帝的人增多。长安举子哀章，私制一个金匮，上刻“王莽为真天子”的谶言，趁黄昏交给太祖庙门卫。第二天，王莽率群臣入太祖庙拜受金匮，回未央宫就端坐前殿天子位，发布文告：“我很敬畏天！上天令我接受皇位，怎敢不从？”随即宣布改国号为“新”，彻底终结西汉王朝。王莽篡权总体算平静，表明朝野都乐见这次“和平演变”。这是中国历史上唯一一次没什么流血的改朝换代。

王莽甩开膀子大干。他像孔子一样决心拯救“礼崩乐坏”的现实，但比孔子更幸运，因为他谋到帝王之权。他仿照周朝制度推行一系列新政，热火朝天。他认为只要古制一恢复天下就能太平，所以绞尽脑汁地谋划每一个细节如何符合儒家古籍的描述。日本学者鹤间和幸评论：“即使是王朝交替，如此极端的改革在中国历史上亦可谓空前绝后。”王莽常在灯下处理公务，天亮还没忙完。大臣也是早出晚归，每天有开不完的会。但他们却没时间处理诉讼冤案和百姓迫切需要解决的问题，连大小官吏的工资也拖到公元 16 年也即他登帝七八年之后才补发。王莽说：“古时候，官吏工资是丰年加发，歉年少发，以年终统计为准。如果有天灾，要以十为率减少。”这说法显然有理，现代还常有人说公务员的工资得跟政绩挂钩呢！问题是很难操作，官吏们得不到基本的生活费，只好贪赃枉法。富人保不了家产，穷人不能活命，于是纷纷去当强盗。又由于官吏无法灭盗，而怕受严刑酷法处分，只好隐瞒不报，导致盗贼越来越多，壮大为反官府武装。

王莽的改革轰轰烈烈，结果悲惨兮兮。公元 23 年 9 月，民军攻入长安，斩王莽，将他的头悬于市中，军民一起辱尸，还切他的舌头分食——他太能说了！他的头颅被后来皇室收藏，直到 295 年洛阳武库遭大火，才被焚毁。

王莽走向他的反面，让历史大失所望。假如没那么多天灾，假如经济不坏，假如改革成功，那么中国历史一定得改写。那样，王莽至少可与孔子齐名，儒家就破天荒真正胜利一次了！王莽却失败了，惨不忍睹。一般人们把他看成骗子，称帝之前那些好事全是伪装。明礼部尚书夏言怒斥他是“用《周礼》误天下者”。黄仁宇认为“王莽是中国历史中最离奇的角色之一”，讥讽“他尽信中国古典，真以为金字塔可以倒砌”。柏杨则冷静地说：“王莽是个忠实的儒家学者……对他诊断出来的社会病态的治疗，认为只要吃下古老儒书上所用的那些古药，就可痊愈……脚步向前走而眼睛向后看，仅这一点，就注定他必然跌倒。”胡适评价可能最高：“王莽是中国第一位社会主义者……受了一千九百年的冤枉。”众说纷纭，我觉得还是柏杨之说最精彩。如果说鲁迅笔下的阿 Q 是中国第一国民性格的话，那么柏杨笔下的王莽可谓第二国民性格，因为中国人从孔子开始，一代又一代人都热衷于“脚步向前走而眼睛向后看”。刻舟求剑，能求得喜剧才怪呢！

最具讽刺的是，王莽一心将儒家经典变为灿烂的现实，结果却遭儒家全盘否定，极端丑化。《剑桥中国秦汉史》将王莽的系列改革措施放在历史大背景中加以比较，认为：“王莽不是班固所述的那个无能、狡猾、伪善和妄自尊大的蠢人。这些都是老一套的和不公正的指责。从积极的一面衡量，王莽是机智而能干的。……从消极的一方面衡量，王莽是一个过分地依赖古文学派经典的有点迂腐的儒生。他不喜听批评意见，并且像当时所有皇帝那样，有迷信思想。……所有的证据证明，实际上全体官员都支持王莽，只是在广泛的农民骚乱导致官军彻底战败时，对他的支持才消失。”天灾人祸，迅速制造出无数的敌人。当时各地农民军有几十支，王莽还要忙于外敌，怎么应付得过来？

问题还在于那几十支民军不光对官军作战，他们相互间也争权夺利，到处烽火连天，血流成河，弄得整个中国像黄河决堤一般……

新政：文武并举

●一统天下

刘秀虽是刘邦九世孙，但祖上已从王降为列侯，父亲只是个区区县令又早逝，寄人篱下，成为平民。兄长刘縯好侠，他则好读书。在那个天下大乱的时候，他们兄弟跟着凑热闹，不想发展很快，不断与其他民军联合，改编为绿林军。23 年 2 月，绿林兵又与平林兵合并，共同“反新复汉”，推举刘玄为帝，刘縯为大司徒，刘秀为太常偏将军。6 月，刘秀的民军在昆阳消灭王莽的主力，即历史上著名的以少胜多的“昆阳之战”。这时，绿林兵内部争权发生分裂，刘玄杀刘縯。刘秀意识到某种危机，立即赶去向刘玄谢罪，既不为刘縯举行葬礼，也不与他的旧属往来，只说自己过错而不表功，深得刘玄信任。不久，刘秀到河北，迅速发展自己的力量。10 月，绿林军攻陷长安，王莽被杀，刘玄入长安。

公元 25 年 6 月，刘秀“跨州据土，带甲百万”，便在鄗（今河北柏乡）称帝。为践行重兴汉室的口号，刘秀的政权仍然使用“汉”的国号。不久迁都洛阳，史称“东汉”。与周武王、秦始皇、刘邦相比，刘秀称帝似乎早了些，因为这时候他还对手如林。

首先，还有个“老领导”刘玄在台上。想当初反王莽，刘秀曾参与拥立刘玄为帝，何况刘玄对自己还有不杀之恩，所以尽管现在分庭对抗，毕竟还没开始相互厮杀。很可能因为刘秀内心深处觉得有愧于他。当然，也可能只是来不及。此外，还有一种可能，刘秀在等待别人去收拾他。刘玄根本没有雄才大略帝王资质，只因是皇族惹了祸，被迫参加民变，被推上皇位。他登基的时候，紧张得汗流浃背，双手发抖，语不成声，许多将领都觉得失望。要不然，刘縯也很可能不会争权不会被杀。进入长安后，刘玄更糟，登殿接见文武百官，问的第一句话竟然是："你们抢到多少东西？"与刘邦当年"财物无所取，妇女无所幸"相比简直是一个天上一个地上，跟山寨王无异。他纳大司马赵萌女儿为夫人，宠爱得很，政事都委赵萌去办，自己忙着在后宫寻欢作乐。夫人也嗜酒，有大臣来奏事，她发怒："皇上正和我喝酒，你为什么偏偏拣这个时候来？"说着把书案都捶破。事情实在急了，就让太监冒充自己坐在帷帐内接见文武大臣。大臣听出不是刘玄的声音，非常窝火。军帅李淑进言："天下还没安定，就放纵成这样子，臣实在为陛下感到惋惜！"刘玄大怒，将李淑下狱。见此情形，部将纷纷叛走。这样的对手，值得花力气吗？只要坐等他灭亡！果不其然，这年9月，赤眉军攻入长安，刘玄单骑逃走，10月向赤眉军投降，被封为长沙王，12月被赤眉军缢死。如此下场，刘秀倒是同情。后来，刘秀封刘玄为淮阳王，并葬于霸陵（今陕西长安东）。

而"战友"赤眉军就得认真对付了！他们比刘秀早四年起事。等刘秀起兵时，他们已经堪与官军匹敌。当时，王莽派十余万官军清剿，他们为了与官军区别，将眉毛涂红，因此称"赤眉军"。官军很强大，也没能把赤眉军消灭，反而让他们给灭了，更始帝也向他们投降，汉传玉玺落他们手里。刘秀称帝后没几天，他们便拥刘盆子为"建世帝"。对他们，刘秀不敢等闲视之，而作为当务之急，遣大将冯异征讨。冯异通晓孙子兵法，有勇有谋，原为王莽郡吏，现在刘秀手下，屡立奇功，却谦逊得很，每当将领们争功的时候，他却独坐树下，人称"大树将军"，深受信赖。冯异征赤眉初师不利，两军相持60多天，几十次交战无法取胜。27年正月，冯异收集散兵数万，与赤眉军约期会战。这回，冯异使计，预先派精兵强将打扮成赤眉军模样，埋伏在路旁。战斗时，冯异假装不敌。赤眉军见状，连忙调来大部队，想一举全歼，哪想伏兵突然杀出。由于一样装扮，无法识别，赤眉军败退。冯异驱兵追击，刘秀也赶来亲征，赤眉军残余十几万全部投降，并向刘秀呈上传国玉玺，延续十年之久的赤眉军及建世帝至此告终。他们以赤眉起家，以赤眉败亡，世事就如此诡异！

然而，争帝之战远没有结束。当时民军已称帝的就有 11 个。公孙述虽然远些，可是威胁最大。公孙述本来是蜀郡太守，大臣李熊劝他称帝，说："蜀地沃野千里，战士不下百万。所谓用天因地，成功之资啊！"公孙述听了当然动心，可他心虚。这时，恰好梦中听人对他说："八厶子系，十二为期。""八厶子系"显然是"公孙"二字，"十二为期"有分歧，应当是指汉 12 个帝王（包括吕后），意思是说汉室气数已尽，该由公孙述来替代。但也可以解释成为期只有 12 年，所以公孙述梦醒后又喜又悲，叹道："虽然可以贵为帝王，可是国运太短，怎么办？"老婆倒比他想得开："夫子说'朝闻道夕死可矣'，何况有 12 年！"经这么一开导，公孙述不再犹豫，于 23 年起兵反王莽，自称"辅汉将军"，且比刘秀早两个月称帝。他称"白帝"，决心以白代黄（王莽），国号"成家"。成都离洛阳太远，鞭长莫及。一方面是刘秀征公孙述太吃力，另一方面公孙述伐刘秀也难，更重要的是洛阳附近的对手还多，而公孙述也没雄心壮志，连出兵江陵占据相邻吴楚都不想，只想凭借蜀中天险做个山寨王。刘秀不克分身，但再忙也无法忘却，于是一次次派遣使者去劝喻归顺。公孙述不肯屈居于刘秀之下，一次次拒绝。可是，他也没听从建议趁刘秀陷于其他战线不能自拔发起进攻的建议，坐失良机。直等刘秀将其他地方平定，转而亲征公孙述。36 年正月，刘秀最后一次劝降，仍被拒绝，于是大军压境，八战八克，公孙述战死，其家人尽诛，成都几乎变成一片废墟，"成家"王朝灰飞烟灭。

此外，也有人虽然没公然称帝，但事实上割据一方，也对刘秀形成威胁。如隗嚣，年轻时在州郡为官，以知书通经闻名，被王莽国师刘歆举为国士。刘歆叛王莽后，隗嚣回归故里，23 年趁机占平襄（今甘肃通渭），后归顺刘玄，被封为御史大夫。隗嚣不愧是读书人，起兵时亲撰讨王莽檄文，写得非常精彩：一指控王莽步秦始皇后尘，颁三万六千年历法，自称他的王业将与历法一样久长，犯逆天大罪；二指控王莽分裂郡国、割断疆界，更天下田为王田，把名山大泽禁锢起来，夺走百姓以渔猎为生的本业，犯逆地大罪；三指控王莽发动战争令百姓死伤无数，暴戾刑法使横遭陷害的人、冻死饿死的人、疾病瘟疫夺走的人，以万万计，犯逆人大罪。所以上帝哀怜百姓，对王莽进行惩罚。这檄文煽动力很强。隗嚣势力发展也快，名震西州，闻于山东。刘秀称帝后，隗嚣劝刘玄东归刘秀，刘玄不同意，隗嚣还想挟持他，没能得逞，逃回天水。隗嚣对刘秀是敬重的，不然不会想挟刘玄来投奔，又曾阻止刘秀的部下叛逃，被封为西州大将军。28 年，隗嚣还派使者给刘秀送信，称赞他有帝王之相。然而，刘秀命隗嚣讨蜀，他却以兵力单弱、蜀道难行为借口拒绝。刘秀多次派隗嚣的老朋友去劝他入朝，并许以重爵。他都谦称自己无功，待四方平定后即回老家，一再谢辞。但为取信刘秀，他将自己的儿子隗恂送到长安做人质。后来，刘秀下诏让隗嚣从天水讨伐蜀地，隗嚣不仅未出兵，还暗中称臣于公孙述，相互派兵援助。32 年春，刘秀亲征，给隗嚣发最后通牒，隗嚣还不肯依从，刘秀便杀了人质，派兵大举进攻。第二年初，隗嚣病死，立少子隗纯为王。同年 8 月，刘秀攻破洛门，直逼陇上，隗纯及部将全部投降。

刘秀称帝之后，仍然有些人想争。如 26 年铜马军、青犊军和尤来军共立孙登为天子，次年李宪在淮南称帝等等。刘秀统一天下的大业，直至 36 年也即称帝后第 12 年方告完成，内战结束，政权稳定下来。

● “柔道”政治

刘秀当皇帝后，忙里偷闲将老家的老人请到宫中来喝杯酒。老头老太太们一高兴，话没遮拦，居然说起刘秀小时候的丑话。一位大发感慨：“文叔（刘秀的字）小时小姑娘样的，又老实又柔顺，谁能想到这么老实巴交的人竟然做了皇上！”好像是在说老实人不可能当皇帝，当了皇帝的人也不可能老实，这话真让人生气！刘秀却笑道：“柔顺点好啊！我治理天下也用柔道！”

刘秀所说的“柔道”不是现代体育拳术，而是一种屈伸得宜，以柔克刚的韬略，与他老祖宗“无为而治”如出一辙。刘秀不是开玩笑，而是实打实践行。即使你死我活的战争，也不忘“天地之性人为贵”。26 年冯异出征赤眉军的时候，刘秀特地交代：“征伐非必定掠地屠城，在于平定安置。你是读书人，要多加注重，不要给百姓添加苦难！”破铜马军后，刘秀非但没杀投降的一兵一卒，反倒封他们的首领为列侯。降兵不放心，刘秀命他们各自回本营统领军队，而自己轻车简从巡行各部阵地。从此，降军心悦诚服，所以关西一带还称刘秀为“铜马帝”。36 年刘秀下诏明示：“边吏力不足战，则守。追虏料敌，不拘以逗留法。”他反对那种冒死硬拼的战法，绝不鼓励边疆官兵当无谓的烈士。

公元 48 年，刘秀之所以拒绝乘人之危灭北匈奴，考虑的正是：

《黄石公记》曰：“柔能制刚，弱能制强。舍近谋远者，劳而无功；舍远谋近者，逸而有终。故曰：务广地者荒，务广德者强，有其有者安，贪人有者残。残灭之政，虽成必败。”今国无善政，灾变不息，百姓惊惶，人不自保，而复欲远事边外乎！孔子曰：“吾恐季孙之忧不在颛臾。”且北狄尚强，而屯田警备，传闻之事，恒多失实。诚能举天下之半以灭大寇，岂非至愿！苟非其时，不如息民。

《黄石公记》是中国古代一部著名兵书。与其他兵书不同在于，它糅合诸子各家思想，专论战略。

战争还没结束，刘秀就迫不及待精兵简政，让大批战士解甲归田，恢复生产。否则，战争也许不用拖那么久。全国大约 1000 个县，被一口气裁掉 400 多个，县级以下官吏减少 90%。同时，还将诸王降为公、侯。刘秀得天下跟刘邦一样，靠的是手下一批得力干将，也一样不能坐视他们功高盖主，但他没像刘邦那样“狡兔死，走狗烹”。人们所熟知的赵匡胤“杯酒释兵权”，实际上是刘秀发明的。37 年 4 月，平完最后对手公孙述的大将回京，刘秀举行盛大庆功宴，封功臣 3605 人，表彰他们的功绩，赏给大量封地，让他们回去享受荣华富贵，而不再参与朝政。事后，还常派官员上门慰问。同时，加强干部考核，要求他们勤政为民；给百官增俸，让他们高薪养廉，保持朝政的稳定。

与此同时，刘秀大力收罗天下各种人才，补充新鲜血液。原来，“汉室中微，王莽篡位，士之蕴藉义愤甚矣。是时裂冠毁冕，相携持而去之者，盖不可胜数”。现在，刘秀将这些隐居山林的人士请出来，高官厚爵相待。通过“退功臣而进文吏”，朝中更换新鲜血液，既避免功高盖主，又保证皇帝“总揽权纲”。

刘秀注重偃干戈，修文德；去甲兵，敦儒学。儒学虽然被刘彻“独尊”，但只是说说而已，直到西汉末才上升到主导地位，刘秀时期才开始真正成为官学。29 年建太学，置博士，传授诸经，不过实际上并没有从中取什么官。刘秀巡视鲁地时，遣大司空祭祀孔子。38 年封孔子第十七代孙孔志为褒成侯。对于王莽时期隐居不仕的官僚、名士加以礼聘，表彰他们忠于汉室、不仕二姓的高风亮节，培养重名的社会风气。

不过，强势的主流意识形态很快出现副作用。早在战国时代，孟子就抱怨当时人们将儒术作为“敲门砖”，一旦升官就抛弃。荀子指责更严厉，说太多儒生只是贵族的食客和走狗，骗吃骗喝。《礼记》也不得不承认当时许多儒生并不是真正的儒者。到汉“独尊儒术”之后，这种情况更为严重，时谚曰：“举秀才，不知书。察孝廉，父别居。寒清素白浊如泥，高第良将怯如鸡。”沽名钓誉者多，真才实学者少。

刑律方面总体从轻。52 年、55 年两次下诏，将死罪改为下蚕室。“下蚕室”即宫刑。蚕室要求具备既保温又防热的性能，以便补湿排湿，通风透光，彻底消毒。受宫刑后创口极易感染中风，必须留在像蚕室一样的密室中居百日，所以常用下蚕室代指宫刑。宫刑自然也极不人道，但正如俗话所说，“好死不如懒活着”。53 年派使者到各地查冤狱，并在此基础上诏令天下所有囚徒各减本罪一等。

治官则从严。太仓（今属江苏）亭长奚涉，招降山贼数百，遣归农耕，自食其力，辖内安定。但此举未上报，属自作主张，有违汉律，被郡守逮捕下狱，上书洛阳。刘秀非但不降罪，反而将他提拔为太仓县令。没想到奚涉高升后忘乎所以，不过三年占田霸地千余倾，为躲赋税瞒报近一半，并高租于民，重苛盘剥，百姓怨声载道。在全国性检核田亩并考察干部的时候，奚涉怕了。戴进的兄长戴涉是当朝大司徒，在本县有良田千亩，房屋千余间，牟取暴利比奚涉有过之而无不及。于是，奚涉与戴进结盟，找戴涉说情。戴涉为戴进、奚涉造假册，瞒天过海。44 年遭人举报。刘秀震怒，下令戴涉自缢，判奚涉、戴进及当时负责核查的官吏十余人斩刑，受牵连而遭下狱、罢官、没收财产的多达几十人。随后又诏告天下，以此为戒，大力整顿官场。此案让朝野大为震惊，大快人心，但也有人认为过重，罪不至死。又如 52 年，因诸王宾客荡乱法纪，刘秀诏令郡县大搜捕，坐死达数千人，显然也有为过之嫌。

●解决历史遗留问题

每一个人创造历史，都是在直接碰到的、既定的、从过去承继的条件下创造的。这条件有正面的，也必定有负面的。对负面的历史遗留问题是否装鸵鸟，视而不见，击鼓传花，坐令小事化大，大事化炸，是考验其品德、能力及历史地位的关键。刘秀面临的主要历史遗留问题与其他朝代差不多：一是奴婢问题，二是土地兼并问题。

（一）奴婢问题

奴婢怎么会成为一大社会问题？在我们现代来看，难免感到不可思议。秦汉属于封建社会初期，难免留有一些奴隶制的残余，这主要体现在奴婢问题上。当时奴婢没有独立的身份，依附于主人。那些权贵之人，贪婪无度，蓄养奴婢越来越多，造成“世禄之邑，几无王民”的局面，直接影响国家财政、军队、徭役的来源。因此，封建王朝在战乱或灾荒之后，经常颁发放免或限制奴婢的法令。但从总体看，奴婢问题是整个封建社会的一大痼疾。

西汉末年，刘欣刚上台时也有雄心壮志，曾推出一系列改革，如撤免乐府、改官吏名号、惩治不良朝官、选拔能臣等等。然而，由于用人不当，并没收到实效。他还曾批准限制豪强大族兼并土地、蓄养奴婢的提案，要求限定诸侯王奴婢 200 人，列侯、公主 100 人，关内侯、吏民 30 人，期限三年，违者没收入官。这改革产生一定效果，但因外戚等强烈反对，刘欣下诏"且须后"，又变成一纸空文。后来王莽对此也做了努力，但更失败，奴婢问题继续恶化。

刘秀称帝后，尽管战争如火如荼，他还是关注到了奴婢问题。35 年 2 月诏令："天地之性人为贵。其杀奴婢，不得减罪。"请注意：刘秀看奴婢问题的角度与众不同，出发点是人。天地之间万物生灵，得天地之气成形，禀天地之道成性，其中以人最为尊贵。"天地之性人为贵"这话不是刘秀发明的，而是出自《孝经》。《孝经》据传为孔子所作，一般认为成书于秦汉之际，但秦始皇、刘彻们绝不会认同这样的话，刘邦、刘询们也忽略，刘秀拿出来加以强调。有了这话，才能理解刘秀为什么没乘人之危灭匈奴、追击赤眉军时拒绝决黄河大堤、女子犯罪可以让她回家出钱雇人入山伐木抵罪等一系列仁政。他还有一句话被当作名言流传千古："每发一兵，头须为白。"刘秀也是造反起家的，一将成名万骨枯，但他本质上并不好战，与其他帝王不同。

现在，刘秀要求尊重奴婢的"人权"！他当政期间，先后十来次专门下诏，一再强调恢复他们的平民身份。如 26 年诏"民有嫁妻卖子欲归父母者，恣听之。敢拘执，论如律"；30 年诏"王莽时吏人没入为奴婢不应旧法者，皆免为庶人"；35 年诏杀奴婢者不得减罪，随后又废除奴婢射伤人要处死示众的法律；次年诏陇、蜀民被掠为奴婢者，一律免为庶人；38 年诏免益州、凉州被掠为奴婢者，一律免为庶人，卖者不退款。

董宣做洛阳县令时，湖阳公主的家奴杀人，躲在公主家里不肯出门。

董宣无奈，只好布置监视。有一天，报告说公主带那家奴出门，董宣立即赶往，在夏门亭（洛阳十二座城门之一）拦住公主的车，拉下那家奴，当场正法。公主认为当面杀她仆人是欺负她，向刘秀告状。刘秀一听女人哭也生气，把董宣叫来，要杖打他。董宣说："如果放纵杀人，怎么治理国家？不用你打，我自己死吧！"说着用头撞柱子。刘秀连忙叫人拦住，改而要他给公主磕头道歉。董宣说杀那恶奴没错，偏不肯磕头。刘秀命人按住他的头往下磕，可他双手撑地，挺起脖子，死不肯磕。公主在一旁火上浇油："小弟当年也曾匿藏案犯，让官吏不敢进门。如今贵为天子，怎么反倒没威风了？"刘秀一边喝令董宣快走，一边笑笑安慰老姐："天子与白衣不同啊！天子怎么还能像白衣那样蛮干呢！"最后，刘秀反而奖励董宣 30 万钱。这案例从另一个侧面说明家奴问题之弊，即主子对有的家奴过宠，让他们为非作歹，也让社会深受其害。

（二）土地兼并问题

纵观中国历史，很容易注意到土地问题，特别是一个朝代之末，教科书往往都要不厌其烦地重复一句土地兼并如何严重，然后是造反分地，形成"收—放—收—放"这样一种循环反复的现象。究竟怎么回事？历经"人民公社"实验的我们，很容易理解"井田制"即使真实也不可能久长。历经"家庭承包责任制"的我们同样不难明白：单家独户小块耕作，制约生产力的提高。在历史上，单一的农业社会，这个两难问题几乎无解。所以我们看到若干年官府允许土地买卖，过若干年又禁止土地买卖，反复循还，不可能"一劳永逸"。正如《历史的教训》写道：

我们的结论是，财富集中是自然的和不可避免的，可以借助暴力的或者是和平的部分再分配而得到周期性的缓解。就此而论，所有的经济史都是这个社会有机体缓慢的心脏跳动，财富的集中和强制再分配，便是它巨大的收缩与扩张运动。

但不管怎么说，口渴盐卤也得喝，能暂时缓解一下总比持续恶化好些。

早就有董仲舒指出："除井田，民得买卖，富者田连阡陌，贫者亡立锥之地"，因此倡导抑制兼并。刘彻忙于征战，没将这问题摆上议事日程。师丹的改革建议很具体，声势很大，但没真正推行。王莽高度重视，他的措施是以"王田"恢复远古的井田制，刻舟求剑，即使辅以严刑峻法，也执行不下去，三年后不得不撤销。

刘秀在战争结束后，把工作重点转移到社会经济方面。发现垦田亩数与人口对不上号，公元 39 年在全国轰轰烈烈开展"度田"运动，一是丈量土地，二是清查户口。丈量土地是为了了解豪强地主私有土地到底有多少，检核户口既可以清查隐匿户口，也可以限制豪强地主控制依附农民的数量，进而加强对土地与劳力的控制，增加官府租税与赋役。

州郡官吏多为豪强地主，往往不愿如实丈量土地与呈报户口。特别是河南、南阳地区那些"近臣"和"帝亲"，抵触情绪更大。大司徒欧阳歙在汝南郡任内，测量田亩作弊，贪污千余万钱，刘秀要求予以严惩。欧阳歙的学生礼震才 17 岁，自己绑了进京，上书说："欧阳歙老师为儒宗，没想会遭牢狱之灾。歙门单子幼，未能传学，死后将为废绝。因此，乞求皇上让我以身代命！"奏书还没到，欧阳歙已死于狱中。说明这场运动是动真格的，对权贵阶层形成震慑。

传统观点认为刘秀度田运动失败，近来有学者提出质疑，如郑州大学历史教授袁延胜认为："事实上，光武帝严厉打击'度田'不实的官员，平息了由此引起的叛乱，使'度田'取得了成功。"具体有以下两大成果：

一是户口增加。公元 2 年，全国民户 223.36 万，口 5959.49 万，为西汉时最多。社会动乱后，人口大为减少。经刘秀统治 30 余年，户数和口数均增长近一倍，其中部分就是度田的直接效果。

二是豪强地主有所收敛，官吏不敢继续扩大私有土地。如邓禹，算是开国功臣，但他"常欲远名势"，还严格教育子孙"不修产业"。又如樊宏是刘秀的舅舅，屡立战功，被封为寿张侯，但他为人谦柔，常要求子女说：

“富贵盈溢，未有能终者。吾非不喜荣势也，天道恶满而好谦，前世贵戚皆明戒也。保身全己，岂不乐哉！”

专家学者统计，当时全国每个农业劳动力平均每年生产谷物 1000 公斤左右，每人年平均占有粮食约 320 公斤，每人年平均口粮约 243 公斤，亩产一般在 50—100 公斤，最高可达 250—350 公斤。从此之后直到近代，历代农业生产率一直在这个水平线上下徘徊。那时全国人口也回升到 5000 多万，这是个缩小了大约 20% 的官方人口统计数字。中国历史上的总人口，从汉至明始终在 5000—6000 万。

宏观来看，“光武中兴”的意义更非一般。复旦大学历史地理教授葛剑雄认为：“空前强大的盛唐发轫于东汉，以汉族为主体、多民族共处的格局也肇始于东汉。”历史对刘秀本人评价很高。秦汉史学家黄留珠说：“在中国的历代帝王中，汉光武帝刘秀是唯一一个同时拥有‘中兴之君’与‘定鼎帝王’两项头衔的皇帝。刘秀的‘中兴’，是重建了一个新的王朝，只不过这个新的王朝仍然沿用了‘汉’的称谓罢了。”著名学者南怀瑾说：“在中国两千年左右的历史上，比较值得称道、能够做到齐家治国的榜样，大概算来，只有东汉中兴之主的光武帝刘秀一人。”

后续：再创一个盛世

公元 57 年，刘秀去世，太子刘庄继位，继续开创了一个盛世：“明章之治”。这是一个非常了不起的结果。“昭宣中兴”后，一乱百来年才有个“光武中兴”。现在，紧接着又一个盛世，不能不说刘秀传得好、刘庄接得妙。

刘秀的后宫相对平静，但不能说微波不兴。刘秀是帝王中难得的一个浪漫者，还以喜剧而终，则绝无仅有。早年他只是一个平凡的大学生，但这不妨他有一两个远大理想。跟我们现代大学生一下课喜欢谈论美女一样，他当年也有个梦中情人：阴丽华。在京城读书有个好处是盛大场景见得多。他印象最深是执金吾出行的场面。“执金吾”位同九卿，京师北军统帅，大致相当于现代首都军区司令。帝王出行之时，执金吾缇骑 200 人，持戟 520 人，舆服导从，花光满路，百官当中执金吾走在最前头，最醒目、最风光，让年轻的刘秀两眼一亮，感到一种强大的震撼。于是，他感慨："仕宦当做执金吾，娶妻当得阴丽华！"

刘秀可不是说着玩的。当他看准乱世当出英雄，毅然起义。他的事业并不顺，特别是在兄长刘縯被杀的时候，他面临着同样的危险。所幸他以"柔道"之术躲过一劫，但被解除兵权，封一个"武信侯"空头衔。既然事业困顿，那就先爱情吧！ 23 年 6 月，刘秀在宛城（今河南南阳）迎娶他仰慕多年的美人阴丽华，人生两大目标实现一半。

三个月后，刘玄派刘秀去收复河北。当时河北山头林立，而刘秀没一兵一卒，怎么办？他注意到真定府刘扬拥兵十万，实力最强，但政治态度尚在观望，可以利用，便决定来一次政治婚姻。那时候刘秀虽然没什么权势，但算是个美男子，身高七尺三，有着漂亮的胡须和眉毛，所以联姻之事一拍即合，娶刘扬外甥女郭圣通，还有真定府兵马作嫁妆。第二年刘秀与刘扬联手出击邯郸，经过一番鏖战，打败百万河北农民军，将其中大部收编自己麾下。于是在娶阴丽华两年之后称帝，他人生另一大目标终于也实现了——远远超过执金吾！

可以说：没有郭圣通就没有刘秀称帝的可能！阴丽华很有自知之明。当刘秀考虑立她为皇后的时候，她"自陈不足以当大位"。于是，郭圣通被册封为皇后，其子刘疆为太子。

然而，刘秀对阴丽华毕竟有着由衷的感情。公元 33 年颍川、河东两郡发生叛乱，阴丽华的母亲和弟弟被害。为此，刘秀非常伤心。为安慰阴丽华，刘秀下诏：

吾微贱之时，娶于阴氏，因将兵征伐，遂各别离。幸得安全，俱脱虎口。以贵人有母仪之美，宜立为后，而固辞弗敢当，列于媵妾。朕嘉其义让，许封诸弟。未及爵士，而遭患逢祸，母子同命，愍伤于怀。

诏书一向冠冕堂皇、凛凛然然，刘秀这诏却儿女情长、充满自责。兴犹未尽，刘秀还引用几句《诗经》：

将恐将惧，惟予与女。

将安将乐，汝转弃予。

这诗写女子幽怨：回想那些艰苦岁月，只有我与你相爱。如今日子安稳快乐，你却狠心将我抛弃。在堂堂诏书里引用怨妇诗，可谓空前绝后！千年之后，南宋文学家洪迈还专门作《诏令不可轻出》一文，认为“人君一话一言不宜轻发，况于诏令形播告者哉”，分析说“盖九年之诏既行，主意移夺，已见之矣。郭后岂得安其位乎？”

洪迈虽有马后炮之嫌，但分析得没错：刘秀内疚得很，想改立后！公元 37 年，阴丽华儿子刘阳才十岁，已通读《春秋》等经典。有一天，刘秀抚摸着刘阳的头，叫他“吴季子”，并要他说说对吴季子的看法。吴季子是春秋时吴王梦寿的第四个儿子，本来没有资格继承王位，因为父皇希望他即位，几个哥哥也愿意让，吴季子却数次推辞，最终没有继承。刘秀以吴王梦寿自比，表明他希望刘阳能够继承汉室皇位。可是阴丽华坚辞皇后，刘秀担心儿子学她，所以想试探他的态度。没想到，刘阳批评吴季子“愚戆无比”，就是说如果父亲让他继承皇位，他一定当仁不让！

刘秀没有凭刘阳这点志气就改立太子。刘阳 12 岁那年，刘秀在全国大规模开展度田运动，各州郡官员进京汇报工作。有天，刘秀看到大臣陈留的竹简上写着“颍川、弘农可问，河南、南阳不可问”几个字，困惑不解，便问什么意思。陈留说不知道，他是在洛阳大街上捡的。这时，帐幄后面的刘阳插嘴：这是郡里官吏教陈留怎么核查土地。刘秀追问：那为什么河南、南阳不能问？刘阳说：河南是帝乡，南阳是帝城，这两个地方肯定有问题，所以不能认真核查。刘秀追问一番，果然如此。刘秀不能不对刘阳这皇子高看一眼，而太子刘疆就显得逊色了，换言之皇后失职。这样，刘秀下决心废后。诏书写道：

皇后怀执怨怼，数违教令，不能抚循它子，训长异室。宫闱之内，若见鹰鹯。既无关雎之德，而有吕、霍之风，岂可托以幼孤，恭承明祀？今遣大司徒涉、宗正吉持节，其上皇后玺绶。阴贵人乡里良家，归自微贱。宜奉宗庙，为天下母。

这诏写得很清楚，废郭圣通的理由是她“不能抚循它子”，不能“托以幼孤”；改立阴丽华的理由是她能“为天下母”。但这时对于是否改立太子，刘秀仍然没拿定主意。

公元 43 年新年伊始，就发生了一件麻烦事：巫者单臣等人叛乱，占据原武（今河南原阳）。刘秀派臧宫率军镇压，屡屡受挫。到 4 月刘秀急了，召集大臣问对策。众说纷纭，无非是加大奖赏，重赏之下必有勇夫。刘阳以东海王的身份参加会议，他却说：“妖巫叛乱，其势不会长久，其中必有后悔想逃跑的人，只是官军围太急，不能逃而已。我们只要缓解一下，让一些人逃出。他们一出城，只要一个亭长就够对付！”刘秀采纳这一策略，果然不出所料，叛乱很快平定。经过这样一次考验，刘秀终于拿定主意，这年 6 月将刘疆废为庶长子，封东海王，改名强；而刘阳则由庶子变为嫡长子，进而立为太子，改名为庄。

这一改影响深远。从此以后，每当有皇帝想无过废后的时候，那些腐儒都不忘以刘秀黜废郭后为反面教材劝谏。他们忘了刘秀诏书中的关键词“托以幼孤”。不能“托以幼孤”，刘氏江山无以为继，不是“过”吗？还有什么“过”比这更大？而历史已经证明，阴丽华确堪“托以幼孤”！她儿子刘庄（阳）不仅承传汉室，而且开创了一个新的盛世，功莫大焉！阴丽华在位 24 年，谥号为“光烈皇后”，成为中国历史上第一个拥有谥号的皇后，实至名归！

那些腐儒们不想想：如果每一个帝王都能像刘秀这样交班，中国历史哪来那么多乱世？

反思：政治诺言

针对王莽篡汉，为夺取正统，赢得更多民心，当时的民军大都打着重兴汉室的旗号，刘秀不能免俗。然而，刘秀是真诚的。他不仅袭用“汉”的国号，还继承汉代老祖宗的治国策略，无为而治，与民休息，中兴汉室，开创盛世。

不仅如此！我最欣赏刘秀的是他“天地之性人为贵”的观念。对于开国功臣，他没像刘邦那样过河拆桥，而是“杯酒释兵权”——赵匡胤是从他这学的。在私生活中，他和阴丽华善待被废的郭圣通及其子女，没有后宫常见的血泪。更难能可贵的是：他对敌人也如此！

当时外忧中最让人头痛的，仍然是匈奴。匈奴依然像蚊子一样经常入塞骚扰，一赶就跑，不赶又来。公元 48 年匈奴王死，匈奴分裂为北匈奴和南匈奴，南匈奴王入汉称臣。北匈奴继续与汉为敌，时值连年旱蝗，赤地千里，人畜饥疫，死耗过半。为此，两位雄心勃勃的老臣——朗陵侯臧宫、杨虚侯马武要求再次上阵，剿灭北匈奴，彻底安定北边。请战书写得义正词严：

匈奴贪利，无有礼信，穷则稽首，安则侵盗。虏今人畜疫死，旱蝗赤地，疲困乏力，不当中国一郡，万里死命，悬在陛下。福不再来，时或易失，岂宜固守文德而堕武事乎！今命将临塞，厚悬购赏，喻告高句骊、乌桓、鲜卑攻其左，发河西四郡、天水、陇西羌、胡击其右，如此，北虏之灭，不过数年。

然而，刘秀坚决不同意。对此，《剑桥中国秦汉史》评述：

在此时刻，光武帝犯了他在位时期最大的错误，这个错误也属于中国历史中最坏的一个。他本应与南匈奴联合，攻击北匈奴的联合体。公元 51 年中国的将领们极力主张这场征战，而征战肯定会取得胜利。南单于就可以作为匈奴唯一的统治者返回戈壁之北的土地，而中国人就可以收复西北边陲的几个郡。之所以丧失这个机会，并不是因为它有军事风险，而是因为光武帝没有认识到它的有利条件……中国人为此付出了很高的代价。

于是，北匈奴也来贡袭马求和亲，刘秀则赐以缯帛和弓矢，似乎永结和平了。刘秀还曾说“每发一兵，头须为白”，看来也认真践行着。

历史上那无数的造反夺权者，大都有动听的口号，骗诱民众提着脑袋参与。洪秀全开始造反的时候，特别重视宣传工作，时兴站在高坛上向群众鸣锣演讲，大量印发书刊，编《原道救世歌》布教，说是要创立一个“天下一家，共享太平”的新世界。颁布《天朝田亩制度》，提出“有田同耕，有饭同食，有衣同穿，有钱同使，无处不均匀，无人不饱暖”的奋斗目标，还在《资政新篇》里公开表示要学习西方资本主义国家的先进经验。他们与此前历史上所有“农民起义”运动都不一样，不只是想替代旧皇帝。

可是建立“太平天国”自称“天王”，政局初安之后，洪秀全却转而忙于个人享乐。用人从“唯才是举”变成 “任人唯亲”，亲侄族侄十余人全都封王，形成排斥异姓的洪氏集团。至于“天朝田亩制度”之类不见落实，“共享太平”的承诺永远停留在口头上，等级制度和刑法比清统治者更严酷，逼得农民抗租抗税，袭击太平天国地方官府。这样的政治骗子实在是太多了！

刘秀如果像洪秀全，造反成功后顶多国号用用“汉”字，至于“天地之性人为贵”则只会停留在宫门大匾上。对于匈奴遭天灾，绝对不会错过，战死饿死千千万万百姓也不会在乎。如此，刘秀还可能开创盛世吗？当然也可能，但只能是刘彻式“盛世”，不可能赢得我等今天由衷的敬意！

外国有个笑话：举行说谎比赛，除了政客谁都可以参加，因为政客是职业说谎者。官场上的骗子绝不比情场、商场少，但我想政治是最应当讲道德的。因为政治与情场、商场不同，出发点就是为众人，而不是为个人。李自成、洪秀全之流成功后即食言，垮得也最快。朱元璋们一时没垮的，那诺言成为包袱，得不断制造新的谎言甚至依靠残暴手段去维护，越来越不堪重负，终将被压垮。

第七章 孝文中兴 改行文明路

本章提要 孝文指北魏孝文帝拓跋宏。在民族发展过程中决心实行汉化改革，三起三落。拓跋宏任职期间（公元 471—499），效仿汉族地区实行“俸禄制”、“三长制”和“均田制”，社会经济取得全面大发展。

积弊：多次“路线斗争”

北魏是我国北方鲜卑族拓跋氏建立的政权。这个王朝，留给我印象最深是一个字：游。这是一个“游”的民族，也是一个“游”的政权。

鲜卑族先民是商代东胡族的一支。秦汉时，被匈奴打败，一部分逃入乌桓山，被称为乌桓人；另一部分逃入鲜卑山，被称为鲜卑人。鲜卑山在哪？这是个历史之谜。直到 1980 年夏，考古工作者在黑龙江鄂伦春自治区首府阿里镇东北的深山老林找到一个古洞，当地人称“嘎仙洞”，石壁上刻有 201 个字的祭文，是 443 年北魏皇帝拓跋焘派使臣李敞来祭祖时留下的，且与《魏书》所记载的相符，这就证明鲜卑山是大兴安岭的古称。后来，他们从深山老林迁移蒙古大草原。著名的《敕勒歌》，就是鲜卑人唱的：“敕勒川，阴山下，天似穹庐，笼盖四野。天苍苍，野茫茫，风吹草低见牛羊。”这歌是他们生动的历史写照。公元 91 年，东汉和南匈奴联合对北匈奴予以致命打击，北匈奴西迁。鲜卑趁势占据漠北地区，留在那里的十余万匈奴人并入鲜卑族，鲜卑从此强盛起来。他们主要分为宇文部、慕容部、拓跋部、秃发部和乞伏部，在长城以外从东到西分布整个蒙古草原。

三国时期，拓跋部酋长力微统一各部落，迁都到盛乐（今内蒙古和林格尔），与曹操友好，派儿子沙漠汗到洛阳为人质。后来，力微对晋朝极为不满，但自己又失去了对部族的控制力，部族常侵扰中原，有一次杀掠达 5000 人。晋武帝司马炎对沙漠汗依然以礼相待，指望他将来能控制族部。随着双边关系日趋紧张，司马炎好心让沙漠汗回去，并赠大量财物，期望他化干戈为玉帛。力微也高兴儿子回来，派酋长们入塞到阴馆（今山西代县）迎接。没想物是人非，沙漠汗的言谈举止、服饰打扮不知不觉已被汉化，引起酋长们暗暗担心。宴席间，沙漠汗忽见头上飞鸟，掏出弹丸引弓即发，飞鸟应声而落。酋长们惊奇不已，私下议论：“太子说话穿衣都不一样了，又身怀绝技，将来继位做大酋长，肯定要改变我们祖宗留下的传统，怎么办？”他们同力微商议，力微也感到无奈，只得同意将沙漠汗留在并州（今山西太原），并在那将他杀了。鲜卑族的第一次汉化，就这样夭折了。

不久，鲜卑一分为三，西部由拓跋猗卢统治。拓跋猗卢是力微之孙、沙漠汗之子，善于用兵，曾打败匈奴、乌桓，并将部落之事委以汉人管理，汉人纷纷归附。后来与晋联合对胡作战，势力日益强盛。他以盛乐为北都，平城（今山西大同）为南都。314 年，被晋封为代王。猗卢想立少子比延为太子，便逐长子六脩，并黜其母，引起母族反弹。这时，猗卢重演 2000 年前周幽王的悲剧，召唤六脩而不至，便率军讨伐，反而被六脩打败，流落民间又被识破，暴死荒野。此后，代国陷入混乱，汉化改革再次中断。

北魏第三位皇帝拓跋焘，即著名的太武帝。他的字挺有趣：“佛狸”。他从小就表现出过人的军事天赋，善用骑兵，又重用崔浩等汉族大臣，先后灭胡夏、北燕、北凉等地，统一中国北方。统一前夕，他便宣布要“启国承家，修废官，举俊逸，蠲除科繁，更定科制，务从轻约，除故革新，以正一统”。最令历史难忘的是他灭佛。佛教不是中国土产，《西游记》的故事就生动地说明了这一点。佛教最初传入中国的年代众说纷纭，一般认为始于东汉明帝刘庄时期。佛教传入中国不早，但发展很快。一方面，中国人虽有自己的道教，幻想长生不老，羽化为仙，秦始皇就乐此不疲，但道士所说那一套，千百年来还只是传说，人们对成仙绝望，便降格以求死后有另一个世界。佛教跟道教的一个重大区别便是：不能实证。另一方面，中国改朝换代太多，不时战乱，苦难不已，需要来世的精神寄托。佛教受欢迎的程度很快超过道教，难怪民间迄今有“外来的和尚会念经”之说。北魏帝王本来是崇佛的，仅洛阳就有寺院1400所，僧尼数万，可谓普及全国。近2000年后的今天，你到洛阳龙门石窟看看，从那山头雕满大大小小、神态各异的佛像，不难想象当时的人们对佛教虔诚到何种地步。然而，这是个内忧外患的时期，此起彼伏的造反成了拓跋焘最头疼的事。偏偏446年3月，拓跋焘率兵到长安镇压盖吴民军的时候，竟然在佛寺发现藏有兵器，又查出酿酒用具及当地贪官匿藏的财物，甚至还查出寺院密藏女人淫乱。于是，拓跋焘下诏诛杀长安佛门，并下令全国废佛教，等他死后才恢复。史称“三武一宗”四次灭佛。这是其中第一次，另三次是北周武帝宇文邕、唐武宗李炎、后周世宗柴荣。

各次禁佛的原因不一，446年这次更主要的原因是拓跋焘和崔浩两人要改信道教。崔浩是汉人，长相如美女，自比张良，是拓跋焘的重要谋臣。拓跋焘曾指着崔浩，对归降的高车酋长说：“你们别看他纤弱不堪，手无缚鸡之力，他胸中远胜百万甲兵。每当我犹豫不决时，都是他帮我下决心，大获全胜。”拓跋焘还曾召集众尚书，下令：“日后凡属军国大计，你们不能决定的，都应先征询崔浩的意见！”拓跋焘常到崔浩家中请教，崔浩进宫见驾可以出入卧室。《战国策》评商鞅“极身无二虑，尽公不顾私”，李贽评晁错“可以说不善谋身，不可说不善谋国”。历史上常有为了国家利益而不顾个人安危的人，崔浩也是个典型。他屡建奇功，屡受厚宠，惹人大嫉。公然灭佛，怨声载道。崔浩还试图按汉族世家大族的传统思想，整理区分北魏氏族的高下，直接伤害到一些鲜卑贵族。后来，拓跋焘命崔浩组织续修国史，要求根据实录。崔浩秉笔直书，如实写了拓跋氏一些不光彩的历史。鲜卑贵族无不愤怒，纷纷到拓跋焘那里告状，指控崔浩胆敢暴扬“国恶”。拓跋焘亲自审讯，崔浩有口难辩。正如奥威尔揭露极权主义：“它的丑陋，是其存在的一部分，因为它正在宣称的就是：‘是的，我很丑，但你不敢嘲笑我。’”450 年 7 月，崔浩被杀。在送往城南行刑时，“卫士数十人溲（撒尿）其上，呼声嗷嗷，闻于行路”。崔浩同族无论远近，包括姻亲范阳卢氏、太原郭氏、河东柳氏都受连坐灭族，史称“国史之狱”。人们说鲜卑贵族与赵魏大族（汉族）矛盾太深，崔浩便是这种矛盾的牺牲品，“国史之狱”只不过是借口。这也是北魏第三次汉化改革的失败。

拓跋焘在位 29 年，晚年脾气暴躁，刑罚过于残酷，诛戮过多。这给北魏带来灾难，几度引起政治混乱。柏杨说“北魏的民变，是中国历史上最多的一个王朝”。这也给他本人带来灭顶之灾：太监宗爱逼死太子拓跋晃，并谋杀他本人。

拓跋焘被杀不是北魏历史上第一个，第一任皇帝拓跋珪就被其子拓跋绍所杀；也不是最后一个，拓跋焘之死并没有给北魏带来安定，而是更多的灾难。

452 年 2 月，拓跋焘死后其子拓跋余继位。拓跋余是第六子，除了上年意外死的太子，还有四个兄长，按长幼顺序本来轮不到他，只因他平时跟宗爱亲近而被选中，为此还杀了些大臣。拓跋余心虚得很，想用金钱收买人心，上台一个月就将国库挥霍一空。他沉溺于吃喝玩乐，连边境告急也不派兵。十几年前，邻国刘宋发生过一次政变：大臣谢晦等人将昏君刘义符杀了，改立他的弟弟刘义隆。刘义隆上台后，第三年过河拆桥，将谢晦等人杀了，报杀兄弑君之仇。拓跋余或许也有此心，只因宗爱高居相位，专权跋扈，朝廷内外都畏惧，他不能不佯装胸无大志，暗中谋划夺权。宗爱觉察后大怒，先下手为强，于当年 10 月将拓跋余杀了，然后立拓跋濬，即文成帝。

拓跋濬年仅 12 岁。但他吸取教训，即位后马上杀宗爱个措手不及，并动用五刑，灭其三族。拓跋濬在位 13 年，其间恢复佛教，和平外交，与南朝刘宋、北方各国互通商贾，息兵养民，民心逐渐安定。不过鲜卑贵族与汉族的矛盾依然突出，百官腐化，百姓反抗愈演愈烈。同时，内部斗争仍然激烈，谋权夺位的事接连不断，被处死的大臣不计其数。465 年 5 月，拓跋濬病死，年仅 25 岁，由其子拓跋弘继位。

拓跋弘继位时年仅九岁，尊奉嫡母皇后冯氏为皇太后。大将军乙浑看拓跋弘年幼，假诏大肆排斥异己，害死多位大臣。看着乙浑横行霸道，拓跋弘没辙，只能躲在冯太后那里痛哭。冯太后一时也为难，只能拜乙浑为相。可是乙浑的野心愈来愈大，不满足于丞相之位，阴谋发动宫廷政变。第二年初，冯太后诏命人率军突然包围乙浑府，把他杀了，稳定皇权。冯太后摄政，实行了一些改革。

471 年 8 月，17 岁的拓跋弘要将皇位禅让给叔父，遭到群臣反对，只好作罢。没几日，他又下诏传位于皇太子拓跋宏。拓跋宏时年才四岁，只能继续让冯太后摄政。

新政：全面汉化

●经济改革

（一）俸禄制

官吏也是劳动者，应当得到相应的报酬。早在战国时期，各国任用官吏就形成了薪俸制度。可是北魏刚从部落酋长联盟发展为国家，各方面均较为落后。到这时期他们还没有俸禄制，各级官吏没工资，得依赖贪污、掠夺和皇帝随意奖赏养家糊口，跟匪徒抢劫分赃没有太大区别。在建国之初也许没什么问题。随着建政稳定，战事减少，掠夺的机会也少了，问题越来越突出。官吏搜刮民脂民膏，导致社会矛盾冲突日益增多。拓跋濬和拓跋弘时期，曾多次下文件禁贪，并有人提出发“班禄”的建议，但未被采纳。

公元 484 年，北魏仿效两汉魏晋旧制实行“班俸禄”，规定在原来的户调之外，每户增调三匹、谷二斛九斗，作为百官俸禄来源，不得自筹。内外百官，以品级高低确定俸禄等次。从此，再贪绢一匹者便处以死刑。

这改革引起鲜卑贵族的反对，淮南王拓跋佗出面要求断禄。冯太后较民主，组织群臣讨论。大臣高闾反驳：“俸禄制是官员最好的保护措施，清白的会更清白，不清白的也有机会洗白。如果废止，贪腐泛滥，清官廉吏无法维持生计，最终后果会是什么？”不言而喻。为了贯彻落实这项新政，朝廷派使者分巡各地，专项查处这方面的违法者。拓跋宏的舅舅李洪之，时任刺史，因贪暴无度，被令在家自尽，地方官员因贪腐被处死 40 余人。一时间，行贿受贿几乎绝迹。而官民犯其他罪时，都予宽大处理，每年判死刑的不过五六个。

（二）均田令

东汉以后，户籍分“士族”与“庶民”两种。士族即官员，分品级，不仅自己可以拥有土地，且可庇荫亲属——称“荫户”。庶民要向官府缴纳 60% 的租税，士族与荫户可以不缴。问题是还有人为了免税冒充荫户，官府租税流失严重。所谓“均田令”，就是不论官民贫富，一律平摊赋税。分田方式如下：

一是男子年 15 岁以上受露田（只种谷物）40 亩，女性 20 亩，但不准买卖，年老免课，身死还田。

二是百姓原有土地为桑田，桑田是世业，不在还授之列。每人可拥有 20 亩。原来没有的可以分田，不足的补足。随着人口增减，多余部分可以卖，不足部分可以买，但买卖都不能超过应得份额。桑田还必须种一定数量的桑、榆、枣。

三是奴婢受田相同，耕牛一头受田 30 亩，限四牛。

四是土广人稀的地方，如果民有余力，可借地耕种；以后人口增加或有新户迁来，再依制受田。地少人多的地方，增丁应受田。无田可授，民又不愿迁徙的，以其家桑田抵充新丁应受之正田。如不能授足，举家不给。再不足，全家正田减额。愿迁的，可到任意空荒之地，但不得逃避赋役。地足之处，不得无故迁移。

五是官吏给公田，刺史15顷，太守10顷，县令和郡丞6顷，离职时移交下任，不得转卖。

田诏令限制了土地兼并，使自耕农比较稳定地占有土地，加速了封建化。钱穆评论："此乃魏孝文帝根据中国读书人而改革经济制度，故寓独特的历史文化精神，与西洋不同。"在黄仁宇看来，拓跋宏其他改革"不过承认已有趋向，或是锦上添花，对现有的行动予以装饰而已"，他"在中国历史上最大的贡献为：重新创造一个均匀的农村组织，非如此则大帝国的基础无法立足"。均田令历经北齐、北周到隋唐，实施约300年，变动的只不过是具体数目。

（三）三长制

北魏建国后，利用各地宗主管理地方。宗主是一些大大小小的割据势力。荫户多数没有户籍，属于宗主的私家人口，国家不能征调，也不能干预。显然这不是长久之计。

公元486年创建"三长制"，取代"宗主督护制"，规定五家为邻，设一邻长；五邻为里，设一里长；五里为党，设一党长。三长制与"均田制"相辅而行。三长的职责是检查户口，征收租调，征发兵役与徭役。任三长者，可免一至二人的官役。三长直属州郡。从此，中央管理到达基层，"以大督小，从近及远，如身之使手，干之总条"。

"三长制"使荫户成为国家的编户，实质上是与豪强地主争夺户口和劳动力。因此，又引起鲜卑贵族的反对。不过，三长还得从大族豪强中产生，他们不仅本人可以享受免征特权，亲属中还有1–3人可以享受同样待遇，因此反对不太强烈。自耕农大量增加，国家赋税收入增加，农民负担则有所减轻，促进了北魏后期社会经济的恢复和发展。后来，"三长制"成为北齐、隋、唐时期的乡里组织。

●迁都

鲜卑族很落后，但他们很有进取心，一样样向汉族学习，一步步向中原逼近。开国皇帝拓跋珪为了便于向汉族学习，将国都南迁到平城。在平城营宫室，建宗庙，立社稷。据统计，新建宫殿苑囿、楼台观堂等重大工程上百处，分皇城、外城、郭城，外城方 20 里，外郭周围 32 里，有 12 个城门。先后建天文、天华、中天军等殿 24 座；建西宫、北宫、南宫、东宫、宁宫等宫 15 处；建东苑、西苑、北苑、鹿苑 4 处；建华林、永林、永兴等园 3 处；建鸿雁、天渊等池 6 处；建云母、金华等堂 6 处；建蓬台、白台等 7 处；建玄武、无武等楼 3 处；建凉风、临望、东明等观 3 处；还建有郊坛、方坛、五精帝坛 3 处；另建有太庙、太社、太稷帝社、孔子庙、虎圈、圆丘、方泽、明堂、灵台、辟雍等。建筑之繁多，前所未有。为了满足这一需要，从长安迁能工巧匠 2000 户到平城。

然而，平城也不理想。第一，对于汉化国策来说，平城还是偏北，深入汉族不够。第二，他们有志于统治全中国，都城太北不利于管理政治、文化、经济更发达的中原。第三，平城偏北地寒，粮食产量有限，而京城人口日益增多。平城没有水陆漕运，从关内运粮到平城，费时费力，成本昂贵。第四，地理环境欠佳，多山、干旱、气温偏低，秋谷歉收，云中、代郡诸多百姓饿死。当时有人作《悲平城》诗：

悲平城，驱马入方中，

阴山常晦雪，荒松无罡风。

因此，公元 490 年 24 岁的拓跋宏亲政后的第一件大事就是把都城再南迁一些到洛阳。

正如我们在第二章“盘庚中兴”所看到，迁都触动一大批贵族的利益，阻力很大。拓跋宏的策略与盘庚不同，对迁都之事秘而不宣。公元 493 年，拓跋宏亲自率步兵、骑兵 30 多万，说是南征齐国。到洛阳时，秋雨连绵一个月，道路泥泞，行军非常困难，拓跋宏却照样下令继续前进。大臣们对伐齐本来就有情绪，因为 43 年前一次南征，北魏十万大军惨败，从此一听“南征”二字就不寒而栗。如今大雨，或许是天意。文武百官跪到马前，叩谏停止进军。拓跋宏说："如果大家实在不愿南下，那就把国都迁到这来，怎么样？"大家听了，面面相觑，没敢轻易开口。拓跋宏催促说："不能犹豫了！同意迁都的往左边站，不同意的站到右边。"迁都他们不愿意，但相对来说显然比战争好些，于是不约而同站到左边。

拓跋宏委派任城王拓跋澄回平城，向王公贵族宣传迁都的好处。随后，他自己赶回平城，召集他们座谈。贵族反对意见还不少，可是一条条被拓跋宏驳回。那些人实在讲不出什么理由了，只好说："迁都是大事，是凶是吉还是卜卦听天意吧！"卜卦结果可能有利，也可能不利，万一不利就前功尽弃！拓跋宏不冒这个险，连忙说："卜卦是为解决疑难事。迁都的事已经没有疑问,还卜什么卦？我们祖上迁过几次,不是一次比一次好吗？"

不到半年，留在平城的贵族阴谋另立朝廷，同洛阳对抗。太子拓跋恂肥胖，怕洛阳天气热，又不愿说汉语穿汉服，非常留恋鲜卑旧俗，因此被他们拉拢，密谋逃回去参加叛乱。这年 8 月，拓跋宏到嵩岳检查工作，拓跋恂乘机选御马 3000 匹，准备奔平城。领军发现异常，马上派兵严守宫门，阻止他们的阴谋。拓跋宏闻讯，立即返洛阳，追究拓跋恂，废为庶人。次年有人揭发拓跋恂又谋反，拓跋宏只得令他自尽，时年 15 岁，粗棺常服就地埋葬。

就在拓跋恂被废当月，恒州（今山西大同）刺史穆泰等人又谋反，推举朔州（今属山西）刺史阳平王拓跋颐为首领。这些人大都是鲜卑旧贵族及其后裔，他们不满拓跋宏重用中原儒士，也都反对迁都等改革。拓跋宏看他们有的年老体衰，未加责难，没想他们愈发放肆，阴谋叛乱。拓跋澄等人出击，及时平息，捕 100 余人下狱。

公元 497 年 2 月，拓跋宏北巡平城，慰问拓跋澄等人，顺便亲审叛逆，没一个喊冤叫屈。这次叛乱，留在平城的贵族只有于烈一族没卷入。从此，于烈族受器重。一些旧贵族和北方少数民族酋长反映说受不了洛阳暑热，拓跋宏也灵活，允许他们秋居洛阳，春还部落，时称"雁臣"。

●移风易俗

迁都洛阳后，拓跋宏立即着手进一步汉化改革，全面摒弃鲜卑旧俗，采纳汉族的生活方式和典章制度，具体内容包括：

一是禁止鲜卑贵族、官员及家属着胡服，一律改穿汉服。486 年正月初一开始，拓跋宏上殿也穿戴汉族皇帝的礼服和冕旒。

二是禁止鲜卑贵族讲鲜卑语，一律改说汉语。年龄 30 岁以上的可以逐步改；以下的及官员不得继续使用鲜卑语，否则降职或罢官。

三是将鲜卑族姓氏改为汉族姓氏，皇族由拓跋改为姓元。将老祖宗的姓都改了，这可不符儒家精神。可是拓跋宏解释："北方人称'土'为'拓'，称'后'为'跋'。鲜卑人的祖先是黄帝的后代，以土德而称王，所以称拓跋。土是黄中之色，万物之元，所以应改姓为'元'。"拓跋宏率先将姓名改为元宏（为阅读方便，本书统一用原名），太子拓跋恪改为元恪。其他如"勿忸于"改姓"于"，"独孤"改姓"刘"，"丘穆陵"改姓"穆"，"步六孤"改姓"陆"等等，总共 118 个姓，全都由复音节改为单音节或双音节，让我们今天读来顺口多了。

四是鼓励鲜卑贵族与汉族贵族通婚。

五是采用汉族的官制、律令。

六是学习汉族的礼法，尊崇孔子，以孝治国，提倡尊老、养老的风气。

七是凡已迁到洛阳的鲜卑人，一律以洛阳为原籍；死于洛阳的鲜卑人，必须葬于洛阳附近的邙山，不准回平城安葬。

此外，连度量衡也要求"改长尺大斗，依《周礼》制度，班之天下"。

这样的改革自然也有阻力，一个民族要全面革新是非常艰难的。然而，拓跋宏的意志不可动摇。499 年初，拓跋宏在南征途中染病，不得已回洛阳，但坚持上朝。他责问拓跋澄："营国之本，礼教为先。朕离京以来，旧俗改变多少？"拓跋澄回答："圣上教化日新！"拓跋宏听了很不高兴："胡说！朕昨日入城，分明看见车上妇人还头戴帽子、身着小袄，怎么说日新？"

戴帽穿小袄是鲜卑妇女旧服。拓跋澄辩解："穿旧服的少，穿汉服的多。"拓跋宏还不满意："你的意思是想洛阳全城都穿旧服吗？你不知道'一言可以丧邦'吗？"拓跋宏要求很严，谁也别想打折扣。

北魏这期间的一系列改革都有一个鲜明的主题：汉化，也即封建化。对刚从部落走出来的鲜卑而言显然是一大非同寻常的进步，也显示出他们远大的理想抱负。日本学者川本芳昭在《中国的历史》一书中写道：

孝文帝断然推行多项改革，还有另外一个出于个人的原因，即他在保持作为鲜卑人的意识的同时，又逐渐产生了远远超出鲜卑意识之上的阶级意识——作为中华皇帝的意识。

他们已经取得北半个中国，有什么理由不奢望整个中国？可惜，出师未捷身先死，拓跋宏倒在南征疆场，伟大理想没能实现。可是，北魏作为正统王朝逐渐得到汉人的认同，被称为"北朝"，与"南朝"相提并论，统治华北地区达一个半世纪之久。

北魏末年，汉族大臣高乾临终前对子孙说："主忧臣辱，主辱臣死。今社稷阽危，人神愤怨，破家报国，在此时也！"还有一位汉族名士封隆之，则发起勤王号召："国耻家怨，痛入骨髓，乘机而动，今实其实。"由此可见，汉族士大夫这时已经将北魏看成自己的王朝，宁愿牺牲小家以报效。从这个角度看，北魏的汉化改革确实成功了！

后续：败也儒教

公元 499 年 4 月，拓跋宏驾崩，17 岁的太子元恪继位，即宣武帝。元恪上任第一把火便是扩建新都洛阳，坚拒鲜卑族遗老们重返故里，巩固父辈改革成果。随后南伐，先后攻占扬州、荆州、益州等地，北魏国势盛极一时。

但等元恪的注意力从外部转向内部时，却发现朝中贪腐已无孔不入，如顾命大臣、元恪的叔父元禧侵吞大量田地和盐铁产业，另一辅政亲王元详则大做“官倒”生意。外戚专权也变得更加突出，高肇利用国舅的宠幸逼杀元详。首都市长元愉对此极为不满，起兵谋反，在信都（今河北邢台）另立山头。更要命的是北方中下层民众的不满与日俱增，军人也感到被边缘化，各类反叛此起彼伏。如北地（今陕、甘、宁一带）平民支酉，聚集数千人在长安城北叛乱，并派人向南齐联络请求武力支援。秦地、雍州等七州迅速响应，多达十万之众。反叛像癌细胞一样向全国扩散。元恪分身乏术，穷于应付。

元恪在位 16 年，33 岁病逝，由六岁的次子元诩继位，重新陷入内乱的恶性循环。元诩在位 14 年，算这时期最长的了，终被胡太后鸩杀。接着一个 22 岁的皇帝在位仅两年，被军阀所杀。再下来三个都只在位两年，被废或杀。最后一个在位三年，被杀并被篡位，北魏一分为二。

以汉族为主的中原社会较四邻少数民族地区先进，这是显而易见的。有些少数民族想凭武力掠些好处，有些则深感自卑，后唐李嗣源向天祷告“臣本蕃人，岂足治天下！世乱久矣，愿天早生圣人”。汉化的方向是正确的。然而，汉化改革在某种意义上说就是儒家化，全盘接受儒教就得不偿失了。本来他们的宫廷很简单，现在被儒教弄得很复杂；本来他们帝王与大臣的关系挺亲密，现在被儒教弄得等级森严；本来他们官府与人民群众的关系挺融洽，现在被儒教弄得天壤之隔。

儒教认为百善莫大乎孝。丧礼则是孝的集中体现，格外重要。父母过世，明确要求子女守孝三年，实际执行 27 个月，两年一季度。为什么呢？因为当年母亲乳哺你要 27 个月，现在得归还。守孝期间要天天守在灵堂，810 多天都哭丧着。这要求会不会有些过分呢？孔子的学生宰我就提出质疑，《论语》记载如下：

宰我问：“三年之丧，期已久矣。君子三年不为礼，礼必坏；三年不为乐，乐必崩。旧谷既没，新谷既升，钻燧改火，期可已矣。”子曰：“食夫稻，衣夫锦，于女安乎？”曰：“安。”“女安则为之。夫君子之居丧，食旨不甘，闻乐不乐，居处不安，故不为也。今女安，则为之！”宰我出，子曰：“予之不仁也！子生三年，然后免于父母之怀，夫三年之丧，天下之通丧也。予也有三年之爱于其父母乎？”

师生矛盾，争吵得挺厉害。宰我认为守孝三年太长，一年就够，并从正反两方面论证。孔子词穷，只能说如果心安理得，你就守一年吧！宰我一气走了，孔子骂他不仁，怎能这样报答父母。孔子为什么如此固执呢？因为先秦儒家甚至认为孝比忠更重要，父比王重要，“为父绝君，不为君绝父”，伍子胥为报杀父之仇招引敌国来杀楚王还被认为是贤人。到汉之后，儒家有较大改变，但仍然认为孝意味着遵守秩序、忠于君王。

一般人都不愿或者没法守孝三年，只因为儒教及官府鼓励，有的人像争当节妇烈女一样竞相出格。东汉有个人，葬亲后在墓旁挖地洞住着服孝20多年，地方官争颂他的孝行，纷纷向朝廷推荐重用。新太守陈蕃凡事较真，得悉他其间生了五个儿子，便责问：“你竟然在守孝中有儿女情，岂不是欺世惑众，亵渎鬼神？”陈蕃不仅不予提拔，反而将这伪君子法办。没想拓跋宏也食古不化。488 年冬，秘书丞李彪建议：“朝廷大臣遇父母去世，丧假一满，就回来工作，穿绫罗绸缎，乘华贵马车，跟着皇上出席祭典，参加酒宴，实在有伤孝心，违背天理。我认为凡遇祖父母、父母去世，除非战争时期，都应当让他们守孝三年。”拓跋宏批准了这条建议。

490 年 9 月，冯太后去世，享年 49 岁，谥号“文明皇后”。临终时，她像曹操一样特地遗嘱要求下葬后儿女子孙即可脱去丧服，不必拘泥古礼。10 月，大臣劝拓跋宏脱丧服，他却说：“中古时未实行守孝三年制度，是因为君主更换太频繁。朕德行还不够，但登帝已 12 年，足以让全国人民了解。在这样时候，朕如果不能充分表达哀痛与怀念之情，不令人遗憾吗？”大臣说：“自古以来天子没有实行守丧三年的制度，所以太皇太后特嘱节哀。”拓跋宏说：“太皇太后那样说，是担心我们会因此耽误国家大事。如今朕不敢沉默不语，荒废朝政，只打算继续穿着丧服，每逢初一、十五去墓地祭拜。”争论了老半天，拓跋宏要在沉默不语与继续穿丧服两者间选择其一，大臣们只得选择让他一边继续穿丧服守孝，一边兼顾政务。496年2月，拓跋宏重申群臣要认真执行守孝三年的制度，难怪他死后被尊为“孝文帝”！他那影响深远的经济改革反而变得暗淡了不少。

皇帝如此，大臣不敢不重视。他们本来挺简单，父母死后，可以很快化悲痛为力量，更好地努力工作。可现在得硬性执行守孝三年的制度，除非是大户人家，几人能够三年不干活而有衣食呢？于是官员平时必须贪污，抓紧积累，以备父母死后六年失业期。

此外，拓跋宏还将正被历史抛弃的汉族士大夫门第制度强行搬到鲜卑社会，生硬地制造出新的门第，分六等：第一等膏粱门第，三世中有三个宰相（三公）；第二等华腴门第，三世中有三个院级领导（尚书令、中书令、尚书仆射）；第三等甲姓门第，三世中有重要部长（尚书）；第四等乙姓门第，三世中有过次要部长（九卿）或市长（刺史）；第五等丙姓门第，三世中有顾问官或国务官员（散骑常侍、太中大夫）；第六等丁姓门第，三世中有副部长级官员（侍郎）。

朝廷用人，只问门第，不问才能。各等门第都有相应的官位，平民别想做仕途梦。拓跋宏为此辩护：“出身名门望族，即使没有为当世所用之才，也在德行方面表现纯洁笃实，所以朕要选用！”这样的制度会产生什么样的后果？汉人都不得不弃之如履的东西，他却捡去当宝贝，可能会有好结果吗？

儒教好比中医补药，身体虚弱之时适当进补是正能量，而如果盲目进补便适得其反。芬纳评论：

北魏王朝为我们提供了一个关于游牧部落彻底、快速接受华夏文明的经典例证。到公元 529 年北魏王朝终结之时，它已经变成了一个事实上的汉族国家。事实上，这也是它垮台的原因。

“成也儒教，败也儒教”，北魏是第一例，但并非最后一例。金国也是一个突然崛起的北方少数民族政权，本着“拨乱反正，务在革非”的原则，大力实行汉化改革，曾创造“大定之治”、“明昌之治”两个盛世，被誉为有“汉文景风”，金世宗完颜雍还被誉为“小尧舜”，北宋就亡于金国之手。然而，金国之亡，也被认为是由于全盘汉化，过度推崇儒学，沉迷于繁文缛节，而消磨了他们本民族的生气，结果“金以儒亡”。

西夏初期，富有革新和务实精神，勇于“更祖宗之成规”。但针对有人主张照搬唐宋制度，谋臣野利仁荣反驳：

一王之兴，必有一代之制。议者咸谓化民成俗，道在用夏变夷，说殆非也。昔商鞅峻法而国霸，赵武胡服而兵强。国家表里山河，蕃汉杂处，好勇喜猎；日以兵马为务，非有礼乐《诗》《书》之气也，惟顺其性而教之以功利，因其俗而严以刑赏，则民乐征战，习尚刚劲，可以制中国、驭戎夷，岂斤斤言礼言义可敌哉！

因此，西夏初期几十年一系列汉化改革中，没有丢失本民族尚武重刑的传统，迅速强大起来。当时，相邻的金朝君臣称道：“以西夏小邦，崇尚旧俗，犹能保国数百年。”然而，话音未落，西夏开始全盘汉化。如夏军特长是流动作战，这时却扬短避长学宋军在沿边修筑防御性的城砦。对此，不少宋臣感到惊恐，建议出兵干扰，生怕他们学走宋军战术变得更强大，唯有秦州（今甘肃天水）知府何常头脑清醒，他说：“羌人生长射猎，今困于版筑，违所长，用所短，可以拱手持其弊，无烦有为也。”同时，他们还开始学宋人重文轻武，粉饰太平，务虚不务实。《中国改革通史（辽夏金元卷）》总结道：

这是一个深刻的历史教训，也是一个不幸的悲喜剧。在中国历史上与党项族的汉化式改革命运相似的何止一个两个。当北方的游牧民族从广袤的大草原或深山老林走向汉族居住的先进的农业文明地区后，在先进生产方式的影响下开始了汉化的过程，他们以惊人的速度，在短短几十年的时间内，迅速地抛弃原有的生活方式，跃入正常社会发展经数百年乃至上千年才形成的封建社会阶段，表现出一个民族的勃勃生机。然而，当他们彻底抛弃自己民族的特点而全盘汉化之时，亦是他们走向衰亡之日。这种大起大落的汉化式改革值得深思，它告诉我们一个简单而又明了的道理，即任何事物都没有绝对的正确。

我觉得这段话写得十分生动而又深刻。是啊，汉文化（儒学）如果真那么完美，怎么会时常遭到少数民族欺凌？少数民族文化如果真那么一无是处的话，怎么会一个又一个战胜甚至取代汉人政权？

反思：既然在其位

“太和改制”之说其实不贴切。“太和”只是拓跋宏所用的三个年号之一，即 477–499 年，而他的任期总共 29 年。说“孝文中兴”也不太确切，因为拓跋宏实际执政期仅为最后九年，而他继位时不满五岁，连参与都谈不上。何况有些改革在前一任时期就开始了。当然，严格来说，每一个中兴——盛世都有冠名不够精确的问题，没必要太过计较。这里提及，只是为了引出这时期改革的真正主角——冯太后。

冯太后原名冯锦，汉族，本是官宦之女，因罪充公为奴，后被选为拓跋濬的贵人，继而立为皇后，尊为皇太后。拓跋珪校仿刘彻，规定凡后妃所生之子被立为储君，生母都要赐死，以防母以子贵，专擅朝政。拓跋弘两岁时，生母李氏被赐死，冯后担当养育之责。

公元 465 年，年仅 26 岁的拓跋濬去世，同岁的冯太后开始守寡。12 岁的拓跋弘继位，尊她为皇太后，由她辅政。将军乙浑欺他们孤儿寡母，一步步篡权。冯太后密定大计，一举收捕乙浑，镇压叛乱。接着宣布由她临朝称制，掌控朝政大权，杜绝再发生类似阴谋。18 个月后，拓跋宏出生，其母也被赐死，于是冯太后停止临朝，转而集中精力教养这孙子。

冯太后跟数百年后辽国的萧太后非常相似，也许后者正是学她。作为女人她们敢爱敢恨，一方面在守寡中大胆爱自己所喜欢的男人，另一方面敢于并善于清除自己的情敌或政敌。470年秋，冯太后的情人李弈被人诬陷，拓跋弘将他杀了。冯太后非常生气，逼迫拓跋弘交出皇位。拓跋弘生性喜欢道仙，不争不拒，想传位给一位叔父。冯太后不同意，只得禅位给不满五岁的太子拓跋宏，自己做太上皇。这一年他只有18岁，是历史上最年轻的太上皇。他并未完全放权，冯太后感到不安，又将他软禁，随后死，有人认为是被杀害的。

史称“事无巨细，一禀于太后。太后多智，猜忍，能行大事。杀戮赏罚，决之俄顷，多有不关帝者。是以威福兼作，震动内外”。冯太后用高超的政治智慧和钢铁般的手腕，实行了一系列大刀阔斧的改革。

同时，冯太后精心培养拓跋宏。拓跋宏也刻苦，不仅儒家经典熟于心，史传百家无不涉猎，诗赋文章也皆好。冯太后亲自作《劝戒歌》300余章和《皇诰》18篇，供他学习。486年正月初一，拓跋宏开始参与朝政。从此，重要诏敕册文大多授意他起草。可以说，如果没有冯太后身传言教，拓跋宏很可能没有作为“中华皇帝”的远大理想，他的汉化改革也很可能没那么全面而坚定，在中国历史上也就很可能跟他的前后任一样默默无闻。

不过，冯太后与拓跋宏也许有些难言之隐。川本芳昭在《中国的历史（05）》一书中写道：

我们不禁要问，为什么与中国历史上辽、金、元、清等征服王朝通过实施多种政策、努力加强本民族的团结不同，胡族出身的孝文帝颠覆了异民族统治的基础，推行被后人认为使自己的王朝提前灭亡的政策呢？这个问题的答案可以从北魏当时所处的政治社会环境中寻找——北魏王朝全方位的中国化需要孝文帝的改革。

有人认为冯太后与拓跋宏其实是母子关系，该书同意这种看法，并花了相当篇幅分析论证。北魏是少数民族政权，这时期尚保留着许多原始婚姻形态与遗风，贞节观念更是淡薄。胡族有一种收继婚的风俗，即继承家业的儿子娶父亲生前的夫人为妻（生母除外）。这就是说，拓跋宏很可能就是冯太后与拓跋弘生的儿子。所以，拓跋宏对名义上的祖母冯太后特别亲切、孝敬与忠诚，以致人们抱不平说他对冯太后家人太优厚，而待自己生母李氏家人太苛刻。然而，儿子娶父亲生前的夫人为妻这种风俗在儒家看来很愚昧。因此，拓跋宏坚定地推进全面汉化改革的个人动因，除了他想当“中华皇帝”的奢望，还出于“希望将自己从过去的愚昧黑暗中解放出来的强烈意志”。

不管怎么说，冯太后对拓跋宏特别有责任心。否则，她如果像王太后——王政君那就糟了。王政君是刘奭皇后，刘骜生母，刘欣奶奶，是中国历史上寿命最长的皇后之一，其身居后位（包括皇后、皇太后、太皇太后）长达 61 年，历史给足了她机会。然而，夫君没成明君，儿子和孙子也没成明君。她长时间大权在手，却没有作为，不仅没能挽救本朝，还有意无意帮着王莽。她太多普通女人的自私与善良，偏爱侄儿王莽也偏爱后宫家人班稚（当然班稚无辜），没有原则立场。即使看出白石上“宣告安汉公王莽为皇帝”的文字不可信，明说“这是骗人的，不能听”，却不能坚持，让舆论牵着鼻子走。直到王莽登基废汉索要玉玺，她虽悲愤不已，也只是像一般泼妇那样泄泄气。假如冯太后像她，面对乙浑将军那样比王莽来势更凶猛的篡权，肯定跟小皇帝一起成为他的刀下鬼了。那么，北魏的历史在 466 年便终结，而不会有什么“孝文中兴”。历史，往往是英雄创造！

第八章　元和中兴
恢复中央权威

本章提要　“元和”是唐宪宗李纯的年号。“安史之乱”后，皇帝几乎都被宦官和军阀挟持。李纯在位期间（公元805-820），不惜对军阀开战，取消宦官监军，藩镇割据暂告结束，中央权威初步恢复。

积弊：“安史之乱”后遗症

说起唐朝，不免热血沸腾。唐朝政治以太宗李世民纳谏为代表，千古美谈，清华大学历史系暨思想文化研究所教授方朝晖最近甚至撰文称《贞观大唐也实现了民主的价值》；文化上，以李白、杜甫、白居易为代表，那是一座满眼参天大树的原始森林；经济上，钱穆在《中国经济史》一书写道：

汉代之经济政策乃不准人民太富有，注重征收商税，节制资本，对人民不分田地，不平地权，不理你穷成怎样，略近似苏俄共产主义；唐代则不收商业税，任由人民富裕，亦不让人民太穷，人人分田，平均地权，但不节制资本，略近似美国的资本主义。

唐朝不仅有众所周知的“贞观之治”，还有：高宗李治时期，疆域为唐时之最，法律被誉为中华法系的代表，人丁兴旺，被称为“永徽之治”；武则天时期，乱上而不乱下，重用人才，无外患之忧，经济、文化持续发展，被誉为“武周之治”；玄宗李隆基时期，追谥孔子为“文宣王”，政简刑轻，李白、杜甫等文豪不断涌现，“海内富安”，被誉为“开元盛世”。明末清初著名思想家王夫之认为：“开元之盛，汉、宋莫及。”这是中国封建社会的巅峰，也是当时世界最繁荣强大的国家。即使历经“安史之乱”，钱穆仍认为“虽衰弱，但藩镇之殷实，仍是远非后世所及”。

公元 755 年发生的“安史之乱”，将大唐一分为二。“安史之乱”为唐朝等腰三角形的顶点，即转折点。九年后，“安史之乱”落幕，依旧是大唐江山，但风光不再。有些史家甚至认为：“安史之乱”使整个中国封建社会由盛转衰。我个人不赞同此说，认为北宋前期比唐前期更辉煌。

那年 11 月，军阀安禄山召集部将，假诏说：“有密旨，令禄山将兵入朝讨杨国忠！”杨国忠是当朝国舅大人，时任宰相，得意忘形，与安禄山及太子李亨都有矛盾。有人认为：“安史之乱”至少部分是他策划的宫廷政变。现在，安禄山举兵“清君侧”，势如破竹。本来潼关发挥了作用，让安禄山数月不得进。可这时李隆基和杨国忠偏偏犯了一个致命错误，命官军出关讨战而大败，首都大门洞开。李隆基只好连夜带一些亲信逃往四川方向。

逃亡之路是难堪的。第二天跑出 100 多里，来到马嵬坡（今陕西兴平境内），护卫的禁军又发生哗变。他们觉得这一切都如安禄山所说是杨国忠造成的，便将他杀了，可他妹妹杨贵妃还在，如果她让李隆基报复怎么办？于是，他们给李隆基出了个千古难题：请将杨贵妃杀了！李隆基面对这种形势，江山重于美人的本性露出来，忍痛割爱。李亨不等父皇禅让便宣布称帝，即肃宗，形成二帝共存的局面，然后组织力量反击叛军，迎李隆基做太上皇。李隆基重回长安了，但他的杨贵妃已“上穷碧落下黄泉，两处茫茫皆不见”，唯有绵绵无绝期之恨，以致我们今天还为她和“开元盛世”惋惜不已。

第二年正月，安禄山在洛阳称帝，次年即被他儿子安庆绪杀死。759 年安禄山的副将史思明又将安庆绪杀了自己称帝，761 年史思明的儿子史朝义又将他杀了自己称帝。763 年，史朝义被唐军重重围困，只好上吊，“安史之乱”结束。

纵观大唐 20 帝近 300 年历史，几乎没有一个皇子善终。李亨是李隆基第三子，在争宠夺嫡斗争中偶然胜出，又偶然登上皇位。他本来可以说是个好人，但不是能人，国泰民安之时恐怕也不能胜任一国领袖之职，何况在这烽火连天的乱世。他犯了一系列大错，首先是向回纥借兵平叛，条件是“克城之日，土地、官员归唐朝，金银财宝、老百姓皆归回纥”，即收复长安之日允许他们纵兵抢掠首都（后改为洛阳），并年年购买他们的病弱马匹。这既愚蠢又可恨！他忘了老祖宗李渊起兵时向突厥求援，暗中却交代：“胡人兵马入中国，实际是一大祸！”可李亨竟然以洗劫百姓为条件，让我迄今不敢相信。当时韦庄的长诗《秦妇吟》，这里摘几行：

家家流血如泉沸，处处冤声声动地。

舞伎歌姬尽暗捐，婴儿稚女皆生弃……

这就是皇上借兵换来的局面！我觉得李亨借兵根本不是为了拯救国家和人民，而只是为拯救他个人的权力。他比安禄山之流更可恶，人民完全没义务拥戴这样的皇帝！

第二大错：759 年底，平卢节度使王玄志病逝，部将自行推举接班人，李亨却没能维护中央的权威，迁就追认，只求维持表面稳定和谐。这就开了一个极坏的先例，从此一个个节度使有样学样，骄兵悍将随意逐杀、废立节度使的事经常发生。

李亨在另一场宫廷政变当中受惊暴死，其子李豫接任，即代宗。他虽然最后平定了“安史之乱”，但延续了其父皇的错误，一方面再次向回纥借兵，并同样许诺让他们劫掠洛阳，大火数月不熄，一万余人烧死；另一方面大赦安禄山、史思明的旧将、亲族，让他们变成新的节度使，形成一大堆新的藩镇。他们在各自辖内扩充军队、委派官吏、征收赋税。特别是“河朔四镇”，即驻幽州（今北京）的卢龙节度使、驻恒州（今河北正定）的成德节度使、驻魏州（今河北大名）的魏博节度使、驻青州（今属山东）的平卢节度使。其他节度使见了，自然眼红，纷纷效仿。换言之，纷纷学着跟中央闹独立，形成一个个事实上的独立王国。

黄仁宇在评论“安史之乱”时写道：

唐朝的帝制，可算是一种极权的产物，只是它的基础无非儒教之纪律。当这纪律败坏时，此极权也无法维持。

这话可谓入木三分。“儒教之纪律”是什么？应该是礼、义、忠、信之类吧！这类东西好比游戏规则，得双方恪守才有效。碰上顶头上司要悔棋耍赖，你只得忍着。“谋逆”在历朝历代都被列为天大之罪，十恶不赦，可实际上也得双方默契。碰上那种逆天造反的，也不起作用。所以，皇帝及大臣们对节度使没辙了。

当然，皇帝及大臣们的肚量是有限的。779年李豫去世，其子李适继位，即德宗。李适很有中兴之主的气势，一上台就推行了一系列新政。781年成德节度使李宝臣病死，其子李惟岳上表请求继承父位。李适果断拒绝。没想到，魏博节度使、淄青节度使和山南节度使竟然和李惟岳联手，以武力抗议。李适调兵万余戍守关东，并亲自在长安设宴犒劳征讨兵马，决心打下他们的嚣张气焰。初期取得战果，但由于李适利用藩镇打藩镇，导致参与削藩战役的幽州节度使等人不满，形势发生逆转，“四镇”联合对抗朝廷。783年10月，准备调往淮西前线的兵马途经长安时，因为赏赐不均，又嫌伙食太差，士兵哗变，史称“泾师之变”。有如“安史之乱”，李适仓皇逃往奉天（今陕西乾县），而曾担任泾原军统帅的朱泚，称大秦（后改为汉）帝。第二年正月，李适下《罪己诏》，自我批评“朕实不君”，宣布赦免叛乱的藩镇，表示今后“一切待之如初”。直到这年7月才收复京师，重返长安。从此，李适对藩镇也转为姑息。

805年李适去世，其子李诵继位，即顺宗。李诵时年45岁，年富力强，却不幸中风，口不能言，把政事委以大臣王叔文等人。王叔文也有大志，进行了一系列改革，包括限制藩镇，一时间“人情大悦”、“市里欢呼”，史称“永贞革新”。无奈藩镇已经尾大不掉，伙同宦官发动宫廷政变，拥立太子李纯，即宪宗。李诵在位仅八个月就被废，王叔文等被贬或被杀，改革失败。

这时期的皇帝，跟春秋战国时期的天子没什么太大差别，如同田里的稻草人。

新政：铁腕治军

●初试锋芒

805 年 8 月，李纯即位没几天就同藩镇势力接火。西川节度使（驻成都）韦皋死，副手刘辟按常规自命为“留后”（即代理），请求朝廷予以任命。用现代俗话说就是“先上车，后补票”，将朝廷当橡皮图章，李纯当然不同意。不过，李纯刚上任，百废待兴，不便跟他计较，便调他到中央机关任职。刘辟拒绝上任。年末，李纯来个折中，将他任命为副节度使主持工作。

第二年初，刘辟竟然发兵攻梓州（今四川三台），要吞并东川节度使。此时，李纯已站稳脚跟，不再客气，立即调兵遣将反击，收复梓州。李纯与宰相黄裳讨论藩镇问题，黄裳说：“藩镇之患已久。今日之势，除两京以外，谁不想背叛朝廷？陛下振举纲纪，应当稍以法度裁制藩镇。”李纯认为非常有理，于是加派大将高崇文征蜀。高崇文治军以严著称，有个士兵途中吃饭折断百姓一双筷子都被斩首示众。进入城市，街边商铺不受惊扰。同年 9 月，高崇文攻陷成都，逮了刘辟，送京师问斩。

此外，夏州（今陕西靖边）驻军留后杨惠琳，本来以为主持工作之后自然转正，没想这年 3 月忽然派来新的节度使，他便煽动士兵拒绝。李纯没商量，马上调兵征讨。夏州的官兵怕了，连忙将杨惠琳杀了，传首京师。

见李纯接连使出铁腕，节度使们不得不有所收敛。同年闰 6 月，平卢节度使李师古死，部众推举其弟李师道为副使，自觉上报中央。李纯先任命为留后，不久再任命为节度使。其他节度使纷纷主动请求入京汇报工作。11 月，武宁节度使（驻今江苏徐州）生病，早早就呈请朝廷任命留后。

●恩威并举

镇海节度使（驻今浙江杭州）李锜惶惶不安。他请求进京朝见，李纯同意后他又犹豫，一次次拖延日期，最后说病了等下年去。宰相武元衡说：“李锜想见就见，想不见就不见，见不见天子还由他说了算？都这样，天下怎么治？”李纯认为有道理，征召他进京。李锜心虚，索性造反，杀大将和所辖五州刺史。李纯削了李锜的官爵和宗室属籍，令淮南节度使率兵征讨。李锜派部将张子良出击，张子良却引导士兵说：“李锜谋反叛逆，我们处境很危险！为什么要跟着他去干灭族的事？不如脱离他，为朝廷效力，变祸为福！”于是，他们反戈一击将李锜捕了，押送京城。李纯将李锜和他儿子腰斩，从犯流放。没收李锜的家产，准备运往京城。翰林学士裴垍、李绛建议：“李锜的家产是从当地几州巧取豪夺的。现在把这些财产运走，恐怕会让当地民众失望。请赐给浙西的百姓，替代本年租赋。”李纯欣然赞同。用没收的赃款接济当地百姓，是个得人心的好方法。

比李锜更顽固、更狡猾的还在后头。809 年 3 月，成德节度使王士真死，其子王承宗自为留后。王承宗叔叔王士则怕惹祸，连忙向中央汇报，得到赞许，任命为神策大将军。李纯很想借此机会出兵，将河北各镇整一整。裴垍却反对：“节度使世袭问题由来已久，突然取代它，恐怕他们不会轻易接受。如果他们暗中结党，那就麻烦了！况且目前江淮正遭水灾，官府与百姓都困难，最好暂缓。”李纯同意。王承宗没得到任命，深为不安，一次次上表解释，并进献德州（今属山东）、棣州（今山东惠民）。同年 9 月，任命终于下达，同时委任德州刺史薛昌期为保信节度使（驻庐州，今安徽合肥），兼领德、棣两州。薛昌期是王承宗的女婿，本来是双喜临门的事，可是有人挑拨：“薛昌期背着你与中央有勾当啊，不然怎么会有这种事？”王承宗一听火了，出兵袭庐州，将薛昌期抓了。李纯先礼后兵，派员劝说。王承宗抗命，李纯免了他的职，派太监吐突承璀率兵征讨。

当时，有好几个文豪在朝中为官，如柳宗元、刘禹锡、元稹、韩愈、孟郊、李贺等等。白居易时为翰林学士，积极性非常高，曾写乐府诗 100 余篇，婉言规谏时事。他为此进谏：“国家征伐，应当由将军挂帅。近年来常委太监去监军，不是好办法。自古以来，没有太监监军的先例。现在，神策军未设行营节度使，吐突承璀就成了总领本军的主将，并统领各军。臣担心朝野会因此轻视朝廷，周边也嘲笑中国无人。”神策军是保卫皇帝的禁军，全国边镇中也有许多劲兵悍将归其领导。对此，其他大臣也纷纷表示反对。李纯觉得理屈，只好免去吐突承璀的职。

吐突承璀虽然没了军职，还是以钦差大臣的身份前往监军，结果军威政令不振，一次次战败。当时，驻潞州（今山西长治）昭义节度使卢从史支持王承宗，暗中联手。李纯发觉，深为不安，将他诱捕，绑赴京城。可是，李绛进言：“虽然卢从史暗中奸谋，但如果将他驱逐，让人取而代之，必将人人自危。”于是，将他换个地方为官了事。王承宗也知趣，派使者上中央，说是受卢从史离间，请求缴纳赋税，由朝廷任免官吏，让他改过自新。李纯见好就收，810 年 7 月颁诏为王承宗平反，将德、棣二州授还给他，诸道行营撤销。

●重大转机

魏博节度使田季安生活放荡，性情暴躁。他部将田兴倒是既武又文，性情恭谦。田兴多次规劝田季安收敛些，田季安认为田兴要收拢人心，想杀他，但他跑了。812 年 7 月，田季安病死，军政混乱，他夫人将年仅 11 岁的儿子田怀谏立为副大使，掌管军务，将田兴请回来辅佐。怎么能让他们自行做主呢？有人请求出兵讨伐。李纯对河北诸镇早就耿耿于怀，机会自然不愿放过。可是李绛建议：“田怀谏乳臭未干，军府大权必然得有个归处。部将肯定不服，必然产生怨恨，旁人也会有非分之想，很容易生乱。为了生存，田怀谏不得不依靠朝廷。所以，臣认为不必出兵，可以等他主动归降。”

田怀谏的军政全由家仆蒋士则决断，而他很快表现出为所欲为的样子，引起众怒。朝廷任命还没到，部将们感到不妙，要推举田兴为留后。田兴却安慰说：“不得冒犯副大使！我想还是要遵守朝廷法令，申报版图户籍，请求中央任命。”大家同意。于是将蒋士则杀了，田怀谏搬出军府，坐等朝廷任命。

李纯闻讯，连忙召见李绛："魏博的形势果然如你所料！"于是一边派人去慰问，一边赶制任命书。李纯本来只想将田兴任命为留后，李绛说对这样忠心的人，应当破格，直接任为节度使。田兴和他的将士们欢欣雀跃。

不久，李绛进而说："魏博 50 多年没得到朝廷恩泽了，现在归顺，如果没让他们感到喜出望外，就无法安抚士兵的心，无法让四邻受鼓舞，产生羡慕。因此，建议奖赏 150 万缗钱！"大臣们同意奖赏，但认为太多。李绛说："田兴不贪独立王国的好处，不顾引起四邻怨恨，毅然归顺。为了国家大计，怎能不舍得钱呢？钱用完了还会有，这样的良机一旦失去不再来！假如调 15 万兵去攻魏博六州，大战一年，何止 150 万！"李纯深有同感，立即说："朕粗茶淡饭，积蓄钱财，正是为了平定四方！否则，钱白白堆在国库里，那有什么意义？"于是，立即派人带着 150 万缗去魏博发赏，并宣布免除魏博六州百姓赋税徭役一年，其自是欢天喜地。唐朝皇帝喜欢拿姓名作奖品，第二年还给田兴赐名"田弘正"。

魏博的转变刺激了其他节度使。他们有的想："跟朝廷对抗下去，到底有什么好处？"有的恨田兴破坏几十年的"潜规则"，派人离间，田兴不上当；也有人试图联络讨伐田兴，但没敢行动。

●关键一战

淮西节度使是当年为防止安禄山叛军南下特设的方镇，初有 12 州，"安史之乱"后多数州郡被分割，只剩下申、光、蔡三州，差不多相当于现在河南驻马店和信阳两个市，只有三四万兵。814 年闰 8 月，淮西节度使吴少阳病死，其子吴元济匿不发丧，伪造吴少阳上表称病，请求任命吴元济为留后。朝廷不同意。吴元济便派兵掠舞阳、叶县、鲁山、襄城（今均属河南）、阳翟（今河南禹州）等。李纯不是吃素的，调 16 镇 9 万大军去镇压。当时，吴元济四邻都听命于朝廷，朝廷兵力又具压倒性优势，按理应该兵到乱除。

第二年 3 月，平卢节度使李师道、成德节度使王承宗接连几次上表，请求赦免吴元济，李纯拒绝。没想到，李师道发兵 2000 人赶往寿春，说是辅助官军，实际上悄然援助吴元济，派奸细烧毁官军帛 30 余万匹，谷 3 万余斛。同年 6 月，又派特务刺杀力主削藩的宰相武元衡和裴度。当时，他们两人在上班路上，武元衡被射死，头颅被砍下带走；裴度也遇袭跌进水沟，侥幸捡回一条命。刺客还留纸条："别追我，否则杀你！"气焰嚣张极了，京城大骇。有人说这是王承宗手下人干的，应该抓几个杀了，并派兵讨伐王承宗。

暗杀没能让李纯和裴度退缩。只是没想到，这仗打了四年还打不下。特别是西线战场，四易主将，第三任全军覆没，第四任居然秘密妥协。那些将领打了胜仗吹牛，打了败仗就隐瞒。朝中几年后才知道真相，李纯痛加责备，威胁如果再不取胜要严加惩处。因为战局旷日胶着，中央财力吃紧，民力困乏，朝中大臣纷纷建议罢兵。裴度态度坚决："淮西不平，两河不安，犹如人有心腹之疾，终将成大患。"为此，他主动请缨，亲临前线督战。李纯很感动，亲自送行到城门。裴度临别还说："此去贼灭，有日见陛下；贼不灭，则无归期。臣与贼不共戴天！"君臣老泪纵横。817 年 8 月，裴度到达北线战场郾城（今河南漯河）。吴元济不敢小视，将精锐部队调来，与官军隔河对峙。

这年初，西线战场官军再次易将，新的主将李愬谋略过人。他知道士兵厌战，竟然说："皇上知道我柔弱，特地让我来安抚你们。至于带兵作战，那不关我的事！"这话传开，将士们轻视他。李愬抓了重要俘虏李祐，为了解情报，以礼相待，甚至与他同住一帐。有人说李祐是奸细。李愬怕这些非议传到朝廷，便一边将李祐押送进京，一边密奏："如果杀了李祐，我就没法取胜！"李纯会意，将李祐押还李愬处理。李祐感激得一塌糊涂，什么军事机密都吐出来。李愬组织 2000 人敢死队，号称"突将"，加以特别训练。

817 年 9 月"往亡日"，算命先生说是"往者去也，亡者无也。其日忌拜官上任、远行归家、出军征讨、嫁娶寻医”，李愬却率“突将”们出发。由于敌人毫无戒备，李愬顺利攻占吴房的外城。之后，李愬乘胜而退。他说：“如果为小胜夸耀，为小败忧虑，哪有心思去谋大功！”他派员向裴度汇报自己的整盘计划，得到赞赏。于是，他率 9000 兵分三路出征。去哪？李愬说只管往东走。走了 60 里路，天黑，大雪纷飞，休整吃饭，然后又行军。诸将请示进军目标，李愬这才说去蔡州擒拿吴元济。诸将大惊失色，以为果然中李祐奸计，只是不敢抗命。又走了 70 里到蔡州城下，这时半夜，雪下更大，守军毫无觉察。鸡叫时雪停，李愬突入吴元济门外。士兵紧急叫醒，吴元济还睡眼惺忪说：“可能是我们值夜的将士回来要寒衣吧！”等他终于相信是官兵时已太迟，只得乖乖做俘虏。淮西军主力当日投降，拖了多年的战役一夜结束，吴房从此改名“遂平”。

然而，与藩镇的战争远没画上句号。吴元济败了，在郓州（今属山东）的李师道不愿束手就擒，忧恐交集，草木皆兵，令辖内百姓不许聚会宴饮，不许在路上交谈。幕僚李公度看出他的心思，劝道：“自从李纯上台以来，刘辟、李锜、田季安、卢从史、吴元济，都仗着手里有军队，地方有险要，根基很牢，可他们哪个不是家破人亡？这不是个人所能敌，恐怕是天意！”李师道觉得有理，便上表请求送交人质，进献沂州（今山东临沂）、密州（今山东诸城）和海州（今江苏连云港）。李纯很高兴，派员前往安抚将士。可是，李师道“妻管严”，老婆不肯让儿子做人质，反而劝说：“李家世代拥有这片土地，怎能轻易献出去？大不了官军来讨，败了再献也不迟！”李师道也觉得有理，要杀李公度解气，被劝阻，还是将他囚了。这时，朝廷使者追来，李师道道歉：“父子情深，将士也有压力，所以迟迟没送。过一段时间，保证送去！”使者回京，汇报说：“李师道反复无常，恐怕得用兵。”再等一段时间，李师道仍然没动静。另一位幕僚贾直言抬着棺材进谏，还画了一张李师道与妻子儿女被囚的画进献，李师道不仅不听，反而将他也囚了。然后，上表说军中将士不让交送人质与割让土地。李纯大怒，发兵讨伐。

与此同时，韩愈献计：“吴元济就擒后，王承宗吓破了胆。如果让我带着丞相的令去劝说，不用出兵就可以让他归顺！”果然，王承宗正处在恐惧当中，一听使者忠告，随即上表交送人质，进献德州和棣州。李纯很高兴，立即下诏恢复他的官职爵位。

官军逼近郓州，首战告捷，送 40 名俘虏进京。李纯只想诛李师道一人，不杀战俘，想回家的还发给盘缠。消息传开，李师道的将士接二连三归附。李师道的部将刘悟为人宽厚，人称“刘父”。有人挑拨说：“刘悟喜欢收买人心，现在率一万大军守阳谷（今属山东），恐怕另有企图。”李师道听信，派人带着他的手令到谷阳要求刘悟的副手杀他。这副手与刘悟关系好，将手令交给他。刘悟对诸将叹道：“我与诸位不顾死活抵抗官军，没半点负李师道，他现在却要杀我，诸位也难免。既然如此，我们不如忠于天子，求个平安！”于是，他们连夜杀回郓城，一举将李师道父子斩了。

“安史之乱”后 60 年来，藩镇跋扈，河南、河北 30 多州自行任命官吏，也不向朝廷交纳贡赋，至此全部恢复，中央权威重树。加之这些年风调雨顺，五谷丰登，斗米仅二钱，周边相对来说也比较平静，被誉为“元和中兴”。当时大儒李翱赞美李纯：“自古中兴之主无人及之。”宰相裴度让将李纯这十几年勤政、智谋编写成文，趁着一次宴会高兴时进献，请求宫中盖印后交给史官。李纯却不同意：“你这么做，好像是朕要求你写的，不妥啊！”看来，李纯还挺谦逊！

《剑桥中国隋唐史》评论：

在评价他（指李纯）的成就时，我们应以他前面的几个皇帝作为考虑的出发点，而不应以完全重新集权化这一不切实际的标准来衡量。根据这一尺度，宪宗出色地达到了他的目的，而且突出地表现为王朝后半期唯一的有成就的皇帝。

这话最后一句也许值得商榷，但“应以他前面的几个皇帝作为考虑的出发点”这句非常在理。我想这不仅适用于李纯，对于所有中兴之主，都不可不用这一尺度来衡量。

后续：死灰复燃

公元 819 年 2 月，韩愈的学生、史官李翱上书：

定祸乱者武功也，兴太平者文德也。今陛下既以武功定海内，若遂革弊事，复旧制；用忠正而不疑，屏邪佞而不迩；改税法，不督钱而纳布帛；绝进献，宽百姓租赋；厚边兵，以制戎敌；数访问待制官，以通壅蔽。此六者，政之根本，太平所以兴也。陛下既已能行其难，若何不为其易乎？以陛下天资上圣，如不惑近习容悦之辞，任骨鲠正直之士，与兴大化，可不劳而成也。若不其然，臣恐大功之后，逸欲易生，进言者必曰：“天下既平，陛下可以高枕自逸。”则太平未可期也。

这份谏很值得一读。不愧是史官写的，在历史性的时刻，提出历史性的建言。李翱直言不讳：至此，李纯只有武功，文德方面尚需要从六方面努力，一是革弊政，二是用贤良，三是改税法，四是减租赋，五是强边防，六是善纳谏，否则太平盛世没指望。李纯对李翱此谏态度如何，不得而知。从史实来看，没予采纳，非常遗憾。

李纯在位 15 年，死时年仅 43 岁，可谓年富力强。如此壮年且任期不太长的明君也难善终。藩镇被暂时压制，李纯以为功成名就，不再进取，不再信任贤臣，不再纳谏，而热衷于享乐。

李纯跟他的老祖宗们一样，奉太上老君李聃为远祖，以道教为国教。810 年，宦官张惟出使新罗（朝鲜半岛古国）回来，讲离奇故事：在一座孤岛上，遇一位神仙，这神仙告诉他：“唐朝皇帝乃吾友也，烦请传语。”张惟说得天花乱坠。李纯想：“我前生难道是仙人？”从此，他不断下诏搜求天下方士，访求长生不老仙丹。

818 年 10 月，有人推荐方士柳泌，说他如何如何神。李纯大喜，立即命柳泌进京炼丹。炼了一段时间，报告："听说台州（今属浙江）天台山是一座仙山，有很多奇花异草。如果陛下让我去那里任职，我能为陛下求得仙药。"李纯居然真的命他代理台州刺史。谏官纷纷反对："从来没有让方士出任刺史的先例！"李纯发怒："朕是天下之主，让柳泌去台州为朕炼制仙药，岂非好事？"他还下诏公开把这些谏官臭骂一通，批他们一点也不关心龙体。柳泌在台州折腾一年，自然还是拿不出什么仙药，只好学他的老祖宗——秦始皇的徐福、卢生们，走为上计。他舍不得远遁，只是带着妻儿逃入当地深山。地方官派兵把他抓回，解往长安。可李纯不仅没治柳泌的罪，又任命他为翰林待诏，继续炼丹。李纯服了这些"仙丹"有不良反应，一是口渴难耐，二是脾气暴躁时神志不清，狂怒像猛虎。他身边的人真是伴君如伴虎了，宦官、宫女动不动就被他喝令推出去斩首。

第二年 10 月，负责起居注的官员裴潾斗胆进谏："金石这类东西本来就有毒，经过火炼，更不是五脏所能承受。古时候君主服药臣下必定先尝。方士既然说好，那就请他先服一年，证实无毒有效再献陛下不迟！"李纯看了很生气，贬裴潾，继续服丹。820 年正月，李纯服药后果然暴死。《伊索寓言》：一个农夫牵头驴过悬崖，怕它掉下去，总要往里拉一些，可那驴坚决不肯，偏要往外挣一些，争执的结果自然是驴掉下去，农夫叹道："你胜利了！"看来，李纯也胜利了，彻底战胜了裴潾们！

有人说李纯是宦官陈弘志杀的，不是空穴来风。作为如此天大命案的嫌疑犯，陈弘志不见什么历史记载。他的作案动机——如果凶手真是他的话，很可能仅仅是李纯服丹药后脾气暴躁殴打宦官，不意触发"激情杀人"。李纯是太监扶上皇位的，最后又被太监夺命，似乎像是某种宿命。太监作乱在中国历史上远不是第一次，也远不是最后一次，但唐朝是在李纯手上开始的——如前所述，他对太监太宠。从此，唐朝皇帝的废立都由太监操纵。这么说来，也是某种报应。

更糟的是，继李纯位的太子李恒即穆宗不争气，政务荒废，被李纯好不容易压下的藩镇势力很快重新抬头，“元和中兴”的成果毁于一旦。

当年 10 月，成德节度使王承宗死，诸将欺新皇帝不务正业，旧病复发，按“老规矩”拥立其弟王承元接管军政大权。李恒默认，只是对几大“军区司令”做统一调整：魏博田弘正为成德节度使，成德王承元为义成节度使，义成刘悟为昭义节度使，武宁李愬为魏博节度使，左金吾将军田布（田弘正的儿子）为河阳节度使，希望此举能削弱各节度使对原辖区的绝对控制权。调令下去，表面似乎平静。

卢龙节度使刘总虽然被史书写成“性阴贼险谲”，实际上可以算个干不得坏事的老实人。810 年他毒杀父亲刘济，然后矫父命杀兄，篡位夺权，事后良心发现，老是梦见父兄血肉模糊的鬼魂，被折磨得没办法。821 年春，刘总突然上表请求出家当和尚。朝廷不知道刘总葫芦里卖什么药，试探性下一诏，任命他为侍中兼天平（驻郓州，今山东东平）节度使，同时将宣武节度使张弘靖调任卢龙节度使。刘总心坚，一再上疏，言辞诚恳，而且表示愿将家宅捐为寺。李恒这才下诏赐刘总法名大觉，赐寺名报恩，赠一套僧衣。同时还送天平镇的旌节斧钺，暗示他如果反悔随时可以走马上任。不料，诏书还没到，刘总剃头，还杀了十几个挽留他的人，连夜逃出，不知去向。几天后在河中发现他的尸体，自杀他杀不明。

刘总临走之前上奏朝廷，主动要求把卢龙一分为三，并推荐三个可靠的人选，献 15000 匹良马。如果李恒能抓住这个机会，将卢龙彻底改造为中央直辖区，那么中央对河北藩镇的约束力将大大增强，很有可能进而根除藩镇之乱。遗憾是的李恒没有全面采纳刘总的建议，只是把卢龙划成两道，其中大部交给张弘靖。张弘靖根正苗红，政治上绝对可靠，问题是文官出身，讲究繁文缛节，很让那些骄兵悍将反感。

张弘靖宠信的部将韦雍更让人怨恨，不但克扣粮饷，甚至当面对士兵说：“现在天下太平，你们能拉两石重的弓，还不如认识一个‘丁’字！”7 月的一天，韦雍出行，一个低级军官不小心冲撞了韦雍的卫队，他立刻命人把那小军官拖下马，逮捕下狱。这天晚上，士兵们哗变，冲进张弘靖的府第抢掠，囚禁张弘靖，杀了韦雍及多名幕僚和军官。次日，张弘靖又闭口不肯谈判，乱兵们只好拥立朱克融为卢龙留后。

消息传长安，李恒匆匆罢了张弘靖，将昭义节度使刘悟调任卢龙节度使。可是，刘悟不干。几日后，成德也发生兵变，部将王庭凑率众杀了从魏博调来的节度使田弘正及幕僚、将吏和一家老小 300 多人，自任留后，上表要求朝廷任命。田弘正是中央树的一面旗帜，这么多年号召“藩镇学田弘正”，怎么能如此下场呢？

李恒很愤怒，命魏博、横海、昭义、河东、义武几大军区一同出兵，共讨叛贼王庭凑和朱克融。魏博节度使李愬悲愤难当，立刻穿起丧服，率军出征。可是刚开路，李愬突然病倒。李恒只好任命田弘正的儿子、前泾原节度使田布为魏博节度使，让他为父报仇。王庭凑和朱克融毫不示弱，纵兵在易州（今河北易县）、涞水（今河北涞水）和遂城（今河北徐水）一带烧杀掳掠。

征战才两个月，国库告罄。宰相们说：“王庭凑杀田弘正，而朱克融留了张弘靖一命，罪有轻重，请赦免朱克融，集中歼王庭凑。”李恒即任命朱克融为卢龙节度使。这是李纯之后第一次对藩镇妥协，而有了第一次，就很容易有第二次、第三次…… 河北三镇相继脱离中央，重新回到半独立状态，包括“会昌中兴”、“大中中兴”时期也不得不予以默认，直至唐朝灭亡。

反思：用人当不当疑

李纯有中兴之志，有革数十年积弊之勇，更重要的是有知人善任之术。他身边不乏能人，如杜黄裳、李绛、裴度为他运筹划谋，总举大纲；高崇文、李愬、李光颜等为他南征北战，平定四方；杜佑、白居易、韩愈等为他舞文弄墨，章制诏敕。唐朝后期，再没有这样人才济济的局面。

最让我感动的是裴度。征讨淮西，几年不下，文武百官纷纷打退堂鼓，裴度自己也被暗杀负伤，在这种情况下，他依然坚持主战：“淮西不平，两河不安，犹如人有心腹之疾，终将成大患。”让李纯不失信心。裴度并非光卖嘴巴，主动请缨到前线督战，发誓：“此去贼灭，有日见陛下；贼不灭，则无归期。臣与贼不共戴天！”大有“风萧萧兮水易寒，壮士一去兮不复还”之悲壮。正是他发现、启用卑微的李愬为西路统帅，并撤了成事不足、败事有余的监军太监，让李愬能够自由发挥军事天才，才使得雪夜奇袭成功，夺取了削藩战争关键一仗的胜利。

如果李纯像朱由检就惨了！朱由检也有中兴之志，且很勤政，却被史家称为“不是亡国之君的亡国悲剧”。他也重视用人，“错一事则罢一官，丢一城则杀一将”。据统计朱由检统治 17 年，任用过 50 位内阁大学士，这是前无古人后无来者的最高纪录。其中吏部尚书 13 人、户部尚书 8 人、兵部尚书 17 人、刑部尚书 16 人、工部尚书 13 人（有些一人曾任几个尚书），另有都察院左都御史 132 人；死于他手下的有辅臣 1 人、尚书 4 人、总督和督师 7 人、巡抚 11 人，侍郎（中央副部级）以下的官员难以计数。可见他虽挑选了大量的官员，然而最终却落入“有人而无人之用，有饷而无饷之用，有将不能治兵，有兵不能杀贼”的绝境，十足的孤家寡人。

袁崇焕挂帅辽东，采取“用辽人守辽土，且守且战，且筑且屯”的战略，使清军三年裹足不前。在阉党干扰下，兵部尚书高第自毁辽东防线，关外只剩袁崇焕镇守的宁远一座孤城，清兵大举围攻。朝廷与山海关诸将都以为宁远必失，不发救兵，而袁崇焕拒不投降，“慑服众志”顽强奋战，反而使清军惨败逃回。努尔哈赤叹道：“我 25 岁起兵以来，战无不胜，不想今天吃了袁蛮子一大亏！”接下来，清军换一着，让明军拾到《满州国主致袁督帅麾下》函。朱由检派心腹太监出城查访，被清兵逮住，请他们喝酒，席间说与袁崇焕如何联系，太监“逃脱”回来“如实”汇报。朱由检相信袁崇焕投敌，中离奸计，将他处以凌迟——活剐 3540 多刀，当时北京的“爱国者”们疯狂抢购这“卖国贼”的肉，以致限定一人只能买手指头那么小一块。一代名将就这样活生生给剐进了千万人之口，你拿根细细的缝衣针轻轻戳一下自己的指头便可以想象，还会有几个人愿意替朱由检卖命？

李愬“投敌”证据更是确凿。各军每天都有报告，说李祐是敌人的奸细，而李愬不仅重用他为军官，而且与他同床彻夜密谈。当时军中有明令：让敌人奸细留宿的，杀全家。在这种情况下，李纯依然信任李愬，送回李祐，放手让李愬密谋奇袭，果建奇功。否则，要是像朱由检那样轻信，李愬哪能逃脱“通敌罪”？那样，也没有雪夜奇袭之捷了，吴元济很可能继续顽抗下去，还非常可能进而逆转整个削藩形势，就此断送大唐也不是没有可能。

第九章　会昌中兴
官风、民风与军威

本章提要　“会昌”是唐武宗李炎的两个年号之一。李纯之后，皇帝怠政，宦官与军阀之灾死灰复燃。李炎任期虽短（公元840-846），但大幅裁官，将贪官与“十恶”相提并论，大禁佛教，抵御外敌，国势大振。

积弊：个个皇帝不理朝政

在《家天下是如何倒掉的》一书中，我认为在专制体制下人民有九大无奈，其一是帝王享乐无度：

帝王往往享乐过度，乐而忘忧，置“天命”不顾。晋大臣傅咸提醒说“奢侈之费，甚于天灾”，但没几个帝王放在心上。

李纯的儿子李恒就如此！

李恒继位那年已经 25 岁，是一般人大谈理想抱负并为之拼搏的大好时光，当然也是挥霍青春的大好季节。李恒选择后者。李恒是第三子，长子意外病死，最受李纯宠信的太监直到最后都在努力立次子，只因李恒的母亲非常强势，最后占得上风。应该说机会来之不易，李恒懂得珍惜，却并非用于事业。李恒被立为太子那年 17 岁，换言之又接受了长达八年的接班人专业培训，现代博士也该毕业了，却仍然没有培养出一颗爱国、爱岗（皇位）与爱民之心，可见儒家确实培养不出明君，为帝王师的理想也失败得很。

李恒爱好广泛，例如狩猎、角抵（类似现代摔跤）、杂戏、马球等等，唯独不爱朝政。著名的华清池，也称“华清宫”、“骊山宫”，那是李隆基和杨贵妃的风流别宫，在现代游人如织。但在“安史之乱”后，唐帝很少去那里，都怕犯忌。李恒却不顾晦气，特别爱去。大臣进谏：“眼下北边吃紧，形势多变。如果有紧急奏报，陛下却不在宫中，如何是好？”李恒回答：“朕决意成行，你们就不要再烦我了！”他还是带着上千人马浩浩荡荡去享乐，置国家安危不顾。李纯取得了政治、军事的胜利，但也耗空了国库。如今再经李恒一番挥霍，财力更是吃紧。藩镇无视中央的局面在李恒手上就死灰复燃，毫不奇怪。

也许李氏祖先在天之灵看不过意，822 年李恒在一次打马球的时候坠马，进而中风，一病不起。他感到绝望，令太子李湛监国。李湛这年才 16 岁，因此宦官请郭太后临朝执政。这郭太后是著名贤臣郭子仪之孙、升平公主之女，一听发怒："当年武后称帝，几乎亡国。我家世代忠义，岂能跟武后同日而语？太子虽然年少，但有贤臣辅佐。你们不干预朝政，国家会不安定吗？自古以来，哪有女子执政，而能像尧、舜那样大治？"说着，将送来的文件撕了。这郭太后显然是儒书读多了，未免迂腐。太监干政没好事固然是至理，可是女人执政并不一定是坏事。即使武则天，虽然以铁腕对付或公开或暗中的反对派，但她不拘一格选用人才，尽管宫内血泪飞溅，宫外仍然太平安宁，一些史学家称之"乱上而未乱下"，不仅无外患之忧，而且在经济、文化方面都有较大发展，被称为"武周之治"（也称"贞观遗风"），并非像有些人所贬也即郭太后的印象那么糟。假如郭太后勇于担当，非常可能比顽童似的李湛要好些。

公元 824 年李恒病死，李湛继位，即敬宗。李恒有五子，其中三个先后做皇帝，即李湛与文宗李昂、武宗李炎，这在唐朝历史上绝无仅有，算是李恒这辈子的最大贡献。但我想如果说一个人生子女是最大贡献，实在不是什么表扬！

何况这李湛跟他老爹一样贪图享乐，有过之而无不及。其实，古代公务员比我们现代更辛苦。从《诗经》可以看出，鸡鸣便要起床，摸黑穿衣，连奔带跑去上班。《大明会典》的记载很具体：早朝时，大臣必须午夜起床，穿越半个京城前往午门。凌晨三点，大臣到达午门外等候。当午门城楼上的鼓敲响时，大臣排好队。凌晨五点左右钟声响时，宫门开启，百官依次进入，过金水桥在广场整队。唐朝差不多，如王维《早朝》诗：

皎洁明星高，苍茫远天曙。

槐雾暗不开，城鸦鸣稍去。

始闻高阁声，莫辨更衣处。

银烛已成行，金门俨骀驭。

也是得摸黑穿衣上朝。当然也有例外，如李湛的老祖宗李隆基，白居易在《长恨歌》中写道：

春宵苦短日高起，从此君王不早朝。

承欢侍宴无闲暇，春从春游夜专夜……

如果李隆基能坚持早朝，多些精力在政务上，“安史之乱”也许不致发生。可是什么政绩也没有的李湛，李隆基开创盛世的本事没学，不上早朝的毛病倒学了，日上三竿还不上朝，个别大臣等不住昏倒在地。在大臣催促下，他才姗姗而来。大臣刘栖楚劝谏准时上朝，头叩龙墀，血流不止。他说：“陛下不采纳臣的谏言，请让臣以死明志！”李湛不能不感动，表示接受，但坚决不改。当时在浙西为官的李德裕进谏《丹扆六箴》，一是《宵衣》，讽李湛上朝太少太晚；二是《正服》，讽李湛服饰车马有违祖法；三是《罢献》，讽李湛到处搜求珍物玩赏；四是《纳诲》，讽李湛不听忠臣之言；五是《辨邪》，讽李湛宠信小人；六是《防微》，讽李湛随意外出游玩。李湛读了，也有些感动，表扬一番，但一样不改。大臣劝他不要去骊山游幸说：“从周幽王以来游幸骊山的帝王都没好结果，秦始皇葬那里二世而亡，玄宗在那修行宫而安禄山乱，先帝（李恒）去了一趟，回来就驾崩……”李湛听了，竟然说：“骊山真那么晦气吗？我更想去试试！”

李湛勇敢地玩乐，疏于朝政，宫中多次发生凶案。824 年 4 月，长安街头算命先生苏玄明为染坊役夫张韶算一卦，说：“张兄你命中有大福大贵啊！你应当坐在金銮殿上跟我喝酒！当今皇上白天打球，晚上猎狐，忙得不可开交，大都不在宫中，我们完全可以去试试！”他们拉拢 100 余名流氓地痞小混混去闯宫，吓得正打球的李湛连忙躲到军中去，而张韶们真的在清思殿过了一把皇上瘾，坐在御榻上喝了几杯，感觉好极了。张韶高兴地说："一切果然像你算的卦一样！"苏玄明提醒说："你以为进宫来真的只是一顿饭吗？"

张韶之乱很快被平息，但李湛夜路走多了难免碰上鬼。826 年 11 月，李湛打夜狐回宫，兴犹未尽，又与宦官刘克明等 28 人喝酒。酒酣耳热，李湛入室更衣，大殿上灯烛忽然熄灭，刘克明等将李湛杀了。这种帝王被谋杀，很难说是国之不幸。

刘克明杀李湛后，伪造遗旨，迎李恒之子绛王李悟入宫继位。两天后，另一派宦官王守澄等指挥神策军杀了刘克明和李悟，另立李昂为帝，即文宗。

李昂这年 18 岁，倒是很想干一番事业，一上台就去奢从俭，减宫女 3000 余名，五坊鹰犬除少量校猎外均放出，教坊与翰林院也裁员 1200 余人。李湛每月上朝不过一二日，李昂恢复传统，逢一三五七九单日上朝。当然，相对来说这都是些鸡毛蒜皮，最严重的问题何在，路人皆知。828 年策试举人，有位名叫刘蕡的考生直言不讳指陈：委天下大政于五六宦官，国家沦落"将危"、"将倾"、"将乱"的境地，再不改革，必然"祸起萧墙，奸生帷幄"，为此建议恢复唐初政策：宦官不授三品以上高官，不涉政事，而只负责门卫、庭内扫除杂事。考官们纷纷叹服，却没人敢录取。李昂不是傻瓜，明白刘蕡这话切中时弊，但也不敢公开录用他，只能暗暗决心像南宋刘义隆那样，尽快将宦官的嚣张气焰打下去。他也清楚宦官一手遮天，身边没几个人可信赖。于是，他新提拔贫寒出身的宋申锡为宰相，密旨暗中掌握军队来除宦官。不想这宋申锡太忠厚，走漏风声。势力最强的宦官王守澄马上反击，诬宋申锡暗中联合漳王李凑谋反。李昂心里刚好与李凑早有疙瘩，一听大怒，立即下令斩宋申锡。经其他大臣一再劝谏，才发现上当，但宋申锡仍死于贬所。后来每提起此事，李昂便"流涕泫然"。一个皇帝沦落到这般境地，令人不敢相信。

李昂不甘失败，决定改变策略。当宦官从民间引进身怀祖传秘方的医生郑注时，李昂将赌注压在了他的身上，将其发展为心腹。郑注又带来他的好友李训。李训是民间道士，不引人注目，宦官也没在意。郑注和李训身轻言微，可他们智商与情商并不低，与李昂三人凑成一个诸葛亮，巧妙利用宦官派系相互间的重重矛盾，步步得手。

王守澄曾三次操纵皇帝废立，又掌控神策军大权。擒贼先擒王，一般来说应当先除王守澄。可是，鉴于自身力量薄弱，郑注和李训倒是依靠王守澄，先帮他清除对手，成为他的亲信。李训很快高居相位，郑注则成为凤翔节度使。然后，他们用一杯毒酒神不知鬼不觉将王守澄除了。这时，李昂与郑注、李训进而密谋利用王守澄出葬机会，将以仇士良为首的宦官集团一举全歼。没想到，郑注去凤翔搬兵的时候，李训却生异心，另设圈套抢先灭仇士良，想独占大功。

835 年 11 月，一天早朝时，有人奏报禁军院内石榴树上夜降甘露。甘露是甜美的露水，向来被视为吉祥的象征。为此，李训立即建议李昂前往观看。李昂要乘轿没法说走就走，命李训先去。李训回报说那水未必是甘露，不可轻易宣布，否则天下军民来庆贺发现有误那可不好。于是，李昂又命仇士良多带几名宦官去查验。仇士良不知是计，欣然应允，可他一进禁军大门就敏锐发现有异。这时刚好有一阵风过，吹动帷幕，现出幕后的伏兵，仇士良立即夺门而退。这些久经阴谋的宦官个个不笨，直奔含元殿，七手八脚将李昂抬起就逃，入宣政殿紧闭宫门。然后逼李昂下诏，神策军四面搜捕李训及其手下，对百姓也逢人就杀。郑注到凤翔搬了兵，进京到扶风（今属陕西）时听说李训失败，只得返回凤翔，但监军已在那里埋伏重兵，郑注被杀。其他被杀官吏还有六七百人，同党千余人，血流成渠，史称“甘露之变”。

《统治史》写道：“要解释王朝被毁灭的原因，我们必须得考虑偶然因素，这些偶然因素才是王朝崩溃的直接诱因。”835 年大唐这阵风，可为芬纳这话做最好的注脚。假如没有这阵风，你试想一下那段历史将会是一番怎样的情形？人算不如天算啊，谋事在人成事在天……虽联想到这些俗话，但我不那么悲观，我只是想，一个真正优秀的谋士在事先就应当设想到：假如有风吹起那帷幄提前暴露，假如枪走火提前暴露……

宦官制度在世界许多地方都曾不同程度存在，似乎仅日本没有，而以中国扎根最深，影响最大。中国历史上，宦官完全把持朝政、最为专横跋扈的时期是东汉、唐和明朝，而且都是后半期，这说明太监风光是王朝衰亡的象征。唐朝宦官猖獗始于李隆基给高力士授高官，“甘露之变”步入高潮。宦官们一点也不以做一个有重要生理缺陷的男人为耻，公开炫耀自己的权力，自称“定策国老”（意指可废立皇帝的元老），而将皇帝贬为“门生天子”（作为学生的天子）。从此，宦官与朝臣之间的斗争此起彼伏，没完没了。因为衙署在宫城之南，内侍省在宫城之北，所以又称“南衙北司之争”。《剑桥中国隋唐史》说：“在许多方面，宦官和翰林学士的世界观和社会威望都截然相反。他们在内廷彼此争权夺势倒反而是很自然的现象。”

“甘露之变”失败，李昂落入宦官之手，名为皇帝，实为囚徒。偏偏他多愁善感，心情非常郁闷。他常在宫中独自徘徊，叹息不已。他曾对宰相诉衷肠：“朕读史书时，每每以做平庸君王为耻。可与你们讨论国家大事，却常常心有余力不足，只能退朝，拼命喝酒，麻醉自己。”一次与翰林学士周墀闲聊，李昂问：“朕可以同前代哪些帝王相比？”周墀恭维说：“陛下有同尧、舜！”李昂叹了叹说：“笑话！我想问的是，朕与周赧王、汉献帝相比如何？”周墀吓一跳：“周赧王、汉献帝都是亡国之君啊！陛下大圣大德……”李昂正色说：“他们只是受制于强大诸侯，朕如今却受制于宦官家奴，还不如他们啊！”说着落泪如雨，痛哭失声。从此，他不再上朝，直至公元 840 年郁郁而死，李炎继位。

唐末代皇帝李晔、李柷，也是被太监和军阀挟持的。当时，自然也有人鸣不平。如昭义节度使刘从谏，愤然上书：如果宰相确实有罪，那也应当由刑部审判，“岂有内宦擅领甲兵……流血千门，僵尸万计”之理？表示“如奸臣难制，誓以死清君侧”！从此，他长期与仇士良等宦官把持的朝廷对抗。

与此同时，朝臣分为牛、李两派，各有朋党，互相攻击。朝廷如此，藩镇更是乱纷纷，南诏等屡屡犯边。

新政：三管齐下

●严打老虎苍蝇

李炎也是想干事的皇帝。他在“就职演说”中宣布：本年 2 月八日之前，除了十恶不赦、背叛国家、故意杀人、官员贪赃枉法者，其他不管罪行轻重，一律释放。842 年，李炎加尊号后，又宣布大赦，但重申将“官典犯赃”与十恶、叛逆、故意杀人等罪行并列，不在大赦之列。845 年又一次大赦，再次重申将贪腐的官吏除外，并强调除去恶人、进贤纳士、政令通畅、惩治贪赃枉法。将官吏贪赃枉法与十恶、叛国、杀人之罪相提并论，可见李炎对廉政工作重视到何等程度，也足见当时官场腐败严重到何等地步。

李炎加大对贪腐的打击力度。第二年下诏：朝廷刑罚，理当一视同仁。官吏贪赃枉法，不应该有特殊待遇。内外文武官收赃物丝绢 30 匹以上者，一律处以极刑。不久又下敕，对官吏贪污满千钱的，即处以死刑。行文至此，我不由想起当时大文豪柳宗元的《哀溺文》，说五六个人乘小船渡湘江，途中船破，只得下水游渡。其中一个平时最会游的落在后面，为什么？同伴问。他说：“我腰上缠着一千文钱呢，挺重，游不快！”同伴说：“为什么不扔掉呢？”他摇摇头。一会儿更游不动了，已到岸的同伴大呼：“快把钱扔掉！都快淹死了，还要钱干什么？”他又摇摇头，于是淹死了。虽然是在岸上，如果来路不正，一千钱也能让人丢命！古代钱币换算，大约为：1 两黄金 =10 两白银 =10 贯铜钱 =10000 文铜钱。一千文钱才值一两银子。李炎惩贪，比朱元璋那贪 60 两银子处死的力度大多了，连苍蝇也打了！

官场腐败，首先是制度问题。贪婪是人的本性，即使再好的盛世，也不能灭绝官员贪婪的本性，而只能从制度上遏制。制度上纵容，就像家长对孩子过宠，贪腐非泛滥不可。唐朝官员薪水不高，有些尚不能养家糊口，还有些地方不能及时发放，这就难免助长贪腐。为此，李炎即位不久就调高百官工资。第二年有奏："河东等较远地区，应适当多加工资。同时，由各地观察判官监督，按月及时发放，不能拖欠挪用。如有违规，应当追究观察判官的责任。"李炎同意。还有一个现实问题：自古以来很多人都是借钱进京赶考（称"京债"），为官后急于还债，以至贪赃枉法。为此，特许由朝廷借款给他们偿债。可以说，李炎挺关心干部群众的实际困难。

但是，李炎关心有度，以不奢靡为底线。他上任当年就下诏，严禁官员无节制的游宴，并取缔进士曲江集宴。曲江在西安城区东南部，唐代皇家园林所在地，有曲江池、大雁塔等胜景。唐时有个传统，放榜之日在这里举行大型宴会，皇帝亲自参加，新科进士与皇帝及王公大臣一边观赏江边天光水色，一边品尝宫廷御宴美味佳肴，盛大隆重，令人终生难忘。但显然不是省油的灯，所以李炎要叫停，不惜拿传统开刀，狠刹奢靡之风。此禁影响到众多人的眼福、口福及荣耀，自然招致不满与非议，有人说是因为某党派人士"尤恶进士"，其实站不住脚。李炎如果真的讨厌进士的话，怎么会借钱给他们还贷？

●打击藩镇与外敌

（一）平定叛乱

841 年卢龙军人哗变，部将陈行泰杀节度使史元忠，自命留后，请求朝廷认可，李炎拒绝。时任宰相李德裕建议："如果数月不理，他们很可能自乱脚阵。"果不其然，不久传来新消息，部将张绛杀了陈行泰，又请中央任命。朝廷再故意拖延。随后，出兵进击张绛，很快平定。

843 年昭义节度使刘从谏病死，其侄刘稹想按老惯例要求继任。当时朝廷忙于外战，因此宰相多主张同意。李德裕力排众议，主张讨伐。他说："昭义与河朔三镇不同。河朔之乱已久，一时难以教化，不得不迁就些。

昭义地处中原，一向忠义。如果也迁就，那么四方诸镇谁不想效仿，天子威令怎么维持？”于是决定用兵，令成德节度使王元逵、魏博节度使何弘敬出征。河朔三镇节度使都服从诏令，决定各道兵马 7 月中旬一起进击。李炎还吸取历史教训，一是要求各路兵马像尖刀一样直插叛镇的心脏地区，二是要求监军不得干预作战，赏罚与将帅一视同仁。何弘敬可能别有用心，出兵迟缓。李炎果断诏命忠武军王茂元向魏博方向移动，何弘敬大惊，怕内部生变，立即出师向刘稹开战。

这年底，昭义之战正激烈时，太原横水的兵卒因赏赐不足哗变，推都将杨弁为首领，攻占太原。这样一来，朝中乱了手脚，有人建议两地都停止讨伐。李炎派宦官马元实去太原探察虚实，马元实却接受杨弁贿赂，回朝虚张声势，说杨弁兵多将广，列队长达 15 里，且粮草充足，建议不可伐。李德裕明察善断，当场问得马元实张口结舌，并建议："杨弁微贱，决不可恕！如果国力不及，宁舍刘稹！”李炎同意，立即下诏进击。结果顺利进入太原，攻入军府，生擒杨弁，平息乱卒，坚定了百官对讨伐昭义的信心。第二年 8 月，邢、洺、磁三州先后投降。刘稹的部将郭谊、王协见势不妙，便杀了刘稹，投降官军。平定昭义之乱，是唐王朝对藩镇割据的最后一次胜利。

（二）夺回公主

和亲，让美女发挥比长城更有效的作用，看似风花雪月，其实为政治的牺牲品，血泪斑斑。《旧唐书》记载：唐使者送嫁将归时，太和公主“宴之帐中，留连号啼者竟日”。这时期，偏偏回鹘天灾人祸，政权更迭频繁，让太和公主遭受更多苦难。她在回鹘生活 22 年，至少嫁过三位可汗为后妃。在内战中，太和公主被黠戛斯部的军队俘虏。幸好黠戛斯人自认是西汉名将李陵之后，与唐室本为一家，便派人送她归唐。途中，乌介可汗发兵袭击，抢回太和公主，并以太和公主的名义请求唐朝册封。李炎同意，特地派使者前往慰问，许借米三万石，并正式封其为可汗。乌介并不满足，不断借粮借兵，还希望大唐帮他复国，根本不体谅大唐这时本身也有难处。没得到满足，乌介就劫持太和公主南下，先后侵掠大同等地。

843 年正月，李炎派石雄率军回击。石雄善于作战，只愁没对手。现在，他用一计，派人从城里向城外挖十余条地道，半夜杀出，直攻可汗的牙帐。唐军到了鼻子底下，回鹘兵才发觉，乌介惊慌失措，弃辎重逃走。石雄追击，在后被称为“杀胡山”的南戈壁决战，斩敌万人，收降两万余，并抢回太和公主。乌介逃走，三年后为部下所杀。从此，强大一时的回鹘汗国分崩离析，两国百年恩怨终于了断，北部边境安定 30 多年。

再说太和公主回京，先进宫拜见太皇太后，接着参拜父亲和哥哥的神位，然后换下盛装痛哭流涕，自言辜负重托，没完成和亲使命，请求降罪。李炎派人安慰，晋封她为“定安大长公主”。她那些异母姐妹心生嫉妒，七位公主居然抗命不肯出迎，回宫后也不去看望。李炎大怒，下令罚夺封绢，并记载于史，诏示后世。

“安史之乱”时，负责西域的大部分唐军被抽调回内地，只留少数，坚持 40 多年后即李纯时期也退出。回鹘汗国覆亡后，黠戛斯占据安西和北庭，但有意将此两地交还给唐朝。李德裕等人反对：“安西离京城长安 7000 多里，北庭 5000 多里，在那重设都护府，得一万士兵驻守。耗费这么多人力物力去换一个收复失地的好名声，恐怕不妥！”李炎便搁置。由此可见，李炎并不是一个盲目贪图武功的帝王。

● “会昌法难”

李炎一上台就淘汰部分僧尼，开始拆毁小寺山房、兰若等，并对僧尼活动进行一些限制。

第二年加强对僧尼的管理，遣“保外无名僧”，不许置童子沙弥，令原来杂工巧匠和不修戒行的僧尼还俗。不许僧尼无限占有奴婢，限定僧留奴一人，尼留婢二人。令逃兵、罪犯、娶妻等违反佛教戒律的僧侣必须还俗，并没收其财产。同时禁止僧尼步出寺院大门。仅长安城内就有约 3500

人还俗。

第三年加强对外国僧人的监管，要求申报留居理由。当时留居长安的外国僧人约 21 名，主要来自天竺（印度）、狮子国（斯里兰卡）、新罗和日本等。对其他外来四教即祆教、摩尼教、景教和回教，也采取相应措施：令所有的大秦寺（景教）和摩尼寺一并撤毁；逐回纥教徒，多半道死；京城女摩尼 70 人，无从栖身的自尽；景僧和祆僧 2000 余人，放还俗。

第四年拆天下山房、兰若、普通佛堂和村邑斋堂，僧尼一律还俗，送归原籍。不许供养佛牙，除代州五台山及泗州普光寺、终南山五台寺、凤翔府法门寺等有佛指骨之处，严禁供养和瞻仰。如果有送一钱，或僧尼在这些地方接受一钱施舍，均背杖二十。

第五年开始全面灭佛，令僧侣 40 岁以下的全部还俗，不久又规定为 50 岁以下，很快连 50 岁以上如果没有礼部度牒也要还俗，天竺和日本来的僧人也被迫还俗。这年 7 月裁并天下佛寺，上州只留寺一所，如果破落便一律废除；下州寺院全部拆废。长安和洛阳开始允许保留十寺，每寺僧十人，后改为各留两寺，每寺留僧 30 人。各地拆废寺院和铜像、钟磬所得金、银、铜一律交付盐铁使铸钱，铁则交付本州铸为农器，还俗僧侣各自放归本籍充纳税户。共拆寺庙 4600 余所，拆招提、兰若 4 万余所，僧尼 26 万余人还俗，没收良田数千万顷，没收奴婢为两税户 15 万人，另外还强制大秦穆护、祆 3000 余人还俗。

史上四次灭佛的总体原因，一是物极必反，佛教发展过快过猛，招致道家和儒家不满；二是影响经济，一方面空耗财力，另一方面占用了生产劳力，官府不适当禁止才怪。至于具体原因，各次应该不同。《剑桥中国隋唐史》认为：

对佛教之所以肆行迫害，其动机是很复杂的，而最重要的原因在于经济方面。大约在 820 年以后，中国严重的货币紧缺有所缓和，但是由于各方面更加直接地伸手向国库要钱，财政的拮据状况毫无改善……没收、还俗办法和其他惩罚性措施得到许多官员的赞同，认为这是阻止佛教寺院在唐帝国的经济事务中变成强大堡垒的唯一办法。

然而，日本讲谈社《中国的历史（06）》看法完全不同：

佛教已经非常广泛地渗透进了社会各个阶层，而且在宫中还有像仇士良那样的坚定的佛教信徒。可以说，在这种情况下能够强有力地把局势推向灭佛的力量，正是回鹘和吐蕃的瓦解。其结果，以国内高涨的排外势力为动力，局势终于突进发展到毁佛的地步。在这个意义上，会昌毁佛是一次民族主义的行动，也是迈向宋代的第一步。

我个人同意经济原因说。我注意过宋朝，那时期虽然没有禁佛运动，但呼声不小。当时的社会问题“三冗”：一是有定官而无限员，二是厢军不任战而耗衣食，三是僧道日益多而不定数。可能由于地狭民稠的原因，福建更甚，时人写福州：“湖田播种重收谷，山路逢人半是僧。”官员担忧说：古者一夫耕三人食尚有挨饿，现在福建僧人多达人口的六分一，一夫耕而十人食，怎么得了？因此，官府对僧人严格限量。度牒的价格猛涨，有钱难买。再后来，蒙古人也非常崇佛，后果更严重。清时学者赵翼说：“古来佛事之盛，未有如元朝者”，“朝廷之政为其所扰，天下之财为其所耗，说者谓元之天下，半亡于僧”。可见，有识之士都很担心佛教过度发展。

唐时也有此虑。因为杨坚崇佛，被北魏打下去的佛教很快又泛滥起来。唐初全国僧尼十多万，直接影响到官府赋税，李渊便采取限制措施，淘汰大批。然而，武则天“以释教开革命之阶”，佛教几乎变成国教。当时大臣担忧：“今天下之寺盖无其数，一寺当陛下一宫，壮丽之甚矣，用度过之矣！是十分天下之才而佛有七八，陛下何有之矣！百姓何食之矣！”为此，李隆基也采取过一些措施。可后来代宗李豫甚至允许僧徒出入宫廷，在宫中供佛诵经，以致“中外臣民承流相化，皆废人事而奉佛，政刑日紊矣”。李昂也曾不安，说“古者三人共食一农人，今加佛、兵，一农为五人所食，其间吾民尤困于佛。”李德裕还抨击佛教“弃五常之典，绝三纲之常，殚尽财力，蠹耗生人”。泗州原有“戒坛”，即僧徒传戒之坛，剃度僧尼，有人借机聚敛钱财，因此李纯时期诏令禁止。到李湛时期，以皇上过生日为由，请求重开戒坛，四方人士云集，当地官员大发横财。当时在浙西为官的李德裕了解此情，急忙上书：当地人家有三个丁男，必让一个削发出家，以逃避徭役。这种现象如果不加以禁止，拖到陛下诞辰日的话，估计两浙、福建会损失 60 万劳力！李炎即位后，接连出兵反击回鹘、讨伐昭义，财力吃紧，加之他信奉道教，对佛教本来就没好感，很自然要打击像蛀虫一样耗费天下财物的僧尼。通过禁佛，国家编户增加近百万，纳税田地增加数千万顷。

后续：再上一层楼

李炎似乎受李昂压制太久，迫不及待想报仇。李昂尸骨未寒，李炎的身份还只是皇太弟，仇士良建议令杨贤妃、安王李溶、陈王李成美自尽，他同意。仇士良怨恨李昂，建议凡是曾受李昂宠爱的人都要诛杀或贬逐。大臣建言：“陛下应当尽快举行先皇丧礼，尽早商议国家大政，以便安抚天下。可现在没几天就杀这么多人，全国各地的官吏都心惊肉跳，也伤害先皇在天之灵。如果那些人真有罪，等十天后先皇入棺大殓结束再追究也不迟啊！”李炎不听。从这点看，李炎这人骨子里是个暴君。

李炎显然还有些小心眼，对于没及时、直接让他当皇帝耿耿于怀。他要肃清李昂宠爱的“牛党”，贬出宰相杨嗣复、李珏，紧接又派员追杀。李德裕等大臣看不过意，一起哭着请求赦免。李炎不甘愿：“看在你们面子上，且饶他们一命！”随后又像老太婆样唠叨：“朕继位的时候，当时那些宰相何曾想到我？李珏他们想的是陈王李成美，杨嗣复他们想的是安王李溶。如果立陈王、安王为帝，哪有朕今天？”李德裕劝道：“那只是传说，是真是假谁知道呢？”李炎这才派人去追回杀手，但将杨嗣复等人再贬一番后才解恨。如此皇帝能不令人觉得恐怖？幸好他早死！对李炎这类帝王而言，早死不能不说是一种幸运，既是国家之幸，也是他本人之幸！否则，在位稍久，难免不造成更多更大的悲剧，盛世的美名也就与他无缘了。

李炎过度迷信道教，常跟道士往来，还重新任命臭名昭著的赵归真为“道门教授先生”。李德裕进谏：“不可亲近此人！”李炎不以为然：“放心，即使一百个赵归真也不能迷惑我！”李炎太自信了，乐在其中。李炎灭佛，有李德裕之功，也少不了赵归真之功。846 年，丹药炼成，李炎迫不及待服用，却顿感不适，继而狂躁，喜怒无常，话都不能说，当月死，年仅 33 岁。他本名李瀍，死前 12 天改名炎。“瀍”是河名，“炎”从火，难道他临死还幻想炼丹为仙？

李炎被认为像一位过度活跃的“痴呆病人”（dementia）。在位虽然才短短五六年时间，跟现代政府一届任期差不多，却干了几件历史性大事，全国户口比“安史之乱”期间增加一倍多，呈现一派盛世景象。

更重要的是他选的继承人李忱出类拔萃，紧接着开创了“大中中兴”，弥补“会昌中兴”太短之憾。史上 15 个中兴大都人亡政息，盛世不再，唯有这两个可以前后接续。

反思：该怎样对待邪恶的恩人

任何一位杰出的领袖，都不是孤家寡人、单枪匹马，李炎也不例外。当昭义节度使想按老惯例继任时，因为忙于外战，宰相多主张同意，是李德裕力排众议：“昭义与河朔三镇不同，如果也迁就，那么四方诸镇谁不想效仿，天子威令怎么维持？”于是决定对昭义用兵。太原横水的兵卒因赏赐不足哗变，推都将杨弁为首，攻占太原。这样一来，朝中乱了手脚，有人建议两地都停止讨伐。当李炎委派的宦官马元实被叛军收买，回朝为杨弁虚张声势，建议不可讨伐时，又是李德裕明察善断，力主讨伐。仅这两例就可见李德裕在李炎平藩斗争中所起的关键作用。而实际上，惩贪、禁佛等重大举措也多是李德裕的谋策。李炎曾想加封李德裕为太尉、卫国公，李德裕坚决推辞。李炎叹道：“只恨没有更好的官爵奖赏你！”王夫之评论：“武宗不夭，德裕不窜，唐其可以复兴乎！”意思是说李炎如果不早死，李德裕如果不被贬，唐朝完全可以复兴。

如果李炎没重用李德裕，最大可能是重用仇士良。仇士良显然也是个能臣，但绝非善良之辈。他在宫中 40 多年，掌禁军大权并把持朝政 20 多年，精于驾驭皇帝的权术，深受先皇恩宠。“甘露之变”失败后，挟持李昂，更为专横。他几次要废李昂，当面历数李昂的过失，李昂只能低头不语。李昂病死，诏令李湛太子李成美继位。只因为李成美不是自己立的，仇士良便杀李成美，另立李炎为帝。他是李炎的大恩人，于情于理都得重用仇士良。然而，仇士良并非出于公心，他先后杀二王一妃四宰相，如果重用他，李炎只能是个傀儡，朝政只能继续混乱甚至危亡。于是，史书写“帝明断，虽士良有援立功，内实嫌之，阳示尊宠”，同时起用遭贬的李德裕。

仇士良以为李炎是自己扶持的，一切都会听从自己，永远听从，殊不知只是暂时利用，便更加猖獗，对李炎指手画脚。本来诏令都由宦官经手办理，而 842 年 4 月，李炎却直接令李德裕起草诏书削减禁军粮饷。仇士良知道后发怒，威胁说：“如果这样，我就带禁军抗议！”李炎毫不示弱，斥责“纯为奸之人”，把他贬为内侍监。他只好称病请求告老还乡，临行还给党羽们传授经验：

天子不可令闲暇，暇必观书，见儒臣，则又纳谏，智深虑远，减玩好，省游幸，吾属恩且薄而权轻矣。为诸君计，莫若殖财货，盛鹰马，日以球猎声色蛊其心，极侈靡，使悦不知息，则必斥经术，阇外事，万机在我，恩泽权力欲焉往哉？

为了这些小人能够得志，仇士良公然教唆太监们努力将皇帝往邪路上引，何其毒恶！读到此言，我非常震惊。对于书中“反面人物”的心理描写，往往以为只不过是作者揣测，“嫁祸于人”，从未见如此赤裸裸的虎狼之心。宦官有意将帝王往昏君的方面引导，这是一个难得的铁证。这话传入李炎耳里，李炎更怒，马上削他的官爵，并抄他的家，只留他一条性命。仇士良受不了这等羞辱，不久病死。彻底摆脱这样毒恶的“恩人”，是李炎之幸，更是历史之幸！

仇士良很容易让人联想到赵高。赵高与大将蒙恬有怨，便勾结胡亥、李斯阴谋，篡改秦始皇的遗诏，赐扶苏和蒙恬死，而改立胡亥，并蛊惑胡亥“如果坐天下而不能享受天下，天下就成为天子的镣铐”，又借刀杀李斯，以致天下乱得不可收拾。强大的秦王朝迅速土崩瓦解，连胡亥自己也被赵高所杀。假如李炎像胡亥，让邪恶的“恩人”牵着鼻子走，那么非常可能也变得好猎声色而“极侈靡”，平息藩镇的反叛与回鹘汗国的侵扰更无从谈起，唐朝的末日不也可能提前于此时吗？

第十章 大中中兴 清理历史包袱

本章提要 “大中”是唐宣宗李忱的年号。李炎虽然大有作为，但时间毕竟太短，党争等积弊没来得及清除。李忱在位期间（846-860），果断结束“牛李党争”，收复被吐蕃所占领土，一洗 200 年之耻，实现进一步兴盛。

积弊：“牛李党争”

本来不想单独写这一章，因为：一是与前一个中兴时期紧相连，为什么不能合并？“昭宣中兴”就是刘弗陵与刘询两任合并。二是时间太短，“会昌中兴”仅 6 年，“大中中兴”仅 13 年，两者总共也只有 19 年，在中兴时期中还是较短。三是写作体例上易出问题，每章开头都要花相当篇幅写积弊，也即中兴之前提，可是“大中中兴”之前也是中兴盛世，“积弊”不是得空白？三个理由，够充足了。可是认真一想，觉得还是有必要单独写。既然人们将此分别命名，肯定有所区别。《中国盛世》写道：“任何盛世都不是完美的，问题是弊端被及时改革，还是积累成患。”换言之，没有明显的积弊，也有潜在之积弊。

唐朝的危机早在“安史之乱”就开始了，近百年来没得到彻底治理。“元和中兴”也只有 15 年，“会昌中兴”则只有现代政府一届多些的时间，不可能将百年历史积弊一扫而净。李炎时期尚未暴露，或者说没来得及处理的积弊，多着呢！

在前一章，我们常看到李德裕的身影。实际上，因为某种原因，他在这个历史时期其实更活跃，历史作用太突出了。他的身影掩盖着另一个人：牛僧孺。他们两个人是两个朋党的代表。

821 年，礼部侍郎钱徽主持进士科考试，前宰相段文昌等向他写信推荐自己的近亲。结果却是中书舍人李宗闵之婿苏巢等登第，而段文昌推荐的生源全都名落孙山。为此，段文昌举报科举不公。李恒询问翰林学士李德裕等人，得到举报属实的回应。于是进行复试，原榜 14 人中仅 3 人勉强及第，钱徽等因此被贬。但有人鸣不平，劝钱徽揭露段文昌写信推荐之事。钱徽笑笑说：“如果我问心无愧，得官和贬官是一样。怎么能将私人书信公之于众呢？”说着将那些书信全都烧掉，时人纷纷称赞钱徽君子之风。然而，双方矛盾并未灰飞烟灭，朝中大臣与宦官从此分裂为两党，一是以牛僧孺、李宗闵为首的牛党，二是以李德裕为首的李党。著名史学家陈寅恪认为：他们两党之间的分歧不仅是政见不同，也包括对礼法、门风等文化传统的态度之异。史学界大体认为牛党是新兴的庶族地主，而李党则是没落的门阀世族。据说日本现代学者砺波护对“牛李党争”的研究最细致，他编了一份 63 人的名单，其中牛党 41 人，李党 22 人。李德裕则称，三分之一的朝臣都卷入了朋党之争。

两党分歧主要有二：一是牛党多数科举出身，主张通过科举取士；李党多门荫出身，主张通过门荫取士。二是李党主张对不听从朝廷的藩镇用兵，牛党则主张姑息迁就。因为政见不同，加上个人恩怨，两党互相倾轧。大体上说，李恒、李湛、李昂时期两党交替进退，李炎时期牛党失势，李党独掌朝政，李德裕独断专行、排斥异己的作风不但为反对派所恨，也为宦官所不满。如 841 年 9 月，汉江发生水灾，毁了很多房屋，李德裕认为镇守襄阳的牛僧孺有罪，再贬他回家赋闲。这显然是公报私仇，损公利己。但总体上看，李党执政功勋卓著，威震天下；牛党执政无所作为，国势日衰。但不管怎么说，两派近 40 年的争权夺利，加剧了政治危机，史称“牛李党争”。

唐史专家岑仲勉认为所谓的“李党”指李宗闵，李德裕属“无党派人士”，理由是李炎即位后，重用李德裕，将杨嗣复、李珏两位宰相罢免，这二人被认为是牛党。但李德裕并没有落井下石，而建议从轻发落。再说李炎也曾慕名想重用白居易为宰相，李德裕则向来讨厌白居易，便说他年老多病，表示反对。但他同时推荐白居易的族弟白敏中，而白敏中被认为是牛党的重要人物。白敏中后来确实参与了迫害李德裕。李德裕确实有功，这在前文已多次可见。《剑桥中国隋唐史》认为："两个朋党关系网的许多细节尚晦暗不明"，"材料常常是矛盾百出和挂一漏万，因而很难把朋党的结合问题弄个水落石出"，甚至说"我们应该怀疑是否存在依附于牛李党争主角的巨大垂直系统的派别集团"。

"朋党"原本指一些人为自私的目的互相勾结，朋比为奸；后来泛指士大夫结党。中国自古深受朋党祸害，如东汉的"党锢之祸"。但这"党"（factions）不是我们今天政党中的党（partise），它只是政治人物基于个人关系松散的结合体，类似于当代中国的"关系网"，用现代俗话说是"山头"、"圈子"。唐朝的朋党之祸早就有。李泰是李世民第四个儿子，本来安于现状。636 年太子李承乾的脚出毛病，李泰认为机不可失，便拉拢亲信，结为朋党，想谋太子之位。李世民很生气，将他囚禁。长孙无忌是李治的舅舅兼太师，也是李世民遗诏辅佐李治的两位大臣之一。没想到，659 年 4 月，礼部尚书许敬宗在处理一个朋党案时，趁机奏长孙无忌与他们伺机谋反。一沾上朋党加谋反，长孙无忌就十恶不赦了。李治大哭："舅舅如果真是这样，我也不忍心杀！我如果杀舅舅，天下把我看成什么人，后世又将把我看成什么人！"尽管如此，李治没让长孙无忌对质，就下诏削他的官职和封邑，流徙黔州；其儿子及宗族全被株连，或流放或被杀。三个月后，李治要求复核此案，许敬宗派人逼长孙无忌自杀。有人认为，许敬宗受武则天指使。

"牛李党争"声名狼藉，柏杨一针见血地批评：

> 他们像虫蛆一样，没有政治理想，只有私人恩怨，看不到远景，只看眼前一寸的现实利益。个别检查，如李德裕的能力、牛僧孺的道德，都使人人敬。可是，只要一涉及党派，便立刻失去理性。

李昂曾经感慨："去河北贼易，去朝廷朋党难。""牛李党争"不是第一次朋党之祸，更不是最后一次。北宋文豪欧阳修有一篇非常著名的文章《朋党论》，认为朋党自古有，关键在于区别对待，用小人之朋国家乱亡，用君子之朋则国家兴盛。清统治者特别怕朋党，《四库全书总目提要》甚至说“夫明之亡于门户，门户始于朋党，朋党始于讲学，讲学始于东林”，这显然荒谬。难道东林的负面影响甚于“阉党”与那个顽童皇帝？1724 年雍正也撰一篇题为《朋党论》的文章，驳斥欧阳修的“异说”，印发给大臣，意义非同一般。雍正对诸王、贝勒、满汉文武大臣们阐释：

朕今御制《朋党论》一篇颁示，尔等须洗心涤虑，详玩熟体。如自信素不预朋党者，则当益加勉励。如或不能自保，则当痛改前非。尔等须扪心自问，不可阳奉阴违，倘自干国法，万不能宽。

雍正还杀气腾腾说：“设修在今日而为此论，朕必斥之，以正其惑世之罪。”幸好欧阳修没活在清朝。据说，末代皇帝溥仪最崇拜雍正。溥仪曾给皇亲国戚们讲授雍正的《朋党论》，要求用实际行动表示绝不结党营私，人人互相监视，对其他人的一言一行随时要向溥仪打小报告，不然就犯欺君之罪。越是专制，越是畏惧私结朋党。结果，清朝倒是偏偏亡于真正的“革命党”。

李忱是李纯第十三子，而且庶出，按照“嫡长制”原则，皇位根本轮不到他。何况他们家族在李纯之后已经有四位皇帝，或“父死子继”，或“兄终弟及”，而李忱是李湛、李昂、李炎的叔叔，还有更要命的问题是“宫中皆以为不慧”。“不慧”是客气话，不客气说就是智障、古怪，至少也是弱智，人们称他“痴儿”。小时候，兄弟姐妹们一起玩耍，他从不说话，一副弥勒佛样子，让人取笑。但他因此得福。846 年 3 月，李炎病危，十来天不能说话。当时谁继位实际上是宦官说了算。宦官相互间争权夺利，争来争去，对这个“傻瓜”倒是形成共识：因为五个皇子都年幼，无法临朝理政，特立李忱为皇太叔，命他暂时处理军国政事。不日，李炎一死，李忱继位皇帝。没想到，李忱一上台完全变样，人们惊呼“大智若愚”，原来傻痴是装出来的！王小波在他的《青铜时代》里写道：“作为一个中国人，不但必须有证明自己聪明的智慧，还得有证明自己傻的智慧，否则后患无穷。”这可以视为对李忱最好的注释。

李忱不认为自己是李炎的继承人，而是李纯的直接继承人。他指责兄长李恒大逆不道，其三个儿子李湛、李昂和李炎也是逆子。因此，他一上台就全盘否定李炎时期对内、对外的方针政策。当然，李炎那个中兴问题确实也多，该怎么干昭然若揭。

新政：系列拨乱反正

●安内

李忱上台第二个月，突然将李德裕贬往荆州，朝野惊骇。同年 8 月，启用牛僧孺、李宗闵等五位遭李炎贬的前宰相。他们都是“牛党”，约定同日北返。只遗憾李宗闵命薄，当时遭贬在郴州（今属湖南），还没上路就已去世。至此，人们才明白这是为“牛党”平反。

从个人来看，牛僧孺一是为官清廉，士族韩弘为官时，曾厚贿宦官朝贵，死后朝中派人帮其幼孙清理财产，发现簿上记着一大堆送礼名单，只有牛僧孺名下记着：“某月日，送钱千万，不纳。”二是好学博闻，与白居易、刘禹锡等常往来唱和，著有《玄怪录》传奇十卷，鲁迅在《中国小说史略》中说：“造传奇之文，荟萃于一集者，唐代多有，而煊赫者莫如牛僧孺之《玄怪录》。”但从政绩看，也许比李德裕逊色些。同时代著名诗人李商隐称李德裕“成万古之良相，为一代之高士”，近代梁启超则将他与管仲、商鞅、诸葛亮、王安石、张居正并列，称为中国古代六大政治家之一。两人如果能共事，取长补短，该是国之大幸。偏偏他们如二虎不能共一山。在李炎、李忱时期，他们分别辅政，都开创盛世。只是他们个人，都为此吃尽了苦头。

李忱喜欢用奇才异政，特别偏好著名文人。他上台后首先想用的宰相是有着“诗魔”之誉的白居易——这一点倒没跟李炎对着干。只可惜太晚，下诏时白居易已病逝八个月，他只能写一首诗《吊白居易》：

缀玉联珠六十年，谁教冥路作诗仙。

浮云不系白居易，造化无为子乐天。

童子解吟长恨曲，胡儿能唱琵琶篇。

文章已满行人耳，一度思卿一怆然。

将这位帝王对诗魔沉痛的惋惜之情表达得淋漓尽致。

意犹未尽，爱屋及乌，李忱提拔白居易的堂弟白敏中为宰相。在这件事上，李德裕也是有恩的。想不到李德裕遭贬后，白敏中为保自己官爵，极力诋毁李德裕，使他又贬潮州（今属广东），再贬崖州（今海南琼山），变成一个小小县令，直至 849 年死于贬所。白敏中其他品行尚可，唯此忘恩负义、落井下石之举让人诟病迄今。

在为“牛李党争”平反的同时，李忱从多方面加强干部队伍建设。李炎任期虽然只有五六年，但盲目提拔亲信，高官泛滥，李忱接手后不得不严格控制。当时三品以上服紫，四品服深绯，所谓赐紫赐绯即为升高官。李忱有时半年也没赏出一件。

当时地方最高长官是刺史。李忱规定：刺史人选初定后，须入宫接受他的面试，亲自敲定。他还常乔装农民到民间私访，并指示编纂一本《处分语》，记载各州户田亩、山川风物、人情民俗之类，也许算是地方志书的前身，以供随时查阅。他说：“朕以刺史多不得其人，而为害百姓，故要一一面见，询问其如何施政，以此了解其优劣。”规定刺史任期届满，所治州县户口增至 1000 户可以提拔，逃亡至 700 户不仅得罢免，而且三年内不得任职。

李忱对于他的“恩人”——宦官，如刘义隆等人的态度是：皇位要，杀父之仇也得报。李纯说是死于仙丹，实死于宦官之手，据说郭太后与李恒母子也涉嫌。因为没证据，李忱不便公开报复。郭太后感到受冷落，登勤政楼想自杀。李忱听后，非常生气。当夜，郭太后突然身亡，人们怀疑是李忱所为，各种谣言四起。当礼部按惯例要将郭太后安葬在李纯墓旁时，他勃然大怒。大臣王皞斗胆辩解：“太皇太后是汾阳王郭子仪孙女，李纯做太子时就是正妃，为天下国母历五朝，岂能不明不白突然废止礼仪？”王皞说得义正词严，可不但没用，反而被贬为县令。

李忱追究弑父党徒，杀戮和流放众多宦官、外戚以及当时的东宫官员。李忱也久有灭宦官之心，为“甘露之变”扼腕长叹，认为李训、郑注也是小人。除此二人，他对当时所有死于宦官之手的朝臣全都予以平反昭雪。宰相令狐绹建议：对宦官有罪必究，有缺不补，待其自然消耗，以至于尽。这奏章不意被宦官发觉，也导致反扑，但没“甘露之变”那么激烈。宦官知道李忱不好对付，只得收敛。李忱也没进逼，只要他们别太过分就行。

李炎喜欢看戏，一些乐工、演员仗着他的宠爱胡作非为，甚至干政，影响极坏。李忱上台后，狠刹此风。祝汉贞以演滑稽戏出名，李忱也宠爱。有次，祝汉贞演出时触及时政，李忱立即翻脸，怒道：“朕养着你们，只是为了开心，怎敢干预朝政！”从此疏远他，后来还因其子贪赃事发将他流放。乐工罗程弹得一手好琵琶，也深得李忱厚宠，他也放肆得很，竟敢因小事杀人。乐工们为他求情，说他有绝技。李忱说：“你们可惜罗程的艺，朕可惜的是祖宗之法，这怎么能够相提并论！”

李忱十分珍惜大臣的奏本，每次必洗手焚香再捧起来读。《贞观政要》分类编辑李世民与魏征、房玄龄、杜如晦等大臣的争议、劝谏、奏议等，还记载了当时一些政治、经济举措。李忱读《贞观政要》后，特地启用魏谟为谏议大夫。魏谟是魏征五世孙，在朝中只是个小小的“起居舍人”，负责记录皇帝的日常生活，但他忠于史实，秉笔直书。李昂曾经找他查看起居注，他竟然敢于拒绝，还如实回禀：“为了警示后世群王，起居注上善恶都写。陛下只须努力向善，不必查阅起居注。”李忱起用他，想再现魏征直言极谏之风。李忱努力向李世民学习，以“至乱未尝不任不肖，至治未尝不任忠贤”为座右铭。他将《贞观政要》书于屏风上，常常正色拱手拜读。由于政绩显著，李忱果然被后人称颂为“小太宗”。

在佛教问题上，李炎显然有太过之嫌。李忱 3 月即位，4 月便杖杀灭佛主谋之一赵归真，5 月又诏令京城长安增加八座寺庙，并恢复发放度牒，允许僧尼出家。如此一来，大臣纷纷表示反对前几年的灭佛运动。847 年闰 4 月，诏令全面恢复被废的佛寺及相关政策，取得信佛的朝臣以及大批民众支持。但复苏太急，像大坝被堵的水重新泛滥，也不能不引起有识之士的担忧。进士孙樵进谏："陛下即位以来，修复被废的寺庙，重新剃度僧尼，几乎恢复先帝之前的弊端。希望陛下加以制止，让百姓得喘息。"852 年末，中央部门也奏称："陛下崇尚佛教，天下莫不奔走，恐怕国家财力无法承受。由此还常引发事端，骚扰百姓。建议陛下要求相关官员修建寺庙时注意节约，并继续禁止私自剃度为僧尼。"李忱同意。

●攘外

六世纪时，今西藏山南地区的藏族先民雅隆部逐渐扩展到拉萨河流域。七世纪初，松赞干布以武力降服羌人苏毗（今西藏北部及青海西南部）、羊同（今西藏北部）诸部，将首邑迁至逻些（今西藏拉萨），建立吐蕃王朝。如同汉朝及之前边患主要是北方的匈奴，唐朝最头痛的是吐蕃。

初期还是以友好为主。吐蕃多次遣使入贡求婚，李世民最终许以宗女文成公主。641 年，文成公主出嫁，李世民遣礼部尚书李道宗送行到吐蕃。650 年，吐蕃王死，改立其孙，不久新王又来请婚。然而，和亲换来的和平并不能持久。吐蕃嫉妒吐谷浑（今青海贵德一带）附唐，出兵击吐谷浑，这不是打大唐的面子吗？不仅如此，唐击西突厥（今山西到西海一带），吐蕃却接受西突厥依附。在这种情况下，李治只好出兵，一方面防吐蕃入侵，一方面援助吐谷浑。吐蕃遣使请求与吐谷浑和亲，并请求吐谷浑划给一块土地，李治拒绝。670 年，吐蕃疯狂攻占唐 18 州，又与于阗（今新疆和田一带）联手袭龟兹（今新疆轮台、库车一带），李治命薛仁贵、郭待封率军反击。薛仁贵将辎重留在大非岭（青海湖之南），率轻锐日夜兼程，攻敌不备，进屯乌海（在青海）。郭待封不采纳薛仁贵战略，仍然负重而行，结果遇吐蕃 20 万大军，大败。等薛仁贵退回大非岭，吐蕃已聚集 40 万大军猛攻，薛仁贵也大败，只得议和。

和平没几年，吐蕃又扰边，没完没了。831 年，吐蕃维州（今四川理县）守将悉怛谋率全部人马请求归降，李德裕派兵占了维州。牛僧儒却说："吐蕃边境，四面有万里之遥，丢个维州没什么大碍。近年唐与吐蕃友好，约定停战，现在却接收他们的降城，有失大唐信用，得不偿失！"于是，李昂诏令将维城及悉怛谋等所有人马送还吐蕃，让他们屠杀。吐蕃对唐并不领情，847 年春竟然趁李炎丧礼时机，引诱党项族及回鹘余众大举入侵唐河西地区（今甘肃酒泉、张掖、武威等黄河以西）。李忱命河东节度使王宰率军反击，将敌击退。

849 年，出现好的转机。这年 3 月，吐蕃秦（今甘肃天水）、原（今宁夏固原）、安乐（今宁夏同心）三州及石门（原州须弥山）等七座关隘向唐投降。同年 7 月传来更大捷报：唐军收复河、湟地区（今青海、甘肃境内黄河和湟水流域）。那一带百年前曾遭吐蕃侵占，历代唐帝都耿耿于怀，但是无奈，如今终于光复。当时著名诗人杜牧曾悲愤地写了一首题为《河湟》的诗：

元载相公曾借箸，宪宗皇帝亦留神。
旋见衣冠就东市，忽遗弓剑不西巡。
牧羊驱马虽戎服，白发丹心尽汉臣。
唯有凉州歌舞曲，流传天下乐闲人。

前四句感慨宰相元载早在 773 年之前就提出收复失地的建议，不仅没被采纳，反遭陷害；李纯查看地图时，也曾感叹，想要恢复，但未及出征身殁。后四句写河湟地区的百姓沦为异族臣民，身着戎服牧羊驱马，但"白发丹心"忠于汉家王朝。然而，一代又一代帝王只对凉州歌舞曲感兴趣，只管自己悠闲享乐。所幸杜牧在死前终于看到河湟收回，目睹河西、陇右地区老幼 1000 多人穿着唐服进长安，李忱登上延喜门亲切接见。李忱颁诏：河西、陇右三州和七关的土地农田，免租税五年；其他被吐蕃侵占的州县，也要尽快收复。

850 年，吐蕃讨伐其反叛的鄯州（今青海乐都）节度使尚婢婢，宰相论恐热亲自率兵追击，在唐河西八州大肆烧杀抢掠，方圆 5000 里几乎五谷不生。论恐热过于暴虐，越来越多部众不堪忍受，纷纷叛逃，他沦为孤家寡人。第二年，他跑到长安朝见，请求担任大唐节度使。李忱不同意，将他遣返。从此，河西地区再没什么大乱，重新开通“丝绸之路”与中亚各国联系。

党项族是我国古代北方少数民族之一，属西羌族的一支。其部落中，拓跋氏最强。西夏开国君主李元昊自称北魏鲜卑后代，2008 年的一项考古新发现证实了李元昊这一说法。唐时党项人逐渐集中甘肃东部、陕西北部一带，仍以分散的部落为主。唐在党项聚集地设羁縻州进行管理，有功的酋长被任命为州刺史等职。但他们也经常南侵，而唐军连年发兵征讨无果。851 年，大臣孔温裕上书，恳请停止征战。李忱发怒，将他贬出。其实，李忱明白党项反叛的主要原因在于唐边将本身，贪图党项的羊马，经常欺侮、掠夺、诛杀、激怒党项民众。于是，李忱改派文官代替边镇将帅，临行还告诫要善待党项人。

不久，李忱又派白敏中去安抚党项人，白敏中却为难得很。说来有趣：李忱曾命白敏中为万寿公主选佳婿，白敏中推荐新科状元郑颢。在我们现代一般男人想象中，那可是天大好事啊！殊不知，古代有谚曰：“娶妻得公主，平地起官府。”清朝礼制规定，驸马本人及其父母同公主见面，必须先行屈膝叩安礼；如果公主有赏赐，驸马及其父母还要叩头谢恩。唐朝的公主同样可敬不可爱，就说李忱的宝贝女儿吧：永福公主曾被许配于琮，之后，李忱却忽然变卦。他说：“朕近日与这爱女一起吃饭，她竟敢当着朕的面将筷子折断。脾气这么糟，怎么能做士大夫的妻子呢？”万寿公主同样让人皱眉。有天，郑颢的弟弟病了，她却跑去慈恩寺看戏。李忱知道了很生气，将她召回，责骂道：“现在才明白士大夫为什么不愿与朕家通婚！哪有小叔子病危，嫂子不去探视，反而有兴趣看戏的道理？”可想而知，郑颢吃了不少哑巴亏。所以，他很怀恋原来想娶的女子，并痛恨白敏中。白敏中叹道：“因为做那媒，郑颢恨死我了。如今我外出边镇，他肯定会趁机中伤。我恐怕离死期不远了！”没想到，李忱命人取来一个红柳木盒子，交给白敏中说：“郑颢告你的状子都在这！朕如果相信它，你还能活到今天？”行文至此，我也忍不住要向李忱表示敬意，想必白敏中更是感激涕零。

白敏中随即出发，很快回禀党项已平定。李忱说南山的党项部落还有些抢掠事件，应该在银州、夏州授田，让他们安定下来。不久，南山的党项部落也请求归降，李忱赦免他们。952 年 6 月，又有部分党项人扰边，李忱另派一个翰林学士去招抚，同年 10 月便全部归降。

后续：皇宫变寺院

《剑桥中国隋唐史》“强烈地”将李忱任期称为“清算和评估过去的时代”，具体分为三个阶段，第一阶段从登基至 850 年，致力于加强权力，罢免李党成员，解决佛教问题，重新统一西北诸州，频繁更换宰相；第二阶段为 50 年代大部分时期，宰相任期较长；第三阶段为 857–859 年，李忱迷恋道仙，日益躁怒，又频繁更换宰相。因为史料不足，“很难过细地评价宣宗的后两个时期”。“虽然唐王朝此后名义上存在了 40 多年，但 9 世纪末年应该被视为五代时期的开始”。换言之，大唐至此名存实亡了。

李忱晚年重蹈他祖宗的覆辙。858 年 2 月，他吃了方士的仙丹，口渴烦躁，对臣下疑心加重。第二年 9 月，吃了医官的药，背上起毒疮，宰相都不得见。卧床一个多月，什么时候驾崩的都不知道，有传说是出家去了。

李忱去世前一年，发生了一系列叛乱。4 月，岭南军队哗变；5 月，湖南军队哗变；6 月，江西军队哗变；7 月宣州（今安徽宣城）军队哗变。唐初分布在洱海地区的少数民族部落相互兼并，最后形成蒙巂诏、越析诏、浪穹诏、邆赕诏、施浪诏、蒙舍诏六个大部落，统称“六诏”。李渊曾置姚州（今云南姚安），李世民曾置戎州（今四川宜宾）。李隆基时，都督府管羁縻 36 州（后增至 92 州）137 县。羁縻来去任便，彼此不相干涉。西南其他六诏受吐蕃威胁，常弃唐归附吐蕃，南诏则始终附唐。738 年，南诏兼并其他五诏，请求并六诏合一，李隆基准允。于是，成立以西洱河地区为主的南诏国。不想，安南都护府（今越南河内）李涿贪婪残暴，强迫蛮人将马牛卖给他，引起怨恨。这年蛮人勾结南诏军入侵。中原军人的哗变一般都及时平息，南方的边患则延续了好多年。

总体上看，李忱在位虽然才 13 年，安内攘外，《新唐书》记载他逝世那年国库充盈，货物堆积如山，户部钱币多得几乎无法计算，各州也普遍富裕，有的州积钱多达 300 万缗，确实在“会昌中兴”的百尺竿头更进一步，无愧“小太宗”之誉。遗憾是问题也不少，李忱有 11 个儿子，因为担心诸子争夺迟迟没立储，临死才密嘱立三子李滋为太子。没想到，宦官王宗实等假诏立郓王李漼，即懿宗。李漼时年 18 岁，血气方刚，风华正茂，朝野寄予新的希望。翰林学士刘允章上《直谏书》，直言不讳揭露时下隐伏着“国有九破”的现象，即一是终年聚兵，二是蛮夷炽兴，三是权豪奢僭，四是大将不朝，五是广造佛寺，六是贿赂公行，七是长吏残暴，八是赋役不等，九是食禄人多，输税人少；“民有八苦”，即一是官吏苛刻，二是私债征夺，三是赋税繁多，四是所由乞敛，五是替逃人差科，六是冤不得理屈不得伸，七是冻无衣饥无食，八是病不得医死不得葬。刘允章诚恳说：如果能治理这九破八苦，“太平之日，昭然目前”；否则，继续“不以万国为心，不以百姓为本”的话，他只好“葬江鱼之腹，不忍见国难危”。似乎为刘允章之谏佐证，李漼上台这年末浙东就爆发大规模起事，历经八个月才平息。不久又发生军队哗变，农民也加入，浩浩荡荡 20 多万人，好不容易才平息。李漼以为从此天下太平，沉湎于享乐，同时走到灭佛的另一个极端——佞佛，把皇宫简直变成寺院，可想而知他还能剩多少精力处理朝政。

李漼在位十年，病重时被宦官杀掉，拥立其长子李儇为太子。李儇才 12 岁，更是贪玩，成为太监手中傀儡。874 年，终于爆发王仙芝与黄巢更大规模的起事，大唐于907年寿终正寝。

日本学者气贺泽保规在《中国的历史（06）》中，一方面认为：

安史之乱从根本上动摇了唐朝的统治根基，使得唐朝处于濒临灭亡的危机境地，然而在不知不觉中，唐王朝却又稳住了阵脚，竟然又延续了一个半世纪的命脉。究其原因，应该说与蕴含在唐朝内部的柔性结构所具有的强韧性有关。

另一方面又认为：

无论是容许武后夺取政权，还是在玄宗朝个人之间的恩宠关系左右起政治，抑或是最后让宦官专权成为可能等等，这些都是这种体制所具有的特质带来的结果。说严重一点就是，隋唐制度的漏洞太多、体制过于落后。

是的，“制度的漏洞太多、体制过于落后”了！李忱们尽管较有使命感，成功地堵了一些漏洞，死里逃生，但他们没堵彻底，没能从体制上堵住死灰复燃的可能性，于是一个又一个中兴变成回光返照的代名词。当然，有中兴总比没有好，我并不是否定中兴的意义，只是遗憾它们没一个带来长治久安，而全都距彻底毁灭不远。

反思：锦上添花之难

李忱不幸也有幸。不幸是非长子没早继位，有幸是意外继位，且接的是盛世。接盛世之位也是既有幸又不幸，有幸是基础好，不幸是锦上添花难。纵观中国历史上的40余个盛世，在盛世基础上再创新盛世屈指可数，大都是在乱世基础上开创新盛世。换言之，盛世的接班人大都是庸君，甚至昏君，而难有明君。

接到一个好的班子，想干事业的往往只需“无为而治”，萧规曹随。如果是胸无大志之辈，那就真的什么也不干了，躺在那里吃老本，将前任盛世成果挥霍一空。这种昏君远比李忱多。南齐武帝萧赜在位时注重经济，力行节俭，与北魏友好，减少军事，发展教育，时有恩赦，很快开创“永明之治”。史书描述：

永明之世十许年中，百姓无鸡鸣犬吠之警，都邑之盛，士女富逸，歌声舞节，袨服华妆，桃花绿水之间，秋月春风之下，盖以百数。

这段文字够诗情画意！可惜萧赜命薄，在位仅 11 年。更可惜的是他没能培养好接班人，太子萧长懋好佛讲排场，竟敢瞒着父皇大兴土木。萧长懋夭折后，由其子萧昭业直接继位，可这孙子更糟！萧昭业长得挺帅，又写得一手好隶书，极受父亲与爷爷钟爱。然而，他非常贪玩。父亲去世，他虽然号哭不止，转身便寻欢作乐。爷爷丧期，他哭完回宫让胡妓排成乐队，夹道迎奏。他出手阔绰，动辄百万数十万，不到一年便将“永明之治”积蓄的数亿钱挥霍得差不多了。萧昭业的堂叔祖大将军、尚书令萧鸾一再规劝，可他不听。他怀疑萧鸾有篡位之心，令中书令何胤谋杀。何胤不敢，萧昭业又把萧鸾打发到外地去。萧鸾无奈，只得先下手将萧昭业杀了。不到一年时间，萧昭业就将自己的性命玩掉。又勉强撑了八年，南齐江山也给折腾完了。

假如李忱像萧昭业只管挥霍享乐，而不顾江山，就不必去搞那一系列改革，也没剩什么钱给军队。那么，即使身边的文官武将不谋反，也难保吐蕃、党项人不会入侵。那样一来，不仅李忱的皇位坐不了十余年，整个大唐江山也可能撑不到黄巢揭竿起事。

其实，李忱只不过是尽职，萧昭业只不过是本性难改。他很可能根本就没兴趣当皇帝，是被封建制度赶着鸭子上架。

将无志、无能力复兴国势的人硬扶上皇帝的宝座，是封建制度的责任！我们可以指责某人宫廷政变，可为什么没有一种制度可以将这种无志、无能力或者蛮干的人及时和平地赶下台呢？

不难发现，唐朝皇帝都有一个明显特点：前十年八年大都不错，有些还能开创盛世，但“晚年”一个个转去沉湎于得道成仙，而置江山于不顾。看来，皇帝这种职业的“终身制”实在不得人心，连皇帝本人也不耐烦。

第十一章　景圣中兴 战争与和平

本章提要　“景圣”是指辽景宗耶律贤、圣宗耶律隆绪。唐之后五代十国大混乱，辽建国后也长期内乱。耶律贤、耶律隆绪在位期间（969-1031），与宋和平，“一国两制”，民族平等，“诸道皆狱空”，农牧业兴旺。

积弊：昏君 + 暴君

北方少数民族也是挺有追求的。与中原社会相比，虽然落后较多，但他们一个接一个奋起直追。从先秦开始，此起彼伏。当中原陶醉于先进文化，变得越来越故步自封、越来越畏惧制度创新的时候，他们快马加鞭，迎头赶上，转眼间与中原并驾齐驱，甚至超越，强大的辽、西夏、金、元、清政权相继出现。

要写唐之后的历史十分头疼。这又是一个长期乱世，错综复杂，很难理出个头绪。快刀斩乱麻，简单说吧：唐朝末年，各地藩镇纷纷称帝称王，分裂成“五代十一国”。五代指建立在中原地区、前后衔接的五国，即后梁、后唐、后晋、后汉、后周，但不包括辽和宋；11 国指建立在中原以外的各国，即岐、南楚、吴越、前蜀、南吴、桀燕、南汉、南平、闽、后蜀和南唐。也有的称“五代十国”，以上 11 国中除桀燕和岐，另加北汉。其中有些并不是严格意义上的国家，只不过把藩镇的招牌改改而已。

辽国原名契丹，契丹族源于东胡后裔鲜卑的柔然部。389 年，柔然被鲜卑拓跋氏的北魏大败，其中北柔然退到外兴安岭一带，成为蒙古人的祖先；南柔然避居今内蒙古的西喇木伦河以南、老哈河以北地区，后来形成契丹民族，曾经臣服于漠北的突厥汗国，628 年归附唐朝。契丹与唐朝之间，既有朝贡、入仕和贸易，也有战争和掳掠。907 年，契丹人建立政权，成为中国北方一股强大势力。916 年，契丹族首领耶律阿保机正式创建契丹国。947 年，改国号为辽，成为中国北方统一的政权，全盛时期疆域东到日本海，西至阿尔泰山，北到额尔古纳河、大兴安岭一带，南到河北南部的白沟河（流经山西东部等地），以致欧洲人认为契丹就是中国。据说哥伦布出海就是为了寻找他所仰慕的契丹帝国。直到今天，世界上仍有近十个国家称中国为“震旦”（契丹），就跟把中国称为“瓷器”（china）一样。

耶律阿保机率军不断南侵，很快占据中原大片土地。这样，在辽国形成了迥异的两个世界，北部契丹人“畜牧畋渔以食，皮毛以衣，转徙随时，车马为家”，而南部汉人、渤海人则“耕稼以食，桑麻以衣，宫室以居，城郭以治”。契丹兵野蛮，他们没有“工资”，纵兵四出剽掠，名曰“打草谷”。这种方式看似提高了他们的战斗力，但也激发起汉人更强烈的反抗。耶律阿保机不由叹息：“我不知中国人难制如此。”不得不采纳大臣的建言：“今大辽始得中国，宜以中国人治之，不可专用国人及左右近习。苟令乖失，则人心不服，虽得之亦将失之。”改行“文明”些的统治方式后，很快收到了良好效果，制止了汉族人口大量南逃。辽京城汉人几乎占1/3，其他地方也有“汉人”专门居住的汉城，越往南这种现象越多。所以，他们的官制也相应创立了“一国两制”模式，北面官府以国制治契丹，南面官府则以汉制待汉人。少数民族政权对首领有自己的称呼，如“可汗”，可他们跟汉人一样称皇帝。由此可见，契丹人灵活，在政治方面勇于创新。日本讲谈社《中国的历史（08）》评论：

此前只是非常松散的部族联盟的契丹族，一下子被推上了“国家”的地位，屡次派兵征伐东西、南北，创建起了跨种族、跨地域的“帝国”……在亚洲的东方，只有契丹像个领土广袤的国家。

因此，当时日本就慕名向辽国派出“遣辽使”。

但是，辽国朝中长期较乱。耶律阿保机在位 11 年死，二任耶律德光靠宫廷政变夺其兄的继承权上台，在位 21 年。第三任更糟，耶律阮上任仅五年，率兵救北汉时，被从征的将领发动兵变所杀。第四任耶律璟更恐怖，集昏君与暴君于一身。

耶律璟是第二任皇帝耶律德光的长子。951 年 9 月，前任皇帝被害后，他借镇压叛乱的时机夺得帝位。因为不是正常上台，他特别担心众多兄弟也来争夺。当然他的担心并非多余，防不胜防。第二年 6 月，耶律璟即位不足一年，国舅肖眉古得与宣政殿学士李澣密谋投敌，由李澣给在后周做官的哥哥写信，说耶律璟只知喝酒游猎，建议后周出兵。紧接着弟弟耶律娄想自立为帝。953 年，他的堂弟耶律宛又来争夺皇位，还涉及亲弟等人。959 年，他四弟耶律敌烈主谋反叛，第二年大臣耶律寿远和肖阿不等人谋反。不久，另一个堂弟耶律喜隐也发动叛乱。所幸这些叛乱都被及时镇压。

宗亲接二连三叛乱，出于不服，更出于不满。耶律璟夺得权力后，并没有勤政为民，而是沉湎于享乐。他喜欢游猎与喝酒，一出游往往一连七天七夜。不游猎也是喝酒作乐，通宵达旦，政事全然不顾，人们背地里称他为“睡王”。他曾明确要求大臣不要执行他喝醉时候的指示，可不听话他却会随手杀人。

当时，北方虽然基本统一，南方还有劲敌。作为辽国一把手，哪容如此醉生梦死？959 年 4 月，周世宗征南唐胜利后，国力骤增，随即转身北伐，大举进攻辽国的三关，即益津关（今河北霸县境内）、瓦桥关（今河北雄县旧南关）和淤口关（今河北霸县东）。辽国守将一个个投降，兵不血刃，不战而败，举国震惊。大臣劝耶律璟尽快收复失地，他却说那些地方本来就是汉人的，没什么可惜，全无一点志气。侥幸周世宗在这次战争中突然病死，后周只得退兵，否则很可能一口气将辽灭了！

宗亲和近侍们一再反叛，可以说是耶律璟逼的。他生性残暴，左右侍从稍有过错就被他亲手杀死。特别是他听信女巫的话，认为延年益寿的仙药得用男子的胆作药引。每次战败，他都会拿自己的臣民开刀。他杀人还常锉尸，即千刀万剐，实在是杀人狂！

就这么一个变态的皇帝，将一个国家折腾了 19 年，可以想象那是一种怎样的局面。所幸宫中近侍和厨师等六个不甘坐以待毙的小人物联手，将耶律璟灌醉杀了，结束了一个暴政时代。

新政：双赢战略

●加快汉化步伐

969 年 2 月，耶律璟被近侍所杀，耶律贤继位。这一次权力交接倒没什么麻烦。开国皇帝的所有兄弟都死了，他们子孙也在前几次政变当中被杀光。耶律贤是第三任皇帝耶律阮的次子，没人反对。问题是他长期患病，朝政只好由皇后执掌。

大名鼎鼎的萧太后，就是耶律贤的夫人萧绰。她名字美丽柔弱，其实堪称武将，《杨家将》中的萧太后就指她，但真实的她不像小说或者戏里那样“母夜叉”。她父亲萧思温是辽国第二任皇帝的驸马，而他的长女嫁给耶律璟的弟弟，次女嫁给耶律贤的弟弟。耶律璟在黑山（今内蒙古巴林右旗）意外被杀时，萧思温在场。他冷静处置，封锁消息，力助耶律贤继位。耶律贤晋封他为北府宰相等职，并召萧绰入宫，随即封为贵妃，两个月后又册为皇后。

本来萧绰可以享清福。没想到第二年，父亲又遇刺身亡，耶律贤失去顶梁柱，17 岁的她只好接过重任，负责处理一切政务。她做的决定，耶律贤只是听听通报。976 年 2 月，耶律贤还正式传谕：今后凡记录皇后之言也称“朕”，与自己相提并论。

982 年耶律贤去世，其子耶律隆绪继位。耶律隆绪年仅 11 岁，尊萧绰为“承天皇太后”，继续摄政。辽帝登基有一种“再生仪”，萧绰也履行这一仪式，就是说她执政具有合法性。她对耶律隆绪精心培养，要求很严，甚至成年后还当众打骂他。

萧绰原来曾许配汉臣韩德让，没来得及结婚而被选进宫。现在耶律贤死了，她便对韩德让说：“愿续旧好！当国的幼主是我的儿子，也是你的儿子！”为此，传说她派人鸩杀韩德让的妻子李氏。从此，他们过着“事实夫妻”的生活，耶律隆绪对韩德让也真诚地以父相待，连接见外国使臣都不避忌。韩德让的军政权力超过他前后任何一位大臣，但依然忠心耿耿，全力辅佐萧绰与耶律隆绪。这跟寻常寡妇抚孤的故事差不多，对得起夫家，也对得起自己，只遗憾她和韩德让对不起李氏。

然而，皇族不满。诸王宗室 200 余人拥兵而起，控制朝廷，排挤萧绰及耶律隆绪。作为一个女人，面对如此形势，萧绰叹道：“母寡子弱，族属雄强，边防未靖，怎么办啊？”在耶律斜轸、韩德让等大臣支持下，她果断地撤换掉一批大臣，下令诸王无事不得出门，并设法解除他们的兵权，迅速稳定朝政，后来陆续有些叛乱也及时平息。1009 年，耶律隆绪 38 岁，萧绰才还政于他，同年底病逝。这时辽国已步入鼎盛阶段。

从北魏中兴可以看出，少数民族要有质的大发展，必须向汉族学习。契丹人的文明程度比匈奴、突厥高些，但与汉人相比显然还差一大截。他们一立国就开始向汉人学习，但同时还想大力发展本族文化，命大臣创造契丹文字。在萧绰与韩德让影响下，汉化步伐加快。南京官府要职原来一直由契丹宗族担任。耶律贤即位后，提拔汉族官员高勋为南枢密院使，又加封为秦王；汉官韩知古的儿子韩匡嗣被任命为上京留守，后改任南京留守，加封燕王。还选拔了一批汉族知识分子治理各州。契丹民俗中有“姊死妹续”的陋习，耶律贤予以废除，并令为官的契丹人可以随汉族礼俗，与汉族自由通婚。

耶律隆绪时期，汉化更全面。耶律隆绪“幼而聪明……好儒术，通音律”，还好绘画，崇信佛教和道教。他能读汉书写汉字，特别推崇李世民的《贞观政要》和白居易的诗，曾以契丹文翻译《白居易讽谏集》。他本人作曲 100 余首，作诗 500 余首，如《传国玺》：

一时制美宝，千载助兴王。

中原既失守，此宝归北方。

子孙皆宜守，世业当永昌。

这诗是他在中京（今内蒙古宁城）得传国玉玺时所作。这玉玺是著名的秦玺，传至唐朝时更名为“受命宝”。

耶律贤一上台就多次召汉人翰林学士室昉，问古今治乱得失。室昉认为耶律璟太暴虐，今后“务行宽政”。登闻鼓，即在衙门口设鼓，让上访的百姓敲鼓鸣冤。自北魏开始唐、宋等朝均实行这种制度，辽国也有，但被耶律璟废除，耶律贤予以恢复。契丹人得势后，跟后来的蒙古人、满人一样实行民族歧视政策（当然，应是后者向前者学习），他们打死汉人只要赔牛马，反之不仅要抵命，还要没收其亲属为奴婢。983 年，耶律隆绪修改“同罪异论法”，即契丹人犯法与汉人犯法同罪处理，不得同样的罪因民族不同而予以不同处罚。同时修改“贵贱异法”、“奴主关系法”，废除“兄弟连坐法”。他还用法律禁止妨碍农业，禁止军队和行猎破坏庄稼，委派监察官查看农业，鼓励种果。犯罪率大大降低，甚至出现“南京及易、平二州以狱空闻”的可喜局面。不过，他们也学儒家的糟粕，如 1017 年禁止“命妇”（即有封号的妇女）改嫁。

公元 988 年开贡举，从此成为定制。1030 年诏来岁实行贡举法，进一步健全科举制度。1032 年开始每年举行一次科考，随后改为三年一次。考试科目初期以词赋为正科，法律为杂科，后来借鉴宋朝分两科，即诗赋与经义，分别取士。但禁止契丹人参加汉式科考。有个官员让儿子非法参加，被责罚 200 皮鞭，他儿子直到能够三箭射杀三只野兔——通过本民族武功考试，才得以提拔。这说明他们对汉化改革还是留有一手，并非全搬照抄。

辽后期，侍臣给道宗耶律洪基讲《论语》，讲到“夷狄之有君”一句时，一口带过，不敢讲解。耶律洪基意识到侍臣有顾忌，连忙开导说：

上古獯鬻、猃狁荡无礼法，故谓之夷。吾修文物，彬彬不异中华，何嫌之有？

在耶律洪基的心目中，辽国已经与中原“无异”了。据载，耶律洪基曾经用数百两白金铸两尊佛像，其背面铭字：“愿后世生中国。”孝是儒家最重要的观念，辽帝除了头尾两个，其余的谥号均带有“孝”字。由此可见其汉化程度之高。

●创百年和平之基

宋与辽可谓“前辈子”的敌人。早在宋建国之前的936年，后唐皇帝李从珂调他姐夫河东节度使石敬瑭到郓州（今山东东平）任节度使，石敬瑭不仅像李从珂当年一样趁机起兵叛乱，而且还向塞外之敌辽国求援，承诺割让燕云十六州为报酬。燕云十六州，即幽州（今北京）、蓟州（今天津蓟县）、瀛州（今河北河间）、莫州（今河北任县）、涿州、檀州（今北京密云）、顺州（今北京新义）、新州（今河北涿鹿）、妫州（今河北怀来）、儒州（今北京延庆）、武州（今河北宣化）、云州（今山西大同）、应州（今山西应县）、寰州（今山西朔州）、蔚州和朔州，这一片土地约12万平方公里，相当于三个台湾岛，都处于长城以南。辽喜出望外，由皇帝亲率大军增援，击溃李从珂。石敬瑭当权后，不仅称比他小十岁的辽帝为父皇，还真割让出了燕云十六州。这样，长城对中原没了意义，辽距北宋都城1000来里地一马平川，没任何要塞可挡，敌骑很容易直抵开封城下。这十六州，始终是北宋一大心病。而且辽的疆域是北宋的两倍，看看历史地图你就会体谅北宋生存与发展的外部条件多么艰难。所以，吴稼祥指出：在当时“北宋不是主要国家，而是次要国家”，“至于南宋，则几乎称不上是政治意义上的‘中国’”。

然而，北宋历代帝王在这一点上始终是有志气的，末代皇帝最终倒在这一点上另当别论。初期的宋帝也很有扩张性。当宋师南下，那位写过“问君能有几多愁，恰似一江春水向东流”凄美无比诗句的南唐皇帝李煜还天真地抱怨：“我没什么过错吧？”宋开国皇帝赵匡胤直言不讳说了一句名言：“卧榻之侧，岂容他人酣睡。”辽也是宋的卧榻之侧，赵匡胤自然也不容许它鼾睡，何况它还经常南下骚扰。

宋开国之初，赵匡胤忙于内部稳定及南征，在北方先对北汉发起征战。

当时辽国皇帝耶律璟则忙于内部没完没了的反叛与自己享乐，也没对宋有什么野心。964 年，宋攻北汉辽州（今山西左权），北汉向辽救援，耶律璟派出六万骑，结果失败。后来，辽与北汉只是像蚊子一样偶尔骚扰一下宋边境，赵匡胤也只是偶尔还一巴掌。969 年，即耶律贤即位那年初，赵匡胤想灭北汉，亲自率大军围攻太原等地。辽派劲旅连夜冒雨从小路迅速进驻太原西，与北汉联手反击，赵匡胤败退。当时耶律贤忙于内部稳定，还得应付女真族不时侵扰，无力南征。于是，974 年宋辽议和，“用息疲民，长为邻国”。

公元 975 年，宋灭南唐，第二年赵匡胤死，赵光义继位。经过几年准备，979 年初赵光义率军一举灭北汉，当年 6 月紧接着从太原进攻辽，想一鼓作气收复燕云十六州。初期顺利，易州、涿州不战而降，然后直指南京城（今北京市）。辽军坚守不出，等待援军。耶律贤派名将耶律休哥领重兵相救，一路 5000 人佯装主力直奔南京城下引诱宋军交战。而真正主力三万骑兵却连夜绕到宋军的背后，在高粱河一带展开激战。腹背受敌的宋军惨败，赵光义只身出逃。

同年 9 月，辽乘胜反攻宋，在满城（今属河北）对阵。决战前，宋军诈降，辽大将韩匡嗣信以为真，耶律休哥劝阻：“你看他们军容整齐，锐气十足，像个降兵的样子吗？别信！”韩匡嗣不听，结果被宋军突袭，士卒纷纷丢盔弃甲逃命。若不是耶律休哥率兵顽强抵抗，恐会全军覆没。

第二年 3 月，辽十万重兵围攻雁门关（今属山西），被宋名将杨业击败。10 月，耶律贤亲自到南京督战，指挥围攻瓦桥关（今河北雄县南关）。宋军救援时被击败，想突围也失败。两军隔河对峙，耶律休哥率精锐骑兵强渡，宋军大败。辽军追到莫州（今河北任丘）再次决战，宋军横尸遍野，但辽军也遭重创，只得退兵。

982 年 5 月，辽帝又亲自率兵三万骑大举伐宋。辽军兵分三路，一路袭雁门（今山西代县），但被宋名将潘美击败，宋军追入辽境，俘老幼万余口，获牛马五万；二路攻府州（今陕西府谷）也失败，被斩 700 级，失羊马万计；三路打高阳关（今属河北）也败北，失羊马数万。这年 9 月，耶律贤病死，也许与这次惨败不无关系。

辽国君主变易之时，萧太后不忘宋国威胁，一边立“更休法”，劝农桑，大力发展经济；一边大修武备，多设间谍，并制造国内空虚的假象。果不其然，赵光义认为辽国朝中孤儿寡母有机可乘，986 年初大举北伐，也兵分三路，东路攻幽州，中路攻蔚州，西路攻云州、朔州。萧绰命耶律休哥守幽州，耶律斜轸抵御中路及西路宋军，她自己与耶律隆绪驻扎在驼罗口(今北京南口附近）指挥。初期，宋军接连攻下固安（今属河北）、涿州等地，寰州、朔州、应州等地不战而降。萧绰率军支援耶律休哥，大败宋东路军。耶律休哥收尸以为“京观”—— 古代为炫耀武功，聚集敌尸，封土而成高冢。赵光义只得撤退，屯兵边境，以守为攻。可是，萧绰命耶律斜轸乘胜对东路和中路宋军进行反击。就在这次战役中，辽军生俘杨业。有的说杨业撞死在石碑，有的说因箭伤无法进食，三日而死。杨业是妇孺皆知的“杨家将”原型之一，戏文中名杨继业。

随后，辽纵兵南侵，攻陷诸多边城。赵光义忍无可忍，第二年 4 月又想大举复仇。宰相李昉等大臣连忙劝阻：

近者分遣使出外征兵，自河东、河南四十余郡，几八丁取一，以充戎行。臣等颇闻众议，皆言河南百姓不同被边之民，素习农桑，不知战争，虑人情动摇，因而逃避为盗。当土膏之兴，更妨农作之务。望严敕使臣，所至之处，若人情不安，难于战募，即须少缓。

用这些强征来的兵匆匆上阵，结果可想而知。赵光义不得不忍，转为以抵御为主。而辽军也没有绝对优势。

耶律休哥是辽军名将，宏谋远略，料敌如神，爱兵如子——每次打了胜仗都推功于他的将士，让大宋军民闻风生畏，民间为哄孩儿止哭会说：“于越来了！”“于越”是辽国官名，位于百官之上。辽国 210 年中只有十人享受这一殊荣，而对于北宋百姓来说，如同我们现代父母对孩童说“老虎来了”、“警察来了”。就是耶律休哥也感到力不能支，988 年冬他率八万精骑南下，被宋军斩首 15000 级。第二年 7 月，再率三万铁骑南侵，被宋军偷袭后背，顿时陷入混乱，他本人也被砍伤手臂，仗着人多才狼狈撤退。此后十几年，虽然偶尔还有些冲突，但谁也不敢轻易发动大规模入侵。

大宋对于辽国来说，诱惑相当大，而萧绰和耶律隆绪们的雄心也大。在那个丛林时代，这就注定了两国最终鱼死网破的宿命。经过多年准备，公元1004年9月，萧绰亲自率辽军大举南侵，大有决一死战之势。至定州（今属河北），两军相峙。辽军怕腹背受敌，提出议和，北宋新皇帝赵恒拒绝。11 月，宋军在朔州大败辽军，但辽军主力三面包围澶州（今河南濮阳），形势相当危急。

《剑桥中国辽西夏金元史》说赵恒在北宋所有帝王中“也许最为消极”，但他运气不错。当时辽国最优秀的文武大臣耶律休哥、耶律斜轸已去世，赵恒被自己的能臣寇准硬拖上前线督战。当他登上澶州北城门楼时，诸军高呼万岁，声闻数十里，士气大振。更幸运的是，辽国统军萧挞凛不把大宋守军放在眼里，率数十轻骑直驱澶州城下，被一箭毙命。为此，萧绰等人痛哭不已，辍朝五日。在这种情况下，双方都不得不承认吃不了对方，多数大臣主张见好就收。于是议和，主要内容有：一是辽宋为兄弟，辽帝年幼，称赵恒为兄，后世仍以此论；二是以白沟河为国界，双方撤兵；三是宋每年向辽提供助军费银 10 万两、绢 20 万匹；四是双方在边境设榷场，开展互市贸易，史称“澶渊之盟”。

同时，辽与女真、党项、吐谷浑、回鹘、于阗、高丽等周边也有些矛盾，但总体基本实现和平。特别是与高丽，辽曾嫁公主去和亲，册封高丽王，不过战事也最多，只是没宋辽那么激烈而已。

“澶渊之盟”后，辽、宋两国都将主要精力放在国内社会经济发展上，不再强求用人民生命财产去硬抢土地。萧绰和耶律隆绪延续“景圣中兴”，北宋也接连开创盛世：赵恒在任期间，以文安邦，与辽和平，集中精力发展民生与平民文化，鼓励男人以读书为业，人口和税收均超过唐最繁荣时，被誉为“咸平之治”。紧接着的仁宗赵祯时期，工业化、商业化、货币化和城市化发展远远超过当时世界其他地方，被誉为“仁宗之治”。宋时经济总量占全世界一半以上，全世界仅有的五个人口超百万的城市全在中国（今开封、杭州、西安、洛阳和南京），被许多专家学者认为是中国封建社会的巅峰。日本隋唐史专家气贺泽保观也重“仁宗之治”，而轻“贞观之治”。这种局面，是典型的双赢，世界史上也罕见。日本学者杉田正明在《中国的历史（08）》中评论：

在军事上也处于弱势的北宋，借此保全了自身。北宋文化发展的最大原因，首先应归功于这个条约……

契丹方面在“澶渊之盟”以后，形势完全稳定下来。由此北宋和契丹政府达成南北共存的时代，确实是一个悠闲的时代……契丹帝国没有受到来自任何方面的威胁，一百多年间一直享受着美梦般的生活。

《剑桥中国辽西夏金元史》的评论角度稍有不同：

澶渊之盟是在意识形态要求之上的政治务实主义的巨大成功……最重要的是，这一条约取得了非凡的成功，非常有助于整个11世纪两国的长期稳定和经济与文化的进步。

然而，对于早习惯四方来贺的儒家来说，“澶渊之盟”是屈辱。《剑桥中国辽西夏金元史》认为：

条约的效果被普遍歪曲了，尤其是宋朝给契丹的岁币被描绘成给国家造成了沉重的负担。这当然不符合事实。

事实上，自赵光义开始，宋辽之战25年，损兵折将，生灵涂炭。当时宋财政年收入一亿，而一场中等规模战事所耗费就达3000万。这30万岁贡只是其1%，微不足道。比金钱更重要的是，此后百姓享受到100多年的和平。以色列那么强大，还有美国做靠山，不也得“以土地换和平”吗？

最近，91 岁的以色列前总理西蒙·佩雷斯在凤凰网一次采访中坦言：

我从《孙子兵法》中学到，你要和平就要把自己的敌人变成自己的朋友。交朋友是一个成本比较低的事情，制造敌人是一个成本比较高的事情，所以我不明白为什么那么多人热衷于制造敌人而不是交朋友。这是几千年前的智慧，但是时至今日我们仍然可以活学活用。虽然我自己不会中文，没有读《孙子兵法》原著，但是我看了翻译版的《孙子兵法》，所以我学习了这样的智慧。

北宋在先天不足情况下，以财物换和平，也不失为明智之举。台湾学者蒋复璁说：澶渊之盟“影响了中国思想界及中国整个历史”。

后续：内部更难和睦

从某种意义上说，匈奴不是给汉人打败的，是他们自残的。西晋末代皇帝司马炽成了汉赵刘聪的俘虏，刘聪困惑得很，问：“你们皇室骨肉相残，怎么那么厉害？”司马炽奉迎说：“这不是人事，是天意。您应天受命，所以我们要为陛下互相驱除。我家如能奉行大业，各家和睦，陛下怎能得天下？”是啊，如果都能够奉行大业，齐心协力，几个家天下能丢失？其实盛世往往也难免争权夺利，唐王朝200多年中几乎没一个皇兄皇弟善终。只不过盛世之内耗一般控制较好，虽有流血也不至于影响大局。辽国的内耗绵绵不断，虽没造成严重分裂，但导致衰亡。萧绰能够与宿敌大宋缔结百年和平，却无法根治内耗。

耶律阿保机的第三子耶律李胡，勇武强悍，力大无比，生性残忍，但深受母亲述律平疼爱。述律平也是个非同寻常的女人，曾多次统兵，“名震诸夷”。耶律阿保机死后，她以皇后身份称制。有些功臣不服，她就令他们为先帝殉葬。汉臣赵思温反击：“先帝亲近之人莫过于太后，太后何不以身殉葬？”她挥刀斩下自己右手，扔进棺材，然后说：“儿女幼小，不可离母，暂不能相从于地下，以手代之！”因此，人称“断腕太后”。

如此，那些人只得乖乖殉葬。

二任耶律德光即位后，立耶律李胡为皇太弟。947 年，耶律德光去世，耶律李胡的侄儿耶律阮自立为帝。述律平大怒，派耶律李胡率军讨伐耶律阮，但失败。在大臣调解下，述律平承认耶律阮的合法性。不久有人告发耶律李胡与述律平图谋取而代之，耶律阮将他们迁到祖州（今内蒙古巴林左），禁止随意出入。960 年，因儿子宋王耶律喜隐谋反，耶律李胡被下狱，并死于狱中，后被耶律隆绪追谥钦顺皇帝（另改章肃皇帝）。

耶律璟即位后，耶律喜隐谋反又被发觉。耶律璟亲自审问，但仍然释之。耶律喜隐还有一块心病，因为少年得志，骄横得很，耶律璟召见也不及时到，耶律璟为此打过他，他便耿耿于怀，立志反叛。没多久，再反，还只是被下狱。契丹人对外凶猛，对自己人有时过于心慈手软。像耶律李胡与述律平这样，如果是在汉人王朝，即使他们没反，只是担心他们可能会反，也被杀了。可他们有反叛之实，且一而再，还留下耶律喜隐性命，留下一大隐患。

耶律贤即位后大赦天下，狱吏闻风即将耶律喜隐释放，返朝中。耶律贤大怒："你是罪人，怎么能擅自出来！"耶律贤杀了狱吏，重新将耶律喜隐下狱。可是没多久，耶律贤改年号大赦，又宽恕了他，不仅释放，而且将小姨子嫁给他，恢复官爵。原来前些日子耶律贤怒的只是没事先请示，那狱吏揣测他的心思，本想讨个功，不想拍到马腿上，死得好冤。

然而，耶律喜隐本性不改，974 年还想谋反，依然被宽恕。980 年 6 月，再反，才重新被囚。981 年 5 月，上京（今内蒙古巴林左旗）的宋军降卒叛乱，想从狱中劫出耶律喜隐并拥立他为帝，攻城失败后，改立他儿子留礼寿为帝。辽军将留礼寿抓了斩杀，这才赐耶律喜隐死。

如果说耶律喜隐对政局实际影响不大的话，那么这种对宗室宠爱放纵的危害愈发明显。耶律隆绪也是晚节不保，以为天下太平，可以放心睡大觉了，便乐衷游猎，迷信佛教。1031 年去世，终年 61 岁，在位 50 年，为辽朝在位时间最长的皇帝。

他儿子耶律宗真继位，时年 15 岁，年龄偏小，所以由生母萧耨斤临朝摄政。耶律宗真少年聪慧，爱好儒学，通晓音律，是享有名望的山水画家，又豁达大度，应该是个明君。不想他满足于表面繁荣，不仅迷恋佛道，还喜欢赌博，拿城池当赌注，一输好几座。他还连年征战西夏，已经习惯和平的百姓变得怨声载道。他对宗室更宠。萧菩萨哥是耶律隆绪第二任皇后，也即耶律宗真的养母。萧耨斤为了排挤她，指使人诬告她与大臣谋反。耶律宗真说："她侍奉先帝 40 年，又将我抚育成人，怎么能拿她治罪？"萧耨斤说："此人在，迟早会成为后患。"耶律宗真说："她没有亲生儿子，又年老了，即使让她反，也反不到哪去！"萧耨斤还是将她驱赶至上京，不久派人去杀了。耶律宗真就这样受制于人，耶律隆绪的不少政策被改变。史称萧耨斤"残忍阴毒，居丧未及一年，先帝所行法度，变更殆尽"，临朝四年工夫便让"契丹亦困矣"。

耶律宗真亲政后，对萧耨斤"不便军民三十余事，并立改之"。但他满足于继承到的中兴成果，沉湎享乐，生活上放荡不羁，政治上日趋保守，不愿深化改革。如"一国两制"南北分治，在建国初期保障了汉族地区的经济、文化发展，而随着全国封建化改革完成，便成阻碍进一步发展的因素。为此，大臣认为南北两个官府机构"若并为一，天下幸甚"。耶律宗真担心影响整体体制而不予采纳，虽保持政局一时稳定却加大了南北差异，制约了长远发展。他好佛，"度僧其众"，以致"僧徒纵恣，放债营利，侵夺小民，民甚苦之"。后代有人认为"辽以释废"。在奴婢等问题上，大为倒退。更糟的是他对自己的弟弟耶律重元感恩，一次酒醉时答应百年之后传位给他，而自己儿子尚未封太子，让耶律重元产生非分之想，埋下日后叛乱的种子，辽国衰势无可救药。

耶律宗真的儿子耶律洪基，即道宗，镇压叛乱后又迷恋佛教，不思改革，日益腐败。本来也有幸，皇后萧观音多才多艺，并关心朝政，曾多次规劝耶律洪基以江山社稷为重。太子聪明能干，朝野寄予厚望。这引起奸臣耶律乙辛等人不满，设计让她抄写十首诗，然后，从“宫中只数赵家妆，惟有知情一片月”句中抽出“赵惟一”三个字，告发她与伶官赵惟一有染。耶律洪基信以为真，诏令她自尽，太子不久也被害死。其后的天祚帝则是个著名的暴君，在位 20 余年便亡国。明时学者王宗沐说：“辽之亡也，吾不曰天祚，而曰道宗。”

史称“辽之内难，与国始终”，“宗室反侧，无代无之”，一点不虚。

反思：何至于靠孤儿寡母救国

“景圣中兴”是耶律贤之功，也是耶律隆绪之功，更是萧绰之功。如果不是她毅然站出来辅政，耶律贤长期生病，重臣被谋杀，那种政局如何维持？耶律贤死后，继位的耶律隆绪年仅 11 岁，宗室群起逼宫，如果不是被她平息，耶律隆绪之位如何保？与北宋战争不断，辽国一次又一次被大军入境讨伐，危在旦夕，如果不是她组织抗战并反击，适时缔结百年和约，辽国或许早被宋灭了？萧绰功不可没，远大于耶律贤和耶律隆绪！宋人叶隆礼在《耶律贤萧皇后传》中攻击她“好华仪而性无检束”，“后天性忮忍，阴毒嗜杀，神机智略，善驭左右，大臣多得其死力”，而不见她之功，显然有失偏颇。《剑桥中国辽西夏金元史》评论：

> 皇太后并不是一位反复无常的暴君，而是一位深深懂得权力的现实性和统治艺术性的统治者……《辽史》很贴切地概括了她的成就：“圣宗称辽盛主，后教训为多。”

一个体弱多病且不善政的“庸妪”牵着个幼小的皇帝，怎么可能救国？即使没有蒙古人入侵，也很容易被王莽、杨坚、赵匡胤之流篡夺吧？

比如南宋末理宗赵昀的皇后谢道清。假如谢道清像萧绰，那么她会及时撤换贾似道，而重用文天祥等人。蒙军强悍，但并非天兵天将，在四川几年没突破，在日本和东南亚更失败，反而导致他们自己衰弱。南宋毕竟占着天时地利，文武百官也不是个个无能又无德，民众更没几个反叛，只要多坚持一下，避过蒙军的锋芒，何愁没有转机？何至于那般狼狈？

而假如萧绰像谢道清，只会流着眼泪“自我批评”，让文官武将糊弄，能够抵挡北宋一次又一次大举进攻吗？

前文说“对那些无心履职的帝王个人，也不便过多责难”，不等于说全免了他们的责任。既然被时代推上那样重要的岗位，就应当坚强地担当起历史赋予的使命。刘邦并不是生来的储君，早年还是乡间流氓地痞小混混，造反之时也很可能没敢想过要当皇帝，可他被推上帝位后，华丽转身，变成一个了不起的好皇帝。朱元璋也如此，既然“黄袍加身”就好好干。作为女人，萧绰更是如此。她本来的理想只是做个贤妻良母，只因为父亲被谋杀，丈夫皇帝又有病，17 岁的她突然卷入政治。如果真不想干，或者没能力，那么可以让贤。李旦真不想干皇帝这差事，一让再让，一让母亲武则天，二让皇兄李显，连二连三，最后还让儿子李隆基，让他去开创盛世。赵构、乾隆干累了，也都主动让位。谢道清处于国家危亡的特殊时期，明知孤儿寡母担当不起，却没让位，以至误掉江山，责任不小！

我们来到这个世上，每个人都有自己的使命。能够出色地完成好自己的使命，值得赞许，历史不会忘记。对于逃避使命的，其实也无可厚非，比如对于赵构的禅让，对于无数的隐士，对于懒汉，一般都不会过多指责。对于残疾人，还予以同情和尽可能的特殊照顾。只有对于那种无心无力担负使命，而又不肯退让，用俗话说是“占着茅坑不拉屎”，才不予宽容。宋室江山是赵匡胤从后周孤儿寡母手中夺得，最后失于谢道清孤儿寡母之手，有诗曰：

当日陈桥驿里时，欺他寡妇与孤儿。

谁知三百余年后，寡妇孤儿亦被欺。

乍一看这诗讥讽孤儿寡母，挺不厚道。谢道清可怜又可恨，归根结底是当时制度文化的问题。

第十二章　建炎中兴
被忽视的复兴

本章提要　“建炎”是南宋高宗赵构两个年号之一。北宋撕毁与辽的盟约，与金联手攻辽，金却转而灭宋。赵构在位期间（公元 1127-1162），恢复宋室，忍辱负重，与金和解，大力发展经济、文化，社会得以全面复兴。

积弊：“二帝北狩”

“建炎中兴”一般仅指赵构重建宋王朝这段历史。出于某种偏见，对他的评价多为负面，这个盛世也往往被忽略，整个北、南宋都常常被轻视。其实，这个时期类似“光武中兴”，且并不逊色。

北宋之末与西汉之末不同，是外敌入侵的结果。当然，这有它自身的一些问题。北宋末代皇帝赵佶玩物丧志，不仅痴迷中国画、书法、茶艺，还嗜好珍奇之物，如太湖、灵璧、慈溪、武康的花石之类，称“花石纲”。因为官府到处搜寻奇石异草，骚扰、盘剥百姓，引发宋江起事。但这场民变很快被平息，对北宋政权并没有伤筋动骨。真正造成致命打击的，是赵佶玩弄的小聪明。

前文已介绍燕云十六州、“澶渊之盟”，以及宋、辽两国百余年和平相处。作为“吃亏”的一方，北宋表面笑着，心里始终在伺机“雪耻”。公元 1115 年从辽分裂出一个金国，北宋大喜，认为历史性大好机遇来了，立即大做文章。赵佶派人以做马生意为名，秘密到金国表示结盟的意向，金廷喜出望外。双方达成协定：一是宋、金夹攻辽国，金军负责攻取大定（今内蒙古宁城），然后南下直指长城古北口（今北京密云），宋军负责攻取燕京（今北京）然后北上古北口汇合，宋、金两国以此为界；第二，宋收回燕云十六州；第三，宋将原来“恩赐”给辽的财物改赠金国。就事论事，宋增加的付出只是些军力，得到却是梦寐以求的燕云十六州，岂不是一大好事？

不少大臣却反对。安尧臣说："我认为燕云之役开始之日，就是边患大开之时。太祖亲自身披甲胄，当时将相勇略过人，难道他们不想收复燕云吗？不是！只因为他们不忍心让百姓陷入战乱。澶渊之役大胜仍然与辽议和，是为了百姓安宁！如今童贯结交蔡京，同纳赵良嗣，共谋燕云之战，我很担心唇亡齿寒，边境从此不得安宁。因此请陛下坚持与辽旧好，不要让外夷有机可乘，这样才能上安宗庙，下安黎民！"郑居中对蔡京说得更明白："公为大臣，国家元老，不能遵守两国盟约，主动挑起事端，决非妙算。金人攻辽，我们不宜幸灾乐祸，还是静等辽自己灭亡，坐收渔利吧！"赵佶不听。南宋《三朝北盟会编》认为："国家祸变自是而始。"

宋没来得及调动军队北上，自己内部却爆发方腊、宋江起事，自然顾不上与金夹击辽。等平息内乱，已经误了与金之约，金单独开战，但赵佶还是命童贯率15万兵北上。辽国突然背腹受敌，辽主马上派使者见童贯，提醒说："如果你们只图眼前小利，捐弃辽宋百年友情而去结交豺狼，只会种下无穷后患，请三思而行！"童贯当然不会因为这么几句威胁动摇，继续进击。辽军只好迎战。万万没想到，宋军内战内行外战外行，两路大军均溃败。特别是袭燕京时，宋军远远看见火光就以为辽兵来了，马上烧营而逃，自相践踏百余里，养积几十年的20万兵马失尽。当地百姓看了，作歌嘲笑。柏杨还讥讽道："如此使人失笑的兵力，竟敢毁盟挑战，再一次说明世界上确实有不自量力这回事。"

公元1125年2月，辽帝被金兵俘虏，宣告辽国灭亡。没想到，金兵转而掠宋。同年10月，金主下令向宋发起正式进攻，兵分两路，西路军从大同攻太原，东路从平州攻燕京，然后在宋都开封会合。赵佶气得吐血，直叹："不意金人竟敢如此！"叹着叹着不省人事，从床上跌下，苏醒后用他那漂亮的"瘦金体"写下新诏：太子继位皇帝，写完强调说："今天就是吉日，速请太子进宫即位！"太子赵桓乍一听，以为是阴谋，一路发抖。

李纲率死士2000人英勇抵抗，金兵攻城不下，便与宋议和。赵桓提出条件：给金增岁币三五百万两，免割地；一次性犒劳军费三五百万两，另外税金及酒果钱一万两。金军却要求犒军费500万两，银5000万两，绢彩各100万匹，牛马各万匹；割让太原、中山（今河北定县）、河间三镇，并以康王赵构和宰相张邦昌为人质。

不久，种师道等多路勤王兵相继汇集京城，多达20余万。数百太学生上街请愿，支持李纲，要求惩治卖国贼，声援的军民增至数万。金军见此情形，不能不感到恐惧，好处已得，便溜之大吉，去接收割让的三镇。

金兵一走，赵桓就后悔，连写两封密信，一是给一位关系较好的金国大将，请他发动兵变；二是给远逃而去的辽主，对毁约表示歉意，请求恢复旧盟，夹攻金国。搞笑的是，他居然会把如此重要的密信交给金国委派到开封的使臣，派去寻找辽主的使臣也被金国巡逻兵抓了，一切暴露给金主。8月，金主以宋勾结辽降臣又不履行割三镇之约为借口，再次兵分两路南下。这回他们不再孤军深入，先后破太原、真定府（今河北正定）等，两个来月时间将华北几乎占尽，两路大军会师开封城下，这才要求割让已经落到他们手中的整个黄河以北地区。

这时发生了一件更搞笑的事：兵部尚书孙傅获悉他的士兵郭京身怀“六甲法”，说是只要选7779个男子，接受他的培训，就可以刀枪不入，消灭金兵，生擒两路敌军元帅，连忙向赵桓汇报。赵桓深信不疑，马上决定与金兵决战，并要求执行郭京的战术。培训好“神兵”后，命城上守军全都撤退，不准偷看（以免失灵），然后大开城门，让神兵出击。结果不言而喻。金兵乘势攻城，如入无人之境，但旋即退回城郊营地，让赵佶和赵桓继续在宫里与他们谈判，索金1000万锭、银2000万锭、帛1000万匹、骡马7000余匹，要求尽快筹集天文数字的黄金白银与劳军的美女。

1127年2月，赵佶、赵桓、太后、诸皇子及后宫有位号的女人都被送到金营，然后宣布赵佶、赵桓废为平民，将他们连同皇族3000余人，包括驸马和宦官，押解北行。北宋至此告终。

被吴思称为善于舞文弄墨的中国封建统治集团，以及黄仁宇所称以文辞见长的官僚机构，不说这是北宋亡国，而轻描淡写为“靖康之变”（“靖康”为年号）；赵佶、赵桓被押送到偏远的东北囚禁至死那不叫被俘，而美化为“二圣北狩”。狩猎自古是帝王浪漫的休闲方式之一。无独有偶，1860 年 8 月 22 日，听说英法联军要进攻北京，咸丰皇帝仓皇避到承德避暑山庄去，也没说耻辱的“逃”字，而美其名曰“木兰秋狝”，“木兰”是满语捕鹿，“秋狝”指秋猎。对帝王来说，只有褒义词，没有贬义词，甚至没有中性词。

新政：和平与发展

●忍辱负重

康王赵构命大。金兵第一次围开封时，他与张邦昌一起到金营做人质。没想到，金兵见他箭术很好，而且“意气闲暇”，完全不是他们印象中窝囊废的样子，以为他是假皇子，感到被骗，要求换个真的。可是一放，金兵后悔，再次举兵南下，指名要赵构去议和。赵构经过磁州的时候，州官宗泽劝道：“金人要你去议和是骗人。他们已经兵临城下，你不是自投罗网吗？”有道理！赵构不继续前进了，再次逃脱魔掌。为此，金兵很恼火，又包围了开封，勒索更高。

金国有如暴发户，其实没多少底气。十年前他们的军队不过一万，一下攫取这么多土地，根本管不过来。他们也不敢久留，只想捞一把走人。金兵要宋臣自己选一个“新君”。尚书员外郎宋齐愈与张邦昌向来不和，趁机写上张邦昌的名字。张邦昌是个本分人，读书几十年想当官，但做梦都没敢想过当皇帝，很清楚后果，所以急得要自杀。金兵威胁：如果张邦昌不继位，朝中大臣不拥戴，就杀所有大臣，然后屠城。张邦昌无奈，只得从命，3 月登帝，国号“楚”，定都金陵。当时秦桧任“殿中侍御史”，负责宫中朝会纪律方面的事务，虽然反对割地求和，但他只不过是个从七品小官，原本不在金兵掳走之列。可他英勇站出来抗议张邦昌篡国，被金兵临时俘去。

张邦昌仍然不想做历史罪人。历代皇帝都南面而坐，他却“东面拱立”，发文不称诏书而称“手书”，不让大臣们称陛下，不自称朕而称“予”。三代前哲宗的元祐皇后，早年被废出家为尼，现在算是在京唯一的宋室。金兵一撤，张邦昌马上请元祐皇后主持工作，垂帘听政，并将皇位让给赵构，结束仅存 33 天的“大楚”政权，恢复宋室江山，自己只以原职宰相的身份办事。当时，赵构在济州（今山东济宁），张邦昌还派人将玉玺送去给他。由此可见，张邦昌是临危受命，且为国为民办有实事，例如面对金兵狮子大开口般的勒索，张邦昌果断遣使求免，说即使汴京城内铁锅铁板都变成金银，房屋殿宇皆化为布帛，也拿不出那么多钱，不失为一介磊落的儒士。后来却仍要按“汉奸”赐死他，我觉得太过。

1127 年 5 月，赵构在应天府（今河南商丘）继位，即宋高宗，后来移临安（今浙江杭州）。如同依据首都地理位置称“西周”与“东周”，此前称“北宋”，此后称“南宋”。历代都是新皇帝即位第二年正月开始改年号，赵构即位后却马上将年号改为“建炎”，向天下表示要继承宋室火德。然后，一方面起用主战派李纲为相，贬主和派大臣；另一方面号召河北河东的民众开展抗金斗争，凡有能力组织抗战力量的都授予使臣之职，并授权灵活使用当地财赋与官吏。

当时有“中兴四将”之说，指著名将军刘琦、韩世忠、张俊和岳飞，他们都有一定战功。不少人对这个名单有些异议，有的将刘锜改为其实并不怎么强大的刘光世，而吴玠、吴璘、刘琦、王彦等名将都没入围。不管怎么说，这表明君臣与民众都有心振兴宋室。不过，这些名将跟唐时的节度使一样，实际上是私家军，不受中央统领。唐末的教训不远，不能不让人暗暗担心，这又加剧了主战派与主和派的矛盾。为此，同年 8 月便罢主战激烈的李纲，陈东等人还被杀。

赵构一现身，金兵立即追击。开封显然难守，多数大臣主张避难江南。同年 9 月撤到扬州，后来又退镇江、杭州、江宁（今江苏南京）、明州（今浙江宁波）、台州、温州、处州（今浙江丽水）、越州（今浙江绍兴）、苏州等地，最后定都临安（即杭州）。在扬州的时候，金兵前锋距城仅数十里。赵构一听战报，慌忙带领少数随从乘马出城，从瓜洲渡江。古代戏文说是有泥马相救，玄乎其玄。更严重的后果是赵构一撤，华北各地纷纷向金兵投降。为此，金在黄河与长江之间建立“齐”国，让最早投降的宋臣刘豫为帝。这时，秦桧从金营逃出，回到流亡中的宋室。

1129 年 3 月发生变故：大臣争宠，苗傅、刘正彦发动兵变，迫使赵构让位于三岁的太子，另请太后听政。同年 4 月，张滩、韩世忠等率军讨伐叛贼，苗傅、刘正彦被杀。赵构复位，大力表彰有功人员，赐韩世忠军旗“忠勇”二字，并封他妻子梁红玉为“护国夫人”。然而，赵构的思想变了：再也不信任这些私家军，转而向金军求和。5 月，赵构派大臣洪皓使金，表示愿意放弃正统而称藩臣。金主逼洪皓叛变辅助刘豫，洪皓不从，被流放。8 月再派使者，送上赵构的请和书，称：“天下均大金国，何必劳师远涉”，金主仍不理会。闰 8 月再派张邵为使者，由于张邵不肯行拜礼，责斥刘豫伪皇帝，被金拘禁。10 月，金兵又大举南下，一路攻江西，另一路攻浙江。只有“岳家军”取得一些胜利，但金军势如破竹，到处屠城焚城。赵构坚持不断派使者求和，并给金国文官武将送礼。1133 年 4 月，宋将刘子羽、吴阶在洋州（今陕西洋县）设伏大败金军，金军伤亡严重又染疫疾，不得不撤退，这才同意议和。于是，赵构下令边将不得擅自出击金、齐，岳飞也班师。但刘豫继续嚣张，甚至与交趾（今越南北部）勾结夹击宋，攻占邓州、襄阳等地；金兵攻沿原（今陕西宝鸡南）；吴阶、岳飞、韩世忠等宋军也努力收复失地。三方拉锯战，反复无常，不赘述。直到 1137 年 11 月，金废刘豫。

1131 年，赵构曾将越州作为临时都城，改年号为“绍兴”，寓“绍祚中兴”之意，并把越州改名为绍兴。“绍祚”指承继帝位。赵构还亲笔写了这四个字作为绍兴府署的匾额。

1138 年 2 月，定都杭州，并改名为临安。“临安”何意？有的说“临时偏安”，有的说“临近安徽”，众说纷纭。我想该是临时偏安吧！意指暂时安于一方，终归是要回到国都开封去的。

秦桧从金军逃回，主张“如欲天下无事，南自南，北自北”，深得赵构赏识。他高兴地说：“桧朴忠过人，朕得之喜而不寐。”重用秦桧为相，议和顺利成功。金国废刘豫，河南、陕西还宋，条件是宋像伪齐一样臣服于金。

第二年 7 月，金国发生政变。他们跟宋一样，有的主战有的主和，主战派上台，次年 5 月撕毁和约，再次攻占洛阳、开封，刘琦、岳飞、韩世忠、张宪和张俊等宋将奋力反击。北方民族的战马在中原大地本来就相当于现代战场的坦克，金兵又发明了一种战术：三匹马连在一起，横冲直撞，更是无以能敌。岳飞也发明了一种战术，针锋相对：步兵伏地砍马足，只要砍到一条，整个三马战车便瘫痪，有点像赤壁之战中的火烧连营，金兵弄巧成拙，连连溃退。

然而，双方军力还是有着明显的差距。宋末历史学家马端临说：“建炎中兴之后，兵弱敌强，动辄败北，以致王业偏安者，将骄卒惰，军情不肃致。张韩刘岳之徒……一遇女真，非败即遁。纵有小胜，不能补过。”清代历史学家赵翼也认为：“欲乘此偏安甫定之时，即长驱北指，使强敌畏威，还土疆而归帝后，虽三尺童子，知其不能也。故秦桧未登用之先，有识者固早已计及于和。”可见，“中兴四将”的爱国热情固然可嘉，但仍然只有求和才是明智的选择。

“岳家军”反攻到距开封仅 45 里地的朱仙镇时，秦桧急忙叫停，强令要求撤退。关于这次求和，日本学者小岛毅在《中国的历史（07）》

中分析：

在主和派秦桧看来，抓住自己军队处于优势时机与对方和议机会难得，不然到时如果金军重整旗鼓，反击过来，就得在对自己不利的情况下和议。一个是勇往直前一鼓作气发誓收复华北的武将岳飞，一个是综观战况寻找和议机会的文官秦桧。两者本质上的区别，造成了不可挽回的悲剧。

其他将军都奉命撤回，只有岳飞还在前线继续作战。赵构大怒，一连发 12 道金牌命令，岳飞才撤。赵构和秦桧怕这些将军误大事，便收回兵权，采取与他老祖宗赵匡胤一样“杯酒释兵权”的做法，以优厚的生活待遇换取他们自愿。韩世忠、张俊同意，刘琦抵抗被革职，至于岳飞的结局众所周知。

当时还有一大背景，正如大臣所担忧：“朝廷之势日削，兵将之权日重。”校仿刘彻给霍光送周公背负周成王图，赵构给韩世忠送《郭子仪传》，并明说：

子仪方时多虞，虽总兵处外，而心专朝廷，或有诏至，即日就道，无纤介顾望，故身享厚福，子孙庆流无穷。今卿所管兵，乃朝廷兵也。若知尊朝廷如子仪，则非特身享福，子孙昌盛亦如之。若恃兵权之重，而轻视朝廷，有命不即禀，非特子孙不享福，身亦有不测之祸。卿宜戒之。

露骨地威胁利诱。黄仁宇评论岳飞：“如若让他生存，则不仅几费周折谈判刚有头绪的和议可能变卦，而且这朝代南北奔波喘息未定，本身也会因为能将在旁而感到威胁。”为了抹掉岳飞的影响，岳州（今湖南岳阳）地名给改成纯州，岳阳军改为华阳军。

1141 年 11 月，宋、金终于正式签订和约，约定以大散关（今陕西宝鸡南）与淮水一线为界，宋帝对金帝称臣，并每年进贡白银 25 万两、绢 25 万匹，逢年过节另行送礼，他们则送还赵佶的灵柩和赵构的生母。对于宋来说，这和约显然是耻辱的。赵构的心情既感到宽慰无比，又感到痛苦难忍。他无奈地说：“朕对南北之民均爱！朕之所以议和，并不是害怕战争，而是害怕战争给百姓带来的伤害。有些大臣偏激，批评朕软弱，那不是天下人的共识！”这话应该发自肺腑吧！

这之后有些反复。1149年，金又发生政变，完颜亮弑君篡位。完颜亮曾拜汉儒张用直为师，颇通汉文化。他立下平生三大愿：一是国家大事自己说了算，二是征服南宋统一天下，三是娶天下绝色美女为妻。然而，他荒淫无耻，残暴嗜杀，赵翼认为他兼齐文宣、隋炀帝两人之恶而过之，《金史》写他“淫嬖不择其骨肉，刑杀不问有罪”。据说当他读到柳永词《望海潮》时，对临安那“三秋桂子，十里荷花”的景象向往不已。1161年中秋后没几天，他便撕毁和约，大举南侵，但被宋军击败。他仍然强求渡江，激发兵变，遭乱箭射杀。接任的完颜雍吸取前任教训，主动与宋议和。从此，宋金休战约30年。

1155年10月，秦桧病死，金人担心和约得不到继续执行。次年3月，赵构特地下诏：

朕惟偃兵息民……讲信修睦，古今之大利……故相秦桧，但能赞朕而已。岂以其存亡而有渝定议耶……内外大小之臣，其咸体朕意……如敢妄议，当置重典。

由此可见赵构求和之诚心与决心，也可见迄今有些人将宋与金议和的责任全推到秦桧身上极为不公，也不符史实。当然，这不是个案。“只反贪官不反皇帝”，是国人思维一大特色。国家出了问题，往往归咎于“奸臣”，而不敢追究皇帝，自欺欺人。再说，有功就是皇上领导英明，有过就推给部下，也是极不道德的。赵构在明知有人非议的情况下，仍能如此担责，不论从道德上还是政治上都是值得肯定的。

不过，对于北宋亡国的责任，赵构不追问自己的祖宗赵佶们，却归咎于更早的改革者王安石，说：“安石之学杂以旧道，取商鞅富国强兵，今日之祸，人徒知蔡京、王黼之罪，而不知天下之乱生于安石”，开全盘否定王安石之风，并没能超脱帝王好揽功推过的本性。

●繁荣经济

如果赵构沉湎于丹药、女色之类，那么我也认为他对金求和是为了保住自己的权力。但他不是这样，还是有中兴之志，力求尽快终结战争，发展社会经济，让百姓过上好日子。当然，他只能恩泽力所能及的南方，无法顾及原来宋室全体子民。不过，能让一部分人先幸福起来，总比全都跟着受苦好。

张筱兑在《论南宋建炎中兴及江南民生》一文中评论：

经过“靖康之难”的打击，宋室的国家政体几近陷于瘫痪，南宋在军事上一直萎靡不振，但在经济文化方面却一直是辽、夏、金、元等少数民族王朝的领袖，这也使得“中兴”有了更为确凿的历史含义。

由于向金“岁贡”，同时还有新的战争之需，南宋显然背负了沉重的经济负担。官府得保证“岁贡”，也就得将税赋列为头等大事，难免苛捐杂税。不可忽略的一点是：赵构本人生活简朴，也力求全国官民不要奢靡。1156 年，曾针对有人买金钱缎下令：“华侈之服，如销金之类，不可不禁。”

在国家危机尚未解除的情况下，赵构便将民生经济发展工作摆上重要议事日程。1136 年 2 月，将江淮一带营田改为屯田。所谓营田是官田的一种，募人耕种，收取租利；屯田指组织向两者在官田耕种，军屯或民屯。官府出资每户 20 万缗，要求庄客承佃，每五顷为一庄。庄客五家可相保共佃，一人为佃头。每户庄客还由官府供给耕牛、种子及农具等。每家另外给菜地十亩，并借给本钱 70 千，分两年偿还，不收利息。收成时，以斛斗折算也可，不一定还现金。为了大力开垦两淮间平原大面积沃土，1150 年 4 月，赵构诏令从江苏、浙江、福建一带发动土豪大户人家前往开发，每年收谷 500 石的免本户差役一次，700 石的补进义副尉（非武散官），达 4000 石的补进武校尉。朝中特设力田科，专门鼓励民众开发两淮。

同时鼓励商业，特别是边贸。1142 年 5 月，在泗州与金开设互市榷场。

商人有资百千以下的，每十人为保，留一半货，到市场交易后，再将另一半货物运去。两边商人各居一廊，将货物呈给主管官员，牙人（中介）往来评议。每交易千钱，官方从各方收五厘息。这样贸易虽有些麻烦，但有保障，受到双方欢迎。于是，宋陆续开放枣阳（今属湖北）、安丰花靥镇（今安徽寿县西北），金则在蔡（今河南汝南）、唐（今河南唐河）、邓（今河南郑县）、秦（今甘肃天水）、巩（今甘肃陇西）等地置场，交易方式参照泗州，有力促进双方经济发展。1151 年正月，宋与大理各族开展马匹交易，选购良马送建康、镇江等地。但对于与金国的海上通商，因为“海商假托风潮”风险大，难以控制，1159 年 2 月予以禁止。

对于天灾人祸，官府也努力救助。如 1144 年 10 月，蒲（今陕西蒲城）、解（今山西永济）、汝（今河南临汝）、蔡（今陕西汝南）一带闹饥荒，许多人被卖为奴，官府出绢赎出，让他们回家。

更值得一书的是货币革命。金融是现代经济的核心，在古代经济中也是重要的因素。我们可以经常看到官府与私人发生铸钱的纠纷，也常看到地方官员贪污“火耗”的案例。从金银铜铁钱到纸钞，有如从纸钞到现金支票、电子货币，都被视为货币革命。世界上最早使用的纸币，公认是北宋 1023 年发行的“交子”，比美国、法国等西方国家要早六七百年。当时的交子是有价证券，相当于现在的支票。南宋时期，由于经济快速发展，铜币的制造已经不能满足流通的需要，加上南宋经济主要靠海外贸易，导致钱币大量流失海外，民间由此出现可以用于交易的会子。临安知府钱端礼率先统一由官府出面发行会子，流通于两浙地区。1160 年 12 月，提拔钱端礼为户部侍郎，命他负责大量印制交子——这就相当于现代国家银行了，供各州城乡使用，开始在全国范围内流通。

据统计，在南宋 152 年中，共发行会子近 14 亿贯。按当时一两黄金兑换 35 贯铜钱换算，相当于发行了 1600 多吨黄金。可叹的是，明王朝在排外情绪影响下，居然认为纸币是外国人的东西，下令取缔，重新用回又笨又重的金银。

●文化建设新高潮

与“光武中兴”类似，赵构使得宋室的治国精神未断，儒家文化也得以延续与复兴。

虽然偏居江南一隅，小朝廷不断流亡，但科举没停，时而还加强。1128 年 5 月，在临时首都扬州开科，以诗赋及经义试进士，分两科录取。9 月，赵构在集英殿殿试各路进士，取 451 名；川、陕、河北、京东因路途梗阻不能赴扬州，赐第 104 名。1133 年 5 月，置博学宏词科，具体分制、诏、书、表、露布（传递军报的旗子）、檄、箴、铭、记、赞、颂、序等 12 种文体，古文杂出六题，考三日。分三等给官，上等授京官，给馆职。可能因太繁之故，同年 11 月恢复为十科。1143 年，将临安府学改为太学，设 12 斋（班），每斋 30 人。不久，赵构亲自书写六经，刻在太学石上。1145 年 2 月，赵构说：“读史发现，古代养士常常多达两三千人，真是盛事！”于是增加国学弟子 100 人，总数达 700 人。同年 4 月开科，正取 300 人、特奏名 247 人；武举取士 2 人、特奏名 3 人。当时太学生分上舍、内舍、外舍三等。外舍生合格升入内舍，内舍合格升入上舍；上舍成绩优异直接授官，中等参加复试，下等参加省试。1146 年正月，外舍生名额增至 1000 人。同时，开始着手创建武学。1152 年闰 4 月，赵构亲试南方举人，取进士 404 人、特奏名 531 人、武举 6 人。

赵构还亲自书写《大学篇》，赐给每一位新进士。这有点趣！一则给皇帝一次表演机会，二则给每位新进士一件艺术品——赵构的书法艺术可有名！只是这《大学篇》如果全文书写的话，那上千份得是多大的工作量！即使每人写一小幅书名也不容易，不能不佩服！是不是借助了雕版印刷？1154 年 3 月，赵构亲自策试进士，问师友渊源、志行所慕、行何修而无伪、必何治而克成，最后录取 356 人。1156 年 4 月，武学生增至 80 人，其中上舍 15 人、内舍 25 人、外舍 40 人，并置博士、学谕各一员。不久，名额又增至 100 人。可见，赵构开始逐步重武。此外，制定六科取士的统一标准：一是文章典雅，可备制诰；二是节操公正，可备台谏；三是法理皆通，可备刑谳；四是节用爱民，可备理财；五是刚方岂弟，劳累绩著闻，可备监司、郡守；六是知机识变，知勇绝伦，可备将帅。

1135 年闰 2 月，鉴于四库书籍多失散，诏令各州县广泛搜集已刊书板，不论经、史、子、集、小说、异书，各印三份藏于本省。尚在民间的，由官府给纸墨工价。后来又令国子监刻刊五经三史，即《诗经》、《尚书》、《仪礼》、《周易》和《春秋》，《史记》、《汉书》和《后汉书》，广为发行。其他绝版书也予刊行。

赵构非常重视文化人才，如——

郑樵：郑樵是兴化（今福建莆田）人，不事科举，却毕生从事学术研究，在经学、礼乐、语言、自然、文献及史学等方面造诣颇深。朱熹曾特地上山求见，郑樵用"豆腐、白盐、白姜、荠头"四样蔬菜相待，两人却谈诗论文三天三夜。下山时，书童颇有微词，朱熹却说："此'四白'乃山珍海味齐全也！"1157 年 11 月，赵构听说郑樵，召他进京，授予九品官。郑樵献上书，谢绝官职，回乡编《通志》。1161 年《通志》书成，郑樵到临安献书，不巧赵构外出。第二年春赵构回临安，诏命郑樵进《通志》，授枢密院编修官，他却病逝。郑樵一生著述多达 80 余种，流传下来的仅《夹漈遗稿》、《尔雅注》、《诗辨妄》、《六经奥论》和《通志》等。《通志》为郑樵的代表作，其中《昆虫草木略》是中国古代一部重要的专门论述植物和动物的文献。

李焘：李焘 1138 年进士，博极古籍，为人刚直，秦桧曾召进京，他宁愿在双流（今属四川成都）当知县 20 年，默默编著《续皇朝公卿百官表》90 卷。1159 年 6 月，赵构听闻，将他召到中央文史馆。从此，李焘着手著《续资治通鉴长编》。李焘还著有《巽岩文集》、《四朝通史》、《春秋学》等 50 多种著作，大多失佚。今存《续资治通鉴长编》520 卷、《六朝制敌得失通鉴博议》十卷、《说文解字五音韵谱》十卷，入《四库全书》。

朱熹: 朱熹号晦庵，称朱文公，出生于南剑州尤溪（今属福建），是程颢、程颐三传弟子李侗的学生，1148 年进士，也算赵构自己培养的人才。但入官同安（今属福建厦门）主簿五年后，因发生农民暴动被迫辞职，筑室武夷山，从事教育和著述活动。早在战国时赵国就曾实行服装改革，开始引进胡服，朱熹却批评“今世之服，大抵皆胡服”，甚至认为“今上领衫与靴皆胡服”，直接批评赵构，主张“而今衣服未得复古，且要辨得华夷”。赵构倒是有心胸，听闻朱熹之名，1159 年 8 月召他进京。朱熹认为“举朝无非秦（桧）之人”，不愿同流合污。

下任皇帝宁宗赵扩继位后，朱熹积极献计献策并入官，但更不如意。赵扩听朱熹讲学，大失所望：“朱熹所言，多不可用！”大臣也诸多反对，主要针对以下几点：

——朱熹著述谬误不少：当时就被视为“伪学”，监察御史沈继祖弹劾朱熹十大罪状，斥责“伪学猖獗，图为不轨”。明朝学者王阳明发现朱熹学说的根本性错误，针锋相对提出“知行合一”，在中国思想史上相提并论为“孔、孟、朱、王”，超越朱熹，只不过由于封建统治者别有用心，继续利用朱熹那一套。清朝学者发现作为朱熹学说的奠基之作“河图”、“洛书”并非《易经》原文，而是五代时期的伪作。台湾大学哲学系教授傅佩荣专门著有《朱熹错了》一书，大陆有引进版（东方出版社，2013）。对于朱熹的学术错误我没发言权，但对他学风不敢恭维。他有句名言：“天不生仲尼，万古长如夜。”我觉得这马屁太荒谬：试想孔子之前那孔子本人也崇尚得不得了的尧舜禹及“成康之治”等盛世也都“如夜”吗？

——朱熹学说无助于解决现实问题：理学家口口声声主战，但究竟该怎么战，怎么恢复中原，朱熹本人在分析了具体情况后却“未知如何”。更甚者，朱熹从根本上反对务实。华东理工大学教授彭景涛最近在《同舟共济》杂志撰文评论：

儒家的目的既然是要平治天下，是否应该对现实问题进行一些研究、学一些行政之术呢？起码春秋战国时代的儒家先贤们还没有专门对此否定，可是到了程朱理学那里，对此终于明确否定了。当有学生说“学者讲明义理之外，亦须理会时政”时，朱熹立即对此观点进行了批评。他说：“今世文人才士，开口便说国家利害，把笔便述时政得失，终济得甚事。”在他看来，一个人只需要根据义理修炼人格，任何办事能力都不需要专门的学习就能自然领会。这种奇怪的论调竟然被普遍接受，并渗透于明清的科举考试中，直到清末屡吃大败仗，才感到有在科举中增加“策论”的必要。

——朱熹言行不一：当时另一位监察御史刘德秀上书称朱熹“口道先王语，而行如市人所不为”，朝散大夫（从五品官）刘三杰将他与外敌相提并论“今日之忧有二，有边境之忧，有伪学之忧”，所以有人弹劾甚至请斩朱熹。

在“伪学案”打击下，朱熹只好辞职，专心讲学与著述。1182 年，朱熹 52 岁时将《大学章句》、《中庸章句》、《论语集注》、《孟子集注》合刊为“四书”。之后，朱熹开始呕心沥血修改《四书集注》。与传统儒学略不同，朱熹学说被称为“道学”、“理学”或“闽学”，理学家又称“宋儒”（区别于董仲舒们的“汉儒”）。

直到 1313 年蒙古人恢复科举时，才诏定朱熹《四书章句集注》为取士标准。从此，朱熹被抬高到与孔子并称“朱子”的地步，其学说成为元、明、清三代统治者的官方哲学。特别是清初的统治者，在大兴“文字狱”的同时，大力推崇理学，将朱熹抬高到无以复加的地步。

朱熹思想在现代看来当然也有可取部分，例如他提出“天下者，天下人之天下，非一人之私有”，显然是“民主”意识。但封建统治者不可能采纳他这类超前意识，而只重用他“纲常”之类专制思想。《中国的历史（07）》评论：

如果说中国的停滞和没落是在朱子学支配体制下出现的现象（直到清末朱子学一直占着统治地位），那么应该负这个责任的朱子学就是使中国走错路线的元凶。

很多现代学者持类似的看法，如《中国改革通史（辽夏金元卷）》写道：

朱熹理学变成了章句传注，限制了知识阶层的自由探索，进而便利了统治阶级对士人阶层的思想束缚，因而对封建社会后期政治和文化发展的作用是消极的。

“天理”本来犹言“天道”，指自然的法则，朱熹引申为“天理之性”，是“仁、义、礼、智”的总和，即封建的伦理纲常，并与“人欲”相对立，主张“革尽人欲，复尽天理”，成为一种禁欲主义，压抑人性。柏杨在《中国人史纲》一书中认为这要求太高，又极不符人性，连朱熹本人也做不到，于是产生两种现象——

一、道学家在礼教甲胄之中，因不能忍受那种压力，往往人格分裂，成为言行不符，甚至言行恰恰相反的两面人。道学家所要求的道德，几乎全部都是外销品。

二、因为自己做不到，所以道学家往往一味要求别人在礼教甲胄中受苦。这种心理背景，产生一种愿望，就是对别人的责备永无止境。动不动就要求别人死，甚至即令死也不能逃脱责备。

我个人对于朱熹的反感，主要出于社会层面的思考：

其一，必须对节妇烈女血债承担责任。“饿死事小，失节事大”观念最先由程颐提出，朱熹同意，并竭力推行。他曾亲自写信劝自己表妹不要改嫁。我还从1938版《福建通志》读到一个细节：

朱子主簿同安及守漳时，见妇女街中露面往来，示令出门须花巾兜面。民遵公训，名曰公兜。

朱熹还要让中国女人像阿拉伯女人一样戴面纱呢！因此，元朝文宗皇帝开始对节孝、三纲五常等儒学大加提倡，每年都要访求孝子及烈女节妇，由朝廷隆重表彰，此后数百年中国涌现出无以计数的“体制性寡妇”与“体制性烈女”。我曾统计《福建通志》的《节烈传》，节妇烈女 3343 人，其中唐 1 人、宋 36 人、元 31 人、明 741 人、清 2524 人。三千节烈，血泪成河。难怪清时戴震指控：“酷吏以法杀人，后儒以理杀人。”当代著名青年作家慕容雪村在网易女性频道的一次演讲中说：

中国历史上有一本《烈女传》，或叫《烈女经》，这是非常坏的一本书，说得全都是邪恶荒唐、令人发指的事……我们常常说，中国有三千年的文明，我理解文明这个词，除了文化上的昌盛，更应该讲求人道，应该有思想上的开明和社会成员之间的相互尊重，在女性地位这个问题上，中国其实算不上什么文明古国、礼仪之邦，自始至终都是个野蛮世界。

当代著名学者余英时说：“中国历史上向来就有两个‘儒家’，一个是被迫害的儒家，一个是迫害人的儒家。”这些批判虽有过激之嫌，但无不在理。

其二，制约社会发展。朱熹影响力最大的名言是“革尽人欲，复尽天理”，对此他曾亲自解释：“饮食者，天理也；要求美味，人欲也。”对此，我们可以试作如下推理：吃面团充饥是天理，想在面团里包肉又加味精等美味就是“人欲”了；住茅房遮风挡雨是“天理”，想盖砖瓦房住得舒适就是“人欲”（朱熹门徒“黎明即起，洒扫庭除”一文中就明确要求人们“勿谋良田，勿造华屋”），而想装修得富丽堂皇又装空调之类更当“革尽”；穿灯心草等编织物遮羞是“天理”，穿棉衣保暖姑且恩赐，而想穿毛衣之类又暖又轻便又好看则决不能不革……总之，为生存着想是应当复尽的“天理”，为享受着想是应当革尽的“人欲”。举一反三，乘飞机而不走路，点电灯而不点油灯，用电脑而不用传统的“文房四宝”等等，统统属“人欲”。然而，推动科技乃至整个人类文明进步的，正是“人欲”。18 世纪初，荷兰思想家曼德维尔出版《蜜蜂寓言》一书，写一群蜜蜂，一个个讲究享受，于是努力工作，整个社会迅速繁荣。后来，这群蜜蜂突然改变，不再追求享受，崇尚节俭，结果民生凋零，最后连敌人入侵都无法抵抗。西方经济学中的“节约悖论”就是说：私人储蓄增加，在个人来说是增加财富，对社会来说则相反。著名经济学家凯恩斯，不仅注意到《蜜蜂寓言》这种虚构的故事，更注意到古埃及兴衰的史实。古埃及建造宏伟的金字塔，又大建教堂并大规模做道场，促进了消费，所以古埃及很繁荣。后来，它不再建金字塔和教堂，社会也就衰落。罗马帝国也如此，每年节日多达三个月，庆祝达西亚战役胜利活动长达 123 天，享乐的消费促进了它的繁荣昌盛。至于我们自己，可以稍加回忆：倡导“新三年旧三年，缝缝补补又三年”的时候，那是什么样的时期？

我对朱熹及儒家的态度是：我尊重他们在历史上的作用，理解他们的时代局限，但为它的复辟倾向深感忧虑。

后续：和与战的徘徊

黄仁宇在《中国大历史》一书中评论：

其实与敌人对抗时，在战与和两途徘徊乃宋代朝廷的一种惯习，这种举棋不定的态度可以追溯到北宋时代（那时国都仍在开封），宋朝不能在战与和的途径上长期保持其政策之前后一致，对本身造成的损害远超过秦桧的奸计。

其实，这种战与和的徘徊不仅是宋的习惯，金也如此，宋与金最终鱼死网破。而赵构本人的态度倒比较坚定。

1162 年 6 月，赵构忽然将皇位禅让，自己当太上皇。与金议和终于达成之时，他曾对大臣大发感慨：“凡事得考虑周全。朕才 35 岁，为周全头发都白了！”由此我猜测，他很可能出于这样考虑：这皇帝当得实在是太累了，见好就收，享几年清福去吧！中国历史上有不少“禅让”的佳话，但大都是被迫的。我认为赵构这次货真价实，毫不勉强。总体看来，不少人说他是昏君，但通过以上事实，也许你跟我一样会有些改变。

赵构没有亲生子女，只有两个过继的儿子赵昚和赵琢。

36 岁的赵昚即位后，很想有番作为，将秦桧时期制造的冤假错案全部平反，包括岳飞。他重用主战派，积极备战。第二年即 1163 年 4 月，提拔张浚任枢密使、都督江淮东西路军马，大举北伐，准备收复中原，不久却溃败。赵构明确反对说："抗金之事，等我百年之后你再干吧！"赵昚不能不等。但金兵也无法过长江，于是第二年"隆兴议和"达成，一是南宋对金不再称臣，改称叔侄关系；二是维持现行疆界；三是宋每年给金的"岁贡"改称"岁币"，银绢从 25 万两、匹减为 20 万两、匹；四是宋割商州、秦州给金；五是金不再追回逃宋的人。这和约多少挽回点面子。

从此，再没人想北伐，集中精力于内政。赵昚改变学术上树一派打一派的做法，对主流学派王安石新学及新兴的程朱理学，采取兼容并蓄、共同发展的政策，很快出现文化繁荣局面。著名思想家朱熹、陆九渊、陈亮、叶适，文学家陆游、范成大、杨万里、辛弃疾等，都活跃在这一时期。南宋初经常提前征收田赋，称"预催"。夏税虽然规定 8 月半纳完，但因备战户部要求 7 月底以前送抵临安，甚至提前到四五月，基层必须三四月征收，而这时农作物没成熟，官民苦不堪言。赵昚得知后予以制止，违者劾奏。这时期的社会经济继续全面大发展。法国著名汉学家谢和耐在《南宋社会生活史》一书中写道：

13 世纪的中国在近代化方面进展显著，比如其独特的货币经济、纸币、流通证券，其高度发达的茶盐企业……在社会生活、艺术、娱乐、制度、工艺技术诸领域，中国无疑是当时最先进的国家，它具有一切理由把世界上的其他地方仅仅看作蛮夷之邦。

美国华盛顿大学教授伊佩霞在《剑桥插图中国史》一书也说："11、12、13 世纪的中国是当时世界上首屈一指的国家。"知名学者李洁非最近在《文学报》关于"作家写史与现实关照"的讨论中说："我比较倾向于认为中国中古与近古之间的分野与欧洲相仿，在十二世纪前后，就是宋朝时期。”

史称赵昚“卓然为南渡诸帝之称首”，其间被誉为“乾淳之治”。但诸方面无法根本好转，于是赵昚也变得心灰意冷，便以为赵构“守孝”为名禅让，所以称“孝宗”。他给赵构的谥号是“受命中兴全功至德圣神武文昭仁宪孝皇帝”，称他“中兴全功”，够溢美了！不过，赵构太上皇又当了 25 年，直到 1187 年 81 岁高寿才离世，赵昚执政实际上一直是在他的监视之下，“乾淳之治”不能说没有赵构之功。

富有戏剧性的是赵昚的接班人赵惇却以不孝著名！他们父子历来不和，赵昚逊位后他长期不去看望。1194 年 6 月，赵昚病倒，他既不请太医，自己也不去看望。更过分的是，赵昚死了，他公然不出来主丧，以致丧礼无法举行。因此，韩侂胄和赵汝愚等大臣在太皇太后支持下，逼迫他“禅让”于太子赵扩。

更戏剧性的是，赵扩一听宣布他当皇帝，竟然吓得直嚷：“做不得！做不得！”逼得太皇太后令左右：“拿黄袍来，我给他穿上！”赵扩时期经济保持发展，但无力摆平大臣韩侂胄和赵汝愚争权夺利，特别是冒险进行“开禧北伐”，结果与金订下更屈辱的“嘉定和议”，更伤元气……

最后，从金国叛出一个蒙古国的时候，北宋末悲剧重演：南宋与蒙古先是结盟联手灭金，金一灭蒙古就变成恶邻，迅速将南宋灭了。常言说历史有惊人相似的一幕，不信请看北宋之末与南宋之末。

反思：“止损”也是一种赢

“止损”也叫“割肉”，是股市术语，是指当某一投资出现的亏损达到预定数额时，及时斩仓出局，以避免形成更大的亏损。世界投资大师索罗斯说：投资本身没有风险，失控的投资才有风险。止损远比盈利重要，因为任何时候保本都是第一位的，盈利是第二位的，谨慎的止损原则的核心在于不让亏损持续扩大，以至老本无回。

想当年，赵佶乘人之危，忽然撕毁百年和约，联金抗辽，显然是想赢，动机无比正确，只可惜错误估计形势，金灭辽之余转手攻宋，几下开封，自己也成为俘虏。这跟炒股不无相像，满心计算连续几个“牛市”，满仓投入，却不料转眼间几个跌停。此时此刻，是该坐视它继续大跌，还是尽快“止损”？

赵构侥幸逃脱金人的魔掌，草创南宋政权，面临两大矛盾：一是国际的，即宋与金的矛盾；二是国内的，即主战派与主和派的矛盾。

宋与金是敌我矛盾，你死我活。虽然各有各的优势，但一时谁也吃不了谁。长期耗下去，只能是两败俱伤，不知哪个渔翁得利。所以，双方有识之士都想和。总体上说，宋室在对外关系即和与战的问题上态度易反易复，但赵构的态度比较坚定，直到退位后还要求新皇帝主和。结果两国和平，死里逃生，而且再现 100 多年前的盛况——两国同时出现盛世局面。在南宋“乾淳之治”时，金世宗完颜雍大改前任好战做法，主动与宋议和，废除一些对宋不利的做法，双方休战约 30 年，把主要精力放在国内，社会经济得到全面发展，也达全盛时期。人们不仅把这个时期称为“大定之治”，还把完颜雍誉为“小尧舜”，有“汉文景风”。

主战派与主和派的矛盾也很大，为此太学生陈东发动“街头运动”，岳飞则不惜抗命。然而，双方都是为了救国，没人利用国难谋求自己不可告人的企图，矛盾不至于到你死我活的地步。两派相互间有争论，有攻击，但基本都能服从大局。几乎有些像现代美国两大政党，国家大政方针决策之前唇枪舌剑，我要你败你要我败，非要争个水落石出，但争权而不谋私，更不谋对手性命，一旦表决，少数服从多数，随即又和睦，共同维护国家的利益。赵构的立场很明显，在那一言九鼎的时代，他对内也是以和为贵。在两派矛盾不可调和的情况下，他贬李纲等主战派，但并没有杀害。在与金正式谈判的关键时刻，需要进一步压制主战派，他还是“杯酒释兵权”，争取“中兴四将”中的两个，贬一个，只杀激烈反对到最后的岳飞一个，但后来也没阻挠为他平反。

让我再说说朱由检，当内部李自成等人造反，外部清军侵扰日甚的时候，朱由检那聪明的脑子显然也想到了“止损”。

清军也是希望议和，多次向朱由检致信示意。但儒家总认为“汉贼不并立”，南宋以后更是以和谈为耻，认为凡是主战的都是民族英雄，主和的都是汉奸卖国贼。现在网络上还常见这种观点。所以，朱由检犹豫得很。前些时候，他曾勉强同意兵部尚书杨嗣昌的议和主张，但一旁的卢象升立即反对：“陛下行不得啊，臣只知战斗！”朱由检只得改口，辩称根本没议和之事。步入 1642 年，松山战败，国内形势也变得更加严峻，朱由检不得不重新考虑议和，下决心委派现任兵部尚书陈新甲与满清方面联系，但要求保密。陈新甲委派大臣马绍愉秘密出使清国，带回清帝致朱由检的信，约定平等相交及岁币、疆界等具体事项。马绍愉将这些绝密材料报送陈新甲，不巧陈有事外出，就放在他家茶几上，而陈的仆人误以为是普通塘报，转抄流传出去，社会哗然。朱由检受不了舆论压力，迁怒于陈新甲，要求他自首。偏偏这陈新甲书呆子气，不肯认错，反而称是功劳。朱由检只好将他下狱，并处死，也把议和的路堵死了。史家认为：依当时情况，明王朝几乎不可能同时打赢内外两场战争，和解是明王朝得救的唯一机会。如果能像北宋跟辽那样和解，明王朝可减少赋税，把抗清兵力转而集中对付李自成等人，很可能不致于覆亡，至少可以使覆亡后延。对于议和变卦，满清非常恼怒，立即派兵大举南侵。民族主义误事，此为一例。

1644 年正月初三，李自成在西安建国“大顺”，封功臣，命百官，平物价，开科取士，公告天下。然后率军东进，连破太原等城，直指京城。但李自成仍然没多大野心，进京途中还委派降将去跟朱由检谈判，提出的条件仅仅是：

闯人马强众，议割西北一带分国而王并犒赏军银百万，退守河南……闯既受封，愿为朝廷内遏群寇，尤能以劲兵助剿辽藩。但不奉诏与觐耳。

如果朱由检能接受李自成有条件的“投降”，诏安封为地方王，然后让他“为朝廷内遏群寇，尤能以劲兵助剿辽藩”，还用怕满清吗？可是朱由检“有钱买棺材，没钱买药”，宁愿三个月后上吊。等到南明那些小朝廷想“翻盘”，已经迟了，逃也没能逃脱，输得非常彻底。

由此看来，赵构是明智的、果断的。

第十三章 弘治中兴 重振朝纲

本章提要 “弘治”是明孝宗朱祐樘的年号。明朝的宦官与贪腐问题始终严重，“仁宣之治”（公元 1424-1435）后边患又突出。朱祐樘在位期间（公元 1487-1505），整顿吏治，收复哈密，同时努力发展经济。

积弊：第三次宦官时代

朱元璋自小当和尚，造反起家，冲锋陷阵，但他后来很注重“自学”，而且学业不错，好些方面根本不像文盲出身。驱逐蒙古人后，创建大明王朝，即着手立纲陈纪。他说：“天下初定，百姓财力困乏，像刚会飞的鸟，不可拔它的羽毛；如同新栽的树，不可动摇它的根，重要的是休养生息。”这观念跟刘邦、李世民等明君一样。他鼓励开垦荒地，不限亩数，全免三年租，同时反腐肃贪，社会经济很快恢复，被誉为“洪武之治”。

对于被阉割过的这样一种特殊男人，中国主流文化很早就感到耻辱，往往视为蝼蚁。卫灵公与宦官雍渠同乘一辆车，孔子就感到这对他是一种侮辱，立即拂袖去陈国。朱元璋对宦官有着清醒的认识，开国不久便指出：

吾见史传所书，汉、唐末世，皆为宦官败蠹，未尝不为之惋叹。《易》称：“开国承家，小人勿用。”其在宫禁，止可使之供洒扫给使令而已，岂宜预政典兵。汉、唐之祸虽宦官之罪，亦人主宠爱之使然。向使宦官不得典兵预政，虽欲为乱，其可得乎？

这话说得多好：罪在宦官，根在皇帝！如果皇帝不给宦官权力，他们即使想作乱，可能么？为此订三条规矩：一是在宫门立一块铁牌，上面写着“内臣（即太监）不得干预政事，预（违）者斩！”二是要求“内臣不得识字”。三是太监不得参加宫宴。朱元璋平时注意对太监加以控制，如贴身老太监偶然谈及政事，朱元璋便会大怒，立即将他赶回老家。

然而，朱元璋很快违背自己定下的戒律。他取消了宰相职位，直接面对六部尚书，将权力集中到自己手上。皇帝与尚书之间的联系，在外是内阁，在内就是宦官。不知不觉中，宦官的权力变大起来。朱元璋经常派宦官出国诏谕，或是派他们到国内各地去考察税收，参与政治。他的子孙更是将条条框框抛到九霄云外。因为太子朱标早死，所以朱元璋死时让皇孙朱允炆继位，即建文帝。朱元璋有 26 个儿子，均分封到各地。鉴于历史教训，朱允炆开展“削藩”运动，即削减诸侯的封地和权力。这当然让他们不高兴，其中朱元璋第四个儿子朱棣，分封在北平（今北京）做燕王，索性反叛，率军南下，与中央军开展激战，史称“靖难之役”。朱棣胜利后取代朱允炆，为明成祖。因为太监在政变中帮了大忙，也因为不信任文官武将，他开始重用宦官。为了追杀失踪的朱允炆，他一方面专门组建太监负责的特务机构——东厂，另一方面派宦官郑和率船队下西洋，暗中广泛搜寻，如同打开潘多拉的盒子。但朱棣在位期间迁都北京，编《永乐大典》，兴修水利，“赋入盈羡”为明代之最，被誉为“永乐之治”。

朱棣死后，太子朱高炽继位，即仁宗。再下来是朱瞻基，即宣宗。朱瞻基无视朱元璋立的第二条“家规”：在宫中新设“内书堂”，专门教小太监读书。太监王振原来是儒士，后来自阉入宫，受到重用，派去服侍皇太子朱祁镇。如果不是这样，明朝历史至少有相当部分得改写。不过，朱高炽、朱瞻基在任期间，改革朱棣留下的弊政，把工作重点转移到内政上，政治环境稍宽，鼓励发展经济，被誉为“仁宣之治”。

朱瞻基的接班人朱祁镇上台，国势开始变糟。他继位时才九岁，仍然常由王振陪伴，君臣关系挺好。可是，张太后发现王振竟敢假传圣旨，大怒，要杀他。有人替他求情，张太后只好忍了。不久，张太后去世，王振愈发嚣张，看谁稍不顺眼便杀。大臣刘球上书指责王振，王振将他逮下诏狱，杀了还解肢。太监顾忠等人匿名写帖揭露王振，被查出，均被处死。王振如此破坏朝纲，朱祁镇还公开表彰说“朕朝夕念劳，尔其体至意焉”。有次宴请文武百官，王振按例被排除在外，他却大发脾气。朱祁镇闻讯，便打破朱元璋第三条“家规”，下令打开只有皇上进出才大开的中门，请进王振。文武百官见状，远远朝他跪拜。太监没胡须，工部侍郎王佑恰巧也没长，王振好奇询问。他竟然献媚说：“老爷没长，儿子怎么敢长！”为此，柏杨评论：

第三次宦官时代的特征之一，是政府高级官员和士大夫阶层，公然无耻地争向宦官投靠，是第一、第二两次宦官时代所没有的现象。

至此，朱元璋限制宦官的三条家规全被破除。破坏者不是别人，正是朱元璋本人与他的子孙。当然，也没人公开说不执行了，只是名存实亡。说一套做一套是中国官场千古不变的“潜规则”。

蒙古统治者被赶出中原后，并没有偃旗息鼓，在上都（今内蒙古锡林郭勒）继续使用元的国号，史称“北元”，直到 200 多年后被清朝收复。但他们四分五裂，相互攻杀，也时常侵扰大明边境。1449 年，西北部的蒙古瓦剌部入侵大同。为了战功，王振鼓动朱祁镇亲征。问题是两天时间调集 50 万大军，显然太仓促，先头部队纷纷溃败，朱祁镇只得半途而退。才退到距居庸关（今北京昌平）80 里的土木堡，瓦剌兵已追到。兵部尚书邝野建议朱祁镇火速入关，王振却要停下来等候运送他财物的车。两人还没吵完，营帐已被敌人包围，禁卫军怒火冲天，杀了王振，朱祁镇被俘，史称“土木堡之变”。有人庆幸说：如果不是发生了土木堡之变，明王朝将不知被王振弄成什么样子。

瓦剌抓了朱祁镇，向明朝狮子开大口。这时，于谦等大臣请示皇太后，果断立朱祁镇的弟弟朱祁钰为帝，遥尊朱祁镇为太上皇。瓦剌押着朱祁镇来叩关，守军回应：“我们已有新天子了！”断了他们的非分之想。瓦剌大怒，进攻北京，被于谦率军击退，只好要点赎金，放回朱祁镇。柏杨称朱祁钰是“明王朝二十任皇帝中，惟一杰出的君主”，可他命薄，没几年就病死，朱祁镇迫不及待夺回帝位。朱祁镇好了伤疤忘了疼，杀于谦等忠臣，却特地雕一个王振木像，招魂安葬，并赐祠额名“精忠”。朱祁镇死，儿子朱见深继位。朱见深仁爱宽恕，一上台就为于谦平反，励精图治，朝野一片称颂。然而，很快暴露三大弊政：西厂、皇庄、传奉官。

“西厂”跟东厂、锦衣卫一样属“诏狱”，即皇帝直属专门针对高级官员的司法机构。1476 年 7 月，京城捕获“妖人”， 朱见深派太监汪直在石灰厂审讯，随后在那新设“西厂”，由汪直负责。汪直有特务天才，“布衣小帽，时乘驴或骡，往来京城内外，人皆不之疑”。他的爪牙比东厂多一倍，还能让东厂听命于他。全国从各王府、边镇到南北河道，无不在他的掌心。大学士商辂是个大才子，他老师伍宁是我的老乡，他为老师送的牌坊对联还在我老家一个乡村：“敢谓三元魁大对，深知一得有渊源”，说他当年连中三元（解元、会元、状元）是无愧的，但这一切都从老师您那学来，谦逊得很。当时，商辂直言不讳向朱见深建议将西厂撤了，因为“士大夫不安其职，商贾不安于途，庶民不安于业”， 正常的政治秩序遭到破坏。朱见深不以为然，说：“用一个宦官，何至于此！”商辂坚持进谏，兵部尚书项忠也上书支持。第二年 5 月，西厂被撤销。然而，同年 6 月罢商辂和项忠的官，西厂又恢复，直到 1482 年汪直失宠。如果西厂真是清理反叛或者贪官污吏也罢，问题是他们借以大搞“顺我者昌，逆我者亡”。刘佶贪污腐化，早就名声狼藉，一次次遭举报弹劾，只因为有汪直庇护，弹劾一次反而升官一次，最后升为宰相，人们给他外号“刘棉花”，意即越弹越起，小老虎弹成大老虎，直到跟着汪直一起下台。

此前，朱高炽曾设仁寿宫庄、清宁未央宫庄，朱祁镇曾设德王、秀王庄，朱见深直接设“皇庄”，那些山水田地直接归皇帝私有。朱见深的皇庄遍布顺义、宝坻、丰润、新城、雄县等处，面积达 12800 顷。上行下效，藩王、勋戚、宦官纷纷请求皇帝赐土地，设王田、官庄。据统计，至 1502 年全国官田的面积达民田的七分之一。皇庄内土地所有权还与司法权、行政权相结合，派宦官去掌管。而宦官带一些小卒，再养一帮无赖，占土地、敛财物、污妇女，无恶不作。

传奉官指那些不经吏部，不经选拔、廷推和部议等程序，由皇帝直接任命的官员。朱见深即位不到一个月，就给一位近侍授文思院副使。这种做法满足了皇帝赏赐小人的私心，却对人事制度造成破坏。掌握宫中大权的嫔妃及太监也可以借皇帝之名卖官鬻爵，仅梁芳一人授官就达千人。

此外，朱见深还宠万贵妃，后宫给搞乱。大臣进谏："万贵妃已过生育期，毛病挺多，不可专宠。"朱见深不听，且任由她横行霸道。宫中太监纷纷投靠她，她变得比地方总督、总兵还显要。汪直本来只是她的内侍，她推荐给朱见深，很快权倾朝野。

新政：良臣大集合

●整顿官吏

朱见深遇上一个宫中并不罕见的难题：妻妾如云，却没生一个儿子。这也是大臣劝他不要专宠万贵妃的一个主要原因。朱见深年轻时不以为然，似乎忠于爱情，有点感人。年纪稍大，考虑到接班人，这才开始心慌。有次理发的时候，对门监张敏也忍不住叹息："不孝有三，无后为大啊！"其言之善，其情之哀，令人感慨。万万没想到，张敏忽然告诉他一个惊天的秘密："皇上，其实您有子，已经六岁啦！"原来，朱见深有次见宫女纪氏美貌，一时性起，留宿一夜。纪氏怀孕，万贵妃命她堕胎。纪氏人缘好，使者不忍下手，谎称她肚子里长瘤而不是孕。万贵妃怕朱见深怀恋她，将她贬入冷宫。这倒成全了她，在冷宫偷偷生下孩子。万贵妃得知后，派张敏去溺死皇子。张敏却帮纪氏将婴儿藏起来，被万贵妃排挤的吴皇后也帮助养育这婴儿。史上类似传奇挺多，当时没 DNA 技术，很容易让人相信。朱见深听了大喜，立即接回皇子，很快立为太子，这就是朱祐樘。1487 年 9 月，朱见深病死，17 岁的朱祐樘继位。朱祐樘是死里逃生的，至少在潜意识当中有一种强烈的复仇情结。一上台，他即贬逐以万贵妃为首的一批人物。

首先是太监梁芳、礼部侍郎李孜省等。汪直为非作歹，过于明目张胆，很快引起公愤，朝中和地方的大臣纷纷上书揭露他的丑恶面目。朱见深遮掩不住，只得将他贬出。但朱见深自己并没有幡然省悟，不知不觉又被另一个太监引入歧途。朱见深沉湎后宫，梁芳便引进一个叫继晓的僧人。这和尚却对房中术颇有研究，指导朱见深研制春药。为此，在西市新建一座大永昌寺，朱见深带着他的宠妃日夜泡在那里，与梁芳、继晓共同搞“科研”。从此，朝中大臣基本见不到他的面，内阁大学士一年也见不了几次。内阁是明朝皇帝的秘书处，内阁大学士是皇帝的秘书，兼太子老师；首辅是第一秘书，代行相权。连秘书都不想见，自然引起强烈不满。刑部员外郎林满上书，直接要求将梁芳、继晓正法，自己反而被捕入狱。这引起更多大臣上书。1485 年元旦，发生晴空霹雳的怪事，朱见深吓坏了，吏部给事中李俊趁机当众直陈六大时弊，他这才有所触动，将“国师”继晓革职为民。大臣们颇受鼓舞，进而提出更多建言。朱见深生气，令吏部记下他们的名字，日后陆续贬出。这些问题的祸根，在于梁芳。李孜省是万贵妃、梁芳的同党，好方术，引诱朱见深迷恋炼丹，也到废寝忘食的地步。朱祐樘上任第六天就处理这批恶人，将梁芳打入诏狱，李孜省等人贬出。

两个月后，朱祐樘对“传奉官”开刀。朱见深任由太监随意传旨任命官员，这些太监大多是江湖术士、和尚、道士、番僧、优令、工匠等等，什么人都有，就是难得优秀人才。现在，朱祐樘一举淘汰传奉官 2000 多人，又遣禅师、真人、国师等 1400 多人。

接下来，朱祐樘清理内阁中的大奸臣，第一个是万安。万安攀龙附凤，不知羞耻地自称万贵妃的侄子，高升内阁首辅。问题更在于他是个油滑的小人，心术不正，身居首辅高位长达十年，却无所建树，雅些的称之“万岁阁老”、“纸糊阁老”，难听的就直呼“洗屌相公”，名声狼藉。朱祐樘在当太子时就有耳闻，对万安十分反感。即位不久，他在宫中发现一本书，内容全是房中术，上面署着“臣安进”。朱祐樘让一名大臣故意带进大殿，让他当众责问：“这是大臣该写的吗？”于是，万安被罢。几年间，先后罢免各类官员千余人，史所罕见。

与此同时，起用一批贤臣。朱祐樘最信任的是王恕。王恕早在朱祁镇时期入仕，以敢说敢干出名。任扬州知府时，不等朝廷答复就给饥民发粮救济。他先后应诏陈述政事 21 次，提出建议 39 次，都是极力阻止权贵宠臣胡作非为。每当遇上不公平的事，肯定有人问："王公怎么不说呢？"或者说："王公的奏疏马上就要到了！"时有歌谣："两京十二部，独有一王恕。"很自然，权贵宠臣讨厌他，朱见深也不满意，突然在一次批文中附加让他退休的决定。他回乡后，廷臣仍不断推荐他。朱祐樘即位后，召他任吏部尚书，不久加职太子太保。除直陈时弊外，王恕还推荐了一批人才。

马文升在朱祁钰时期入官，文武兼备，在山西、湖广有"神君"之称；在福建严惩当地贪腐狂徒冯某，离任时闽人传唱"马使留来天有眼，冯公布去地无皮"，对他表示称颂。他还是一名优秀的将军。西北满四反叛，响应者甚众，大败官兵。明廷调陕西边兵五万及京兵进剿，起用马文升为右副都御史。马文升亲自侦察，发现满四一个弱点：城中无水，粮储渐乏，便建议围而不攻，坐等他们粮尽自毙。果然如此。还有一次蒙古族叛乱，马文升督兵追至黑水口，生擒敌首。可是汪直据为己功，反而让马文升蒙受"表奏不实"之罪，停俸 3 月，后来还被贬官，直到汪直失宠后才恢复。朱祐樘即位后，提拔他任兵部尚书。马文升整顿久驰的兵备，罢免 30 多名不称职的将官，引起那些人怨恨，有人夜里持弓等在他家门口准备行刺，有的则写诽谤信射入宫内。朱祐樘坚定支持他，令锦衣卫缉捕那些报复者，并派 12 名骑士保护他。

刘大夏在朱见深时期入官，后受王恕赏识，推荐给朱祐樘。刘大夏担任广东布政使时，发现前任剩下一些"羡余"，管库的小吏说种钱不必入账，一向归主官。刘大夏也犹豫了一下，内省道："我平时读书，立志做好人，遇上这事怎么能动心？实在愧对先贤，算不得大丈夫！"他指令将这钱全数入账。后来，刘大夏治河有功，被提拔为兵部尚书。《明史》说：“大夏忠诚恳笃，遇知孝宗，忘身徇国，于权幸多所裁抑。”

后来，人们将王恕、马文升、刘大夏称为“弘治三君子”。他们辅佐朱祐樘，立下了汗马功劳。朱祐樘还每天两次在平台召见大臣议事，这种朝参新方式被称为“平台召见”。制定严格的官吏考核制度，提拔选调官员以政绩为主。将四品以上官员名单贴在文华殿墙壁上，平时熟记，掌握官员动态。对宦官则严加管束，东厂、锦衣卫不敢放肆。这样，朝中多君子，出现了历史上少有的良臣大集合。

●收复哈密

哈密（今属新疆），古称西漠（西膜）、古戎地、昆莫，汉称伊吾或伊吾卢，唐称伊州，元称哈密力，明以后称哈密。公元前 60 年，西汉设西域都护府，伊吾卢归西域都护府管辖。唐“安史之乱”时，被吐蕃占。元朝占后，封威武王。明朝初期，闭关自守，在嘉峪关以西不设官署。朱棣采取羁縻政策，设“关西七卫”，哈密为其一，但地位最为重要，因为它在大明与西域诸国要道上。当时的主要敌人是蒙古人，而蒙古人除了长城以北，还占据西域北部，哈密也就成了明与瓦剌争夺的中心。

说起来，哈密与瓦剌更亲密。瓦剌头人也先不花的姐姐嫁给哈密先任最高首领忠顺王为妻，现任忠顺王倒瓦答失里是也先不花的外甥。即使如此，也先不花还经常派兵扰哈密，掠马牛驼羊，甚至把他姐姐、外甥等一齐掳去，正如我家乡一句俚语所说：“舅舅打外甥”。倒瓦答失里只好脚踩两只船，明顺朝廷，暗通瓦剌。瓦剌还不满，1443 年，忠顺王母亲及部众 1000 多又占哈密北部，民众纷纷流亡。拖到 1466 年，兵部力主收复哈密，朱祁镇同意。但是，当明军抵达时，叛军已逃走。明军留下部分镇守，主力撤回。当时，哈密的西邻吐鲁番王国挺强盛，见明军主力撤退，吐鲁番趁机入侵，夺走金印，令牙军驻守。1482 年，明朝出兵收复，扶持罕慎为忠顺王。不过，罕慎贪婪又残暴，为民众所恨。

1488 年底，吐鲁番又占哈密，杀罕慎，仍然由牙军占领，但有所畏惧，遣使到北京入贡，请求代理西域之职。朱祐樘刚上台，百废待兴，而西域情况复杂，便同意退换城印求和。不想，1493 年吐鲁番故伎重演，重新占城夺印，还掳走忠顺王。这时，明廷中发生争议，有的认为应由马文升挂帅出征，马文升则认为西域不构成大危害，当行绥靖。有的大臣赞同，也认为明朝的威胁在瓦剌，不应当让兵部尚书亲自西征。于是派兵部侍郎张海等人前往。然而张海送完国书以为完事，未等指令便返京师，并称哈密存亡不会影响明朝。朱祐樘大怒，将张海等下狱。1495 年初，命罕东卫（嘉峪关西南）出兵 3000 为前锋，明军 3000 为后继，日夜兼程袭哈密，顺利占领。从此，西域开始畏惧大明。

鞑靼小王子不时侵扰明边。朱祐樘采取积极防御战略，一一击退，没有劳师远征，深入沙漠，更没有主动对邻国发动大规模征战。朱祐樘总体奉行和平国策，其他邻邦或属国如安南、暹罗、琉球、占城、爪哇、日本等，常来明朝入贡。

后续：壮年皇帝的“晚节”

朱祐樘在位 18 年间，赋税增至 2700 万石，成为明朝中叶的高峰。人口也稳定增长，1488 年至 1504 年，户数由 9113630 户增至 10508935 户，口数则由 50207934 口增至 60105835 口。其间，没有大规模的民变。相对于其前后任来说，堪称盛世。晚明学者朱国桢评论：“三代以下，称贤主者，汉文帝、宋仁宗与我明之孝宗皇帝。”他认为朱祐樘是夏商周三代以后，与汉文帝、宋仁宗相比肩的贤主。

然而，1495 年开始，朱祐樘却发生了 180 度的变化。1503 年 5 月，户部员外郎席书上书批评：

今内府供应数倍往年，冗食官数千，投充校尉数万；斋醮寺观无停日，织造频烦，赏赍逾度。皇亲夺民田，宦官增遣不已。大狱据招词不敢辩，刑官亦不敢伸；大臣贤者未起用，小臣言事谪者未复……乞陛下以臣所言弊政，一切厘革。

由此可见，当时并非朗朗乾坤。而此时的朱祐樘，却没什么心思在朝政上，也变得不大临朝，不常接见内阁。他迷信道仙，宠信宦官李广，斋醮、炼丹。李广借此大肆卖官，夺民田，四方官员向他争贿。大臣纷纷弹劾，朱祐樘庇护不究。1498 年 10 月，太皇太后住的广宁宫失火，大怒："今日李广，明日李广，现在果然大祸降临！"听太皇太后咒他灾星，李广怕了，连忙自杀，以免皮肉受苦。朱祐樘想李广应该藏有符箓异书，不可浪费，便命人去取。阴差阳错，居然取来一个登记行贿的簿子，上面有很多文武大臣的名字，写着某某送黄米多少，某某则送白米多少。朱祐樘大吃一惊："李广能吃多少？收人这么多米？"左右侍从提示："这是隐语，黄米指黄金，白米指白银。"朱祐樘这才发怒，命令司法部门追究治罪。

当时百姓的生活，很难说有多幸福。1495 年 8 月，马文升反映："赋役繁重，古十一而税，今十税四五……桑枣尽鬻而税粮犹存，赋重民困未有重于此时也。"至少得质疑：1495 年至朱祐樘 1505 年病逝的十年间是否也算盛世？任职十八年中有十年变昏君，是否还可称得上是明君？我常叹李世民等"晚年"如何令人遗憾，可是明朝 16 位皇帝只有五人活过 40 岁，在位也只有一二十年。我不能不赞同柏杨为李隆基所做的辩护："在位四十五年，任何英明人物掌握无限权力如此之久，都会堕落。"可是，朱祐樘死时才 36 岁，像他这样在位一二十年、二三十岁便死的帝王不少，他们何以也有"晚年"堕落的问题？

朱祐樘的儿子朱厚照更糟，荒淫暴戾，怪诞无耻，是个有名的昏君。《明史》说他一生贪杯，尚武，无赖，喜好玩乐。他常外出"视察"，一走就几个月甚至一年。在京城也是为所欲为，有时突然在深更半夜举行"晚朝"，然后大开宴席，通宵达旦。在他治下，不仅又出现臭名昭著的大宦官，而且形成以刘瑾为首的"八虎"。在宫中模仿街市建许多店铺，让太监扮做老板、百姓，他自己则扮富商。还模仿妓院，让宫女扮坐台小姐，他扮嫖客一家家去听曲、淫乐。大臣联名上书请求严惩“八虎”，他同意。可是，刘瑾连夜找他哭诉一番，第二天又变脸惩治进谏的大臣。刘瑾为人阴险狡猾，一边哄着朱厚照，一边窃取大权，朝中无人不恨，却又只得顺从，人称“立地皇帝”。刘瑾与另一个太监争权夺利，导致民变纷起，宗室相继反叛。直到这时，才将刘瑾凌迟三日，剐 3357 刀，京师官员们争相买他被割下的肉，一钱一片，“得而生食之”，好像从此国泰民安。朱厚照继续过着他的荒诞日子，直至 31 岁暴死在后宫。

反思：朱祐樘的仁政

平心而论，朱祐樘的政绩不怎么突出，只不过是相对于他的前后任稍好些罢了。然而，稍加深入一想，我忽然觉得朱祐樘有一点很了不起，就是践行了那句：“天地之性人为贵”！

历史上的暴君就不说了，连口口声声推行“仁政”的孔子，上台没几天也以莫明其妙的罪名杀了少正卯。明朝是一个可恶的时代，因为这个朝代的皇帝要么是暴君，要么是昏君。柏杨说：“注意一个使人惊奇的现象，明王朝的皇帝，好像跟明王朝都有不共戴天的血海深仇，竞争着对它百般摧折，似乎不把它毁灭誓不甘心。”这话刻薄了些，但入木三分。陈良在《朝代的品格》一文中写道：“实际上，明朝的政治并不开明，社会也不光明。”从它降生到灭亡，从朱元璋到朱由检，200 多年始终弥漫着血腥。朱元璋很像法国大革命时期的罗伯斯庇尔，在带来胜利的同时也带来恐怖，一上台就搞政治清洗，直到朱由检凌迟袁崇焕。想想赵恒有求于大臣用金瓜子行贿，再看看朱氏一连串皇帝，我真要相信著名军中文官刘亚洲的一句话：“西方的历史是一部改恶从善的历史，中国的历史则是一部改善从恶的历史。”

朱祐樘却是非常偶然的例外。你看他处理一系列朝野共愤的恶人，一个都没杀，只是贬职或放出。1505 年 3 月，针对外戚张延龄怙宠横甚，大臣李梦阳上书《应诏指陈疏》，揭露他“招纳无赖，网利贼民，夺人田土，拆人房屋，虏人子女，要截商货，占种盐课，横行江河，张打黄旗，势如翼虎”等罪行，建议严惩。张延龄及其姐张皇后、母金夫人都非常愤怒，百般狡辩，又哭又闹，要求严惩诽谤，问他死罪。朱祐樘为难了。他是非常重感情的，私生活也有所不同，有外国学者认为“他很可能是整个中华帝国史上唯一实行一夫一妻制的皇帝”。他爱张皇后，也尊敬岳母和大舅子，不能不给他们一点面子，再说李梦阳疏中有“张氏”两字，有人认为这确实对张皇后有侮辱之嫌，只得将李梦阳下狱。稍避风头，就将李梦阳放出，罚三个月工资而已，鞭打也没一下。他坦率说：“朕不能重责梦阳致死，以快妇人之心！”对张延龄，朱祐樘进行诫勉谈话。他从此大为收敛，其他权贵人物也不得不低调。这样，李梦阳英雄般受到人们的推崇，朱祐樘也因此更受朝野的拥戴。我们可以说朱祐樘对张延龄的处理不够严厉，但不能不赞许他对于正直大臣的怜爱与呵护之心。

这并不是孤例。当马文升因罢免不称职将官，引起那些人或诽谤或以死威胁的时候，朱祐樘不仅口头上坚定支持，更重要的是令锦衣卫缉捕那些报复者，并派 12 名骑士保护他。《剑桥中国明代史》评论：

官员们能够信任这个皇帝，因为明朝再也没有其他皇帝能够像他那样采取正确的态度，克制他的愤怒，和一心一意地去尽为君之道的更重的责任。

我觉得这评价还嫌保守，应该说整个中国几千年历史上也没几个能像他这样“采取正确的态度，克制他的愤怒，和一心一意地去尽为君之道的更重的责任”。相反，采取错误的态度，不克制愤怒，不一心一意地去尽为君之道更重的责任的帝王太多了！

对于朱元璋的暴虐，太子朱标也看不过意，进谏：“诛戮过滥，恐伤和气。”朱元璋将一根荆棘放在地上命朱标拣，说：“你怕刺不敢拣，我把这些刺去掉再交给你，难道不好吗？我杀的都是对国家有危险的人，除去他们你才能坐稳江山。”朱标说：“有什么样的皇帝，就会有什么样的臣民！”这话说太对了！可惜天妒贤良，这样英明的储君偏偏夭折。

我还想说句朱由检，假如他能够像朱祐樘这样冷静处理袁崇焕等文官武将的过失或相互间矛盾，让他们真心实意跟着他保卫江山，明朝会毁在他手上吗？

“仁政”说了几千年，实际没几天见过。孙皓是中国历史上臭名昭著的暴君，但在他侍从李仁的眼中却仍然是个仁君。有人问：“听说孙皓治下有剥人皮、砍人脚的酷刑，真的吗？”李仁回答：“说这话的人真荒谬！即使真有，也不值得奇怪！从前唐、虞有五刑，三代有七辟，可是从来没人认为那是酷刑。孙皓是一国之主，对罪犯进行惩处，有什么好责怪？被尧诛杀的不会没有怨气，得桀赏赐的不能不被羡慕，这是人之常情！”又问：“听说有人直眼看了看孙皓，就要被挖眼珠子，有这事吗？”李仁进而辩护：“这也是胡说八道！《曲礼》说：‘视天子由袷以下，视诸侯由颐以下，视大夫由衡，视士则平面，得游目五步之内；视上於衡则傲，下於带则忧，旁则邪。’一般情况仰视和俯视也不能不慎重，何况对于国君呢？直盯着看国君，就是《礼记》所说的傲慢，傲慢就是无礼，无礼就是不守臣子本分，不守本分就是犯罪，犯罪就得惩处。如此而已，国君有什么错？”《曲礼》是《礼记》开头篇章。不能不佩服李仁的口才，然而，读了这一段精彩的辩词，我不能不想：儒家的仁政与暴政还有什么区别？还不是成王败寇那一套逻辑：谁有权谁就是仁，谁没权谁就不仁！

唐宋那些帝王相对来说倒是仁慈些。比如李世民，发生群体事件，他首先竟然不是怒骂那些“刁民”。他说：

民之所以为盗（起事）者，由赋繁役重，官吏贪求，饥寒切身，故不暇顾廉耻耳。朕当去奢省费，轻徭薄赋，选用廉吏，使民衣食有余，则自不为盗，安用重法邪？

他首先检讨自己工作失职，让我今天读来简直佩服得五体投地！史书描述他治下的公元 630 年：

天下大稔，流散者咸归乡里，斗米不过三四钱，终岁断死刑才二十九人。东至于海，南极五岭，皆外户不闭，行旅不赍粮，取给于道路焉。

这短短几行字，包括农业丰收、物价低平、百姓安居乐业、社会治安状况良好、社会经济得以恢复、社会财富相对富足等内容。说实话，我对孔子治下的中都“夜不闭户”之类根本不信，但我想这段描述即使放到洗衣机里甩一下，也还是一幅漂亮的盛世图。而明、清那些皇帝，嘴上仁义道德更多了，对科举作弊这种案子也动不动就处以凌迟、鞭尸，想想都恶心！朱祐樘实属异数，在他那个时代就更显得难能可贵！

第十四章　万历中兴 改革家的事业

本章提要　“万历”是明神宗朱翊钧的年号。“隆庆之治”（公元 1521-1566）后，皇帝变懒，要么藏匿深宫要么游猎，弊政丛生。朱翊钧在任期间（公元 1572-1620）虽也大都怠政，但张居正大刀阔斧推行改革，戚继光抵御倭寇，国内外暂且安宁。

积弊："罢工"的皇帝

这一章，又碰上点写作上的难题。跟"大中中兴"紧接"会昌中兴"一样，"万历中兴"紧跟的是"隆庆之治"盛世，哪来"积弊"？其实，跟任何盛世一样，"隆庆之治"也不是完美的，甚至可以说有严重缺陷。

1521 年 3 月，朱厚照死，也没有儿子，只好由堂弟朱厚熜继位。朱厚熜随寡母长期生活在偏远的承天府（今湖北钟祥），当时只有 15 岁。因为母亲失宠，又非长子，自幼很少得到父爱。在主持工作的张太后和大臣们看来，朱厚熜一定是个言听计从 、循规蹈矩的孩子。朱厚熜一上台，即"以严奴吏，以宽治民，以经术为师，以法律为辅"，独断朝纲，人们欢呼他为"中兴之主"。万万没想到，没几天就发生冲突。

朱厚照死了由堂弟朱厚熜继位，历任四代的老宰相杨廷和等 60 余位大臣讨论后，上书表示小宗入继大宗，应以大宗为主，即朱厚熜虽无法做朱厚照的儿子，但必须做他叔叔即朱厚照父亲的儿子，大宗才不算绝后。这样，朱厚熜应该称伯父为父亲，称伯母为母亲，而改称自己的父亲为叔父，改称自己的母亲为叔母。朱厚熜觉得无法接受，质疑："父母难道能更换吗？"杨廷和再次组织讨论，维持结论，进而说明："这是依据宋代大儒程颐、朱熹的理论，最得礼仪之正。"朱厚熜既感到无法接受，又无奈，只好搁置，让大家再找找古书，争取找一个更妥帖的说法。孤立无援的朱厚熜很快从外面得到支持，新进士张璁找到的理论是"继统不继嗣"，即朱厚熜是继承朱氏王朝的皇统，而不是给朱厚照当儿子！在我们今天想来，还是觉得张璁有理吧？可想而知朱厚熜有多高兴，马上将此疏转给内阁，并不忘批评："此议实遵古训，据古礼，你们怎能误朕！"杨廷和却轻蔑地说："一个书生，怎懂得国体！"竟然将朱厚熜的手敕封还，表示不敢阿谀顺旨。另有官员纷纷上书指责张璁，说他"上摇圣志，下起群疑"，应当加以惩处。朱厚熜不予理会。

问题是从江南进京的皇母蒋氏已经到通州了，再不解决称呼问题，入宫仪式没法举行。而蒋氏已经听闻称呼争议，大发脾气："你们为什么一定要拆散我们母子！"她不光嘴上说说，还死活不肯继续上路。朱厚熜听说，终于控制不住情绪，落泪如雨，立即向张皇后"辞职"，表示要回去陪母亲。这下大家都慌了，各自退让些，以大局为重，将争执美化为谦让，和稀泥糊弄过去。

当时各种各样的礼仪非常多，躲得过初一躲不过十五。朱厚熜要在他父亲"兴献帝"尊号上加一个"皇"字，杨廷和等人又受不了了，认为给个"帝"字已经到顶，便又组织 100 多人上疏，反对加称。第二年正月，宫中发生火灾，儒教"天人感应"那套理论派上用场，他们马上引经据典说是五行中火主礼，起火为"废礼之应"，老天发怒啦！朱厚熜也迷信，给说怕了，只得让步。但争执并没有结束，反而扩大，越来越激烈。简单说吧：四年后，朱厚熜正式恢复本来的称呼，即称自己生身母亲为母亲。杨廷和等人如丧考妣，竟然号召 200 多名大臣在宫门齐声大哭，声称朱厚熜如果不改变对他父母的称呼，就哭个不停。朱厚熜不再让步，下令逮捕哭声最大的 134 人，第二天又捕 90 多人，全部廷杖，其中 16 人死于杖下。所谓"廷杖"，就是在朝廷之上将大臣脱光屁股杖打，而且由太监执行，奇耻大辱。这是朱元璋的发明。

这件事非常具有历史意义。我觉得儒家很想将君王关进"礼"的笼子，方式只是劝诱，当朱元璋读到孟子下面一段语录时，十分生气——

孟子告齐宣王曰："君之视臣如手足，则臣视君如腹心；君之视臣如犬马，则臣视君如国人；君之视臣如土芥，则臣视君如寇雠。”

怎么能说君王如果看不起臣民，那么臣民也可以看不起君王呢？在帝王看来，应当君叫臣死臣不得不死，君看不起臣民理所当然，臣民看不起君则大逆不道！本来从 1084 年开始孟子也配享文庙，1372 年朱元璋怒罢孟子陪同孔子吃冷猪头肉的待遇，引起大臣们异议。朱元璋不许人们为孟子说情，指示禁军可以直接射杀。然而，刑部尚书钱唐不畏死，带着棺材继续进宫进谏，被射伤，带着箭流着血还坚持求见，明言：“臣为孟子死，死有余荣！”朱元璋为钱唐所感动，第二年勉强恢复孟子的配享。

朱厚熜时期，钱唐式的儒臣更多了。著名清官海瑞给朱厚熜尖锐一谏，一是说皇帝得为官吏贪腐、税役繁重及各地盗匪猖獗承担直接责任，二是说迷信仙丹那是幻想，更要命一句是：“盖天下之人不直陛下久矣”，意思说全国干部群众早就认为你不是个好皇帝啦！用类似的话说说现代单位领导，恐怕也没一个受得了，何况几百年前的皇帝。朱厚熜一把甩了这疏，大喝：“快——，将海瑞抓了，别让他跑了！”身边司礼太监黄锦却回答：“听说他递这奏书的时候，特地去买了棺材，与妻子诀别，遣散家仆，坐在家门口，等着锦衣卫呢！”

黄仁宇在他的《万历十五年》一书中写道：

多少年来，文官已经形成了一种强大的力量，强迫坐在宝座上的皇帝在处理政务时摒弃他个人的意志。

儒家如果真能够约束帝王，迫使他们“半心半意为人民服务”，自然是好事。那么历史上就不会有那么多庸君昏君暴君，也不会有那么多改朝换代，不会带给百姓那么多灾难了！问题是：帝王几乎都不可能容忍他人“说三道四”。被赞为从善如流的李世民，晚年也不能纳谏。明朝那位口口声声说要向李世民同志学习的朱瞻基，对一些“小骂大帮忙”的谏言确实采纳了一些，可一旦涉及他本人的问题，便立即痛下杀手。如御史陈祚恭请他读读儒家经典《大学衍义》，他大怒：“这书呆子竟敢说我不读书，看不起我，这样的人留着有什么用？”又如在朝堂宣布给宦官陈芜赐两个宫女作夫人时，有个官员表示异议，他当庭宣布割掉那人舌头。儒臣们能够勇敢地批评帝王的，往往只是些不符合古典礼制但不影响他光辉形象的鸡毛蒜皮的小事。涉及他伟大形象的，你一说就直接被治罪了。黄仁宇批评明代人“道德的观念过于窄狭”，并指出：

当一个人口众多的国家，各人行动全凭儒家简单粗浅而又无法固定的原则所限制，而法律又缺乏创造性，则其社会发展的程度，必然受到限制。即使是宗旨善良，也不能补助技术不及。

有个成语“讪君卖直”，意思说把正直当作商品，甚至不惜诽谤讪议人君，招摇贩卖他正直的声望。但因为他们的依据都是孔子、孟子、朱子们怎么说，让帝王左右为难，而他们却以此为荣，纠缠不休，视死如归。这种现象到明朝登峰造极，所以明朝出了一个怪现象——皇帝“罢工”。段雪莲评论：

世宗并非不问政事的皇帝，杨廷和及其他阁员、九卿等亦非不问政事的大臣，但君臣显然都未把主要的精力用在平弭内乱、赈济灾难和抵御外侮上。他们关心的焦点是议礼，投入最多心智和精力最多的是议礼。

所以，海瑞的形象在当时并不像后来这么光辉。当时不少官员批评他：“莅官无一善状，惟务诈诞，矜己夸人，一言一论无不为士所笑。”当时著名思想家李贽很尊重海瑞，但不能不批评他过于拘泥传统道德，只是“万年青草”，“可以傲霜雪而不可以任栋梁者”。万历为他平反，却无法重用。

朱厚熜拥有更大的权力，最终自然是他赢。然而，这只是表面，他的内心百孔千疮。因为不能制止内阁辅臣之间的倾轧，他觉得这皇帝当得实在是太累、太无聊了。辞职辞不成，消极怠工总可以吧？

从此，朱厚熜变了一个人。他越来越沉湎于方术，甚至想让年方几岁的太子代理朝政，自己专心道业；越来越迷恋于后宫，让各地送来一批又一批美少女，一方面用处女的经血炼仙丹，另一方面用她们“采阴补阳”；脾气则越来越坏，稍不顺眼就杖杀大臣，对待从如草芥，宫女偷偷发牢骚：“他给海瑞骂了有气没地方出，老找咱们出气！”1542 年 10 月，宫女杨金英与几个同伴要勒死他，只因太慌张绳子没勒紧，被他死里逃生。柏杨评论：

宫廷的事，肮脏、恐怖而秘密，没有人知道她们为什么要杀朱厚熜，但我们可以判断，无疑地由于仇恨，一种深入骨髓的仇恨，迫使她们用谋杀的手段，以图跟她们的仇敌同归于尽。杨金英事件是中国宫廷第二次透露出来的宫女对暴君的激烈反抗（第一次是四世纪九十年代，张贵人谋杀晋帝国皇帝司马曜），也显示明王朝宫廷的黑暗，更甚于其他王朝。

朱厚熜并没有从这次暗杀事件中吸取教训，改邪归正。后期的 27 年中，他跟群臣见面仅四次，平均约七年一次。

朱厚熜在皇位上混了 45 年，1566 年终于到了尽头，由太子朱载垕继位。朱载垕现年已 30 岁，对朝政了如指掌。因此，父皇还没咽下最后一口气，就组织大臣草拟他的遗诏，借他的名义纠弊政：“凡斋醮、土木、珠宝、织作悉罢，大礼、大狱、言事得罪诸臣悉牵复之。”于是，朱厚熜归天当日便宣布开始新政：海瑞等人平反出狱，官复原职；一批以邪术蛊惑皇帝的方士下狱论死；西苑的斋醮宫被撤去匾额……

在朝野一片欢呼声中，朱载垕坐稳江山，但也很快转向追求享乐。他将大政放手让大臣去干，大臣则开始新的一波又一波倾轧。明朝对中央机关五品以下官员的考核每六年一次，朱载垕上台刚好碰到。吏部尚书杨博主持这次考核，结果他山西同乡没一个受处分，引起公愤。胡应嘉弹劾杨博挟私情庇同乡，问题是胡应嘉作为吏科给事中理应参加考核这事，事先不提异议，事后弹劾出尔反尔，反而引起朱载垕反感，令内阁处分他。又因为胡应嘉曾经弹劾内阁大学士高拱，高拱抓住这机会将胡处以革职。这引起言官们的强烈不满，倾巢而出抨击高拱。高拱很难堪，于是请另一位大学士徐阶代拟圣旨，廷杖这些言官。当时规定：弹劾大学士有误，得受廷杖甚至罢官。高拱请求并不过分，但徐阶与他心里其实也有疙瘩，便拒绝了。高拱生气了，指使手下揭露徐阶的弟弟在乡里作恶。这引起言官们的更大怒火，高拱实在招架不住，只得辞职不干。

大臣们相互攻讦此起彼伏，让朱载垕深感厌倦。他也变得不爱上班，要么躲在深宫寻欢作乐，要么外出游猎。吏科给事中石星上书，向朱载垕提了一系列建议：一是要保重身体，二是要效法圣贤，三是要经常上朝，四是要及时批复奏章，五是要广开言路，六是要远离奸佞。朱载垕看了很恼火，指令杖他 60 大板，罢官为民。从此再没人敢阻挡朱载垕，但朱载垕自己那强壮的身体受不了，六年后突然中风，很快死去，年仅 36 岁。

有人说朱载垕"唯一的爱好就是女人，最大的优点就是无能"显然太过，但不能不承认他不是一个称职的皇帝。唯一值得肯定的是：没将贤臣能臣赶光杀光，留下了大名鼎鼎的张居正、戚继光、俞大猷等人，只要他不瞎指挥少过问，会有人帮他好好干的。这期间虽然才短短六年，但在历史上还是像流星闪烁：一是"隆庆开关"，即解除海禁，允许私人远贩东西二洋。据统计至明末，全世界白银总量的 1/3 涌入中国，共计 3.53 亿两（目前重估约为 5 亿两），且 2/3 的贸易与中国有关，当时中国距资本主义仅一步之遥。二是"隆庆和议"，与蒙古 200 年的相互征战终于出现和平转机，封鞑靼部落首领俺答为顺义王，双方在边境地区开展互市贸易，此后近百年未再爆发大规模战争。因此，这时期也有"隆庆之治"美称。当然，这盛世表象掩饰不住积弊，就像老太婆抹再多粉脂也盖不住衰老一样。

1572 年 5 月，朱载垕死，其子朱翊钧继位，即明神宗，但他更著名的称呼是"万历皇帝"，还是从众吧！

新政：有意无意的成果

● "万历新政"

万历继位时十岁，只好由他母亲李太后处理朝政。朱载垕托孤三位辅臣：大学士高拱、张居正和高仪。没几天，张居正就与太监冯保合谋，将高拱赶走，高仪气死。所幸李太后充分信任张居正，张居正与冯保两人合作不错，从此一个主外一个主内，朝政很快出现新气象。

新旧交替之际，表面说是从一个盛世到另一个盛世，实际上朝政危机已经到了难以为继的地步。张居正一方面着眼长远，进呈《帝鉴图说》，找些历史上的经典案例，其中应学习的 81 事，应避免的 36 事，每一事绘一张图，希望万历牢记在心。另一方面正视现实，直陈当时五大积弊：一是宗室骄恣，二是百官困苦，三是吏治守旧，四是边防军备未修，五是财政极紧。仅说财政，据户部统计，朱载垕后期的 1551 年，军费开支需银 525 万两，修边、赈济等事业又需 800 万两，两项合计 1300 万两，而正税、加派、余盐贩卖加上其他搜刮总共才 900 万两。1567 年底，国库仅存 130 万两，而应支官军俸 135 万、边饷 236 万、补发年例银 182 万，三项总支需 553 万两，现银只够三个月开支。我们没当过皇帝、总理之类的高官，但我们完全可以设想一下：假如家里只剩三个月的钱粮，你还能不急吗？在李太后支持下，张居正一边大力营造改革氛围，主张“凡事务实，勿事虚文”，认为“天下之事，极则必变”，痛斥墨守成规的人为“腐儒不达时变”，一边大胆推行系列新政：

一是针对官僚争权夺利、玩忽职守的腐败之风，实行“考成法”。通俗些说，“考成法”相当于我们现代行政企事业单位普遍实行的考核制度，特别类同现代政府部门上级与下级或领导与职员签订“目标责任状”，知府在年初把今年要做的事列出，抄报张居正。张居正是个非常认真的人，要亲自审核各种上报的材料，甚至亲自设计各种报表的格式。到年末核对完成情况，没完成的贬为县令，如果还不能完成继续贬，直到贬为庶民。同时“斥诸不职”、“省冗官”，淘汰并惩治一批不合格甚至腐败的官员。结果，官员“自是一切不敢饰非”，朝廷号令“虽万里外，朝下而夕改”，执行力大为提高。

二是针对国库吃紧，张居正认为“豪民有田不赋，贫民曲输为累，民穷逃亡，故额顿减”，是“国匮民穷”的根源，于是下令全国重新丈量土地，清查漏税的田产，结果查实征粮土地 701 万顷，增加近 300 万顷，换言之赋源大大增加。同时，大力改革赋税制度，实行“一条鞭法”，即以州县为基础，将所有赋税包括正税、附加税、贡品以及中央和地方需要的各种经费和全部徭役统一编派，并为一条，合为一项收入；赋、役之中，除国家必需的米麦丝绢仍交实物和丁银的一部分仍归人丁承担外，其余“皆计亩征银，折办于官”；官府用役，一律“官为佥募”，雇人从役。改革结果，史称“自正（正德）嘉（嘉靖）虚耗之后，至万历十年间，最称富庶”。万历十年即 1582 年，张居正去世、万历亲政那年。

三是针对边防问题，起用戚继光镇蓟门（今河北迁西）、李成梁镇辽东（今辽宁辽阳），又在东起山海关、西至居庸关的长城上加修烽火台 3000 多座。同时在边疆互市，马匹大增，使边疆在政治、经济上保持稳定。

李贽评价晁错：“可以说不善谋身，不可说不善谋国。”这才是真正骨灰级的“爱国者”。这话用到张居正身上不一定完全合适，但后半句完全适用。现在来看，历史对他的评价也是公正的，只是当时过不了关。这是中国历史上改革者的宿命。

1577 年，因为父亲去世，张居正必须离职回家守孝三年。这在孔子时代就争论过，在明朝变得特别重要。不过可以“夺情”，即皇帝觉得国事离不开某大臣，可以剥夺他守孝三年的礼制。当时万历只有 15 岁，改革事业正进入攻坚阶段，自然不愿他突然离职去守孝，于是在太后支持下实施“夺情”。然而，张居正贬不合格的官，又查大户隐瞒的田产，虽然有益于国库和部分农户，但直接损害了权贵们的切身利益，早就怀恨在心。于是，他们趁机攻击张居正不孝，比当年反对朱厚熜不肯改变对父母称呼强烈多了。同年王世贞说：张居正的新政是跟全国读书人作对。而“一条鞭法”以原有赋税为基础，将原来加派的非法税赋也合法化，总体上无疑加重了人民的负担。如此，这场改革虽然让国库丰盈，但官员和百姓幽怨得很，总有一天得爆发。

1582 年 6 月，张居正病逝。万历为之辍朝一天，并给张居正崇高礼遇：谥文忠，赠上柱国衔，荫一子为尚宝司丞，赏丧银 500 两。然而，那些在张居正改革中受损失的人马上疯狂地反扑，肆意攻击新政及张居正本人，还冒出已死的高拱的《病榻遗言》为自己申冤。仅仅两年，1584 年 8 月，万历在都察院参劾张居正的奏疏中批示："张居正诬蔑亲藩，侵夺王坟府第，箝制言官，蒙蔽我聪明，专权乱政……欺骗主上忘恩负义，谋划国家不忠。本会断棺戮尸，念效劳有年，姑且免去全部法追论。"于是抄家，一些老弱妇孺因为来不及退出的竟然被封闭于张府，活活饿死十余口，何等仇恨！柏杨评论：

张居正是明王朝所有宰相中，唯一的敢负责任而又有远大眼光和政治魄力的一位，不以自己的荣华富贵为满足，他雄心勃勃，企图对政府的腐败作一改革。但他没有公孙鞅当时的背景，和王安石所具有的道德声望，更没有触及社会经济以及政治制度不合理的核心，他不过像一个只锯箭杆的外科医生一样，只对外在的已废弛了的纪律，加以整饬……他失败后，十年的改革成果，逐渐化为乌有。一切恢复原状，黄河照旧泛滥，戚继光被逐，边防军腐败如故，守旧的士大夫、乡绅、宦官，一个个额手称庆。

张居正为什么没有"王安石所具有的道德声望"？我想主要是他过于迷信权力，甚至毫不掩饰说："吾非相（宰相），乃摄（摄政王）也。"对于不同意见不是像盘庚那样苦口婆心去说服，而是粗暴地压制，1579 年甚至公然毁掉天下所有书院并严禁士人结社讲学。许苏民对此评论：

让反改革派的道学家给我闭嘴，左派王学家们也不要发议论。总之，不准争论，一切都只能围绕权力的指挥棒运行……张居正推行改革，本身就被正统儒学家视作离经叛道，却还要效法孔夫子迫害思想异端。这看似荒诞，却反映了张居正集团在意识形态上消极适应传统中国国情的心态。

而张居正亦未能逃脱传统的意识形态对他的清算。

这是一种怪圈，也是一种报应：他不让别人说话，到头来也没什么人为他说话！

张居正死后，万历亲政。亲政之初，万历也表现得像个中兴之主，每天处理朝政十余个小时。北京干旱，他亲自步行十里到城南的天坛祈雨。生活也节俭，有勤勉明君之风范。然而，他很快碰了一鼻子灰。那些反对张居正的大臣，在倒张之后，迅速将矛头转向他，以进谏的方式，批评他一些鸡毛蒜皮的私生活，比如不该宠爱德妃郑氏而冷落恭妃王氏，又如不该亲自观看御林军射箭比赛等等，没一件关涉国计民生的大事。

皇帝也是凡人，也有“低级趣味”。1581 年某日，万历到慈宁宫向慈圣皇太后请安，她不在，宫女王氏端水给他洗手。《红楼梦》第二十八回描写：“宝玉在旁看着雪白一段酥臂，不觉动了羡慕之心。”与此类似，万历一见那红酥之手立时兴起，拉王氏上床，并立马“中标”。太后追问，他不承认。太后命人取《内起居注》查看，他无法抵赖，只好封王氏为恭妃。虽恭妃第二年生下长子朱常洛，但他内心仍然悔恨。他真心爱的是郑氏。1586 年，郑妃生下第三个皇子朱常洵，万历非常高兴，立即册封她为皇贵妃。传言说万历与郑贵妃到大高玄殿向神盟誓，要立朱常洵为太子。为此，大臣纷纷建议尽早按礼制册立朱常洛为太子。万历以长子幼弱为由，表示等两三年再说。大臣们深为不安，1590 年集体请愿，要求册立朱常洛。万历只好推至明年或皇子 15 岁时，之后又一次次推延。1593 年正月，万历要求将皇长子朱常洛、三子朱常洵和五子朱常浩一并封王，以后再择优为太子。朝中又大哗。在慈圣皇太后干预下，1601 年万历终于做出让步，立朱常洛为太子。《礼记》载“敬冠事所以重礼，重礼所以为国本也”，所以太子之争被称为“国本之争”。《剑桥中国明代史》评论：

东林运动只实现了一个政治目标。它彻底阻挠了万历皇帝改变继位顺序的企图。这证明皇帝没有他的官僚们的同意，绝不可能改变他们认为的王朝的根本法则。

万历在这件事上彻底失败，我们今天想来有些不可思议，但他的心情可想而知。黄仁宇像写小说一样描述："皇帝那个作威作福的样子，放不下架子，事事也不顺心……外强中干，实在是苦闷的。"仅仅四年时间，万历完全变了一个样，创造另类"新政"：30 年不出宫门，不郊游，不庙祭，不上朝，不见臣，不批示，不发表重要讲话，比他祖宗能"罢"多了。为什么呢？有的说染鸦片烟瘾，有了烟不顾一切。有的说沉湎于酒色，有时一天要宠九嫔。令人大跌眼镜的是，他同时还喜欢小太监。当时宫中有十个长相俊的太监，专门"给事御前，或承恩与上同卧起"，号称"十俊"。

如此"新政"，显然要误政，大臣们难以容忍。早在 1589 年 12 月，大臣雒于仁就写了《酒色财气四箴疏》，一针见血指出"皇上之恙，病在酒色财气也。夫纵酒则溃胃，好色则耗精，贪财则乱神，尚气则损肝"，并批评他"幸十俊以开骗门"，还强调"臣今敢以四箴献上，假若陛下肯听臣言，即使立即诛杀臣，臣虽死犹生"！一个人死都准备好了，难道真要成全他的"烈士"之志么？万历将此疏交给首辅申时行等，申时行让雒于仁辞职了事。从此，万历对大臣们更厌烦，奏章都留着而不批示。

更糟的后果是，在"国本之争"当中受处罚的顾宪成等人，在江苏无锡东林书院聚集讲学，坚持儒家正统，继续讽议时政，朝中官员也遥相应和，自负气节与朝廷对抗，形成"东林党"。同时，浙江籍沈一贯入阁，极力维护万历主张，形成"浙（浙江）党"。后来又增加"齐（山东）党"、"楚（湖广）党"。这三党有反东林的共同倾向。两派势力倾轧相斗半个世纪，误国不浅。此外，还有各种各样的小集团，一省一县的为"乡谊"，同一年考中举人或进士的为"年谊"，婚姻关系包括男女双方远近亲属为"姻谊"。这些小集团也是一个个利益圈子，往往也为私利钩心斗角。李鸿章无奈叹道："言官制度最足坏事。"我心里常常想：中国人对现代民主诸多不信任，是否与历史上朋党之争留下的恶果有关?

● “万历三大征”

万历“罢工”初期，对一些重大国事还会过问，主要通过谕旨的形式向下面传递，而不是常规的“召对”形式。三大战役，他在帷幄运筹指挥。

（一）朝鲜之役

在“朝贡体制”中，中国长期是周边的宗主国，文化上“本是一家”。但宋之后，文化上的认同开始崩溃。邻国认为汉唐中华文化已消失，后来甚至认为中国与四夷的位置已颠倒。朝鲜自称“小中华”，日本则驱逐天主教，宣布为“神国”，从佛教中提出“天竺（印度）、震旦（中国）、本朝（日本）”三国鼎立观念，并妄图建立一个大帝国。

1591 年，日本入侵朝鲜，一度占领平壤，与中国分庭抗礼。第二年，日本大臣丰臣秀吉率军攻占朝鲜釜山（今属韩国），进逼王京（今韩国首尔）。朝鲜国王李昖也是个好色怠政之徒，政治腐败，军队望风而溃，李昖本人也逃往平壤。日军进而攻平壤等地，朝鲜王国当时八道行政区已沦陷七道。于是，朝鲜请大明援助。明廷爽快答应。但可能因为轻敌，援军不多，地理又不熟，首战失败。不过，随即又出动四万兵马，获平壤大捷，扭转战局。然后，进逼王京，不想又因轻敌中埋伏，损失惨重。为争取时间，明兵部尚书石星力主和议。日本提出无理要求，谈判破裂，随后向明军发动进攻。万历大怒，将石星等将军下狱，重新调集兵马，分四路向釜山挺进。次年 8 月，丰臣秀吉死，日军撤兵。中朝联军乘势进击，日军大败。

这也属于文明的冲突吧，中日两国此后几次战争更为惨烈，直至第二次世界大战——但愿这是最后一次！

（二）宁夏之役

宁夏是明代边陲九个军事重镇之一，主要防御蒙古人。哱拜是蒙古鞑靼人，此前几年因父兄被杀投靠明军，1589 年被提为副总兵，退休后由其子哱承恩袭位。

1592 年 2 月，哱拜父子唆使军官刘东旸叛乱，杀主官，焚公署，收符印，发帑释囚，并胁迫总兵张惟忠自缢。刘东旸自称总兵，以哱拜为主子，以哱承恩等为左右副总兵，占据宁夏镇，进而威胁整个陕西。万历命副总兵李昫进剿，叛军则勾结蒙古部落。万历又调李如松为宁夏总兵，率大军围剿。同年 7 月，将蒙古部族逐出塞外，并将宁夏城团团包围，决水灌城。叛军失去外援，弹尽粮绝，内部火并。李如松破城后，哱拜自尽，哱承恩等被擒，叛乱平息。

（三）播州之役

播州位于四川、贵州、湖北间，地势险要，唐时建置，由杨氏世代统治。1589 年，播州主官杨应龙叛乱，一方面对明廷佯称出人出钱赎罪，另一方面又引苗兵进攻四川、贵州、湖广数十个屯堡与城镇。万历对杨应龙感到鞭长莫及，一直束手无策。直到 1598 年，四川巡抚谭希思在綦江（今属重庆）、合江（今属四川）设防。第二年，贵州巡抚江东之令杨国柱率军 3000 进剿，不想失败，杨国柱被杀。万历罢江东之，起用李化龙兼兵部侍郎，统一调度川、湖、贵三省兵马，合力征讨。1600 年 2 月，明军分兵八路进发，每路约三万人，分别取胜，然后合围。杨应龙明白大势已去，与二妾自缢。播州平定，分其地为遵义（今属贵州）、平越（今贵州福泉）二府，分属当时的四川、贵州两地。

然而，按下葫芦又起瓢，更致命的敌人在万历眼皮底下茁壮成长，而且很快变得势不可挡。明初，女真族为三部，一是牡丹江、绥芬河及长白山一带的建州女真，二是松花江流域的海西女真，三是黑龙江和库页岛等地的东海女真。建州女真在努尔哈赤领导下迅速壮大，而大明在边境地区却一再退让。1606 年底，明朝在今鸭绿江、辽宁丹东以北的六堡尽弃，毫无防守。大臣宋一韩、熊廷弼等人急了，上书表示“弃地非策”，万历却不理。1616 年，努尔哈赤统一女真各部，在赫图阿拉城（今辽宁新宾）称帝，史称“后金”（后改名为“大清”）。第二年，努尔哈赤转而向大明挑战，一举攻占抚顺（今属辽宁）等城。至此，万历才开始有所重视。

户部却哭穷，说辽东战线需军费 300 万两，内帑已发 100 万，南京工、户部只能筹 50 万，太仆寺等 80 万，尚差 70 万，建议从发动监生捐款、裁减役工伙食等方面解决。万历只得同意。随后，主管部门又请求让各省发税银作辽饷，万历不同意。主管部门只好加天下田赋每亩三厘五毫，派银 231 万两。这样，对后金的战争很不顺利。特别是 1619 年 3 月，明军在萨尔浒（今辽宁抚顺东大伙房水库附近）四路围剿后金，号称 47 万大军（实际 9 万多）。后金只有 6 万，但他们集中八旗优势兵力打歼灭战。仅五天时间，明军文武将吏死 310 多人，士兵身亡 45800 余人。当年 6 月，后金攻占开原(今属辽宁)，7 月攻占铁岭（今属辽宁）。从此，努尔哈赤由战略防御转入战略进攻，明朝在东北地区的统治开始全面崩溃。

面对这一危机，同年 7 月，大学士方从哲率百官在文华门拜伏，请求增兵发饷，万历不理。9 月，百官再次在文华门集体上访，请求皇上临朝“召见廷臣，而商战守方略”。直到天黑，万历才派宦官出来接见，说英明的皇上知道啦，你们先回家吃饭吧！过后，毫无动静。

第二年，万历死了，再也不用操心后金的事，24 年后大明灭国也眼不见为净。相比来说，那三大征胜利价值几何？赵翼说：“论者谓明之亡，不亡于崇祯而亡于万历。”对此，许多现代学者予以认同。

●意外成果

朱元璋开始更加专制，取消宰相制度，皇帝是唯一决策者。万历不上班，又不轻易授权给大臣，整个官府陷于停顿、半停顿状态，导致中央部委十缺六七，有些重要部门一空几年，六科只剩四人，全国 13 个行政区主官只剩五人。礼部尚书李廷机年老多病，辞职书递了 120 多次，一次也没回音，只好不告而别，可也没被追究，整个朝中像空殿一般。最惨的是被关进牢里的，有罪没罪十年八年也没人过问。不过，在这种情况下，却没发生全国性混乱，也没外部入侵，说明了什么？

万历“新政”也意外收获了一系列可喜成果。樊绅在《万历年间中国经济文化的发展》一文中写道：

中国的资本主义一直是处在被抑制的状态中。而正是由于万历皇帝的罢朝导致了政府的监管力度减弱，使处于被抑制状态的中国资本主义得到了发展的春天，中国出现了资本主义萌芽。

不仅经济方面，文化也如此。

（一）思想

李贽对男尊女卑、社会腐败、假道学大加批判。南京大学中国思想家研究中心教授、历史系博士生导师许苏民认为：

李贽的学说使他处于万历年间中国社会时代矛盾的焦点上。这一焦点就是：是继续维护封建的泛道德主义、用“死的”来拖住“活的”；还是冲破封建的泛道德主义，用“新的”突破“旧的”、替朝气蓬勃地创造自己的新生活的人们开出一条新路？

黄仁宇说李贽关于君主的评价，与欧洲哲学家马基雅弗利极其相似，并说：“他给我们留下了一份详尽的记录，使我们有机会充分地了解当时思想界的苦闷。没有这些著作，我们无法揣测这苦闷的深度。”

黄仁宇将万历十五年（1587）视为明王朝失败的总结性记录。有的专家学者认为此断限太早，许苏民主张应断限于李贽被迫害而死的1602年。李贽的思想漂洋过海，对日本知识界倒产生了积极的影响。

（二）文学

汤显祖的戏剧《牡丹亭》，通过杜丽娘和柳梦梅生死离合的爱情故事，歌颂了反封建礼教、追求自由幸福的爱情观和强烈要求个性解放的精神，汤显祖被称为“东方的莎士比亚”。著名小说《金瓶梅》也产生于这个时期，著名作家、清华大学中文系教授格非认为：“《金瓶梅》的伟大，因它堪称第一部全景式、多层次描绘社会人情及现实状况的旷世之作，就再现社会生活而言，即便是《红楼梦》也有所不及。”《西游记》作者吴承恩也生活于这个时期。

很难想象，在当时的社会：一方面官府“革尽人欲”，另一方面是民间人欲横流，两极冲撞，产生了如此伟大的言情小说甚至“色情小说”。

（三）艺术

宗室朱载堉所著的《乐律全书》对宫廷祭典尤其是文庙祭祀孔子的乐舞进行了改造，虽然在本国没能付诸演出，其舞蹈图示却通过法国传教士传到欧洲，多达 1400 页。他率先提出的十二平均律的等比数列原则，以及解决管口误差的“异径管律”法，除音乐意义外，还是 16 世纪世界声学研究的重大成就。葛剑雄说：“如果当时已设立诺贝尔物理学奖，他很有可能成为获奖者。”此外，还有李之藻的《泮宫礼乐疏》，记载的祭器、祭典音乐传到日本。

（四）科技

李时珍的《本草纲目》出版于这一时期，流传至今。宋应星著《天工开物》，详细记述了当时农作物和手工业原料的种类、产地、生产工艺、生产设备等，传到日本后，他本人被称为“中国的狄德罗”。狄德罗是 17 世纪法国启蒙思想家、唯物主义哲学家、作家，百科全书派的代表人物。西方历法也在这一时期流入中国。

（五）中外文化交流

中国长期自以为世界的中心，随着交通扩大，才逐渐认识世界的真面目。春江水暖鸭先知，天下事理一般是读书人先知。宋末元初的文人周密已发现中国只不过是世界很小的一部分，他说：“十二州之内，东西南北不过一二万里，外国动是数万里之外，不知几中国大”，如果以 28 宿来分配天下，“中国仅可配斗牛二星而已”。然而，中国人自大的文化心理三尺之冰，非一日阳光所能融化。直至明朝中叶，中国书籍还基本陶醉在《山海经》的想象中，邻国地图还标着“女人国”、“狗国”、“无腹国”、“后眼国”、“羽民国”之类的名称，也即“四夷”，理所当然地认为，唯有我中华是文明的，充满了偏见、傲慢与固执。

这时期中国开始发生历史性的深刻变化。复旦大学文史研究院院长葛兆光在《兹宅中国》一书中写道：

在明中叶以前，朝鲜、日本、越南和琉球对于中华，确实还有认同甚至仰慕的意思，汉晋唐宋文化，毕竟还真的是"广被四表"，曾经让朝鲜、日本、琉球和安南感到心悦诚服，很长时间以来，中国就是在这种"众星拱月"中，靠着"以夏变夷"的想象而洋洋得意。可是，这种以汉唐中华为历史记忆的文化认同，从 17 世纪以后开始瓦解。

最重要的是万历年间来了一位叫利玛窦的意大利天主教耶稣会传教士。他最早到印度，后转澳门并在那里学汉语和日语，再后入广东肇庆，带来欧洲文艺复兴成果，并系统地学习了中国传统文化，传入现代数学、几何、世界地图、西洋乐等西方文明，所制作的《山海舆地全图》使中国人首次接触到近代地理学知识。后移居韶州，开始蓄发留须，并穿儒士服。他攻读《四书》，并首次将此译为拉丁文，是第一位阅读中国文学并对中国典籍进行钻研的西方学者。他在中国公开传教，用中国的"上帝"偷换"天主"概念。1601 年初抵北京，向皇帝进呈自鸣钟、《圣经》、《万国图志》、大西洋琴等贡品 16 件。万历十分感兴趣，下诏允许利玛窦等人长居北京，作为欧洲使节驻紫禁城，享受俸禄，广交中国官员和社会名流，传播西方天文、数学、地理等科学技术知识，直到清顺治年间去世。利玛窦先后将 150 余种西方书籍翻译成中文，对中国和日本等国产生了深刻的影响。我们现代使用的加拿大、罗马、古巴、地中海、尼罗河、南极、北极、地球、赤道等名词，都是利玛窦首先使用的。

利玛窦的世界地图给中国带来极大震撼。日本作家平川佑弘认为利玛窦不仅是"人类历史上第一位集欧洲文艺复兴时期的诸种学艺，和中国四书五经等古典学问于一身的巨人"，还是第一位"世界公民"。葛兆光说：这标志着"中国人才真正开始看到了'世界'，在思想上出现了'天崩地裂’的预兆”。越来越多的读书人开始省悟，如瞿式谷说：“尝试按图而论，中国居亚细亚十之一，亚细亚又居天下五之一，则自赤县神州而外，如赤县神州者且十其九，而戋戋持此一方，胥天下而尽斥为蛮貉，得无纷井蛙之诮乎？”开始质疑所谓“孤立于其他伟大的文明中心，并扬扬自得于自己的文化优势”的“朝贡体系”，自古以来的“天下”、“四夷”说是不成立的，而应当树立“东海西海，心同理同”的观念，承认世界各种文明是平等的、共通的，而且有一些超越民族、国家、疆域的普遍真理。然而，我觉得我们有些人的思想水平迄今仍然徘徊在这个时期。

这一系列意外的经济、文化成果说明了什么？说明国家暴力机器过于强大其实并非国家与人民之福。也因为国家暴力机器过于强大，利玛窦开启的中外文化交流并不顺利，常遭闭关锁国政策打断，走一步来摇三摇，进一步来退两步，历经数百年而难正常。

后续：反贪真相

在一般人印象中，明朝反腐败在中国历史上最严厉，因为朱元璋规定贪污 60 两银子就要处以死刑，并剥皮填草放在官府办公室，以便对下任进行廉政教育。然而，明朝 200 多年却始终充满贪腐，一点儿也不比其他朝代逊色。喊喊反腐口号很容易，难得的是真反，并反出一片廉洁来。聂作平一针见血揭露：

古往今来的历史一再向我们证明：哪怕执政当权者及其家族就是天底下最大胆最厚颜的贪官，但他们仍然会把反贪作为攻无不克战无不胜的打击政敌和一切胆敢向他们叫板的力量的利器。

他还幽默地说：明朝官员们“堪称从鸡爪上刮油，令人叹为观止，把它视为中国古代第五大发明，亦不为过”。

前文曾介绍“刘棉花”刘佶，这里介绍另一类典型。严嵩高居宰相，不仅自己贪，儿子严世蕃也非常贪，有恃无恐，太子送来 1500 两银子，他不仅敢收，而且还敢炫耀："连天子的儿子都要给老子送银子，你们还有谁敢不给我送？"据说《金瓶梅》中西门庆就是在影射他。如此父子，很自然引起朝野不满，弹劾不断，甚至人赃俱获，眼看性命难保。对此，严嵩自有妙计。每当大祸临头之时，他就到朱厚熜面前长跪不起，痛哭流涕说："那些人诽谤栽赃，嫉妒我受皇上宠爱。我对皇上是忠心耿耿啊！"他对皇上有多忠，朱厚熜心里自然明白。朱厚熜想，那么多人跟他过意不去，可见他只对我忠啊，贪点钱算什么？再说，你们天天告他，不等于打我的脸吗？于是，不仅严嵩父子不受追究，弹劾他们父子的人反而下诏狱，甚至冤死。

最后如何？等严嵩 80 多岁，无力再媚君，大臣徐阶也善于讲究策略：一不告严世蕃贪污的金山银山，二不告严嵩父子陷害忠良，只告他们跟贪污丝毫沾不上边而直接涉及皇上宝座的四条罪：一是盖府邸"制拟王者"，二是与朱姓宗人暗中串联拟另立新主，三是暗通倭寇，四是勾结边外异族。说实话，我觉得这几条罪倒不一定可信。然而，皇上对这种罪宁信其有不信其无，宁肯错杀一万也不放过一个，不再念他以往有多忠诚，龙颜大怒，立即逐严嵩，斩严世蕃，这才抄了他们富堪敌国的家财。由此可见，皇帝的心目中并没有将贪腐问题看得多严重。

再说，皇帝本人就贪腐！说来令人不敢相信。2000 多年前就开始"普天之下，莫非王土；率土之滨，莫非王臣"，帝王还用得着私房钱吗？司马炎当上皇帝后，得意地问随从刘毅："你看，朕能跟哪位汉帝相比？"万万没想到，刘毅居然回答："桓帝、灵帝！"司马炎吓了一大跳："他们是昏君、亡国之君啊！"刘毅正色说："桓帝、灵帝卖官所得钱还入国库，陛下卖官得钱都入私人腰包，在这方面陛下还不如桓帝、灵帝呢！"司马炎听了又好气又好笑，只好打趣说："桓帝、灵帝之时，谁敢这样说话？朕能让你这样说话，总比他们强吧！"这倒是真的，司马炎听到了真话，也说了真话。

万历则明着告诉天下：皇帝非常需要私房钱！皇室用的钱属"内帑"，与国库有所不同。国库的钱账公开，皇帝用也得与大臣商量，诸多不便。

内帑是皇帝的私房钱，爱怎么用就怎么用，拿到妓院赌场去挥霍也没人知道。特别是明朝的儒臣，什么都要说三道四，而万历连大臣的面都不愿见，更得内帑有钱。因此，1596 年开始派宦官到各地去监督矿业，收取“榷”（即皇帝专利征税），很快波及河南、山东、山西、陕西等地。对此，朝野一片反对，纷纷进谏劝阻，万历不理。同年 10 月又派宦官到通州征税，并到天津征店租。从此两三年间，各省设税使，多兼矿务。大臣进谏反对，万历不听。1598 年 7 月，派太监鲁保去卖两淮没收的官盐，可鲁保连国库积盐也卖，多达 4560 万斤。为此，户部尚书赵世卿进言：“额外多取一分则正课少一分，而国计日绌，请悉罢无名浮课。”万历自然不理。第二年正月，分别派宦官到京口（今江苏镇江）、仪真（今江苏仪征）征榷，随后又分别派官到浙、闽、粤任市舶司，负责外贸。同时，派宦官榷浙江、广东、云南、山东、苏杭、河南、四川、江西等地，“通都大邑无不遍设，皆穷凶极恶”。辅臣沈一贯进言：“中使（即太监）一员，其从可百人，分遣官不下十人，此十人又各须百人，则千人矣，此千人每家十口为率，则万人矣。万人日给千金，岁须四十余万，及所得才数万，徒敛怨耳。今分遣二十处，岁糜八百万……乞尽撤之。”对此，只是将名目略变一下，集中于矿使一身。

大臣谏言没用，接下来民众动粗是非常自然的事。如宦官马堂任天津税监，并辖临清（今属山东）。他手下数百人，征税扩大到米豆，大白天也敢夺人财产，稍有反抗便以“暴力抗法”治罪，中产人家很快有半数破产，民愤极大。利玛窦路过临清，马堂将他拦下，将珍贵物品抢走。利玛窦给北京的朋友写信，想请他帮忙，没想回信说：“你奏皇上也没用！如今皇上只听宦官一面之词，眼下最好的办法是求助于宦官，舍财保命。”数万人群起反抗，焚烧马堂官署，并杀其走卒 34 人。百余官吏为此上疏，朝中还只是镇压民众，而不处理马堂。

又如宦官陈奉负责征荆州店税，兼采兴国（今属江西）矿砂及钱厂，手下欺侮当地官吏，还剽劫行旅，令人恨之入骨。陈奉从武昌往荆州，数千民众在途中拦路，用瓦片扔他。陈奉好不容易逃回，诬告这是受襄阳知府等官吏鼓动，将他们下狱。这时，刚好有个兴国人举报某人盗挖唐朝宰相李林甫妻的坟，得黄金数万两。老财迷万历一听，连忙指令将这笔横财收缴入库。可是，那人所盗之墓只不过是元朝一个普通人家的墓，根本没什么横财。陈奉不甘心，指令到处挖古墓，还到处入民户劫掠财产。1599年底，武昌和汉阳几个书生家不仅破财，妻子还受辱，当地人民极其愤慨，一万多人拥入陈奉的官署，用瓦片扔他，还烧了他的住房。陈奉组织反击，死伤多人。当地主官不敢吭声，副官冯应京等人弹劾陈奉，一一被贬。两年后，禁卫军到武昌逮捕冯应京，武昌民众再次暴动，逼得陈奉请调还京。

1602 年 2 月，万历突然病重，似乎良心发现，连忙撤矿监。然而，病一好他就后悔，相继派 20 名宦官去各地收回撤矿监的圣旨。这年春，腾越（今云南腾冲）与两广相继爆发反矿税民变。9 月，景德镇万余瓷工反税监潘相，烧税署，击毙从官。1605 年，阁臣沈鲤进言说矿税使天下山川“灵气尽”，不仅害民还将危及皇上龙体，万历这才有所惧，下令罢停矿税，矿务归主管部门，收入一半归内府（宫廷内库），一半归户、工二部，但矿监仍没有撤回，直至万历驾崩。

1620 年 7 月将死之时，万历才认识到自己的种种弊政，在遗诏中痛表追悔，令罢矿税、榷税及监税宦官，发帑金 200 万两慰问辽东前线将士。我很怀疑这遗诏跟朱厚熜的遗诏一样，并非他的本意，而是继任者趁弥留之际强加于他。

万历的继承人果然是朱常洛，某种意义上说“国本之争”真是大臣们赢了。朱常洛这年 39 岁，年富力强，想干一番事业。在料理老爹后事的同时，20 来天干了三件大事：一是用皇帝的私房钱犒劳边关将士，二是罢免矿税减轻百姓负担，三是复职、提拔一批官员，使国家机器能够正常运转。可他太好色了！万历的宠妃郑贵妃别有用心，送他几个美女，没几天就让他倒在后宫不能起床。本来这算不了什么大病，静养些时日就可以康复，偏偏又吃错药。

第一服药是泻药大黄，没想这大黄药效过头，一个晚上泻三四十次，病情反而加重。第二服药是两粒红丸，红丸说白了就是女人月经做的，秘方说是能止泻。朱常洛吃下第一粒红丸感觉还好，第二粒吃下，第二天一大早就驾崩，在位只有 29 天。最终看来，“国本之争”大臣们也没赢，双输结局。

接下来的朱由校是中国历史上最著名皇帝之一，但是臭名昭著。他贪玩木匠活儿，而将朝政委以同样臭名昭著的太监魏忠贤。那么，魏忠贤利用皇权干了些什么？

一是四处揽权。有人要求追查梃击、红丸、移宫三大案，他接手，掌控司法。他说皇帝要视察前线，派太监到军中了解情况。他还兼管东厂。万岁是皇帝的代名词。魏忠贤呢？他自称九千岁，甚至称九千九百岁，就像最高最高的山离太阳只差那么丁点儿。皇帝则常称“朕与厂臣”。

二是排除异己。东林党反对魏忠贤，并要求惩治。1624 年，杨涟上奏《二十四罪疏》，细数魏忠贤 24 条罪状，要求将魏忠贤就地正法。结果还是被皇帝保下。魏忠贤喘过一口气，马上反咬一口，说杨涟等人公行贿赂，并将他活活打死。魏忠贤还指示编一本《东林点将录》，利用《水浒传》108 将命名，逐个打击。

三是培植亲信。魏忠贤提拔大批自己的亲信，安插到各个要害部门，人称“五虎”、“五彪”、“十孩儿”、“四十孙”。朝中大小官员争着认魏忠贤这个阉人为义父，有的人年纪太大便叫自己儿子认魏忠贤为“上公祖爷”。各地争着为魏忠贤建“生祠”，叩拜一个活生生的太监，中国儒家的脸面被丢光！

当时官场之腐败是普遍的。像张居正这样杰出的人物，也一边反腐倡廉，一边行贿受贿。除了那个迂腐得人人讨厌的海瑞，恐怕找不出一个真正廉洁的官吏。我的长篇小说《兵部尚书佚事》写的就是这时期，主人公是我老乡李春烨。我迄今认为李春烨算是个忠厚的人，进士及第后仕途平平。只因偶然卷入魏忠贤的圈子，忽然飙升。然而，他是怎么当这尚书的？

我陆续追寻了几年，也没查到具体资料，简直怀疑他是否真的当过。那时期的官场走向万历时代的另一个极端：一个部同时会有几个尚书。李春烨在我老家泰宁城内建了一幢豪宅，据推算至少需要 20 万两银子，而当时尚书二品官年薪只有 152 两银子，换言之需要一个尚书 1000 多年的工资！这幢尚书第现为国家重点文物保护单位，如果你亲眼看看，便能对那时期的官场会有更深刻的了解。

朱由校折腾七年死了，其弟朱由检继位。魏忠贤故伎重演，给新皇帝送上四大美女。没想这新皇帝对美女没兴趣，只是碍于面子，勉强收下，但是高度警惕。对这些美女进行搜身，发现她们腰带上藏有"迷魂香"丸。新皇帝不中美人计，魏忠贤慌了，主动辞职，朱由检有意不准。这时，朝中大臣看出一些端倪，纷纷上疏揭露魏忠贤的罪行，要求查办。朱由检便大打出手，逮捕一大批魏忠贤爪牙，彻底清查阉党。

问题是朱由检太"勤政"，过于挑剔，频繁更换大臣，结果逆淘汰，能臣良将不是被杀就是被赶，没剩一个中流砥柱。偏偏这时期天灾严重，灾民越来越多卷入李自成等人的造反队伍——而官场贪腐又一次次帮助他们死里逃生。如另一位民军领袖张献忠，袭南阳失败，自己受伤，接连在舞阳、光山和固始战败，只好向官方投降。然而，第二年突然又率军叛逃，连攻房县和保康（今均属湖北）。为什么呢？张献忠在墙上留下一片文字，说他们不堪官员敲诈勒索，并点名道姓写上向他们索贿的官员名单及数目，最后写："没向我们要钱的，只有兵备王瑞一人。"又如高迎祥、张献忠、李自成等部在新任五省总督陈奇瑜围剿中，误入兴安（今陕西石泉）的车厢峡。这峡谷只有一条古栈道，四面山势险峻，易入难出，唯一出口被官军所截，眼看就要全军覆没。结果，李自成贿赂陈奇瑜身边的军官，假意投降。陈奇瑜立即释放李自成等人，并派 50 多名安抚官将他们遣送回籍，放虎归林。可是李自成等人一出峡谷，立即杀安抚官，变本加厉与官府对抗。李自成造反生涯中，多次陷入绝境，全赖官军腐败或决策失误起死回生。《解放军报》理论部高级编辑张心阳最近针对现实军中贪腐现象发表《军饷已厚，何忍再贪》的短评：

不要轻易地认为，将弁腐败，只是收受兵卒几个钱，只是在军饷里揩了些油。其实信仰丧失、武德抛弃、心不在战、庙算无方、临战无谋，他们身上每揩得的一滴油水，就是兵卒的一条性命；他们身上每多出的一块铜板，就是国家丧失的一寸疆土。

为此，他撰有一条“历史定理”：“将弁发横财，士兵发棺材。”我觉得很有道理，但还嫌保守。贪腐本身不会威胁官府，还可能有些“调动积极性”的客观好处，但它所造成的后果迟早会直接要官府的命！

朱由检本人也过于贪财。直到李自成兵临城下，发出最后通牒，大明朝廷居然还不肯发那拖欠五个月之久多达十万守城将士的军饷。是太穷没钱救灾发薪吗？完全不是！李自成民军进北京后，发现了一座封闭 220 多年的皇家金库，计有白银 3700 万锭，金 1000 万锭。当时全国人口约 5100 万，按此计算，每五口之家可得 150 多两。如果早打开这金库，可以拯救多少灾民啊，军饷根本不用拖欠，保卫明朝的军民会更多，他朱由检也就非常可能不用上吊。可他不，他还是希望百姓和军队自己能克服困难，希望那些又饿心情又不好的军民能侥幸把“盗贼”镇压下去，希望把那钱继续作为“千年必不可拔之基”留给自己的子孙后代，而只是玩弄一下不花钱的减膳、给“贼”下旨之类的雕虫小技。朱由检的行径，应验了一句俚语：“有钱买棺材，没钱买药。”这种真面目一旦被看破，他们的皇位还能坐几天？人们宁愿把希望侥幸地寄托在那些被称之为“盗贼”的人身上，甚至寄托在满清这样的异族身上。

1644 年，也就是“万历中兴”之后第 24 年，朱由检最宠爱的大太监曹化淳打开城门，迎接李自成进城，朱由检被逼上吊。偏偏清军又乘势而入，彻底终结大明王朝。聂作平在他的《皇帝不可爱，国家怎么办》一书中悲愤地写道：

后人曾沉痛地总结说，大明不亡于流寇而亡于厂卫，晁然深明其理。我们今天谈论大明的灭亡，这个历史上最后一个汉族王朝的土崩瓦解，它既是亡国，也是亡天下、亡人心。

朱由检在最后的《罪己诏》中为自己辩护，抱怨文官武将“今出仕专为身谋，居官有同贸易”。埋葬他的李自成在《登极诏》中也说：“君非甚暗，孤立而炀蔽恒多；臣尽行私，比党而公忠绝少。”一个“臣尽行私”的贪腐政权，能撑这么久已经算奇迹了！何况“君非甚暗”者其实绝少。

反思：不可一日无君还是无臣

其实，我认为万历乏善可陈，实在是问题比成果多。但我仍想挑些他的好话说。《剑桥中国明代史》认为，对于万历时期——

不应当作为一个怠惰和不负责任的朝代而概括地草草带过。这种过分简单化的做法勾勒出一个历史人物的不全面的画像，模糊了他失败的体制上的原因，因而使得随后的事件难于理解。

万历自称早慧，胆子更大，竟敢几十年唱“空城计”，空前绝后。究其原因，黄仁宇在《万历十五年》一书中分析：

其动机是出于一种报复，因为他的文官不容许他废长立幼，以皇三子常洵代替皇长子常洛为太子。这一愿望不能实现，遂使他心爱的女人郑贵妃为之悒郁寡欢。另外一个原因，则是在张居正事件以后，他明白了别人也和他一样，一身而具有“阴”、“阳”两重性。有“阳”则有“阴”，既有道德伦理，就有私心贪欲。这种“阴”也决非人世间的力量所能加以消灭的。于是，他既不强迫臣僚接受他的主张，也不公开对臣僚的意见，而是对这一切漠然置之。他的这种消极怠工自然没有公然以圣旨的形式宣布，但在别人看来则已洞若观火。

除了这两种消极的原因，我觉得万历还有一种积极的考虑。事实上，万历并没有彻底甩手不干，只不过是有所为有所不为，对于那些形式主义的东西坚决不为。他不在乎大臣怎么批评，肯定也不在乎历史怎么写他，全然我行我素，为所欲为。千古帝王能中像他这么“潇洒”的，似乎找不出第二个。

1586 年，万历主持殿试。殿试由皇帝亲自出题，所以又称“御试”。这次，万历出题：“无为而治”。无疑这是万历的心声，原来他崇尚“无为而治”的韬略。换言之，他的“罢工”是否也是“无为而治”的一种形式？大臣们太爱争论那些无谓的话题了，索性不理他们！老子认为最好的国家，是百姓不知道统治者是谁。从这个角度讲，只有万历做到了。

当然不能全都不理，朝中可以百日千日“无君”，不可一日无贤臣能臣。万历即位后第一个十年，即从 1572 年至 1582 年欣欣向荣，北方边患和东南倭寇平息，国库充盈。当时，万历 10 至 20 岁，没有亲政，主要靠首辅张居正。对万历而言，将权力委以张居正，初期年幼自然是一种无奈。可是后期，他完全可以亲政。如果说他大器晚成，后期能力还差，那么实权人物——太后完全可以收回权力。在这种情况下，万历和太后仍然放手让张居正干。1577 年秋，张居正父亲去世，按礼制需要离职回家守孝三年。那些暗恨张居正的人大松一口气，没想到万历“夺情”强行将他留下。那些大臣不相信是万历不肯，大肆攻击张居正不孝，想趁机把他赶回家。万历大怒，说那些攻击张居正的人实际上是藐视皇上，将所有参弹的人予以严惩。于是，张居正破例在宫中穿着丧服办公，守孝与尽忠两不误。这就不能不说是一种高度信任。张居正偶感风寒，万历还亲手调制椒汤面给他吃。太后信佛，有次准备将私房钱捐修涿州的娘娘庙，张居正却建议捐修北京城外的桥，她欣然听从。在当时的他们看来，张居正是个可以信赖的人。至于后来清算，另当别论。

再说张居正之后的申时行，黄仁宇评论：

由于态度温和，申时行才获得皇帝的信任并建立了亲切的关系。多年来，这位首辅正是巧妙地利用这种关系，促使皇帝的一举一动接近于文官集团的期望。

换言之，是否可以说正是由于万历与少数忠臣能臣建立了亲切的关系，并巧妙地利用了这种关系，与虽然大幅减员但效率更为提高的文官集团保持一定正常的关系，进而保持了整个国家机器仍能较好地运行？

如果万历不是这样，虽然天天照常上下班，一杯茶水一张报混日子，国家机器能否正常地运行？

万历等几位明朝皇帝再三表明：“一把手”并非想象的那么重要。其实，明朝之前就已经有众多帝王证明了这一点。春秋时代国际形势那么险恶，齐桓公自己也担心“三好”（好猎、好酒、好色）的毛病会影响正事，管仲却安慰说这算不上什么大碍，只要让大臣们好好去干便行，结果也成就了齐国的霸业。刘彻、王莽、杨广等帝王则是太“有为”的典型。《家天下是如何倒掉的》写道：

俗话说“国不可一日无君”，指的仅仅是帝王的宝座不可一日空缺，一缺马上就会有人阴谋。至于那宝座上坐什么样的人，只要血统正，能力次要，甚至根本无所谓。幼主或昏君之时，只要贤臣、能臣尚在，照样可能出盛世，如“成康之治”、“万历中兴”等。而没有能臣，帝王累死也没用。如果奸臣当道，不亡也得败。你看哪个末世没有奸臣当道？

否则，你想象一下没有那一班能臣、没有张居正改革的万历“新政”会是一个怎样的局面。《剑桥中国明代史》评论：

他统治时期的这五年半的相对稳定和繁荣证明，国家事务可以没有皇帝的亲自指导而继续进行。他的无能或不愿干预国家事务，实际上使得有能力的大臣和大学士们干得更好。但是他所造成的损失是制度上的，而且长期起作用……

这里的“他”指的是朱载垕。也许因为嫌他说服力不足，万历更有力地证明了这一点。

第十五章　同光中兴
千古未有之变局

本章提要　“同光”指清同治帝载淳、光绪帝载湉。“康乾盛世”后，出现“嘉道中衰”。载淳上任至中日甲午战争前（1861–1894），与列强初步和解，轰轰烈烈开展“洋务运动”，经济、文化方面的改革开放很快取得初步成效。

积弊：海上不速之客

中国海岸线虽长，但注意力长期在内陆，满足于农业文明，对于海外要么充满美好的想象，要么充满莫名的恐惧。孔子周游列国不如意之时，对弟子子路说："如果再碰壁，我就乘竹筏出海！"秦始皇认为海外有仙山，无比向往，一次次派人前往寻求长生不死仙丹。当时的世界比孔子时代的"天下"大不了多少，不过比西域稍远些，欧洲、美洲的概念都没有。

在契丹人、女真人、蒙古人一连串重击之下，中原民族的自信心终于垮了，不再有开放的心态，转而内敛。诚如张荫兑说：

宋代儒生固守的结果，在文化精神方面虽然也分出了一些派别，有的也不以谈玄为主，然而大势所趋，终于倾向于明心见性一路而归于内省……

宋之后，中华民族的心态变得有些外强中干、叶公好龙，对外来之客明迎暗拒，不惜化友为敌，冲突日趋激烈。朱元璋强烈排外，下令连一块木板都不许出海。朱棣破例派郑和远航，也不过是为了追捕政敌。当然，这种历史真相有必要掩盖。在当时国人描绘的《宣谕图》上，马六甲国王毕恭毕敬跪在郑和面前，天朝恩威大展，而在马六甲博物馆展出的雕像，却是郑和老老实实跪在马六甲国王面前，到底哪一个反映了真实的历史？

"隆庆开关"时期，明官府对于海上贸易加强管理，在当时整个东方世界最大港口宁波设市舶司，相当于现代外贸、海关、招待所等职能兼有的机构，负责检查报税，并设宴款待。检查接待的原则是先来先查并坐上位，后来后查坐次位，跟现代排队一个道理。然而，"走后门"、"插队"

之类不正之风古已有之，或者说贪腐之风无处不有。1523 年，日本宗设、瑞佐两个船队一先一后到达宁波，后到的瑞佐通过中国翻译人员向市舶太监行贿，便先查货并在酒宴上坐了上位。先到的宗设很气愤，与瑞佐争吵斗殴，一路打回国，事情闹得很大。明廷感到挺没面子，便将市舶司撤销，接待日商事务改由当地商人自己负责。商业中欠些货款本来正常，可是中国商人欠日商的货款越来越多，最后还一跑了之，让日商没地方找人。明官府不管这些事，日商只好找当地德高望重的乡绅，没想到乡绅欠更多。为了对付日商讨债，乡绅居然游说当地官府，将他们诬为海盗“倭寇”，出动军队清剿。如果仅此也罢，更恶劣的是这些乡绅转身又向日商通风报信，让他们逃走。于是，日商一面恨当地官府，一面感激当地乡绅，贸易继续，欠款越来越多，一晃给愚弄 20 多年。1546 年，日商终于忍不住，强占几个岛屿，声称如果讨不到债就不回国，中国如果动武他们也武力反抗。当地乡绅只好真的请明军向日本船队进攻，而日商这时也带了军队，并将明军打败。就这样，讨债的战火蔓延浙江、福建和南直隶（今江苏）大片沿海地区。随之，日本也来了真的“倭寇”，一乱 19 年，直到 1564 年被戚继光平息。

之后，海上来了更多、更远的不速之客。康熙、雍正、乾隆当政，即 1681 年 10 月康熙平定三藩之乱至 1796 年川陕楚白莲教民变，长达 115 年。期间，拓展大面积疆域，数种工业产品超欧洲，GDP 领先于世界，编《康熙字典》、《四库全书》，向欧洲展示中华文化，被称为“康乾盛世”，或“康雍乾盛世”。康熙本身是西方文化的受益者。前任皇帝顺治有八个儿子，为选哪个作为接班人发愁。当时清廷任用德国传教士汤若望为钦天监。汤若望也通现代医学，说顺治患的不治之症是天花，康熙脸上有痘痕表明他出过天花且具有终身免疫力，而其他皇子都没出过天花。换言之，没出过天花的还会出天花，夭折可能性更大。就这样，顺治指定康熙为太子。或许是因为这个缘故，康熙对西方有一种较开放的心态，他曾亲自巡视北京的天主堂，御书匾额，由各地教堂转抄。当时中国一些商品已开始畅销世界，如茶叶销俄国，生丝及丝织品销日本，瓷器、地毯、漆器、首饰、家具及“南京货”（未漂白的棉织匹头）销欧洲及美洲。

中国文化也在欧洲盛行。西班牙传教士胡安·冈萨雷斯·德·门多萨编写的《中华大帝国史》，1585 年在罗马出版，引起轰动。该书全面而详细地介绍了 16 世纪有关中国自然环境、历史、文化、风俗、礼仪、宗教信仰以及政治、经济等情况，“用理想化的手法，把当时的中国社会及政体描绘得完美无缺”。随后介绍中国的书就多了，仅在法国出版的图书就有《康熙皇帝》、《中华帝国全志》、《鞑靼史》、《皇舆全览图》、《耶稣会士中国通信集 1689—1781 年》等。其中《康熙皇帝》1697 年在巴黎公开出版，向西方大展康熙那经过精心包装的光辉形象。当时西方帝王们则像当今少男少女“追星”一样崇拜中华文化，不仅仿造中国皇家园林，还仿效康熙们亲自驾牛扶犁耕地作秀。法国文豪伏尔泰在自己书房中挂着孔子像，每天起床便向孔子行礼。可以说，中国人过强的虚荣心，一半是无知的外国人捧起来的。

然而，中国帝王如武大郎开店，绝不允许有任何人比他高。想当年佛教传入中国之初，佛教经典《梵网经》明文规定：“出家人法：不向国王礼拜，不向父母礼拜，六亲不认。”信佛的和尚不拜君与父，儒教怎么可能容忍这等大逆不道？北魏初期的高僧法果，便聪明地吹捧拓拔皀：“皇上慈悲为怀，就是当今的如来佛，我等僧人理当礼拜！”并自欺欺人说：“我们不是拜天子，而是拜佛！”如此一变通，和尚再拜皇帝就是拜如来佛，既不违佛法又屈从中国国情。如今，康熙要求天主教徒一样必须祭孔、祭祖，但这有悖于天主教原则。天主教可不愿像佛教那般委屈，教皇第十一格勒门德发出禁令。康熙大怒，下令驱逐在中国的主教多罗，规定凡留华传教士必须发誓永不返国。清廷与罗马教廷为解决礼仪之争，互派使者，但最终没有和解。于是，康熙进而下令禁止天主教在中国传播。美国历史学会主席史景迁教授批评康熙三点，其一便是对西方不信任，因礼仪之争而导致禁教。

乾隆对西方也曾非常热情。1776 年，像当年宁波一样，广州发生外贸纠纷：倪宏文赊欠英国商人货银万余两无还，当地巡抚只是将倪宏文处以“减等拟徒，援赦杖责”。乾隆看到报告，认为“殊属宽纵”，要求刑部从严处理。刑部批评广东地方保护主义：

今倪宏文拖欠夷商货银，数至盈万，实属有心诓骗远人，非内地钱债之案可比。至所供落价亏本，及赊与客贩、舟覆货沉等语，均系狡词支饰，岂可凭信。

结果“改拟杖流监追”，即不仅要杖责，更重要的是得赔偿人家的损失。这还不够，乾隆又亲自批示，批评那位广东巡抚“平日尚能认真办事，何以审拟此案荒唐若此”，将其“着交部察议”。同时进一步要求：不仅当事人倪宏文得赔，相关官员也得“按数摊赔”。为什么要这样处理呢？乾隆解释：

外国夷商，贩货来售，内地民人，与之交易，自应将价值照数清还。若因拖欠，控告到官，尤宜上紧严追给领，并将拖欠之人从重究治。庶免夷人羁滞中华，而奸徒知所惩儆。

乾隆还强调：“地方官庇护内地奸商，而令外夷受累，屈抑难伸，其事实乖，殊非体恤远人之道。”乾隆公正处理此案，目的是怕洋人在中国久留，但也注重对外的商业信用。因此我想：要是能坚持以这样的原则对待国际贸易，很可能不至于后来发生鸦片战争，而我们今天社会的商业信用也许比西方更好。

1793 年英国外交使团访华，中英双方都非常重视。英国致中国官方的信函写道：

为了对贵国皇帝树立友谊，为了改革北京和伦敦两个王朝的友好来往，为了增进贵我双方臣民之间的商业关系，英国陛下特派遣自己的参议官、贤明干练的马戛尔尼勋爵作为全权特使，代表英王本人谒见中国皇帝，深望通过他来奠定两者之间的永久和好。

这个代表团成员包括官员兵丁役夫多达 700 余人，乘坐五艘船，带着丰盛的礼物，远渡重洋，专程而来。清官府本来也非常高兴，乾隆早早命令广东及沿途官员要好好接待，对其携带货物免税，供给上等食物，多得吃不完而变质。

然而，双方立足点相差太大。直到鸦片战争前夕，清朝习惯地将英、法、俄等所有外国当成“夷”、“狄”，认为他们来中国所进行的外交活动只不过是跟周边小国一样的“称臣纳贡”。乾隆自视为“天下共主”，认为马戛尔尼远道而来只是为他个人贺寿，所以要求他按藩国大臣觐见天朝大皇帝一样行三跪九叩之礼。

我们知道：孔子时代“坐而论道”，君臣、师生在人格上平等。宋朝开始，帝王高高在上，大臣只能站在下面。到元朝更糟，“融中国高度文化和政治家气质于一身”的耶律楚材，采用中国文化治中国人，说服皇帝的哥哥带头向皇弟行双膝跪拜之礼。从此，中国人只要遇上比自己大的官都得双膝跪拜。周边小国本来就俯首称臣，自然不在话下。可现在这样要求英国使臣，人家不愿。协商了多次，马戛尔尼以死相拒。为什么呢？马戛尔尼在日记中写道：

晨间，金大人、樊大人、周大人同来，劝余勉从中国礼节，不必再固执前议。余曰：敝使系西方独立国帝王所派之钦使，与贵国附庸国君主所遣贡使不同，贵国必欲以中国礼节相强，敝使抵死不敢奉教。

马戛尔尼只是要求大英与大清平等之礼，应该合情合理，结果却不欢而散。

乾隆在谕旨中气呼呼说“似此妄自骄矜，朕意甚为不惬，已全减其供给。所有格外赏赐，此间不复颁给”，并强调“外夷入觐，如果诚心恭顺，必加恩待，用示怀柔。若稍涉骄矜，则是伊无福承受恩典，亦即减其接待之礼，以示体制”。好比两个小孩闹别扭，原来准备给他吃的泡泡糖立即不给了。对于马戛尔尼前来请求通商等事项，也没有商量的余地，报以“最文明的驱逐方式”，更紧地关起国门。乾隆在给英国女王的回信中毫不客气说：“天朝物产丰盈，无所不有，原不籍外夷货物以通有无。”如果乾隆今天还掌权，他很可能还要傲慢地拒绝电灯、电脑和手机等大批“外夷货物”。当时，法国神父钱德明劝慰马戛尔尼：

吾欧人之所谓钦使多有常驻的性质，俾两国发生交涉得以就近接洽。而华人对于它国之使臣仅视为一种点染太平之具，苟非国家有庆祝宴会之盛举，则使臣可以不必来，来则亦不许其久留，事毕，即促令回国。前此葡萄牙派来使臣，中国虽亦以至隆之礼节款待之，而居留中国之时期亦不过六礼拜。此因中国向来闭关自守，不知世界大势。初非恶化有恶意，即如缔结条约、互相通商，为现今文明各国共有之办法，中国则从来未闻有与它国订结条约之事。然谓中国人固执不化，将来永无与它国人缔约交通之一日，则又未必尽然。

这话在我们今天读来也不能不觉得中肯，且对中国未来不失信心。乾隆们为一点繁文缛节或曰面子，拒绝与英国以至整个西方世界平等友好交往，令人痛心。

《世界经济千年史》写道：

在欧洲贸易向外扩张的头三个世纪中，与美洲、非洲或亚洲其他地区相比，中国的市场更难于渗透，因为贸易受到中国政府制定的条件的限制。

例如清官府虽然将广州列为对外开放的商埠，外国商人入广州经过审批，却仍然将他们贬称为“夷商”，限住自己“商馆”之内，不许擅自跟中国人接触，一切由中国“洋行”代理。还不准他们带女人入境，也不许雇用中国女仆，不准自行上街采购，不许探听物价，不许买中国书籍，跟现代到朝鲜旅游差不多。美国著名作家厄普代克（即欧蒲台）在评论黄仁宇《万历十五年》时说：“帝国的官僚们一意保持传统与稳定，从而丧失了主动性，甚至不惜行事不公。”我想这话用来说乾隆们仍然合适。

我总觉得如果能理解马戛尔尼们的善意，或许不会有鸦片战争！英国哲学家罗素说：“两个科学家发生分歧不要紧，大家回去找证据，那么两个神学家之间发生争议，只好动拳头了，因为没有办法寻找可能对话的共同平台。”罗素这话好像专为中、英关系而写。柏杨评论：英国使团访华第二次“被赶走，便使英国了解，靠谈判的方法无法改变中国加到英国商人身上的不平等待遇，必须使用谈判以外的方法”。

1834 年英国政府废除东印度公司对华贸易的垄断权，希望将欧洲各个港口的正常贸易形式引入广东。英国不法商人从印度走私鸦片到中国，对中国民众毒害越来越严重，中国政府不能袖手旁观，必须对外贸加强管理。中、英两国形成矛盾。不过，这种矛盾只是商业方面的，完全可能和平解决。清廷忽略的是：外国“这些暴发的商人在与中国官方的争吵中，他们的背后都有西方的枪炮和外交官的支持”，而“亚洲各个主要的文明都证明无法以传统方式抵御西方入侵”。

中共中央党校主办的《学习时报》编辑部曾发表《落日的辉煌——十七、十八世纪全球变局中的“康乾盛世”》一文，深入剖析中国由一个洋洋自得的天朝大国急剧坠入落后挨打境地而一蹶不振的原因：

在变化了的世界面前，康雍乾三代英明君主却表现出惊人的麻木和极度的愚昧：妄自尊大、拒绝开放，囿于传统、反对变革，满足现状、故步自封，特别是限制工商业、蔑视科学技术、闭关锁国、加强集权、禁锢思想的做法，愈加严重地制约着社会的进步……禁锢思想实际上是禁锢人的创造性。当人类由传统走向现代，最需要睁开眼睛看世界的时候，主导中国未来的传统意识形态和价值观念体系，却如一潭死水般的沉寂。在这种“沉寂”中，中国不能不成为时代的落伍者。

那么，假设康雍乾们闭关锁国成功，不发生鸦片战争，也不跟让中国显得落后的外国发生任何关系，他们的“盛世”还能继续吗？钱穆在他的《中国历代政治得失》一书中写道：

清代人想讨好民众，这打算并不坏。但他们又存心压迫知识分子。他们只需要有服服帖帖的官，不许有正正大大的人。结果造成了政治上的奴性、平庸、敷衍、腐败、没精神。政治腐败了，纵想讨好民众，民众也得不到实惠。到乾隆时，满族官僚日愈放肆，政治加速腐败，那时中国知识分子的反抗意识已消沉，但下层民众所受的痛苦却积渐忍不住了。于是民变四起，屡仆屡兴。最有名的就是所谓川楚教匪，满洲朝廷费了很大力气才把它压平。但病根依然存在，一些也没有减。所以此后满清政府即使不遇到中西交通，没有西洋势力侵入，不久也仍得垮台。

所谓“川楚教匪”指四川、陕西、河南和湖北边境地区的“白莲教起义”。1796 年正月初一，乾隆向嘉庆禅让，初十便爆发了这次重大民变，直到 1804 年才平息，清廷大伤元气。

当前美国盛行“加州学派”的一个理论，认为世界各个文明在许多方面（特别是在经济上）直到 18 世纪仍然在同一起跑线上。中国也如此，有些学者甚至认为直到 19 世纪中叶欧洲的发展水平也没超过中国。1840 年爆发的鸦片战争，几乎要了清帝国半条命。这时期，相继发生影响当代世界的三大革命，即美国革命、法国革命和英国工业革命，而中国一个也没跟上，一下被甩在后头。当代著名经济历史学数据考证和分析专家安格斯·麦迪森所著的《世界经济千年史》一书中有大量图表，现将其中一张复制如下：

由此可见：公元 400 年即北魏东晋时，中国的人均 GDP 与西欧似乎一样，此后西欧下滑，中国保持发展。至 1000 年左右即北宋初期，中国忽然开始上升两三个世纪。元时还保持腾飞发展的势头，但在明朝戛然停滞，并且开始让西欧大大超越。在乾隆时期却变成阶梯形持续下降，而西欧则直线上升，中国与西欧经济向相反的方面发展。

清廷也是非常腐败的。乾隆中后期，腐败已经呈现集团化的趋势，一个冒赈大案几乎把甘肃全省县以上官员都牵连进去，涉案 800 多万元。如

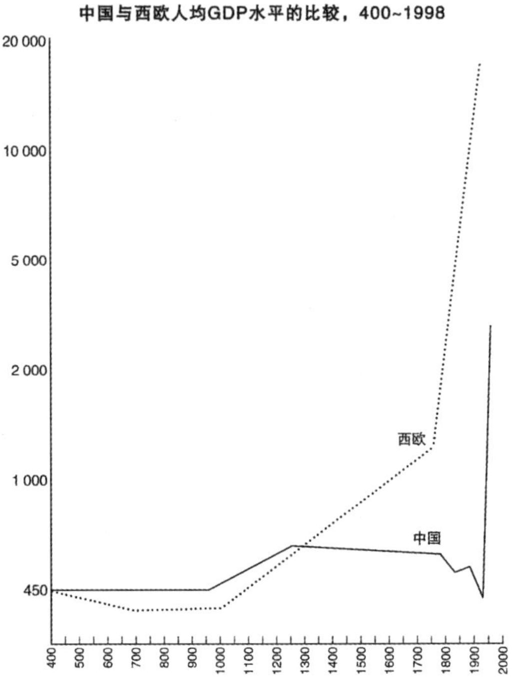

果真抓实查，那么甘肃全省官场得立刻瘫痪。乾隆心虚了，从宽划一条死刑线，仍处死56名。和珅早就腐出了名，当时的朝鲜使臣郑东观便记载："阁老和珅用事将二十年，威福由己，贪黩日甚，内而公卿，外而藩阃，皆出其门。纳赂谄附者，多得清要；中立不倚者，如非抵罪，亦必潦倒。上自王公，下至舆绅，莫不侧目唾骂。"外国人都知道和珅多腐败了，唯独乾隆不知道。乾隆虽然1793年让位，但还紧攥着实权不放，嘉庆仍然反不了腐，和珅继续嚣张。直到1799年正月初三乾隆死，第二天即初四上午嘉庆就打响新皇第一炮——贬和珅职并抄他家。然而，嘉庆反腐虽然惊天动地，只不过是为了夺回权力，并不彻底。如胡齐仑一案，发现永保、庆成、毕源等大臣都有牵连，却只处理胡齐仑一人，其余借口祖上有军功等原因不予深究，使得吏治腐败并没有多少改观。虽然镇压了白莲教起事，可是没多久又冒出天理教起事，居然进攻紫禁城，社会极混乱。在闭关锁国方面倒是更严厉，除负责天文观测的，其余西方传教士全都被赶走。1820 年嘉庆暴亡，其子道光继位。

道光个人品德不错，生活简朴，穿带补丁的裤子，大臣们跟着缀一块圆绸于膝间。然而，对一个皇帝来说，光节俭有什么用？唐时李昂曾经举着衣袖给大臣看，表白说："这衣已经洗过三次了！"大臣柳公权当即不客气回应："陛下贵为天子，应当进用贤才，退黜不肖之徒，采纳规劝，严明赏罚，才能使天下和乐。穿洗过的衣裳，不过是细枝末节！"火烧眉毛的事正等着道光去处理，除了平息民众叛乱，还有愈演愈烈的鸦片问题。当时，跟赵构身边一样，大臣有的主和，有的主禁。道光主禁，派林则徐去禁烟是对的，但他应当意识到此举将损害国内一些人的不法利益，引起英国不法商人的反抗，应当采取一些相应的防范措施，对他们的军力有正确的评估，可他都没有。一方面他没把英国舰队将远涉重洋来犯的消息当真，认为那只不过是恫吓；另一方面又认为英军来也不怕，说他们的战船太大进不了中国江河，"且夷兵除枪炮之外，击刺步伐，俱非所娴。而其腿足缠束紧密，屈伸皆所不能便，若至岸上，更无能为。是其强非不可制也"。他们盲目地放大自己的优点和敌人的缺点，根本不把英军放在眼里。黄仁宇说："中国人之公众心理也确有一段自欺之成分。"1840 年 6 月，当英国区区 4000 名侵略者果真来到时，我四亿人口的大国在自家门口居然无法抵抗，今天想来还感到十分丢脸。柏杨在《中国人史纲》一书中写道：

这一场战争，事实上是贸易战争，不是为鸦片而战，而是为贸易而战。但它却是由鸦片引起的，而且人们也乐意把这项肮脏的罪名加到侵略者头上，所以称它是鸦片战争。

人们将嘉庆至道光期间（1796—1841 年）称为"嘉道中衰"。顾名思义，"中衰"指中途衰落，语出《史记》，但配为专有名词，似乎只有这一个。"嘉道中衰"衰的不仅是经济、军事，而是整个封建制度腐朽不堪，不可救药！

目睹"嘉道中衰"，大臣龚自珍疾声呼吁改革，指出"一祖之法无不敝”，认为“自古至今，法无不改，势无不积，事例无不变迁，风气无不移易”，甚至使激将法说“与其赠来者以劲改革，孰若自改革”！另一位大臣魏源对漕运、河工、盐政、兵政及西方政治、经济体制进行深入研究，提出了一系列具体改革措施。无奈在僵死的理学氛围中，人们的思想总体上是窒息的，改革建言得不到采纳，相反闭关锁国更甚。顺治至康熙时期，对外贸易基本停止；康熙至乾隆时期（公元 1661—1795 年）开海禁，设江、浙、闽、粤四个海关；其后（公元 1795—1840 年），仅剩广州一个。

不仅西方需要中国市场，中国也需要西方市场。中国长期是自给自足的自然经济，对西方货物兴趣不大，而西方对中国的生丝、土布、瓷器、绸缎、糖、樟脑等却非常感兴趣。这样，在鸦片战争以前的中英贸易中，中国一直是顺差，英国逆差，外来白银大量流入。中央官府要海禁，地方官府可不干，偷偷摸摸也要跟外国人交易。傅野在他的《国家救赎》一书中写道：

这样一个最直接的后果是，地方势力逐渐坐大，割据一方，形成各自的派系，各派系之间畛域分明，相互倾轧，彼此互不买账。到了太平天国后期，中央政府对地方督抚控制力日渐衰微，地方政府经常置中央政府于不顾，私下和西方列强结成政治和经济利益同盟。

这一段描述，很容易让我联想到东周天子与诸侯、唐末朝廷与藩镇。当然，表面没那么严重，但后果一点儿也不更轻。

与此同时，英国人为了扭转贸易逆差，做起了为人不齿的鸦片生意。两国无法进行正常的沟通，又由于地方势力对中央政府三心二意，列强视为有机可乘，越来越胆大妄为，便渐渐由礼仪冲突演变为武装冲突，由两国矛盾扩大为中国与多国矛盾，一败接连多败。

新政：“自强运动”

1861 年 7 月，同治皇帝即位，年仅六岁，遗诏亲王载垣、端华及协办大学士户部尚书肃顺等八人为“赞襄政务王大臣”，执掌政权。同年 9 月，慈禧太后联手慈安太后、恭亲王突然发动政变，宣布载垣等“不能尽心和议”、“擅改谕旨”、“专擅”等罪行，即行废除，并斩肃顺，赐载垣、端华自尽，其余五名辅政大臣或革职或充军。慈禧太后是咸丰妃，同治生母，也称“西太后”、“老佛爷”。政变后，形成“二宫垂帘，亲王议政”的格局。1873 年 2 月，慈禧太后归政，同治亲政。

同治是个放荡的少年天子。1875 年死，其侄光绪继位。光绪年仅五岁，两宫再度垂帘听政。1881 年慈安太后去世，1884 年恭亲王也被罢免，慈禧开始独掌大权。1889 年归政光绪，但随后又夺权。慈禧实际执政长达近半个世纪，虽然没敢像武则天那样称帝，但对中国社会影响更为深远。

●内部平乱

白莲教、天理教起事相继被镇压，不久又冒出声势更大的太平天国运动。广东花县（今广州花都区）的洪秀全，三次科举落第，便砸了孔子牌位烧了儒家书籍，吸取一些基督教教义自行洗礼，到处传教。1850 年底，洪秀全在广西桂平县金田村组织武装反叛。他们迅速壮大，1853 年 3 月攻克江宁（今南京），改名天京，建立“太平天国”，洪秀全自称“天王”。然后北伐西征，不断扩大战场。上年春夏，太平军李秀成部第二次击破清军江南大营后，攻占江苏南部多地。

1861 年，太平军部署第二次西征，计划以陈玉成、李秀成两支主力分别从长江南北进攻武昌，援救安庆（今属安徽）。安庆是太平天国的重镇，被清军围攻已久。围剿主力是曾国藩的湘军，由其弟曾国荃率军主攻，这年 9 月攻克。然而，太平军总体仍强，不久又克宁波、杭州，并进攻上海，远征西北，进逼西安。本来，英国、法国还以为他们奉行的宗教相同，会比清政府更友善，所以表示中立，并派驻华公使访问天京。没想到，太平军来函劈头写道“尔海外英民不远千里而来，归顺吾朝”，要求他们匍匐在地行礼，并发现《圣经》被太平军严重篡改，不欢而散。1862 年春，英国参赞改变立场，与清苏松主官协商成立“中外会防局”，旨在“借师助剿”，领导“洋枪队”共同镇压太平天国。结果，太平军两次进攻上海均告失败。太平军西征较顺利，占陕南一带，但这时东线告急，便兵分三路东援，可是迟了。1863 年底，天京外围要塞尽失，城中缺粮。第二年 6 月洪秀全病死，7 月清军攻入。10 月江西石城一役，太平军主力覆没。长江以南的太平军余部，自江西挺进福建，攻占漳州，经营闽南，后向广东方向突围，1866 年初在广东梅县被肃清。太平军先后涉足广西、湖南、湖北、江西、安徽、江苏、河南、山西、直隶、山东、福建、浙江、贵州、四川、云南、陕西、甘肃等地，攻克 600 余个城市，历时多年，影响不可谓不大。

“太平天国”并没得到多少历史学家的肯定。定都天京后，洪秀全等头目生活相当糜烂，朝政纲纪紊乱，《天朝田亩》、《资政新篇》等写得天花乱坠的纲领只是纸上谈兵，不见半点落实，还始终带有巫术色彩。专家学者大都认为：它只不过是建立在欺压人性基础上的另一个残暴的政权。黄仁宇说：“肃清太平军之残部于次年完成。即使最后这一段战事，也与美国内战四年时间相埒，而中国之内战死伤人数更多，而解决的问题反少。”连马克思也斥责：“显然，太平军就是中国人的幻想所描绘的那个魔鬼的化身。但是，只有在中国才能有这类魔鬼，这类鬼是停滞的社会生活的产物。”换言之，白白牺牲了人民的生命财产。日本学者小岛毅在谈唐末黄巢起事时指出：

他们并不是要解放农民的起义军。说白了，这只不过是一群失去社会信任，因自身能力不足不被社会所承认的对社会不满分子，毫无计划没有理念地揭竿而起而已。

岂止黄巢！《家天下是如何倒掉的》写道：

从陈胜、吴广到白莲教、太平天国，几千年间那无数的造反者中有几人胸怀“解放农民”的理念？与清末那些革命党人不可同日而语！然而，无不是帝王制造！是帝王占着茅坑不拉屎，霸着国家机器而不为民谋福祉，让他们“失去社会信任”，让他们“能力不足”，让他们“不被社会承认”，让他们饿得要去吃比狗肉更贱的人肉……他们只得匆匆地“毫无计划没有理念地揭竿而起”，“宁愿在山头望监狱，不愿在监狱望山头”。将他们称之为“起义”，那只不过是近几十年美化的结果（本书使用中性词“民变”），但不可低估他们对王朝的毁灭性作用。他们不值得崇敬，可也不该贬为“盗”，而值得同情与深思。

我觉得洪秀全们虽然有些欺骗人的“理念”，但事实上似乎比黄巢们还要糟些！

差不多与此同时，皖北淝水和涡河流域的秘密组织“捻子”发动大规模起事，称“捻军”。“捻”是淮北方言，意为“一股一伙”。捻军在皖、豫、鲁、苏、鄂、陕、晋、直（冀）八省活动，极盛时兵力达 20 万。后来，张乐行率部分捻军渡淮河与太平军陈玉成、李秀成会师，接受太平军领导，配合太平军作战，但不接受改编。不久捻军出现分裂，大部分返淮北，只有张乐行等少数留在淮南，还有一部分转战河南、山东。1862 年秋，清军大举进攻皖北，张乐行被叛徒俘送清营。天京失守后，太平军和捻军的残部合并为联军，赖文光被推为首领。以太平军军制重新整编，改为骑兵，在豫、鲁、苏一带流动作战，大有重整旗鼓之势。1865 年 5 月，他们在曹州（今山东菏泽）歼灭官方所派的蒙古骑兵。于是，清廷改派曾国藩督湘军、李鸿章督淮军。第二年联军又分为东西两军，赖文光等继续在中原地区活动，为东捻军；张宗禹等转入陕西联络回民起事，为西捻军。东捻军被李鸿章淮军围困在黄河南岸、运河东岸、胶莱河西岸和六塘河北岸一带，1868 年初在扬州全军覆没，赖文光被俘。西捻军转战陕西后，改向东北挺进至保定，威胁北京，后进山东黄河以北、运河以东一带，被左宗棠、李鸿章军包围，1868 年 8 月在茌平全军覆没。

此前几年，云南发生回民起事，被镇压。其中陕西回民任武逃回老家渭南，1862 年春发动民变，据说目的是将陕西的汉人杀光，在那建立一个纯粹的伊斯兰教国家。他们首先杀大荔县八女井的汉人，一个上午杀一万多人。紧接挨村杀，不分男女老幼。很快发展到大荔、渭南、华县一带，渭河两岸 30 万汉人全被杀光。他们号称“陕回十八营”，几个月在关中平原杀人 500 万，占当地汉人的 80%。仅一年时间，关中 26 个县长被杀，陕甘两省 1100 多万汉人被杀。据《中国人口史》统计，战前（1861 年）甘肃人口 1946 万，战后（1880 年）仅存 496 万，减少 75%。此事还波及宁夏、青海和新疆。清帅多隆阿率军清剿，也在渭南、大荔一带大屠回民，60 里内“尽成白地”。左宗棠率部进入，对回民剿抚兼用，令“所有白彦虎部回逆，拒纳降，斩立决”。1877 年，白彦虎逃往俄罗斯才告平息。

除此之外，还有小规模的民变，特别是出现了具有时代特征的工人罢工之类，不赘述。

●继续抵抗侵略

1860 年第二次鸦片战争失败，清廷与列强签订一系列条约，十来年间较为平静。列强暂时没施加更多武力，他们相信清廷会“门户开放”，还成立“英中联合舰队”与清军联手镇压太平天国运动。清廷认真履约，不再幻想列强像以前的周边小国一样“朝贡”，将精力转移到“洋务运动”即自强运动方面，甚至直接聘用外国人任朝廷高官。设立总理各国事务衙门，专门负责相关事务。也许可以说：将侵略与抵抗侵略的主战场转移到谈判桌上。

（一）俄国

俄国本来也落后，十九世纪中叶还顽固保持野蛮的农奴制。1861 年沙皇亚历山大二世推行改革，废除农奴制，俄国从此飞速发展，并开始对外扩张。但宿敌英国在印度与波斯堵截俄国南下发展之路，近两年成为世界热点的克里米亚在 100 多年前便曾让俄国遭到失败，俄国在巴尔干半岛的伸延也受挫，便转而觑觎中国。

雪珥在他的《帝国政改》一书中写道：“俄国与日本，从此双双成为中国最凶险的敌人，尽管在不同的历史时期，他们也会竭力在表面上轮流扮演出中国好邻居的角色……”对此，清廷当时就有所认识，但形成“海防派”与“塞防派”。“海防派”以李鸿章为代表，认为日本是最危险的敌人；“塞防派”以左宗棠为代表，认为抗俄急于抗日，林则徐还预言：“终为中国患者，其俄罗斯乎。吾老矣，君等当见之。”俄国用他们的行动不断践行林则徐的预言，让“塞防派”在争论中占上风，却仍然让中国一再吃亏。

1689 年中俄签定《尼布楚条约》，确立黑龙江和乌苏里江流域包括库页岛在内的地区属中国，贝加尔湖以东原属中国的尼布楚让给俄国。这是中俄第一份边界条约，被视为“万年和约”。现在，俄国趁火打劫，1858 年 4 月强迫清廷签定《瑷珲条约》，改以黑龙江为界，黑龙江以北、外兴安岭以南 64 万平方公里属俄，且规定乌苏里江以东的中国领土由中俄共管。墨迹未干，同年 5 月又逼迫签定《天津条约》，要求清廷给其他国的优惠适用于俄国，并重勘未定边界。1860 年再逼清廷签定《北京条约》，划乌苏里江以东 34 万平方公里给俄国。柏杨说：俄国不费一枪一弹，只凭恐吓和诈术就硬生生夺走 98 万平方公里中国领土。

然而，俄国的野心远未满足。1862 年订《中俄陆路通商章程》，规定俄商在中国边界百里之内贸易概不纳税，开中国陆路通商减税的恶例。1869 年的修改，将运经俄国货物在张家口“酌留十分之二”改为“酌留若干”，俄商可在蒙古各地自由贸易，并一概免税。

1864 年又签《中俄勘分西北界约》，连同原来的《北京条约》，割占中国西北部巴尔喀什湖以东、以南 44 万平方公里。

1871 年 6 月，趁新疆回民起事之乱，俄军借口“安定边境秩序”，派兵长驱直入伊犁。他们在那里设官，移民垦殖，勒索民众，实行殖民统治。1879 年 5 月，沙俄胁迫清廷驻俄大使崇厚在克里米亚半岛擅自签订两国《里瓦几亚条约》，一是中国收回伊犁，但伊犁西部霍尔果斯河以西、南部特克斯河流域以及塔尔巴哈台（今新疆塔城）地区斋桑湖以东土地划归俄属；

二是赔偿“代收代守”伊犁兵费及恤款 500 万卢布（合银 280 万两）；三是俄商在蒙古、新疆贸易免税等。这是一个严重损害中国主权的不平等条约，国内舆论哗然，纷纷谴责崇厚丧权辱国。清廷拒绝批准，将崇厚革职交刑部治罪，判监斩候（死刑缓期执行），秋后处决。清廷改派出使英法公使曾纪泽（曾国藩长子）兼任出使俄国公使，赴俄谈判改约。为增加谈判筹码，清廷派左宗棠率军出嘉峪关。为表明收复伊犁的决心，左宗棠“抬棺出征”，鼓舞士气。俄国不得不降低要求，1881 年重签《中俄伊犁条约》，主要内容为中国收回伊犁，部分取消原约的割地规定；只许俄国在嘉峪关、吐鲁番设领事馆；改俄商在蒙古等地贸易免税为“暂不纳税”，但仍失去霍尔果斯河以西及斋桑湖以东的地区。通过此约及以后的勘界议定，中国七万多平方公里的领土划归俄国，赔款增至 900 万卢布。

1883 年中俄订立《科塔界约》，俄国又从中国割去斋桑湖以东及以南大片领土。第二年订《中俄续勘喀什噶尔界约》，帕米尔高原即我国古代所称的“不周山”、“葱岭”，古“丝绸之路”在此经过，其西北部又被俄划走。1892 年，俄军又入侵帕米尔东部，摧毁清廷设在那里的哨卡，驱逐中国驻军，强占那一带两万多平方公里土地。

（二）英国

中英冲突最激烈，这个时期也变得相对友好。1863 年，清廷改任英国人赫德为海关总税务司。两年间，已开放的广州、上海、宁波、福州、厦门、天津、烟台、牛庄（今辽宁海城）、镇江、九江、汉口、潮州（汕头）、淡水、台湾（台南）等 14 个通商口岸，均设立由外国人管理的海关。

1869 年签订《中英新定条约》、《新修条约善后章程》，主要内容为开放温州、鞠湖（今属安徽）为商埠；英国洋布、大呢、洋绒进口两税一并完纳，在通商口岸省份均免重征；英商从内地买土货出口，沿途交纳税金，其税额超过部分发还英商；英商可雇用中国木船行驶内河，装运货物；九江关备轮船一只，拖带鄱阳湖一带货物；英商修理船只、船坞物料免税；

鸦片进口每百斤增税至 50 两，生丝出口按值百抽五征税。

英国拟从缅甸修一条到云南思茅地区的铁路，1874 年派一支近 200 人的武装探路队从缅甸出发，第二年派驻华大使马嘉理前往接应。他们没事先与当地官员交涉，强行闯入，引起冲突，马嘉理被杀。英国驻华使馆向清廷提出观审、赔偿等要求，总理衙门予以驳回。经多次协商，1876 年签订《烟台条约》，第一了结滇案，英国派员在云南调查五年；中国赔款 25 万两。第二优待往来，各地涉及英国人生命财产案件，英使馆派员前往观审。第三扩大通商，中国增设宜昌、鞠湖、温州、北海为通商口岸，大通（今安徽淮南）、安庆、湖口、武穴（今属湖北）、陆溪口（今湖北嘉鱼）、沙市为轮船停泊码头，上下客商货物。此外，英国派探路队从北京经甘肃、青海赴西藏，或经四川入藏，或由印度入藏，中国提供便利条件。

1885 年，英军入侵缅甸，俘虏缅王，并入英属印度。清廷派员出使，力争缅甸入贡。次年订《中英缅甸条约》，清廷承认英合并缅甸，同意与英商谈滇缅边界及通商问题，英国允许缅甸每年向清进呈土特产一次。

英国利用《烟台条约》获取探路权，派人从哲猛雄（今锡金）修路到西藏境内。西藏当局在隆吐山（今锡金与印度边境）建卡设防，英军反诬藏兵越境。1888 年英军毁隆吐山卡哨，藏兵抵抗，但寡不敌众，连同亚东、朗热等地关隘相继失守。清廷将驻藏大臣革职，要求对印度英军退让，谋求谈判。1890 年初订《中央会议藏印条约》，清廷承认哲猛雄归英国保护，划定边界，英强占隆吐山一带。1893 年订该条约附加条款，也称《藏印续约》，开放亚东为通商地，准许英国派员驻扎，五年内藏印贸易互不收税，西藏门户从此被打开。

（三）法国

法国与中国本来挺友好。早在 1681 年，法国国王路易十四就向清朝派出科学传教团。康熙热情接待，甚至在巡视时与他们同住一顶帐蓬，同吃一桌饭菜，可谓情同手足。他们感动与钦佩得一塌糊涂，回去著书将康熙简直捧上天，以致路易十四“虽不能至，心向往之”。随之，建立起凡尔赛——北京轴心。1765 年，两国新领导人也相互心仪，法国派两位特使访问北京，乾隆也决定派一个外交使团回访。万万没想到，中国使团正准备启程的时候，法国大革命爆发，路易十六被送上断头台，两国友好也随之中断。

同样没想到，这时期中法也发生了武装冲突。不过是间接引起。1874 年，法国迫使越南订立《越法媾和同盟条约》，法国成为越南的保护国，否定中国对越南的宗主权。1882 年，法军攻占越南河内，进而北上，试图开通红河，图谋云南。广西反清“黑旗军”刘永福应邀南下抗法，取得大捷。越南国王晋升刘永福为一等男爵。此后几年，中法展开多次争夺战。1884 年 5 月订立《中法会议简明条款》，清廷承认法国与越南订立的条约；法国不索赔，中国同意在中越边境地区开埠通商；中国从北越撤军，并约定三个月谈详细条款。当月，法国单方面确定在越南向中国军队原驻地分期“接防”的日期。对此，李鸿章没同意，没明确反对，也未上报清廷，法军却突然到越南的中国阵地“接防”，发生冲突。

战火从越南燃到中国本土。当年 8 月，法国舰队突袭福建水师，炮轰马尾船厂。中国船舰仓促应战，旗舰“扬武号”虽被击伤，仍然用尾炮击中法舰，沉没前还向法舰发射最后一炮。这一仗，福建水师被击沉七舰，伤亡官兵 700 多名。随后，清廷对法宣战，令各路军迅速调兵，严防法军入侵。同时诏赏刘永福，努力恢复被法侵占的北越之地。10 月，法舰攻沪尾（今台湾淡水）失败，宣布封锁台湾。广东、福建和上海等地民众突破法舰封锁，不断输送物资上岛。次年初停战。在南方战线，清军对越南宣光等地发起进攻，大将冯子材在镇南关（今友谊关）等地大败法军，收复十多个县，法国内阁为此倒台。4 月签订《中法和议草约》，明确停战，中国军队撤出越南，法国解除对台湾的封锁，并退出基隆、澎湖。同年 10 月订《中法新约》，内容基本同前。此约被认为是打了胜仗却投降，法国实现入侵云南、广西的目的，清廷又一次遭受屈辱。

1886 年，中法在天津订立《越南边界通商章程》，内容主要有：互派领事；进出广西、云南边界货物，进口税减 1/5，出口税减 1/3。但法国政府认为距他们的要求仍然太远，拒绝批准，派代表重新谈判。

（四）葡萄牙

并非不敬地说，葡萄牙是欧洲葡萄样的小国，现在人口也只有 1000 万出头。不过，小有小的好处，穷则思变。15、16 世纪，葡萄牙靠海吃海，率先发展海军，舰队四处探险征战，到 18 世纪已成为可以影响世界的最强大的全球性帝国。葡萄牙殖民活动近 600 年，曾包括非、亚、美 53 个国家的部分领土，官方语言葡萄牙语成为 2.4 亿人的共同母语和世界第八大语言。1517 年，葡萄牙商人及官员到广州，与明朝廷交涉，被称为近代中国与欧洲接触的开端。1557 年，葡萄牙人租借澳门，并开始与中国进行贸易。

1887 年初签《中葡草约》，葡萄牙享受最惠国待遇，中国割澳门以及澳属地给葡萄牙，葡萄牙在澳门协同中国防止鸦片走私。同年底在北京正式签约，肯定草约，澳门成为欧洲国家在东亚的第一块领地。

（五）美国

在那个饱受列强欺凌的时代，中国朝野都认为美国最友好。清廷认为："英法美三国以财力雄视西洋，势各相等，其中美国最为安静，性亦平和。"曾国藩说："米夷（美国）质性淳厚，于中国时思效顺。"加强中美关系，众望所归。让我们今天不敢相信的是，清廷竟然聘用刚刚结束驻华公使之职的美国人蒲安臣为中国政府的"钦差大臣"，反过来代表中国出访世界，此举震惊北京外交界。清廷认为，蒲安臣驻华期间"用公平的外交，来替代武力，用公平的方法，获得公平的结果"，"其人处事和平，能知中外大体"，值得信赖。当时的开放程度，有些令今天的我们也感到望尘莫及。

1868 年，蒲安臣代表中国政府出访的第一站便是他的祖国——美国，并在华盛顿签订中美《天津条约续增条约》，规定两国人民往来"听其自便，不得禁阻"，可在指定地点开设学校并可往游学，两国侨民不得因宗教信仰不同而受欺，并明确规定美国支持中国主权和领土完整，不干预中国的内部事务。对此，普遍予以好评，认为这是中国与西方第一次在平等基础上签订的条约，梁启超还称赞“彼条约实为最自由最平等之条约也”。但后来有不同评价，有的指责它也属卖国条约。

据此条约，美国随后开始招华工。1894 年，美国又要求与中国签订《限禁来美华工保护寓美华人条约》，规定居美华工离美期限超过一年者，不得再入美境；不准华人入美国籍；居美华工都必须按美国国会通过的相关条例进行登记。

美国开始对中国奉行“合作政策”，实施了一个世纪。1870 年 11 月，美国刚卸任国务卿但在国际政治舞台仍有着巨大影响的西华德访问中国，这是第一位访华的西方国家领导人，让中国顿时重拾大国地位的感觉。他在上海登陆时，第一眼看到的是中国官员出行随从如云，不由皱眉，当场对自己助手评论：

这就是帝国腐败的证据……一个国家，就如同一个人，（不可）总是惦记着过去的荣耀，尤其是在已经无能去发扬光大时。

这话在我们今天读来仍然觉得中肯。但西华德以至美国仍然对中国友好。1879 年，美国前总统格兰特将军访问中国，这是西方国家元首首次访华，也是第二位访华的美国国家领导人。格兰特将军说：“我甚盼中国自强。”他的助手杨格在给李鸿章的信中写道：

中国之大害，在弱之一字。我心甚敬爱中国，实盼中国用好法，除弊兴利，勉力自强，成为天下第一大国，谁能侮之？

李鸿章们读此信后的反应不得而知，我今天读来还能感觉到一种由衷的诚意。

（六）日本

日本是跟中国交往最多的邻国之一，确实算一定意义上的师生关系，这时期却冲突越来越激烈。为什么呢？先说个细节：1862 年，日本奇兵队长高杉晋作到上海，要买魏源《海国图志》等著名的救国救民之书却没有，而只有《佩文韵府》之类闲书，感慨不已，断言：“口头尽说圣贤语，终被夷蛮所驱使。”同行的下层武士峰洁目睹清军状态后，则声称：“若给我一万骑，率之可纵横南北，征服清国。”换言之，日本军人看透了清帝国知识分子与军人的真相。正如雪珥写道：

大清国的知识分子的确提出了一些救国的方案，但中国人的特点就是药方满天飞，神医遍地走，谁也不服谁，最搞笑的甚至认为中国之所以落后，是因为我们使用汉字，而非拼音文字。于是，很多知识分子就去研究拼音方案，搞出了几十种，却很少有人去研究如何改进兵器。

就此，日本断定大清亡国在即，与其让别人捡去，不如他们先下手。就像杜佑评论安禄山“事理不得不然”，面对如此中国而不出手，那只能说日本太傻了！

1871 年订《中日修好条规》和《通商章程》，约定两国商民可在对方指定的通商口岸开展贸易（中国开放 14 个，日本开放 8 个），但不得进入内地；两国货物进入口岸，均照对方海关税则完税；两国在对方指定口岸可设领事，约束本国商民，民事案件归领事审理，刑事案件由领事和地方官会审。

同年，漂流到台湾的琉球船民被高山族人误杀。当时琉球是中国属地，可是第二年日本封琉球国王为藩王。随后，日本官员来华质问琉球船民一事。清廷官员严正声明台湾、琉球“俱我属土，属土之人相杀，裁决固在于我。我恤琉人，自有措置，何预贵国事而烦为过问”？但同时又说杀人的高山族是“化外”之民。“化外”指政令教化所达不到的地方，这时用来显然产生歧义。日本抓住这话，曲解为清廷承认台湾高山族地区不属于中国，于 1874 年设立“台湾番地事务局”，任命长官，并在那里设军事基地，图谋久踞。清廷派福建船政大臣沈葆桢率军到台，全面防御。在英国“调停”下，签订《台事专约三款》及凭单，约定日军退出台湾；清廷给“抚恤”银十万两；

清廷承认日军此举为“保民义举”，给日本兼并琉球以口实。1887 年 11 月，台湾建省，开始统一在清廷管辖之下。

1875 年日本军舰入侵朝鲜领海，在江华岛（今韩国首尔西北）测量入海口，并登陆屠杀。第二年初，胁迫朝鲜签订《江华条约》，夺取一系列权力，破坏朝鲜主权。

1879 年日本侵占琉球，废琉球国王，改为冲绳县。清廷反对，并请来华的美国总统格兰特出面调停。日本表示愿意谈判，但不愿第三者插手。第二年，日本代表来华，要求清廷承认日本吞并琉球。当时，清廷重在“防塞”即抗俄，琉球问题不了了之。等新疆问题解决，又冒出法国人染指越南。越南问题解决后，日本人又插手朝鲜，台湾也失手。从此，中国宗藩体系迅速瓦解，战略缓冲地带丧失殆尽。

（七）朝鲜

朝鲜是令我们五味杂陈的邻国。这时期，清廷为保卫这位小兄弟也尽心了。1876 年朝鲜国门被打开，先后与日本、美国、英国缔结修好通商条约，闵妃统治集团即“后党”效仿中国“洋务运动”，派使团分赴中国和日本学习，还创立了一支新式军队——别技军，聘请日本人为教官。这些开放和改革，在内部引发不满。1882 年军人哗变，汉城市民也加入。他们焚毁日本公使馆，杀大臣和日本人，并占王宫，推翻后党，推李昰应上台，引发中国和日本同时出兵干涉。李昰应被扣留在中国，日本取得在朝鲜驻军权。

1884 年，朝鲜开化党在日军支持下发动政变，占王宫、杀后党。后党向驻朝清军求援，占王宫、逐日军。日本派 2000 士兵入朝，清朝则派出“超勇”、“扬威”二舰及旅顺朝军。第二年中日签订《天津条约》，约定两国同时撤兵，均停止训练朝军，今后朝鲜如有乱需派兵应事先通告。

除此之外，这时期还发生了不少“教案”。西方传教士在中国广设教堂，一些乡里地痞、流氓借势入教作恶，不时发生教民冲突。如法国天主教川东教主范若瑟在四川彭水唆使教徒欺压民众，1865 年四川酉阳富绅冯仁银等率众焚教民房屋，拆法国教士公馆，又将前来支持教民的法国传教士玛弼乐打死。法国公使派兵入川威胁，四川总督让主凶偿命，赔银八万两。但纠纷仍然时有。法国传教士李国在酉阳组织洋枪武装，修筑城堡，教民龙秀元又殴打老妇，威逼平民退婚，激起民愤，1869 年民团首领何彩率众焚教堂，殴毙李国，愈演愈烈。州官庇护教方，让他们杀团民 145 人，伤 700 余人，焚屋百余所。这期间较严重的教案还有 1868 年台湾、扬州、遵义、安庆教案，1870 年天津教案，1875 年延平教案，1876 年川东、皖南教案，1881 年济南教案，1883 年云南浪穹教案，1884 年潮州、温州、揭阳教案，1886 年重庆教案，1890 年四川大足教案等。1891 年扬州、芜湖、丹阳、武穴、宜昌教案后，驻北京各国公使联合向清廷提出严重抗议。清廷即命各地“严密查拿，从重治罪”，不日李鸿章又奉谕：各省教案多由哥老会主谋，要求严惩首要分子。“哥老会”常指“中国革命同盟会”。

与此同时，清廷对外采取一种主动的姿态，如 1875 年开始向外国派驻大使，第一位是派往英国的郭嵩焘。随后向美国、秘鲁等国派驻。又如 1887 年由外国传教士、领事和商人组成出版机构“广学会”，用汉文著书，标榜“以西国之学广中国之学，以西国之新学广中国之旧学”，编译出版大量政治书籍，发行《万国公报》，宣传宗教、西学。后来还在北京、奉天、西安、南京、烟台等地设分支机构。再如 1893 年废华侨海禁，从此商民在国外无论多久，都可以回国经营置业，自由出入。

●对外开放

在我们这样一个文明古国，要发扬些传统实在太容易，而要想改革创新实在太难。明朝时，军队还是有实力的，陆军两次帮朝鲜打败日本，海军战胜过葡萄牙舰队。但是，明廷没有及时创建常备水师，威廉·麦克尼尔认为“以此证明官方不承认海军的合法性”。清朝也曾“抵御劫掠、控制最早的欧洲商船参与大多数非法活动”，但“在建立海军和加强海防方面，满族人无所作为”。

请让我再追溯一下：1793 年，马戛尔尼率英国外交使团访华，在送给乾隆的大堆礼品当中，有一尊“轻便铜制野战炮”，“敢决言中国全境，必无此种轻快之炮”。对此，负责接待的金大人、樊大人和周大人却不屑一顾，没带到北戴河呈送乾隆。后来遇到次相福中堂，马戛尔尼还指望他能帮助将这尊大炮介绍给乾隆：

因曰：大人为中国兵家，功业彪炳，敝使良深仰慕，此次敝使东来，部下带有卫队一班，颇精于欧洲单板机式之火器操法，倘异日大人有暇，敝使拟请大人观操，藉聆雅教，弗审大人亦肯赏光否？福大人意颇冷淡，岸然答曰：看亦可，不看亦可，这火器操法谅来没有什么稀罕。

余聆此答语，心乃不胜大异，余于福大人虽不能断定其曾否一睹火器之式样？而中国目下之军队，则可决言其必无火器。既无火器，而犹故步自封，以没什么稀罕一言了之。吾诚不解其用意所在矣。

没过几天，答案从另一位满族大臣嘴里说出来。他叫溥大藩，对马戛尔尼非常爱国地炫耀中华文明及八旗子弟的先进性：

（溥大藩说）诸亲贵多不习文艺，朝廷亦不以文艺责之，但明定章程，以武事为诸亲贵之唯一教育。所带军器以弓箭、扑刀为主。青年亲贵，殆无有不寝馈于此者，故国家有敌大多持旗兵之骁勇善战以戡定。余曰：旗兵诚勇矣，但军械终当改良。吾欧洲诸国前此亦用刀枪、弓、矢为战器，今则大半已用火器代之矣。

溥大藩做诧异之状，良久曰：弓箭毕竟是好东西，打起仗来少不了它。余无言，内念中国人之重视弓箭，殆较它种军器为尤甚，缘溥大藩之言既如此。

“弓箭毕竟是好东西，打起仗来少不了它”这话在此前千百年，固然正确，可在这英国人能够远涉重洋而来的 18 世纪，还“少不了”吗？其实，当时中国并非没有火炮，并非仍然依靠弓箭。溥大藩们早吃过火炮的亏，也尝过火炮的甜头。他们英雄的老祖宗努尔哈赤就是被明军火炮轰死的，他们攻占江南及与四周开战也屡屡依仗火炮取胜。只不过出于某种阴暗、猥琐的心态，他们不愿意承认大英帝国与大清帝国是平等的关系，更不愿意承认英国有比中国更先进的方面。

马戛尔尼很为大清忧虑，可惜没人领情。也许，清廷的边防只是做做样子，跟田里吓鸟的稻草人一般。他们养那些军队主要目的是对付手无寸铁的百姓，所以刀、枪、弓、矢当然足够！威廉·麦克尼尔在《世界史》中写道：

源远流长的中华文明跨越几十个世纪，并且不断取得辉煌成就，这就让中国的官员们很难相信野蛮的外国人具有值得学习的东西。因此，甚至直到帝国政府认识到有必要借助外国军事专家来帮助镇压太平天国以后，才有极少数官员敢于或忧虑地正视中国衰弱的教训。

显然，中英双方在此时此刻还没有敌意。否则，马戛尔尼怎能将先进的武器送上门来并求着大清官员试用？如果大清官员能谦逊些，将这尊大炮收下，学会操作，哪怕像现在“山寨”一样仿制推广，那么在不到半个世纪后的第一次鸦片战争中，何愁在自家门口打不过远涉重洋孤军而来的区区几千英军？面对英国舰队在汹涌的大海波涛之中发炮，仍然能够准确地击中目标，清军傻眼了：这怎么可能？邪门！肯定是巫术！于是，名将杨芳下令收集大量猪血、羊血及粪便罗列于城头，认为这样肯定能让敌人邪门的炮舰失灵。结果不用我说。

相继两次鸦片战争失败，促使更多人清醒！魏源在《海国图志》一书中提出“师夷长技以制夷”，强调“变古愈尽，便民愈甚”，引起一些有识之士的共鸣。清廷上层形成“洋务派”与“顽固派”，洋务派主要官员有奕䜣、曾国藩、左宗棠、张之洞。曾国藩、李鸿章和左宗棠都亲眼目睹了侵略者的坚船利炮，深切感到面临“数千年未有之变局”。他们认为：为壮大军力，增加国库收入，抵抗外敌，必须虚心学习西方的工业技术和商业模式，以官办、官督商办、官商合办等模式发展近代工业。1861 年初，奕䜣会同桂良、文祥上奏《通筹夷务全局酌拟章程六条》，建议开展以富国强兵为目标的“洋务运动”，又称“自救运动”或“自强运动”。太平军等内乱稍平息后，陆续付诸实施。

军事方面创办的重要项目有江南机器制造总局、福州船政局、汉阳兵工厂、金陵机器制造局、天津水师学堂、天津武备学堂、北洋舰队、湖北枪炮厂等；民用工业方面重要项目有发昌机器厂、天津机器制造局、华盛机器纺织总厂、开平矿务局、轮船招商局、继昌隆缫丝厂、兰州织呢局、上海机器织布局、漠河矿务局、湖北织布局；金融方面重要项目有英国汇丰银行分行、英国太古洋行、德华银行、日本横滨正金银行分行等；文化教育方面重要项目有外语学校同文馆、自强学堂，法政学校兰州府学吏局，及《申报》、《时报》和《新闻报》等报媒。

总体来看，“洋务运动”创办了一批新工业，大量引进西方科学技术，对中国近代化进程起到了推进作用。新式海军对西方列强起到一定抵制作用，新式学堂培养了许多中国近现代化重要人才，特别是海军实力迅速跃居亚洲第一、世界第六，成果不可谓不巨大。这充分说明：只要统治者不落后，中国方方面面都可能不会落后于世界之林！

这时期，日本“脱亚入欧”，弃“痼陋”儒学而兴“（荷）兰学”，中国却还出现所谓“理学中兴”。儒学也有诸多学派，如程朱理学、汉学和今文学等。理学从乾隆后期开始式微，“士大夫皆不尚友宋儒”，但在道光至光绪初期出现一度“复兴”。理学派中不仅有曾国藩和左宗棠等著名人物，还有同治皇帝的老师倭仁和翁同龢等重量级人物。倭仁明说：“性命之理，著落在君臣、父子、夫妇、兄弟、朋友其中。”他们重推理学的目的是与封建宗法制度、封建道德伦理紧密结合在一起，进一步禁锢全社会的思想。同时，疯狂反对“洋务运动”，力争将政局拉回闭关锁国的时代。这种倒行逆施很快导致“人亡政息”。当时，皇帝同治六岁登基，身心开始茁壮成长，主要任务是学习。老师倭仁是著名理学家，专门为他辑录了一大本古代帝王正反面事迹及名臣奏议的《启心金鉴》，实指望他能开启“君明臣良”的新时代。哪想他“见书即怕”，“精神极散”，“无精神则倦，有精神则嬉笑”，老师无奈，以致他十七八岁还“奏折未能读”。他长大成人，与理学家们的努力正好相反：“革尽天理，复尽人欲”，所热衷的是女色，常出宫“视察”酒楼、戏馆与花巷，年仅 19 岁就挥霍完卿卿性命，人们说他死于梅毒，宣告理学大师的教育事业也失败得很。北京师范大学教授张昭军描述：

同治朝以后，理学名儒相继去世，尤其是在西方文化和启蒙思潮的冲击下，程朱理学迅速衰落下去。光绪、宣统年间，宗理学人士无视时代大潮，程朱理学没有任何起色，笃守理学往往与顽固守旧联系在一起，为进步人士所唾弃。伴随清王朝的灭亡，程朱理学结束了官方哲学的统治地位，对普通民众社会文化生活的影响也日渐式微。

《清实录序》称：同治年间“用能方夏载德，景运日新，扬无斁之庥，成中兴之瑞。”因此，有“同治中兴”之誉。也有人将此延续至甲午战争爆发前的光绪年间，称“同光中兴”。不过评价不高，如彭勇在他《真实的荒诞》一书写道：

可以说，所谓的“同光中兴”只是被一些士大夫津津乐道，被清统治者大加颂扬的一厢情愿的事情。这一时期隐含的复杂矛盾并没有解决。

该书还具体说：“洋务运动没有、也不可能把学习西方的运动推向经济制度和政治制度方面的变革”，而且“随着慈禧的高度集权的建立，抵制洋务派的队伍越来越大，洋务运动很难向纵深发展。同治年间出现的所谓‘中兴’只能是昙花一现。”政治制度是改革的“瓶颈”，鲜能突破，所以大都以失败告终。

后续：改革与革命赛跑

历史上那些盛世时间的计算，大致从某帝继位至某帝死或禅让，一般不作细致计较。但也有例外，如“开元盛世”没截至李隆基退位，而只计算至“安史之乱”爆发；“康乾盛世”没始于康熙继位，而从他平定“三藩”才认定。“同光中兴”跟“开元盛世”类同，没计算至光绪死亡的1908年，而计至1894年中日战争爆发。

总以为，通过30余年的“洋务运动”，国力大增，有了大批与世界先进水平接轨的近代企业，完全可以对世界说不，对学生辈的“小日本”更不屑一顾。当时有个著名“愤青”叫张佩纶，是李鸿章的女婿、袁世凯的亲家、著名女作家张爱玲的爷爷，进士出身，官至二品，既非文盲也非“屌丝”，爱国之情极强烈。中法争执刚起的时候，张佩纶曾多次上奏，发表主战论调。可是真派到福建战场，他却坐视法国军舰进入闽江，最终全军覆没。战后遭弹劾，全凭左宗棠等人说情，才让他吹牛不交税战败不用负责任。后来中日矛盾，他又整天吁呼“惩日”，建议发兵“奉辞伐罪”。他们认为日本“洋债日增，穷困弥甚”，一旦“天威所至，有不倒戈相向者乎”？曾国藩的孙子曾广钧还建言，此战不仅要胜，而且要干脆将日本从地图上抹掉，变成中国的一省。好像收拾“小日本”跟捡田螺一样，英勇的清军一出动他们就得投降，朝廷不开战就是卖国贼。在这种思潮中，对日战争只剩时机问题。

1894年初，朝鲜南部爆发“东学党”起事，口号是“逐灭洋倭”，攻占首府。日本一方面帮助东学党，另一方面又让朝鲜政府请求清廷出兵。清廷有争议，可是刚亲政的光绪认为机不可失，令李鸿章立即率兵入朝。李鸿章不敢跟着瞎激动，坦率说北洋舰队的装备老化，明确忠告“不可急于一时而落入日本圈套”，建议“避战求和”，先从朝鲜撤军，等实力充足后再打“持久战”。李鸿章是中国历史上“持久战”的首创者。主战派却批判李鸿章软弱，急不可耐要打。而血气方刚的光绪，太渴望战功了。他说：“中国果能因此振刷精神，以图自强，亦未始非靖边强国之一转机也。”于是，中日两国于8月1日同时宣战。光绪下令：“迎头痛击，悉数歼除，毋得稍有退缩！”几乎是孤注一掷与日本决战。

日本先行一步派重兵在仁川登陆，抢占汉城。清军才 2000 余人，进退两难。丰岛海域与牙山两战中，清军都失败了，当时中国《点石斋画报》却报道“中方大胜”。在丰岛海战中，“济远”号清军舰等谎报击沉日本军舰，《上海新闻画报》刊出“倭舰摧沉图”，大肆渲染“丰岛大捷”。平壤之战，1.5 万清军对 1 万日军，清军将领左宝贵战死，主将叶志超逃跑，全军溃败，也说是大捷。一些外国托儿也加入大清粉丝队伍，如曾在北洋水师任职的英国水师提督琅威理在《万国公报》专访中宣称：“中国海军不仅足以战胜日本，即使打西方大国也绰绰有余。”然而，敌人不会按照你的“爱国”高调打仗，自己军队也无法按照你的“舆论导向”取胜。地方势力对中央政府阴奉阴违的丑陋，在这场战争中赤裸裸表现出来，如日军在山东荣成登陆，因为那是山东巡抚李秉衡的防地，威海的李鸿章便见死不救。等到荣城失陷，危及威海，李秉衡也视而不见。从南方调来的援军，又不听李鸿章指挥，让威海孤军作战，岂有不败之理？很快，中国北洋水师全军覆灭。

为此，康有为在《应诏统筹全局折》中明确提出：“动员基层群众，虚省强县，分散地方官府权力，建立国家自主货币。”这样颇具现代政府治理眼光的改革建议，胎死腹中。于是，八国联军入侵后，东南各省督抚竟敢私下与列强签约互保，和平共处，“在商言商”，而不支持中央的抗战令。再后，在“保路运动”、辛亥革命等关键时刻，地方反叛越来越公开。这就难怪共和制建立后，仍然军阀混战多年。

1895 年签订《马关条约》，中国割让辽东半岛（后因俄、德、法三国干涉而未得逞）、台湾岛及其附属各岛、澎湖列岛给日本，赔偿二亿两白银，还增开沙市、重庆、苏州、杭州为商埠，并允许日本在中国的通商口岸投资办厂。《马关条约》是继《南京条约》以来最严重的不平等条约。日本学者菊池秀明在《中国的历史（10）》一书中评述：

甲午战争以清朝的惨败告终。这不仅意味着长期以来作为东亚世界秩序的朝贡体制的崩溃，同时也意味着19世纪后半期中国尝试的洋务运动受挫。特别是，败给“同文的小国”日本，人们受到巨大的打击。主战派的一些官员也主张，即使暂时忍受这种耻辱，朝廷也不能等闲视之，应该采取手段。除了自强，别无他法，强烈呼吁有必要以中央政府为中心进行政治改革……洋务运动中一贯显现的儒教文化毫不动摇的信心，体现出诞生古典文明的中国社会所具备的对异文化的姿态。甲午战争后“日本模式”被大肆宣传这一事实，体现出两次鸦片战争都未曾动摇的“中华”信心，经过这场战争的失败终于发生了变化。

日本著名思想家福泽谕吉说：“一个民族要崛起，要改变三个方面，第一是人心的改变，第二是政治制度的改变，第三是器物的改变。”最近反思中日甲午战争120周年时，刘亚洲引述这话，强调这个顺序绝不能颠倒。如果颠倒，表面上看是走捷径，其实走不通。日本就是按福泽谕吉这个顺序走的，而清朝则反着，结果一个成功，一个失败。威廉·麦克尼尔说：“创造一个技术现代化的军事力量要求大规模的科技、教育和行政改革，而19世纪的中国改革家从未着手准备进行这些改革。那么，一个必然的结果就是进一步的军事耻辱。”葛兆光在他《宅兹中国》一书中写道：

1895年以后，大清帝国开始从“天下”走出来，进入“万国”，原来动辄便可以“定之方中”（《诗经》）、自信“允执厥中”（《古文尚书》语）的天朝，渐渐被整编进了“无处非中”（艾儒略语）、“亦中亦西”（朝鲜燕行使语）的世界，便不得不面对诸如“亚洲”、“中国”和“世界”这样一些观念的冲击。为什么是“亚洲”？究竟什么是“中国”？中国如何面对“世界”？

当时，日本人公然声称“支那固陋而自灭”，是“文明早已过去，六经早已扫地之国”，而“日本自觉地意识到自己作为亚洲民族，代表了与西洋文明相对的东洋文明”的趋势，福泽谕吉还认为日本在东洋文明化进程中已经是当然的盟主和领袖。日本要取代中国文明地位的野心，昭然若揭。我觉得中日当今矛盾的深层根源仍在于此，而不是那个区区荒岛。

早在甲午战争前便不乏有识之士指出：清朝的政治制度像弓箭一样落伍啦！中国不仅需要军事、经济等技术上的“洋务运动”，更需要政治体制的变法！好比我们今天的电脑，光有硬件不行，更重要的是还得有软件！1888 年，广东学子康有为在北京参加科举，却写了 5000 多字的《上清帝第一书》，本着“今日人人有亡天下之责，人人有救天下之权”的理念，强调说“观大地诸国，皆以变法而强，守旧而亡……能变则全，不变则亡，小变仍亡”，表达对国家形势的极度担忧：“强邻四逼于外，奸民蓄乱于内，一旦有变，其何以支？”为此恳请皇帝及时“变成法，通下情，慎左右”，挽救国家危机。还称如果变法维新，十年便“富强可致”，三十年雪耻。1892 年，浙江人陈虬著《治平通议》八卷，主张“欲图自强，自在变法”，建议设议院民意机构等。第二年，“思想杂乱而激进”的孙中山等人在广州开始筹建“兴中会”，以“驱逐鞑虏，恢复中华”为宗旨。次年孙中山到天津，上书建议“人能尽其才，地能尽其利，物能尽其用，货能畅其流”的变法自强主张，李鸿章未予理会。同年，郑观应《盛世危言》一书出版，认为洋务运动购买西方船炮是“遗其体而求其用”，建议设立议院。这年陈炽著《庸书》，主张仿行西法，设立议院等。变法的呼声日益强烈。

就在签订《马关条约》的下月初，康有为、梁启超等联合 18 省 1300 余人签名上书，请求拒和、迁都、变法，史称“公车上书”。不日，康有为又以进士的名义递上长达 18000 多字的“上皇帝书”，不提拒和与迁都，着重将变法建议阐述得更为详尽。这回，都察院的大臣们看了也不能不感动，转呈光绪。光绪当时被战败激怒，正愁怎么雪耻。一读康有为这书，“极喜许”。他太渴望强国了，恨不得明天一早就能够找日本找列强报仇。1898 年 6 月 11 日，光绪匆匆颁发“明定国是”，宣布变法，随后又发出数十道改革令。这次变法的主要内容是：经济方面设立农工商局、路矿总局，提倡开办实业；修筑铁路，开采矿藏；组织商会；改革财政，取消旗人由国家供养的特权，令其自谋生计；政治方面允许士民上书言事；改订律例；裁撤冗员；澄清吏治；军事方面裁汰绿营，编练新军，添置船舰，扩建海军；文化方面废八股兴西学，设立中小学堂，创办京师大学堂；设译书局，翻译外国书籍；允许设立报馆、学会，派留学生，奖励科学著作和发明。黄仁宇在《中国大历史》一书中评论："如果这套工作可能因皇帝龙椅前之公告而完成，则中国应当立即成为一个现代国家。"

然而，正如历史上每一次改革一样，这一次改革也给大批既得利益者造成损失。例如取消旗人由国家供养特权，旗人能没有意见吗？黄鸿寿在《清史纪事本末》中描述：

时百日间，变法神速，几有一日千里之势。其尤为雷厉风行者：一令都中筑马路，二令办理国防，三命八旗人丁，如愿出京谋生计者，任其自由。于是满族诸人大哗，谣谤四起。

文官武将也反对，因为他们看不懂西方的书，或不会用洋枪洋炮，也不屑于学。他们才不管什么国家根本利益，只关心自己的小利益。于是，迅速以种种方式"出死力以阻挠之"。如军机大臣们叫嚣"开制度局是废我军机也，我宁忤旨而亡，必不可开"，公然抗拒光绪的圣旨。他们跪请太后重新垂帘听政，甚至密谋废除光绪，另立皇帝。一时间，谣言四起。

第五天，慈禧太后迫使光绪连下三谕，夺取人事任免和京津地区的军政大权。同年 9 月 21 日凌晨，慈禧太后突然从颐和园赶回紫禁城，直入光绪寝宫，将他囚禁于中南海瀛台，宣布由她临朝训政。紧接着下令追捕在逃的康有为、梁启超，逮捕谭嗣同等人。28 日便将谭嗣同、杨锐、刘光第、林旭、杨深秀、康广仁六人杀害。所有新政措施，除京师大学堂（今北京大学）之外，全都废止。从 6 月 11 日至 9 月 21 日，新政仅 103 天，跟"永贞革新"一样短命。

如果说复辟能够挽救国家命运也罢，问题是时局更加恶化。一些练习武术的人秘密组成“义和团”，声称他们的气功可以阻挡洋人的子弹，极端排外，很快发展到滥杀外国人的地步，跟西洋有关的铁路、电线被破坏，戴眼镜、穿西装的中国人也受攻击。慈禧太后有反抗外国的民族心理可以理解，不可思议的是她居然会愚蠢到利用义和团那种巫术对抗洋枪洋炮的地步。1900 年 6 月 21 日，她疯狂地对所有西方国家宣战。吏部侍郎许景澄曾经出使法、德、意、荷、奥、俄等国，对外国情况了如指掌，连忙劝阻：

臣就据实而言，依大清目前的实力，似难敌其中一国，更不用说数国联军了。臣以为和为上策，保护使馆、征剿拳匪事上策。

慈禧听了大怒，当即将许景澄等主和的官员处死。于是，英、美、德、法、日、俄、意、奥八个国家组成联军入侵中国。此前几年，清军对付一个日本都惨败，现在能依靠义和团对付八国吗？结果很容易想象。慈禧在宣战诏书中说得多响亮：“与其苟且图存，贻羞万古，孰若大张挞伐，一决雌雄！”没想才来八国，她马上变狗熊，8 月 15 日便打扮成农妇“西狩”而去。所带来的灾难由全国百姓承受，战争赔款大约为全国五年的财政总收入，加上利息得 40 年才能还清。幸好美国人善于“良心发现”，1908 年率先将这次战争赔款数减至 1300 万多美元，并将此数与原赔款数 2400 多万美元的差额退还给中国用于办学，这才有了清华大学等校的前身。

还有一点幸运是，慈禧总算省悟。逃亡之路是狼狈的，慈禧后来回忆：

连日奔走，又不得饮食，既冷且饿。途中口渴，命太监取水，有井矣而无汲器，或井内浮有人头。不得已，采秫秸秆与皇帝共嚼，略得浆汁，即以解渴。

他们侥幸没被八国联军打死，也没被饿死渴死，逃到了西安。

在此，慈禧面壁思过，痛定思痛，深刻反省，觉得上对不起祖宗，下对不起百姓。于是，她命光绪发表一份《倡议直言》，相当于“罪己诏”，坦言：“误国家者在一私字，困天下者在一例字。”“例”指照例、故例、祖宗传统。清朝最主要的法律形式是例，具体分为条例、则例、事例、成例等名目。她终于认识到：为一族一党之私扼杀变法又盲目对外开战，实在是误国！而导致如今全国陷入困局的原因，则在于死守祖宗之法。应该说这检讨很到位，我想象当时许多人一听都会目瞪口呆。孔子不是有言“朝闻道，夕死可矣”么？慈禧作此检讨时，心情一定欣然，我们也当为她、为国家的转机感到庆幸！

1902 年初，慈禧回北京，亲切接见外国使节，给他们的孩子送礼物，同他们的夫人照相留念，并对遭义和团围攻之事流几滴眼泪；对内方面陆续恢复“戊戌变法”，某些方面还有所扩大。

接着又发生了一件令人震惊的事：1904 年 2 月，日俄战争爆发，“小日本”又打败庞然大物北极熊俄国。这让更多中国人惊醒。日俄战争尚未最后结局，清廷便委派镇国公载泽、户部侍郎戴鸿慈、兵部侍郎徐世昌、湖南巡抚端方出洋考察政治，随后又加派商部右丞绍英。此举引起革命党反对。考察团出发时，革命党人吴樾搞自杀式爆炸，载泽和绍英受伤，吴樾当场身亡。但这没能阻止出国考察的脚步，调整人员为顺天府丞李盛铎、山东布政使尚其亨。一路戴鸿慈、端方前往美、德、意、奥等国，另一路载泽、李盛铎、尚其亨前往日、英、法、比等国。同时委任政务处大臣等筹定立宪大纲，随后专设考察政治馆，“延揽通才，悉心研究各国政治”。

1906 年夏，两路出国考察人马先后回到北京，带回书籍 400 多种。载泽总结说：“宪政有利于国，有利于民，而不利于官。”考察团向朝廷汇报建议：我国宪法应仿效日本，兵农工商应学习日本和德国，政治方面则首先应实行满汉民族平等，实行“君主立宪”制。对此，中国社会科学院近代史研究所专家马勇在他的《清亡启示录》一书中评论：

不要说中国人保守，也不要说中国的统治者保守，其实在家天下的时候，没有哪个统治者不希望自己的国家更强大，在国际上更能受人尊重。所以在经历了日俄战争的刺激后，在东三省治权从俄国人那里转到日本人手里之后，朝野上下还是很受刺激的，于是就有了 1905 年五大臣出洋考察各国政治。这些皇亲国戚通过对东西立宪各国政治架构与实践的考察，得出一个重要结论，即君主立宪无碍于皇权，反而有利于皇权永固，有利于消弭革命，有利于抵御外患。君主立宪既然有这么多好处，又是皇亲国戚亲眼所见亲耳所闻，还有什么好怀疑的呢？

于是清廷加快了改革的脚步，同年 9 月郑重宣布“仿行宪政”，明确用九年时间走完日本二十多年的改革之路，将君主专制变为一个完全意义上的君主立宪。

问题是革命党人心急如焚。严复被誉为向西方寻找真理“先进的中国人”之一，坚定地反对革命。他说：“以中国民品之低劣，任何先进社会制度都不宜在中国骤然推行。”严复与孙中山会谈，主张中国只宜先发展教育，缓慢改革。孙中山则回答说：“俟河之清，人寿几何？”是啊，不能让一代代人等下去，帝国主义列强更不会等中国慢慢改！

更严重的问题是既得利益集团一次又一次暴露他们极其自私而又顽固的真面目，让人们不能不怀疑他们改革的诚意。1906 年改革朝廷机构，任命新官。原来各部设尚书 2 人，满汉各 1 人；侍郎 4 人，满汉各 2 人。这次改革说是取消满汉之分，任人唯贤，任命结果却是 11 部 13 个大臣和尚书当中，满族 7 人，蒙古族 1 人，汉族仅 5 人，满汉的比例差反而扩大。嘴上说让权，一操作又大包大揽，非常令人失望，引起极大不满，革命党转入武装暴动的新阶段。

1908 年 11 月，慈禧和光绪相继死去，由年仅三岁的溥仪继位，其父载沣摄政。鉴于“主少国疑”的新形势，立宪派强烈要求加快立宪步伐，全国各地纷纷请愿要求提前召开国会。

1911 年 5 月，清廷颁新内阁官制，设责任内阁，实现形式上的民主制，具有重要进步意义。然而，13 名大臣名单中，满族 9 人，其中皇族 5 人，汉族仅 4 人。人们大跌眼镜，嘲讽“皇族内阁”、“亲贵内阁”，普遍认为：大清朝廷将国家权力视为一家一姓之私产，他们不仅不信任汉人，甚至也不信任无血缘关系的满人，而只信任一小撮宗室亲贵。不惜公然蔑视皇室不入阁的国际惯例，等于坐实革命党的指控。7 月，都察院转呈咨议局重组内阁的呼吁，得到的答复是：朝廷用人，系君上大权，议员不得干预。

议员不得干预国家大事，那就只能坐等革命党干预了！这是把历史机遇拱手让给革命的愚蠢之举。立宪党人终于醒悟：跪着求变革不可能完成历史使命！于是，纷纷转而投身革命。梁启超在第三次请愿时，曾经深深忧虑说："现今之政治组织不改，不及三年，国必大乱，以至于亡，而宣统八年（1916 年）召集国会为将来历史上必无之事！"现在一看这名单，梁启超更绝望，愤然说：将来世界字典上决无"宣统五年（1913 年）四字连属成一名词者"！梁启超一语成谶，只是还嫌保守些，"宣统四年"之词都毁在这份名单上！当年 10 月便爆发了辛亥革命。

其实，辛亥革命仍然没有葬送清廷。马勇说："如果说在这之前让清廷自我纠正两个致命失误比较困难，其实武昌起义给清廷提供了一个契机，只是清廷没有善待这个时机……"直到 1912 年初，"宗社党"还在密谋打倒内阁总理，与革命军决一死战，逼得京津同盟会决定采取"斩首行动"。接连发生暗杀行动后，宗社党闻风丧胆，才无人再出头，纷纷逃匿。2 月 12 日正式让位给中华民国，结束千古帝制。

反思：帝王的任性

大清王朝最后几十年，尽是些娃娃皇帝、傀儡皇帝，只有慈禧太后是实权人物。对于慈禧，我的印象曾经也挺坏：残酷地扼杀"戊戌变法"，自私地挪用海军经费为自己造颐和园，愚蠢地利用"义和团"疯狂地对世界宣战，而战争真正一来又狼狈地逃跑……简直糟糕透了！

然而，细看一下晚清史，冷静地想想，我又不能不予以一定的理解与肯定。物极必反。正是那次逃亡，面壁思过，她找到了问题的根源是"误国家者在一私字，困天下者在一例字"，开始正视现实，一方面对外和解，不再幻想依靠“义和团”之类巫术对抗全世界；另一方面调整皇族与百姓的关系，适当顺应潮流，顺应民心，支持君主立宪改革，有些甚至还超出了“戊戌变法”的计划。当革命党搞自杀袭击，试图阻止钦差出国考察之时，她完全有借口中止改革，转而全力镇压革命党。可她没这样做，而是有条不紊地继续推进改革。针对地方请愿文中“宪政所以能实行者，必由国民经有一运动极烈之年月，盖不经此，不足摧专制之锋”，礼部侍郎于式枚抓住这句把柄，奏请缓行立宪。她也没有采纳，改革事业不慌不忙继续着。清廷发布《各省咨议局章程及议员选举章程》，要求各省迅速设立咨议局，限一年之内全部办齐。随后发布《钦定宪法大纲》，要求立宪限九年筹备完成，并颁布《九年预备立宪逐年推行筹备事宜清单》，逐一开列每年应该完成的事项。我觉得这应该让人有所信服。再说，那个时期不光是保守派、改革派和革命派三种势力相互激荡，甚至刀光剑影，你死我活，还有帝国主义列强的侵略。可慈禧抵挡住了，现代经济与现代文化教育事业也呈蓬勃之势。慈禧功不可没！

我总觉得，如果慈禧迟些死，君主立宪改革非常可能成功。当时《纽约时报》发表《慈禧死了，清国改革走向何方》一文透露：

长期以来，很多研究清国问题的专家都非常自信地断言，大清国会在慈禧皇太后死后发生一场政治大灾难，十年前当我到东方时这种假设性的推定就已为人们所熟知和公认了。

该文章还说：“大清国上周所发生的事情不只对该国本身，而且对整个世界都极为重要。”由此可见慈禧的分量，也即中国的分量。《剑桥中国晚清史》将清之灭亡时间定为：1908–1912 年，也就是慈禧太后和光绪死后，载沣摄政时期，说“至少在 1908 年前，它能够完全控制新思想，以防止它们对原有的秩序构成任何严重的威胁”。1908 年开始就不一样了！因为“主少国疑”，人们更强烈要求加快改革步伐，希望能早日摆脱风险，连地方督抚、资政院和资议局也越来越多地站到民众一边，载沣们却没能顺应形势，以致民心、军心、官心与皇族之心的冲突愈演愈烈，“引起了普遍的不满和更广泛的反清大联合”，放弃改革，而选择革命，导致君主立宪事业突然暴亡。早在半个世纪前，龚自珍曾提醒说：“与其赠来者以劲改革，孰若自改革。”我们还很容易找出一大堆类似的谏言，可是有什么用?

我常常不能不悲哀地想：在任性的帝王面前，历史又有多大用处?孔子著《春秋》就幻想通过“舆论导向”让千秋乱臣贼子弃恶从善，帝王更是一个个声称“以史为镜”，可是2000多年间为什么还是一幕幕似曾相识?悲哀之时，我真不想写这些历史随笔了，别再浪费精力。可我转念又想：或许因为有了历史“资治”，重演会更少些?谏言也如此吧，聊胜于无。

医治帝王的任性，唯有民主。对谏言，帝王常常当耳边风，甚至将写谏书的人下狱斩杀；而民主，帝王不听可以让他靠边去，天壤之别。这是人类通过千万年摸索出来的，付出了无数鲜血淋淋的代价。辛亥革命胜利，意味着帝王任性时代的结束。

下篇

中兴的经验与教训

小结：中兴特征

一、令人向往

中兴是盛世的三种类型之一，盛世特征一般也即中兴特征。《中国盛世》就中国历史盛世的特征作了初步归纳，一是国泰民安，二是无为而治，三是尊孔崇儒，四是人丁兴旺，这里不复述。另外还有三点不容忽视——

（一）和平方面

历史上几乎每一个盛世都有对外战争，其中多数是被迫的。不乏相对好战的帝王，如刘彻、李世民和乾隆等，他们的战争不全是必要或者说正义。然而，诚如刘彻所说："汉家庶事草创，加四夷侵陵中国，朕不变更制度，后世无法；不出师征伐，天下不安。"古代那漫长的时期堪称"互食"的丛林时代，正如匈牙利诗人裴多菲所叹：

我读着世界历史，读到最后一页，

啊！什么是人类历史？

一条血河！

著名历史学家房龙一针见血地指出："统治意味着暴力，世上所有的美丽辞藻堆砌在一起也改变不了这个史实。"历史上的国家都是"统治"，而不是现代社会的"治理"。盛世之太平常意味着偃旗息鼓，化干戈为玉帛，实现全国或部分的统一，基本解除敌国的明显威胁。没有一定的和平环境，没有足够的人力物力集中于政治、经济、文化建设，就没有盛世可言。

比《孙子兵法》更久远的《司马法》指出："国虽大，好战必亡。天下虽安，忘战必危。"盛世帝王大都热爱和平。刘秀说"每发一兵，头须为白"，令人动容。对匈奴、吐蕃等曾经的敌人，一次次"和亲"，美丽的王昭君、文成公主们成为一个个凄美的千古佳话。有时是经济上的慷慨解囊，有如现代以色列"以土地换和平"。赵恒与辽、朱载垕与蒙古都谈出百年和平，功大于战。更令人感动的是北匈奴连年旱蝗赤地千里，大臣建议趁机灭北匈奴，刘秀却不同意，千年之后还受到《剑桥中国秦汉史》的批评。艾米·蔡说：郑和下西洋的船属当时世界最大，体积和船员配置方面比欧洲的大十倍以上，射击水平也比欧洲帝国更先进，足以摧毁世界上各种海军，"但是中国明朝并不渴望统治世界"。否则，如果像英国、葡萄牙之辈，攻城略地，中国早在非洲甚至可能在欧洲、美洲弄到几块飞地！

（二）民主方面

总体看，封建专制如同武大郎开店般统治着政治、经济、文化诸方面，稍高都必须削足适履，顽固拒绝变革，以致从领世风之先跌到落后挨打。但在盛世，不乏民主之光。国家首领和平过渡是民主的主要内容之一。"禅让"之事继尧舜之后还出现过多次，如刘裕、萧道成、萧衍、杨坚、李隆基、李治和乾隆等帝王都曾接受禅让或禅让于人，虽然不乏胁迫与无奈，但总比血流成河好！还有大臣集体决定皇帝人选，如谢晦等文武官员改立刘义隆，虽然从他们个人来说很可能后悔了，但历史证明这次"改选"英明，刘义隆不仅挽救了国家，而且开创"元嘉之治"。

盛世有一定的"民主机制"。杨坚对官制进行大改革，中央实行三省六部制，中书、门下、尚书三省分别为决策、审议和执行机构，运作方式很像现代西方的"三权分立"。三省还互相牵制，避免丞相一人专权。赵恒建立登闻鼓院和登闻鼓检院，很像现代信访局与检察院。有些地方实行藩镇制或羁縻制，拥有较大的自主权。科举制也更具民主色彩。

盛世帝王决策往往有一定民主成分，善于听取大臣的意见建议。李世民规定诏书必须由门下省“副署”才生效，防止最高决策的随意性或盲目性。赵匡胤要用赵普为宰相，但旧宰相全都去职，一时找不到副署人，任命就无法下达。这说明当时有制度有法律，并不全由皇帝意志决定一切，要说专制也是一种“开明专制”，与明、清时期不同。

唐时御史台独立于官府机构之外，被有些现代学者理想化为替代公共舆论的民主机构。芬纳不同意这种看法，但不能不承认“唐代政府是一个自我约束的世界”，“御史台制度是中国人的一个重要发明”。李世民虽然讨厌魏征不给他面子，还是一次次虚心听取他的谏言，至死也没为难他。赵祯与大臣在朝廷上争论激烈，以致大臣的口水溅到龙须，可这帝王用自己袖子拭拭并未动怒。从周开始设专职“谏官”。钱穆说：谏官是专门纠绳皇帝的，虽不像现代西方的反对党，但“在道义的立场上，比近代西方的反对党更有力”。我们读历史常读到某臣如何建议，帝王如何批复，既促进国家健康发展，又让某臣有“立言”之成就感。

预言家李淳风说：“欲知将来，当观以往。得贤者治，失贤者丧，这是万世不变易之道！”《推背图》之类我是不信的，但“得贤者治，失贤者丧”这话显然一语中的。封建社会是人治，治与丧都取决于当政之人，而非制度。同样制度下，贤者治，不贤者丧。所以我总觉得生活在那漫长的历史时期得凭侥幸，侥幸逢上一个好皇帝。但因为有一定民主，使得暴君、昏君有所减少，明君不善终的现象也有所减少，而盛世有所增多，有所延长。

（三）人权方面

我困惑：我们何以常常让西方在“人权”问题上发难非议？阿Q一回说：我们祖宗并不乏“人权”啊！

是的，帝王一切从他夺权、固权出发，只要触动甚至只是可能触动他的王权，就要把别人当草芥，不惜株连十族。儒家“三纲五常”无孔不入，处处牺牲弱势群体。后来的程朱理学更甚，什么“革尽人欲，复尽天理”，每一个人生来就变成所谓“天理”的牺牲品，十分悲哀！

然而，我们早有“人权”文化！12 月 10 日“世界人权日”1948 年才设立，我们正月初七为“人日”，强调人与鸡、狗、猪、羊、牛、马的区别，有上千年的历史。原汁原味的儒家圣人都讲“人权”，如孔子的“仁政”，孟子主张“民为贵，社稷次之，君为轻”。盛世之君之所以为“明君”，都因为相对比较讲“人权”。“天地之性人为贵”，并不比西方任何说辞逊色！美国不惜代价在异国寻找失踪士兵遗骸，这类新闻画面每每让人感动不已，而李世民早在千年前就这样做过。美国电影《拯救大兵瑞恩》中，诺曼底登陆后二等兵瑞恩下落不明，陆军参谋长马歇尔下令在人海茫茫、枪林弹雨中将他找到，令人感动。可是早在“明章盛世”，一次与匈奴作战失利，几百汉军被围，收到求救信已是半年之后，很多人都认为他们早已全军覆没，刘炟还是派救兵千里迢迢去争取那万一的希望，历尽千辛救回 13 名幸存者。

乱世常见重典，横征暴敛，宫中奢靡；盛世则约法省刑，减租减赋，让利于民，后宫节俭，“君无为则人乐”。同样是为避免“功高盖主”，稳固皇权，赵匡胤不是杀戮，而是借着酒酣真挚地劝导开国功臣：

人生如白驹之过隙，所谓好富贵者，不过欲多积金银，厚自娱乐，使子孙无贫乏耳。汝曹何不释去兵权，择便好田宅市之，为子孙立永久之业；多置歌儿舞女，日饮酒相欢，以终天年。君臣之间，两无猜嫌，上下相安，不亦善乎！

如此，“朝野欢娱”。

正因为心目中有一定“人权”，盛世帝王不再像秦始皇那样只图自己宝座万岁，更不像某些帝王那样只顾自己吃喝玩乐，而是努力把“天下为公”的口号付诸实施。早在商朝，盛世帝王就懂得把民众的需求放在第一位。古人认为“君权神授”，周人在此基础上进而认识到：神也可以收回所授之权，所以不能无德得罪神。这跟现代政治理念在逻辑上差不多：选民就是上帝！李世民和他臣僚的理念更进一步，明确提出：“自古以来，国之兴亡，不以畜（蓄）积多少，在于百姓苦乐。”这是古人评选盛世的重要标准，只可惜没能坚持好。

只要我们的视野不局限于儒家甚至囿于理学，就不难发现中华传统文化在现代背景下仍然有不少熠熠闪亮之处，如道家学说有助于我们回到人与自身、与他人、与社会、与自然的和谐，墨家“人无长幼贵贱，皆天之臣也”之说与我们现代“平等”观念惊人地相近，等等。只要无私，有一种开放的心态，能践行“百花齐放”的原则，何愁无所传承，不与现代相连？

二、令人遗憾

（一）量的方面

几乎是拿着放大镜在几千年历史上寻寻觅觅，仅得 15 个中兴，显然太少。

15 个中兴，前三个因为处于没有信史的时代，无法统计时间；其余 12 个总计 373 年，平均每个 31.08 年，最长的 62 年，最短的仅 6 年。中国人习惯上称三十年为“一世”，与中兴平均时间巧合。

实际上，包括李世民在内，几乎没一个明君善终。如果“砍头去尾”一下，中兴时间更短。如周宣王晚年一方面贪图享乐，一方面好战，自己差点成俘虏，贵族们纷纷逃离，“宣王中兴”的时间大大缩水。又如唐时李忱，晚年迷恋仙丹，宰相都难得一见，去世前一年发生一系列叛乱。明时朱祐樘任职 18 年中有 10 年是昏君，变得“赋重民困未有重于此时”。一个个中兴如果都“计较”一下，几乎都得大打折扣。

（二）质的方面

盛世只是相对于“乱世”，并不是理想社会。特别是在我们今天来看，那盛况基本不值得羡慕。2014 年初在《中国盛世》新书发布会上，我说：

我绝不是“厚古薄今”，也不算“厚今薄古”。不鼓励读者去崇拜我所认为一流的盛世，不是跪着写，也不希望有人跪着去读。事实上，历史上任何所谓盛世都不完美，至少有一大理由不值得我们现代人去羡慕：比如我是个良民，此时此刻老老实实规规矩矩坐在京城这里，可是老家一个亲戚涉嫌谋反，甚至只是街坊邻居，我就得受株连，你说我坐在这里能安心吗？能幸福吗？我们现代，只要有民主法治，物质上稍温饱，幸福指数就要超过历史上最好的盛世！我更希望读者了解历史盛世的不完美，或者说留下的遗憾，激励和引导我们去创造自己时代更为理想的盛世，永恒的盛世！

追问历史盛世目的是为了追求新的盛世，否则没多大意义。

既然中兴名称有所不同，其内涵与特征也必然有所不同。往前看，都有一段或长或短的乱世，所以中兴只不过是某种补偿，好比（–1）+2；直视看，中兴之世似乎比盛世与治世逊色，有些仅仅一两个方面比较好，有些仅仅相对于其前后稍好些；往后看，一般又是乱世，甚至被变本加厉夺去，好比 2+（–1）。

“弘治中兴”等只是些经济罢了，“武丁中兴”等则只是些武功。可见，中兴的含金量显然偏低。日本学者平势隆郎在《中国的历史（02）》中评论“宣王中兴”：

我们也能从若干制度的利用状况看出周宣王时期被认为是理想的时代……这时仅仅恢复了周厉王的年号而已。

这类中兴虽有对症下药之功，却只是头痛医头，脚痛医脚，危机只是暂缓，而没能从根本上解决。不过，这也是历史上所有中兴甚至可以说是那些盛世的通病，只是存在程度上的差别。

中兴是死里逃生。正如评论“弘治中兴”之主朱祐樘，《人民日报》头版副主编李仕权在他《改革的教训》一书中称道：“明孝宗抢在革命前进行改良，带领改革跑赢了革命。而这，无论对当时统治阶级，还是被统治阶级，无论对国家，还是文明，都属万幸。”当年明月《明朝那些事儿》则认为：“如果没有明孝宗，大明公司这笔买卖估计也就一百多年就关门了。”

那 15 个中兴之时，哪个不是“改革跑赢了革命”，延续了“关门”之时？

然而，中兴往往变成“回光返照”的代名词。由于没能坚持深化改革，彻底摆脱危机，正如俗话所说“躲得过初一，躲不过十五”，无法凤凰涅槃得长生。历史上的中兴留给我们的教训诸多，最沉痛的便是这条。西汉、明、清的末世都是中兴 20 余年后便至，北魏在 30 余年后，唐在 40 余年后，西周则仅仅在 11 年后。

所以，历史上的中兴不值得盲目羡慕。我们要着眼创造长治久安，盛而无衰，兴而无衰，超越中兴！对此，我有信心。在《历史上的 60 年》一书中，从天时、地利、人和的角度分析封建王朝夭折的原因，《家天下是怎样倒掉的》则从选择帝王、使用帝王的角度分析家天下何以短命，但最后写道：“人民不死，国之永恒！”

人民当然不会死，但人民的心很容易被帝王折磨得心灰意冷，心力衰竭，心移别恋……

揭秘：中兴与改革

一、改革成功的典范

（一）中兴的难度

“中兴”与“盛世”、“治世”显然有所不同。后者大概两种情形：一种是造反起家，将旧王朝砸个稀烂，开创一个新朝代，可以按自己全新一套思路放开手脚去闯，侥幸闯出一片新天地，如晋武帝司马炎的“太康之治”、隋文帝杨坚的“开皇之治”。当然，大多数开国帝王并无心或无力“全新”地闯出“新天地”，打天下只不过是为了坐天下享受天下，只不过新瓶子装老酒而已，否则秦制不会 2000 多年只是修修补补，而没有根本性改变。再一种是父辈爷辈打下良好基础，只要锦上添花，如“文景之治”，萧规曹随按刘邦国策“无为而治”便是；又如“康乾盛世”，虽然基础不很好，但至少是没有严重危机。

中兴就不同了，接手的都是自家的烂摊子，却必须保证承上启下，投鼠忌器，不说戴着脚镣跳舞，也是在独木桥上跳舞，更需要智慧。“建炎中兴”之主赵构叹道：

朕常思创业、中兴事殊，祖宗创业困难，中兴亦不易。中兴又须顾祖宗已行法度如何，坏者欲振，坠者欲举，然大不容易，此实艰难，朕不敢勉也。

夺权以破坏为主，可以不择手段，没什么顾忌，比建设容易多了！夺权之时，指责别人这不行那不行，许诺这般好那般好，能将树上鸟儿哄下、打下就行。守业就不一样了，放个屁都是圣旨，举国上下到处有记载，男女老少等着兑现，瞻前顾后，再怎么也得装装文明样子，那就“不敢勉”了。套用某个句式说：创业难，守业更难，中兴难乎其难！

中国历史上的帝王，多得难以统计。一种说法是从夏商周至清末共有帝王 829 人。从公元前 221 年秦始皇登基至 1912 年溥仪退位，则有 494 人，其中造反称帝约 100 人，封建割据称帝约 60 人。朝代总数也多得难以统计，一般计入正统的 25 个，也就是说至少有 25 个较像样的开国帝王。在位不满十年的 240 人，五年以下 200 人，不满一年的 40 人。而自夏以来的 4000 余年中，中兴之世仅 15 个，涉及帝王 18 人，大大低于开国皇帝数。这足以说明开国与中兴孰难。难怪凤凰网评论作家俞天任要说：“在中国，‘开国’其实没有什么了不起的，隔了个几十几百年就会有人来开一下国，连蒙古人满人都能来开一下。”补充一句：在战乱时，比如王莽、刘秀混战那时候，隔个几天就有人来开一下国。

打个不雅的比方：精神病患者也能生孩子，穷得当乞丐讨饭也能扯大孩子，但要培养一个身心健康的人就远没那么容易了。有个说法众所周知：培养一个贵族至少得三代！而孔子千年万年难成一个。

中国历史上，随便一个武夫，只要有亡命精神，便很容易打下一片江山。开国无不是草创，如刘邦公元前 209 年起事到前 202 年立朝登帝头尾总共才八年，其间不停地征战，生死未卜，不可能有太多时间考虑体制问题，只能以继承前朝为主。杨坚早有从政经验，但篡为自己江山的想法也不可能太久。秦始皇的体制似乎横空而出，其实不过是百年前商鞅变法的推广，倒不是“草创”。所以，总体来说绝大多数有如婴儿，不可能完美。后世之主如果不改革，无法开创盛世，就无法挽救衰败之势。那些末代皇帝，无不是改革失败者。

（二）中兴的奥秘

全览中华民族历史上 15 次有名份的“中兴”，你最深的印象是什么？

我最深的印象，简而言之是现在已变得有过于普通之嫌的两个字：改革。

治国与开国诸多不同。托克维尔说：“战士之后便是立法者。战士志在破坏，立法者专于建设。”开国重在破坏旧世界，好比拆一幢旧楼，我们在每一个城镇都很容易看到：一群农民工带着铁锤去敲就够了，讲点技术无非开辆铲车去扒，顶多利用“定向爆破”，几天了事。而要建一幢美好的高楼大厦，那就复杂多了！得换上一大批技术人员，从画图纸到竣工验收都有技术含量，再快也得三五年。自古有言：文安邦，武定国。从以武为主，到以文为主，就得改。没有改革，继续依靠那些铁锤、铲车与爆破之类，断然建不起高楼大厦！

“改革”相对于“革命”。革命指变革他人的“天命”，即改朝换代。改革则是本朝的自我改良。

改革并非新词，至少可以追溯到《后汉书·黄琼传》：“覆试之作，将以澄洗清浊，覆实虚滥，不宜改革。”《后汉书》距今 1500 多年。其同义词至少还有：

——变革。如《礼记·大传》：“立权度量，考文章，改正朔，易服色，殊徽号，异器械，别衣服，此其所得与民变革者也。”

——维新。如《诗·大雅·文王》："周虽旧邦，其命维新。"

——变法。如《商君书·更法》："今吾欲变法以治，更礼以教百姓，恐天下之议我也。"

为了更好地审视历史上的中兴，在接下来的讨论当中，将不囿于中兴时期的改革，也不拘泥于本国历史。

改革是一项古老而又常新的事业。可以说，人类社会的历史是一部改革史。从原始社会到如今，何如天壤之别！历经无数次方方面面的改革，一点一滴地改进而来。从采集、狩猎经济到农牧业，从乱婚、群婚到对偶制等等，可谓不自觉的改革，而盘庚迁都等等则无疑是自觉的改革。特别是春秋战国时期，从公元前 426 年魏国开端，至前 316 年燕国改革，这 110 年间还有楚国吴起变法、齐国邹忌变法、韩国申不害变法、秦国商鞅变法等等，所有诸侯国先后都进行了由奴隶制到封建制的大改革。燕国改革最晚、最不自觉、最不彻底，所以最早被灭。秦国改革不是最早，但"商君虽死，其法未败"，从惠文王至秦始皇接连五代改革不止，没有出现其他六国那样变法与废法反复停顿的情况，而坚持最长、改得最彻底，所以由一个被众邻看不起的野蛮小国迅速变为一大强国，并最终统一天下。

改革可谓一国强盛的必由之路。每一个政权的创立都仓促，各项制度不可能完美。经过一个时期的实践，或久或不久，都会出现一些问题，或大或小，必须改革。大问题大改，小问题小改。不改就生患，最终被积弊所吞噬。正如范仲淹说："历代之政，久皆有弊，弊而不救，祸乱必生"，而"我国家革五代之乱，富有四海，垂八十年，纲纪制度，日侵月削"，现在"不可不更张以救之"。国家制度不完善，存在弊政，并且会不断遇上新问题，需要不断及时地改革，这是常态。那种老是吹嘘自己体制多好，不需要改革，"述而不作"即可，倒是挺不正常。山东大学教授苗枫林在《世界改革史》一书序文中写道：

纵观人类社会历史，包括社会主义在内的所有社会制度，都是不断变化和经常改革的。从古到今，从中到外，不论哪个民族、哪个国家、哪个时代，其社会制度总是处于变化和改革之中。不是大变，就是小变；不是变好，就是变坏；不是自变，就是他变；不是因变好、变治、变强而兴，就是因变坏、变乱、变弱而亡。

美国宪法历经200多年，世界多数专家学者不能不为它体现出来的智慧和理性所折服，但它也不是一步登天。这是世界上第一部成文宪法，榜样只有2000多年前的古希腊民主体制。但古希腊是小城邦，总共才四五万人，不过我们现代一个大学城的规模，那屁股大的地方讲民主当然容易。而当时美国已有13个州，这么大一个国家适合民主制吗？没有先例，不少人持疑。

托克维尔曾经专门到美国考察，写有《论美国的民主》一书，比他的《旧制度与大革命》更受好评。他也认为："人类历史上尚未出现一个长期实行共和制的大国，因此可以说共和制这一模式是难以实践的"，"一般而言，再没有什么比大帝国更不利于人类的幸福和自由的了"。美国不是先有国家再独立，那13州原来都是独立或半独立的邦，只因为向英国殖民者要独立才临时联合，胜利后考虑要不要继续作为一个国家。1787年制宪会议讨论116天，一条一条投票通过，投了569次。投票后还有人不满意，不肯签字。争议到1789年即独立战争胜利后第六年，法定建国日的13年后，该宪法前一部通过，美国政府才开始工作。但还得有"宪法修正案"，200多年来已成功修改27项，平均每十来年改一项，另有六项未通过。这样，使得合众国宪法"就像一件由能工巧匠制造出来的美丽艺术品"。他们不图表面"大团结"欺骗民众，有如我们俗话说"先小人后君子"，先争吵个够，通过后共同认真遵守执行。具体方面的改革也多，如罗斯福总统的口号"为美国人民实行新政"。这样，使得美国"联邦既像一个小国那样自由和幸福，又像一个大国那样繁荣和强大"。

世界历史上著名的改革，还有俄国农奴制改革、日本明治维新、"二战"

后联邦德国政治改革等等。

改革有成功有失败，失败多于成功，切不可忽略。如 779 年 5 月唐代宗李豫去世，太子李适继位。李适时年 38 岁，年富力强，且有雄心壮志，上任当月就罢梨园乐工 300 余人，遣散宫女数百；6 月诏皇陵从简，禁宦官兵权；7 月禁回纥人在京着汉服，罢榷酒收利。次年正月废除具有 160 余年历史的“租庸调”制度，改行“两税法”。这一系列改革让朝野大为振奋，纷纷称颂李适为“中兴之主”。可是才两三年时间，就被文官武将折腾得精疲力竭，特别是军人发动“泾师之变”，李适仓皇而逃，重演“安史之乱”。李适不仅中兴未成，反而变成一个昏君，恶政累累。又如嘉庆，上台第二天就掀起打“大老虎”的反腐风暴，人们也纷纷称道“嘉庆新政”，却不料倒退式改革，改了十几年变成“嘉庆中衰”。

政权危机之时，救世失败成末世，成功则中兴，死里逃生。“中兴”是中华民族历史上改革成功的典范。

实际上，中华民族历史上成功的改革远不止本书这 15 次。“盛世”之类是历史上陆续推出来的，没有统一评选。对于商鞅变法，柏杨评价非常高：“纪元前四世纪中国大黄金时代中，秦国变法成功，是人类最大的魔术。”《史记》描述：商鞅变法“行之十年，秦民大说（悦），道不拾遗，山无盗贼，家给人足。民勇于公战，怯于私斗，乡邑大治”。这显然是一幅“盛世”景象。西汉学者刘歆说秦始皇“并诸侯，亦皆商君之谋也”，东汉学者王充也认为“商鞅相孝公，为秦开帝业”。由此可见，商鞅变法理当冠之以“中兴”之誉，可儒家囿于历史的偏见视而不见。

二、改革之朝

视野放宽些，立足中华民族历史的高度看，不少朝代之创本身就是一大成功的改革，一大耀眼的中兴！

王安石说：“夏之法至商而更之，商之法至周而更之。”据记载，西周初分封的诸侯国达 1773 个。这么多诸侯国弱肉强食，战乱不已。清初恽敬描述：“夫五霸，更三王者也；七雄，更五霸者也；秦并四海一切皆扫除之，又更七雄者也。”

秦始皇吸取历史教训，不再分封，改行郡县制。实际上，从此至清末中国不再“分封建国”，而是“反封建社会”即“中央集权社会”，只是由于某种原因近几十年习惯于称“封建社会”，这里从众。不论怎么叫法，秦始皇新行的政体是一大惊天动地的改革。可是，儒生淳于越公然反对：

殷周之王千余岁，封子弟功臣，自为枝辅。今陛下有四海，而子弟为匹夫，卒有田常、六卿之臣，何以相救？事不师古而能久长者，非所闻也。

意思说周朝之所以长达一千多年（其实，包括西东周也不到千年），得益于分封子孙和功臣。如今皇上拥有天下，您的子孙却沦为平民，万一有人发起叛乱，谁来相救？显然，淳于越的出发点是为秦氏着想，只是太迂腐。试想：古人如果真那么伟大、古法真那么灵验的话，为什么那些朝代作古而不延续迄今？如果“官 N 代”们真那么可靠的话，哪来那么多抢班夺权、弑君弑父之事？有目共睹的是：历经数百年分封与被侵，到公元前 256 年，东周王自己的地盘仅剩 36 村 3 万多人口，相当于我们今天的一个乡镇，其他地方都是诸侯的且相互间争战不已，惨不忍睹。淳于越们对此却视而不见，秦始皇能不生气吗？当然“焚书坑儒”太过。柳宗元在《封建论》一文中指出：秦“失在于政，不在于制”。秦氏皇位极短，但秦氏体制极长，直到清朝基本都是沿袭秦制。所以，芬纳说：秦始皇“对中国政治制度的变革却是决定性的”，“标志着统治理论与实践的巨大创新”，“帝制时代的历代中国政府都只是它的进一步发展与完善”，并认为“在世界历史上，也没哪一个人能够像他一样在政府体制方面留下如此伟大而不可磨灭的印记”。

然而，正如南宋叶适说“有大利必有大害”。“以防弊之政，作立国之法”的改革有如跷跷板，这头起来那头下，那头起来这头下，不可能一劳永逸。

鉴于秦之暴亡，刘邦在继承秦制的同时，有针对性地进行了一些改革，如建国初实行“郡国并立”的双轨制，即适当恢复分封制，将东部半个帝国分封给儿子及功臣，但其政权由国家官员掌管，各地继续作为“郡”和“县”按秦制统治，既一定程度上满足了军事将领称王称侯的欲望，又基本保证了中央集权。

鉴于三国、东西晋和南北朝大乱，隋朝也进行过大改革，实行六部制，避免权力集中于丞相；实行科举制，唯才是举，避免过分依赖“官 N 代”。芬纳认为杨广“在经济和政治上的价值能够被后世子孙所证明”，应当被称为继秦始皇之后“中华帝国的第二个缔造者”。只不过他像埃及第三、四王朝或像秦始皇一样患有“巨人症”，但那些负面的“多数描述只是儒学史家们制造的神话而已”。

鉴于“安史之乱”后及五代十国军阀作乱，北宋一开始便对开国功臣“杯酒释兵权”，改而重用文官。对中央禁军管理体制进行一系列改革，如三衙鼎立，握兵权、调兵权与统兵权分开。第二任皇帝赵光义也有这种思想，认为：“国家若无外忧，必有内患。外忧不过边事，皆可预防。惟奸邪无状，若为内患，深可惧也。”这认识不可谓不深刻，可谓血的教训。现代世界先进国家，无不是文官政府，军人在国内政治中保持中立。宋初改革总体是成功的，所以它不至于像五代时其他小国那样短命。北宋、南宋的兵力在历代统一王朝中最多，却都因为战略上防内重于防外而亡于外，那是另外的话题。

忽必烈 1271 年建“大元”时，实行一系列“附会汉法”改革。自古至宋，都以前朝所赐爵位为国号，而非自称，以示继承前朝，具有正统。“大元”却不同，语出《易经》“大哉乾元”，意为“元也者，大也。大不以尽之，而谓之元也，大之至者也”。超越古今，颇具秦始皇的气度。

满族人从东北一隅入主中原，虽有大批贵族主张“率祖制，复旧章”，努力将关外的政治、经济制度与思想观念原封不动搬到关内，但顺治皇帝还是实行了一系列改革，如由尚武转为尚文，要求“凡贪恶及不识字、纵信衙役劣员，作速指参”，将目不识丁与贪腐相提并论。他们“渐习汉俗，于淳朴旧制渐有更张”，甚至为明朝末代皇帝朱由检发丧、营建陵寝，对抗清志士“皆褒奖之”，而将降清的汉官打入奸佞传，打造忠孝精神。清初统治者践行“以民为本”的儒家思想。1646年，江南大都尚未征服，便开科取士，首题“百姓足，君孰与不足；百姓不足，君孰与足”，次题“见而民莫不敬，言而民莫不信，行而民莫不说（悦）”。康熙认识到：“自古国家久安长治之道，莫不以足民为首务。必使田野开辟，盖藏有余而又取之不尽其力，然后民气和乐”。正因为满族统治者比蒙古统治者改革较多，从政治、经济制度到价值观念、意识形态都有所涉及，所以比蒙古人成功得多，开创“康乾盛世”，后又有“同光中兴”。

或大或小，或多或少，或早或迟，几乎没有不改革的。面对刚刚覆亡的前朝，或者是从父皇、爷皇、叔皇那里接过危机四伏的班底，还能萧规曹随吗？如果那样，别说复兴，连继续生存都成问题！

改革不是中兴的充要条件，也并非只要一改革就能复兴。但改革是中兴的必要条件，没有改革就没有复兴可言。

三、儒家与改革

传说有个独腿岛，孩儿每到六岁就必须锯掉左腿。学校要求学生每天高呼三遍：“过去是独腿，现在是独腿，将来也是独腿！”原来，七八十年前，有一艘遇难的海船把十几个男女扔在这个岛上，食物不足，大家考虑吃人，又怕吃人不道德，于是决定每人贡献一只左腿，既充饥又没有吃人的良心负担。这样，大家都没了左腿，都觉得独腿好，反而觉得长着两条腿很丑，因此要给新生儿截肢。这故事的真实性无考，但至少可作为一则寓言。或许出于偷懒的本性，人很容易跟随、从众，作茧自缚，不以为悲，反以为荣，美其名曰“传统文化”，想要破除比形成还难。

有据可考的是：满清入关之初，强制汉人剃发蓄辫，要求“留发不留头，留头不留发”，你自己选择吧！需要以死相逼，可见人们多不情愿。然而，经过200年的奴化教育，辫子已纳入儒家“身体发肤，受之父母”的观念，汉人态度180度大转变，竟然反对剪辫了。他们骂剪辫者是“假洋鬼子”，宣称“吾头可断，辫不可剪”。被革命军强行剪后，还哭着捡回去，说是留着将来放进棺材落个“整尸”。当时意大利人卫匡国记叙那情形说：“士兵和百姓都拿起了武器，为保卫他们的头发拼命斗争，比为皇帝和国家战斗得更加英勇。”

中国人本来是勇于改革，善于创新的。姑且不论尚有学术争议的夏商，儒家最向往的周公时代，也许可以说是中国最早、最成功的政治改革。此前，人们总认为“君权神授”一成不变，王位是“铁饭碗”，怎么胡作非为都行。众所周知，西北秦被视为野蛮人，周人同样如此。然而，周公不一样，他发现上帝的“任命”不是终身制。周公著《多士》一文，强调周革商命是由于商人“大淫泆”，上帝“废元命，降致罚”。商王“明德恤祀”的时候，上帝也“保乂有殷”。可是到纣王，“诞淫厥泆”，于是“上帝不保，降若兹大丧”，使商命终止。夏朝和商朝都因为道德沦丧才失去上帝宠爱，周朝绝不能重蹈覆辙。周公还提出：“天惟时求民主”，“民之所欲，天必从之”，“天视自我民视，天听自我民听”，从而把“敬天”、“明德”与“保民”三者联系起来。著名学者任继愈说：这是“以‘敬德’为‘受命’的根据，以‘保民’为‘天命’的体现；并把先王作为‘以德配天’的典范”。可见，这实质上是一次政治文化的大变革。甚至“革命”一词最早也是出自儒家，赞扬汤武革命顺天应人。

我总认为真实的孔子本人是可敬可爱的。著名作家王小波文风泼辣，他发了一回愤，从《四书》到二程、朱子狠读了一通，“闭目细思，觉得孔子经常一本正经地说些大实话，是个挺可爱的老天真。自己那几个学生老挂在嘴上，说这个能干啥，那个能干啥，像老太太数落孙子一样，很亲切”。深有同感。我觉得孔子总体偏保守，但不死板。他称赞卫灵公为那个时代最贤的国君，并不因为他们夫妇生活作风问题而否定他的政绩。他由衷地赞美改革家：“管仲相桓公，霸诸侯，一匡天下，民到于今受其赐。微管仲，吾其被发左衽矣。”如果没有管仲，我们恐怕要像野蛮人那样披头散发穿左衽衣裳了！郑国子产允许民众在“乡校”公开自由评议时政，保护原始民主制，孔子也赞叹：“以是观之，人谓子产不仁，吾不信也。”在今天看来，孔子思想中仍然有开明的一面。如果不是“改革开放”，孔子哪敢到十几国去求职——图谋帮外国“礼乐大治”——登上实现自己理想抱负的政治舞台？顾立雅《孔子与中国之道》一书，不仅将孔子视为教师、学者和哲学家，而且设专章论述他是改革者，并认为：“事实上，孔子倡导和促进了一场彻底的社会和政治革新，他应被看作是一位伟大的社会变革者”，对于贵族政治“这一制度的崩溃，孔子的贡献大于任何人”。不过，这评价我认为值得商榷。但不管怎么说，孔子比他千百年之后的徒子徒孙们开明多了！

“独尊”儒家之后，中国人越来越保守。孔子思想的核心是“克己复礼”，致力于挽救被时代抛弃的东西，而不是改革创新。他说：“三年无改于父之道，可谓孝矣。”父皇死后三年不能改其政——当然是弊政，怎么复兴？按理，“三年无改于父之道”的挡箭牌保守派可用，改革派有时也可以用。王安石变法时，神宗赵顼突然病逝，接班人是十岁的哲宗，高太后执政。高太后马上起用司马光。司马光主张“祖宗之法不可变”，左手编写《资治通鉴》，右手反对王安石变法。这时，有人搬出“三年无改于父之道”作武器，反对叫停赵顼的改革事业。司马光却辩称：“太皇太后以母改子，非子改父。”还是以长辈压制小辈。司马光公然宣称：不废改革死不瞑目。他瞑目后，高太后垂帘听政八年，将改革成果破坏无遗，却被誉为“女中尧舜”，王安石则被打为奸佞。我老家状元叶祖洽也因支持王安石被宋史列入《奸佞传》，旧版《泰宁县志》只能将他归入“文苑”，好像他的仕途见不得人。

我常冒大不韪说家乡“有状元，没人物”，难得让我引以为荣。有一位让我刮目相看的是邱秉忠，明万历年间龙川（今属广东）教谕，旧县志记载：

诸生贫者尝以俸赠之，值丁祭，左右以常规进，叱之，语其子嘉彩曰：“做官慎勿听常规二字，此乃一人作俑，相沿之陋规也。乃文之以美名曰常耶？”

这段文字从一个侧面证实了当时社会之腐败，官府虽有发放“奖学金”，但家庭贫穷的被迫以此给教育长官送红包，而教育官员认为这已是“常规”——长期沿袭下来的规矩，心安理得。邱秉忠却予以批评，并借以教育自己的儿子邱嘉彩：一是揭露其实质：一人始作俑众人相袭的陋规，二是要求他将来做官千万不要听从所谓常规。20 多年了，这段话常在我脑海涌现。可惜由于明王朝不久终被腐败所吞噬，邱嘉彩没做官而做了隐士。更可惜的是由于邱秉忠身轻言微，“做官慎勿听常规二字”这话没成为“名人名言”。

儒家越来越缺乏进取精神，以致苛求“革尽人欲，复尽天理”。董仲舒曾说：“天不变，道亦不变。”可是鸦片战争后，天翻地覆了，儒家仍然不肯支持变革。直到清朝末年，一大群著名儒士还在那里疯狂反对改革开放。如蒙古族理学大师、同治皇帝的老师倭仁，坚决反对洋务新政，说：“天下之大，不患无才。如以天文、算学必须讲习，博采旁求，必有精其术者，何必夷人？何必师事夷人？”另一位汉族理学大师、同治皇帝的老师徐桐，家住北京外国使馆区东交民巷附近，称是“与鬼为邻”，每天上班绕道而行，遇洋人用扇子遮面，声援义和团，呼吁对外宣战，并说了些“宁可亡国，不可变法”的混账话。再如满族礼部侍郎刚毅，虽然有过为杨乃武与小白菜冤案平反的善举，却疯狂对外主战，并主张罢黜光绪皇帝，“宁赠友邦，勿与家奴”，那著名卖国论调就是他说的。傅野在他的《国家救赎》一书中描述：

那时候，中国官场的灵魂，无视已经日渐开化的世界，还沉浸在昔日帝国的荣光中，尽管儒学已经崩溃，但朝政还被那些迂腐发臭的八股气紧紧裹包着，孔子仍然是不可侵犯的圣人。这个已经死了几千年的人，一言半语，仍然对这个国家的政治秩序发挥着深刻的影响力。

如果说傅野是“马后炮”，那么再让我们读一段美国记者1876年2月20日写的一段新闻述评：

我们从清国人那麻木、呆板的面孔上看不到任何的想象力。他们的面容，从未闪现出丝毫幻想的灵光。他们并非弱智，也不乏理性，但就是没有创造性。在人类智力发展的进程中，他们是世界上最教条、最刻板的人。个人如此，整个民族更如此：冷漠，很难脱出既有的条条框框，缺乏进取心，厌恶一切创新和改革。汉民族的这种特性，就好像是与生俱来、深入骨髓的。他们实在不应该是这样啊！

今天读来仍然感到一种震撼。我尤其赞同：“他们实在不应该是这样啊！”你想想春秋战国时代的汉人，多么生动活泼，勇于改革，善于创新。可是，随着“独尊儒术”，特别是在封建专制达到顶峰的清时，却变成“世界上最教条、最刻板的人”。善于解剖国民性格的鲁迅叹道：“中国太难改变了，即使搬动一张桌子，改装一个火炉，几乎也要血；而且即使有了血，也未必一定能搬动，能改装。”中国的封建制是早熟的，正因为缺乏重大改革，所以像我家乡的“狗脚松”（即马尾松），2000多年只会垂老而不会新长。

试看一个具体问题：接班。尽管夏启开启了“家天下”，但先秦儒家显然不赞同世袭制。顾立雅风趣地写道：

孔子是不会同意《独立宣言》中“所有人生来平等”的主张的。但他会同意1789年《法国人权和公民权宣言》中的主张，即：人“在他们的权力方面是平等的”。孔子曾说他的一个弟子适合于登上王位。

稍后的荀子也认为人应根据才能而不是世袭特权而获得社会地位。秦孝公为国家落后深感忧虑，许以分封的大赏，向天下广招变法人才。卫国的商鞅前来应聘，如期实现国富民强目标，秦孝公兑现许诺，真想要将王位让给商鞅。这充分表明：秦孝公选接班人大公无私，以国家发展为重，并不拘泥于自己一家一族。西汉时期仍然比效灵活，例如刘欣想把皇位让给董贤，王莽江山易姓则实现平稳过渡。然而，独尊儒术之后，越来越多地表现出惊人的死板。《家天下是如何倒掉的》写道：

那种才几岁的娃娃，生活都不能自理，却硬要他当一国之主。这种在现代人看来显然太荒唐的事，绝不是偶然，可以追溯到3000年前，最后顽固到1912年初，那几千年当中经常发生。中国古代政治话语，有这样两句描述那种情形：一是“行伊霍之事”，指商朝的伊尹和西汉的霍光，他们辅政摄政，虽然没篡位，但是权倾朝野，让很多大臣不安；二是“主少国疑”，小皇帝可谓九死一生，被取而代之的可能性非常之大，往往引起朝野动乱，甚至覆亡。像西汉末、东汉末、南宋末、清末，如果不是小皇帝，而是一位成年的有为的皇帝，是不是可以避免亡国？可中国封建专制就如此之专横！欧洲及朝鲜、日本等国都允许女性继承皇位，中国就不行。偶然冒出来几个正式或非正式的女皇，如武则天、萧太后、冯太后等政绩都卓著，比许多男性帝王还好，可见女性适合从政。如果允许选择女性继承皇位，那么选择面可以扩大许多，何至于一而再、再而三勉强选那些娃娃皇帝，把国家带入险境？可儒家就如此不长记性，顽固不化，宁愿糟的不愿女的，宁愿亡国不愿改制，宁愿让人民沦为制度的奴隶！

罗马帝国曾对继位制度进行重大改革，皇位不传自己的亲生子孙，而从公众当中挑选最优秀的，收为养子，将权力交给他，国家机器运行挺好。马可·奥勒留死后恢复传统做法，将皇位传亲生儿子，很快又引起混乱。《罗马帝国衰亡史》写道：

如果让人找一段人类历史上最幸福和最繁荣的时期，那么他一定会毫不犹豫地说，是从涅尔瓦继承王位开始到马可·奥勒留逝世这段时间。他们保持统一的统治，也许是历史仅有的把谋求人民幸福作为唯一目标的政府。

由此可见：改革多么重要！画地为牢，作茧自缚，不仅最终保不了那个制度，连那个王朝也得殉葬。

写《中国盛世》的时候，我发现现代台湾人的改革意识也比大陆稍强，因为他们将“仁宗之治”称为“庆历新政”，将“隆庆之治”称为“隆庆新政”，甚至将“熙宁变法”即王安石变法列为盛世。对大陆来说，长期热衷于“革命”，批判“修正主义”，“改革”似乎变成近30余年出现的新词，贻误不小！

警示：改革风险

一、来自利益集团

最近，上海艺术话剧中心在国内外演了19年的话剧《商鞅》再度上演。编剧姚远在接受《文学报》记者金莹采访时说：

也有人写商鞅，但他们写的是商鞅的成功，写到他改革成功便戛然而止。但我觉得这不是商鞅。商鞅身上之所以有戏剧性，就在于他一生命运的巨大反转。他为改革建立的法制，结果他自己却死在这个法制上。而这样类似的事情，在我们国家不止一次地发生过。虽然每个朝代的情况各不相同，但几乎所有的改革最后都会陷入这样一种“局”。这种“局”是谁做的？

对于这个问题，新闻没有答案。我想，其实慈禧早给出了答案：“误国家者在一私字，困天下者在一例字”！

换言之，这种“局”是旧的利益集团做的！

据百度解释，利益集团是“具有共同利益的人们为了共同的目的而集合起来，采取共同行动的社会集团”，并说西方国家普遍存在“特殊利益集团”，即一些有共同政治目的、经济利益、社会背景的团体和个人为了最大限度地实现其共同目的、利益而结成同盟。一般情况下“特殊利益集团”有这样几个特点：一是垄断性，几个托拉斯集团垄断一个行业，左右市场价格；二是排他性，为了自己的利益，掠夺和损害别人特别是广大百姓的利益；三是狭隘性，过分强调自身利益，为了实现自身利益不惜破坏公平正义、社会和谐。

我想直接采用“特殊利益集团”这概念，冷静一想又觉得百度这解释存在一些明显缺陷。试想：中国古代、当代社会就没有类似的“特殊利益集团”吗？还有一个更重要的问题：“特殊利益集团”并不是一成不变的。因此，我想稍加改动说“旧的利益集团”，相对于改革后“新的利益集团”。再说，我觉得改革是个中性词，并不是褒义词，不具有天然之正义。利益集团应该也是个中性词吧！

我想将利益集团分为这样三种势力：一是权贵阶级，二是帝王与国家，三是贤臣与百姓。这不是形式逻辑的分法，只是相对而言。三者利益可能大致相同，所以才可能团结一致推翻旧王朝，建立新王朝。随后有所不同，越来越不同。差异越大，越临近崩溃。帝王与国家也有区别。越不同，意味着矛盾越突出，距改革越近，需要重组三者成分。

扑克牌 80 分玩法有条“革命”规则，即你手上的牌≤ 15 分时，有权将该局推倒重来，极富“中国特色”。重新分发的牌肯定不一样，利益格局调整了，必然有人欢喜有人愁。手中牌好坏，与改革的态度成反比，即牌越好的人改革态度越差。

但改革远没有玩扑克牌那么单纯，新的利益集团也不一定全心全意支持改革。正如意大利政治哲学家马基雅维利说：

毋庸置疑，相对推行行政命令之艰难、获取成功之难料以及执掌权力之险峻而言，创启新秩序所具有的难度无出其右。所有旧秩序的受益者都是改革者的敌人，而改革者仅会从那些可能受益于新秩序的人当中得到半心半意的支持。此种半心半意部分源自他们对手握法律权杖政敌的畏惧，部分则源自人类的疑心。若非亲历，他们不会真正相信任何新生事物。

改革还有一点不比扑克牌，那就是没有游戏规则可言。当然这是指集权条件下，民主社会自有法律可做仲裁。专制社会中的改革与反改革的矛盾冲突往往很激烈，甚至可能如王安石所遭遇的那样“与战无异”，引发的政变与实战也不少。19世纪40年代欧洲革命之风吹到拉丁美洲，墨西哥掀起改革高潮。然而，正如《墨西哥社会改革宣言》所揭露：“一部分教士为了维护殖民制度遗留给他们的利益和特权，可耻地滥用手中的钱财所造成的权势以及圣职执行者的地位，在国内四处煽动，挑起了这场骨肉相残的血腥战争。”这场改革战是拉丁美洲历史上最残酷的战争之一。

改革是利益格局的调整，绝不可能像游戏那么轻松愉快。即使玩扑克，还常闹得不欢而散呢！所以，要充分重视反对、抵制、阻止、扼杀改革的势力。

（一）权贵阶级

——分赃制

纪念法国大革命200周年的时候，我曾写过一篇短文《索债》，追溯法国历史——

法国最初几个朝代，王位都是经过选举的，国王仅仅是军事首领，办事民主。直到12世纪末，国王除了最高的尊号以外，与其他大领主并没有什么区别。人民把权委以国王是为战胜入侵的敌人，统一祖国，却不料国王把夺回的国土攫为私有。从此，全国人民随之沦为他的奴仆，丧失了对国家所固有的主权。由此可见，后来的国王实则像借钱不还的无赖。

其实，中国最初的历史也差不多：天下为公，首领“民主”推选，“禅让”贤者。后来启破坏规矩，开始变为“家天下”，可见这之后的帝王也如“借钱不还的无赖”。但帝王不可能单枪匹马，得有同伙，也就得“分赃”。

我们不会偷盗，但不难理解分赃。《历史上的60年》写道：

“封建”意即“封土建国”，指帝王把他直接管辖王畿以外的土地，分封给诸侯，跟贼头分赃差不多。

古代天子按爵位高低将领土分封给宗室或者功臣，让他们索取那里的土地收入，并在那里行使政府职权。然后从诸侯、卿大夫到士层层分封。这种等级关系，实际上相当于一个大家族，辈分、长幼、嫡庶系列，跟秦以后完全不同。天子所封之地称“诸侯”（“诸侯国”、“封国”或“王国”），其君主大的称“王”，小些称“公”或“君”。相传这种制度从黄帝开始试行，周大力推行，至秦被中央集权制取代（之后虽然还有，但性质不同）。欧洲的中世纪，日本的8—19世纪，也曾实行类似制度。

不只是开国帝王分封，后来一代又一代的帝王也要给他的儿孙分封。不只是帝王的儿孙，还有他的妻妾公主，还有他的皇族以至臣僚。这样，形成一个越来越庞大的利益集团。专制与民主的区别是什么？也许可以这样比方：将抢来的赃物自己分了，以一个强盗替代另一个强盗，就是专制；将抢来的赃物归还原主——人民，这就是行使警察职能，是现代民主体制。

汉哀帝刘欣不爱女人，专心宠一个帅哥董贤。我知道现代人不应歧视同性恋，但实在无法理解他那种“不爱江山爱美人”。董贤的待遇仅次于皇帝，还被封为高安侯，食邑1000户，不久增封2000户，赏钱多达一兆。事后抄查他家财达43亿，而当时国库存钱仅80多亿。大臣纷纷反对，直言：“天下贡献，当奉养一国之君，如今却尽奉董贤，顺天意和民意吗？”刘欣不仅没收敛，反而假托太后遗诏，要再增2000户，并提拔他为大司马——类似于现代武装部队总司令。更令人匪夷所思的是，刘欣还想将皇位禅让给他，早早为他准备了跟皇帝一样的棺木及陪葬品，并拟葬在自己身边。诸多大臣越来越强烈地反对，与刘欣直接对立。幸好刘欣突然死了，不然这场君臣冲突真不知怎么收场。

在“国本之争”中，万历输了，没能立他宠爱的儿子朱常洵为接班人。为了补偿，拨给朱常洵封地洛阳的修建费多达28万两，超过祖制规定十倍。赐给良田四万顷，一个河南都不够，得从相邻的山东与湖广划拨，多得朱常洵不敢接受，再三请辞，改为两万顷，仍然是个惊人的数字。万历生怕这个宝贝儿子受穷，还时不时加赠。如特赐每年销售 1300 引淮盐的执照（1 引＝200 ~ 250 斤），为此河东一带不许别人卖，导致国家盐税减少，进而影响边关军饷。

那么，朱常洵这样的宗室有多少呢？居山西的庆成王朱钟镒有子女 94 人，孙子 136 人，曾孙 510 人，加上他们的妻妾，整个庆王府成员达 1000 多人。据粗略推算，明宗室人数每 30 年左右增加一倍。朱元璋开国时家庭成员 58 人，到 1533 年增至 19611 人，1603 年增至八万多，明末近 100 万。整个明朝时期官员工资都很低，皇子皇孙的所有消费却由国家包了，十岁开始不工作而领工资，封王后年薪是最高官员的近七倍，此外还像朱常洵那样常有临时封赏。从明中期开始，很多地方正常的财政收入还不够俸养宗室。如河南年财政收入 84 万石，而供应王爷需 192 万石。何况在“合法收入”之外，他们还要巧取豪夺。成都周围 11 个州县，王府占田 70%，军屯 20%，民间（包括农民与小地主）不过 10%。这就不难理解，为什么一闹天灾会有那么多灾民——饥民——流民——暴民了！

由此也不难理解：为什么一个个王朝到中后期都得进行反土地兼并之类的经济改革。其实，换个说法就是贫富差距问题，迄今仍然是世界性难题。国际上通用“基尼系数”衡量一个国家的收入差距，系数最大为 1，表示居民之间的收入分配绝对不平均；最小 0，表示绝对平均，通常把 0.4 作为贫富差距的警戒线，大于这一数值容易出现社会动荡。

封建统治者不可能知道基尼系数，但显然很早就开始对贫富差距有所警惕。清入关后，满人八旗处处享有特权，颓风日甚，问题越来越多。像开国功臣得妥善安置一样，这些八旗子弟也该有个去路。一方面不得不适当纠正偏爱，如 1792 年规定旗人行窃除本犯照例治罪外，其子孙一律削籍为民。另一方面想方设法给他们谋求新的出路，如 1723 年雍正命京师八旗无产业兵丁移居热河（今河北承德等地）、喀喇和屯（今河北滦平）、桦榆沟（今河北承德）三处垦种；第二年选 200 顷官地为井田，安置 16 岁以上、

60 岁以下无产业的旗人 100 户，每户 100 亩，并给银、种粒和牛具等；第三年又择官地 200 亩为井田安置无业旗人。1727 年诏凡犯罪革退官兵、在京闲住无业的旗人，连其妻子一同发往京外耕种井田。1747 年又规定除王室外，凡旗人愿在外省入民籍的都准允。然而，这些改革只不过是“抓大放小”，丢卒保车。他们连根本性改革的诚意都不会有，否则不会到 1912 年初还有“宗社党”。

除了皇亲国戚宠臣，还有庞大的一般官僚队伍，也是旧的利益集团成员。特别是科举制度下的文官武将，他们得靠仕途取得“分赃”资格，养家糊口，荣宗耀祖。有道是“三代以下，未有仕而能富者”，“官愈尊，则禄愈厚”。朱由检怒斥他的僚臣“出仕专为身谋，居官有同贸易”，话说得不错，但骂得没道理。他们不是贵族，出生没带分赃资格，不把当官当做生意、做木工、做铁匠之类职业，你叫他们怎么养家糊口？问题在于官员贪婪，还想发财，这就糟了！比如现在，一般平民幻想有个十万八万，可是“大老虎”涉案动辄上亿，你说“高薪养廉”对他们顶用吗？康熙揭露得挺透彻：

朕于大臣官员，每多包容之处，不察于细故也。人当做秀才时，负笈徒步，及登仕，从者数十人，乘马肩舆而行，岂得一一问其所以来耶？

意思是说，一个穷书生背个布包进京赶考，一旦入仕就车马成群，怎么来的？难道要我一个个追查吗？这充分表明：帝王对于贪腐早就心知肚明，睁一只眼闭一只眼，只要你别逼得他那只眼也闭不住就行！

——改革态度

古今中外的改革与革命的基本目的，无非是“均贫富，等贵贱”，即努力消灭政治、经济、文化特权，实现社会平等。或者说是利益格局调整，重新洗牌。春秋时期，各诸侯国纷纷实行封建化改革，“食有劳而禄有功”与“因能而授官”是两大基本内容。其后，历代改革也大都以此为主，包括辽、金、夏等少数民族封建化改革也如此，清末的民主化改革更是如此。可以说，权贵阶级是古今中外革命与政治、经济改革的主要对象，区别只是自己主动改革，还是被动让别人来革命。清时史学家王鸣盛在评论“永贞革新”时说：

叔文行政，上利于国，下利于民，独不利于弄权之宦官、跋扈之强藩。观《家录》，叔文实以欲夺阉人之兵柄，犯其深忌。

这就注定了权贵阶级的改革积极性天然最差，只有少数精英可能超脱私利的束缚。“戊戌变法”前夕，光绪向慈禧作最后请示，长跪两小时。听完汇报，她明确要求：“你的新政只要不违祖宗大法，无损满洲第一族的权利，我就不反对。”改革一实施，大批贵族觉得“满洲第一族的权利”受到损失，立即疯狂反对，慈禧果然果断地扼杀。

关于张居正的“一条鞭税法”与雇佣兵制改革，芬纳评论：

二者都是对旧制度明显瓦解的反应，但二者都没有实现既定目标，因为政府背后缺乏改革动力。官员们根本不允许皇帝推行这些政策，他们自身既不愿也不可能推行这些新政策。官员们的目标只是平静地生活。他们理想中的国家就是政治稳定，国内太平。

当然这种稳定与太平是表面的，暂时的，甚至虚假的，正如孟德斯鸠所揭露：“这种稳定并不是太平，它只是缄默而已”。自己欠利时，闹着改革甚至革命，摇身一变成得利者，马上反对改革与革命，妄图将诸种不公钢铸铁打，千秋万代保持下去，别人能不“仇官”、“仇富”吗？

帝王要改革，直接影响他们的饭碗，他们会有舍小家保大家的高风亮节吗？王莽篡汉，如此“大逆不道”的改革，居然得到朝野一致支持。然而，王莽推行均分土地、解放奴隶和更换钱币等改革，一触及切身利益，便都纷纷起兵造反了。据统计，当时反王莽的义军首领中，普通百姓仅占29%，豪强大姓72%，说明反对者主要是社会上层。

外国同样如此。17世纪末18世纪初，俄国沙皇彼得一世推行政治、经济、军事、文化等一系列改革，如取消贵族一入伍就当军官的旧制度，而按新规定他们也得先当普通士兵，逐级升迁；又如规定地主贵族只能把土地和其他不动产传给一个儿子，其余子女只能分得金钱等动产，迫使他们自谋其食。受这一系列改革影响的贵族便聚集在太子阿列克塞周围，成为“太子帮”，公开反对改革，与彼得一世矛盾日益尖锐。阿列克塞竟然与奥地利宫廷勾结，阴谋政变。彼得一世只得将阿列克塞皇位继承人的资格取消，令他出家当牧师。阿列克塞又叛逃至奥地利，彼得一世将他引渡回来，通过特别法庭判处死刑，并将皇位继承人制度改为自由选择。

（二）帝王

明时著名学者王夫之评论宋仁宗赵祯：“计此三十年，人才之黜陟，国政之兴革，一彼一此，不能以终岁。吏无适守，民无适从，天下之若惊若骛、延颈举趾、不一其情者……夫天子之无定志也，既若此矣。”帝王“无定志”，是由他们的尴尬角色决定的：既是旧的利益集团总头目，又是新的利益集团总代表，所以在变法中往往患得患失、飘忽无定，难有坚定者。因为风险，如果不是迫不得已，他们一般选择做个“啃老族”，美其名曰“守成之主”，将弊政粉饰为鲜花，击鼓传花传下去。

常常是弊政击鼓传花传不下去了，帝王才可能勉强同意改革。改革顺利，千好万好，但这种情形几乎没有。他们一般不大可能真正否定前任，因为改革的是汉室，刷新的也是汉室，而不能改革汉室刷新是唐室。所以，一般只能将血污的、破残的四壁粉刷一下，而无法轻装上阵，包袱比蜗牛还重。

一个谎言得用十个谎言去圆，旧的包袱没卸下又不断加上新的包袱。长此以往，总有背不动、改不动的时候，人民也由体谅、无奈变成愤慨。像一对夫妇，从抱怨、隐忍到闹离婚，甚至发展到与第三者合谋凶杀。这就是越到后期，改革越难成功，以至让革命超越的原因。

谥号是后人评的，有好中差之分。可是你看那些恶谥，除了后一个朝代评给前一个末代皇帝，如周幽王、汉哀帝、隋炀帝极少几个，你看有几个本朝评给前任？朱由校那么糟，几乎找不出什么他干的好事，谥号却为“达天阐道敦孝笃友章文襄武靖穆庄勤悊皇帝”，其中“悊”同“哲”，十几个字当中没一个字眼不好。既然前任如此之好，还可能留下什么弊政呢？甚至对前朝末代皇帝也不恶谥，如元顺帝、明思宗，虽然江山易姓，那把龙椅得继承享用！

被改革者即改革的最大获利者，这在逻辑上陷入一种悖论。由于不能跟过去切割，往往也就“庆父不死，鲁难未已”。

皇帝昏庸与奸臣当道相辅相成。皇帝不昏庸，奸臣怎么可能当道？奸臣当道了，皇帝怎么可能不昏庸？然而，政客不这么看。朱由检粉碎魏忠贤“阉党”集团，照样奉朱由校英明伟大，好像魏忠贤是元朝潜伏下来的特务；嘉庆打了和珅大老虎，照样奉乾隆英明伟大，好像和珅是明朝培养提拔的高干。他们眼里只有奸臣替罪羊，没有先皇罪魁祸首。只要登上皇帝宝座，就只有大好与小好之分，而没有糟与罪可言。赵佶玩物丧志玩丢了江山和自己性命，其责任被归咎于百年前变法的“奸臣”王安石，赵佶所得谥号为“体神合道骏烈逊圣文仁德宪慈显孝皇帝”，堆砌的也都是好词吧？这就注定了他们即使改革也不可能彻底，更不大可能圆满成功。

改革遇到小阻力，帝王一般也能支持。唐武宗李昂改革禁军的衣食供应，宦官仇士良说是宰相李德裕捣鬼，挑动军人闹事。李昂怒斥仇士良：“敕书初无此事，且敕书皆出朕意，非由宰相，尔安得此言？”皇帝揽责了，仇士良自然不敢再放屁。秦桧死时，有人非议，想撕毁和平协议，赵构连忙公开辩护，说与金求和那是他的指示，谁还敢说三道四？甲午战争北洋舰队全军覆没，宣告“洋务运动”改革失败，李鸿章一时陷入国人皆曰可杀的地步，幸好握有实权的总理恭亲王挺身而出，在写给光绪和慈禧的检查书中辩护：“中国之败，全由不西化之故，非鸿章之过。”李鸿章躲过一劫，不禁感慨“受尽天下百官气，养就心中一段春”。正因为留有一段春，李鸿章顶着风霜刀剑般的百官气继续为国尽心尽力。但是像这样坚定的支持，史上不多。

要是遇上大阻力，对不起，他们首先得保皇位，请你当替罪羊！“仁宗之治”时，盛世中潜伏危机，相对来说不太严重。赵祯使命感挺强，主动想解决弊政，要求范仲淹开列当务之急。范仲淹不失理智，认为“久安之弊，非朝夕可革”，所以“始未奉诏，每辞以事大不可忽致”。赵祯一再派人催促，朝野舆论压力增大，范仲淹这才上呈著名的改革方案《答手诏条陈十事》，付诸实施。结果遭到旧利益集团的强烈反对，欧阳修撰写了那篇著名的《朋党论》，指责范仲淹等人搞“朋党”。鉴于历史教训，宋朝皇帝最忌武将领兵与文官结党两条高压线。范仲淹被指责搞朋党，赵祯吓一跳，马上缩回去，叫停改革，并罢范仲淹等人的官。张居正，需要他主持改革之时，万历“夺情”，并亲自做大臣们的思想政治工作，强压非议；等他死后，再面对非议时，万历翻脸不认人，亲自下令抄他家，削尽原来的嘉奖，以罪示天下，家属或饿死或流放，曾经跟随的官员有的削职有的弃市。如果不是社会舆论强烈谴责，迫害还不知残忍到什么地步。那些帝王满口仁义道德，实际上他们的良心早给狗吃了！

如果是下一任，那很可能更糟！秦孝公深切感到“诸侯卑秦，丑莫大焉”，便悬赏“有能出奇计强秦者，吾且尊官，与之分土”。卫国的商鞅被感动，或者说被诱惑，不远千里来投奔，主持变法，使秦国后来居上，连秦始皇后来“并诸侯，亦皆商君之谋也”。改革之功与改革之力成正比。商鞅变法更激烈更彻底，得罪旧的利益集团也更多更严重。第二年，太子触犯新法。商鞅抱怨：“新法不能顺利推行，就因为高层有人带头犯法，又逍遥法外！”秦孝公支持依照新法惩罚太子，并追究他老师公子虔的连带责任，秦国人第二天就变得认真遵守新法。三年后，公子虔自己又触犯新法，被判劓刑。为此，公子虔怀恨在心，只因秦孝公还活着得给他留点面子，商鞅暂时无恙。秦孝公很开明，不仅兑现早年“吾且尊官，与之分土”的诺言，将商（今陕西商州）、於（今河南内乡）之地 15 邑分封给商鞅，尊号“商君”，而且要把王位让给商鞅，商鞅当然不敢接受。可惜秦孝公不久即死，太子继位，即秦惠王，闭门杜户八年的公子虔等人马上跳出来，挑拨说：“今秦妇人婴儿皆言商君之法，莫言大王之法。是商君反为主，大王更为臣也。且夫商君之法，固大王仇雠也，愿大王图之。”于是，秦惠王下逮捕令。商鞅只得逃走，但很快被抓，结果被车裂示众，并灭全族。秦国因这次变法变强大了，变法第一功臣却被惨杀，天理何在?

我们理解帝王的难处，一切得以王权的稳定为出发点，而不是以人民的福祉、国家的发展为立足点。左手签发改革令是为了王权稳定，右手签发扼杀令也是为了王权稳定，左左右右，反反正正都是他们伟大英明正确，实在要说有点错那也只不过是打个盹让“奸臣”搞了点破坏。因为权力在手，又擅长舞文弄墨，帝王很容易颠倒黑白，糊弄百姓。

实际上集权制度有利于改革，因为风险相对更容易控制。事实上，强势帝王的改革往往较容易成功，而弱势帝王的改革较容易失败。问题是众多帝王不肯将他的强权用于改革，一点风险都不愿担当，以致沦为庸君甚至昏君。乾隆自称“十全老人”，“禅让”后还死死握着权柄，却不思改革，而对外闭关自锁，对内钳制舆论，看似保持所谓“盛世”，其实制约了政治、经济、文化和军事各方面的进一步发展，错过了世界性大革命、大改革的好时机，“嘉道中衰”接踵而至，前功尽弃，里里外外无处不危机。在钱穆等有识之士眼中，他已从“中兴之主”沦为实际上的“亡国之君”。

（三）保守势力与百姓

这里所说的保守势力指的也是权贵，但区别于前文提到的那种完全出自私利的集团。他们个人的直接利益虽然没受损，但使命感很强，出于不同的政见，也很可能强烈地反对改革。

百姓常常被统治者挂在墙上，念在嘴上，难得留在心上。只有一些开国帝王，会像养鸡生蛋一样稍加关怀。朱元璋认为：“天下初定，百姓财力困乏，像刚会飞的鸟，不可拔它的羽毛；如同新栽的树，不可动摇它的根，重要的是休养生息。”于是鼓励开垦荒地，全免三年租。

政权稍稳定，统治者转入享乐，积累的财富挥霍一空，这就需要改革敛财力度。他们改革的目的往往只为补充国库，改革的措施无非与民争利。刘彻推行的一系列经济改革，导致国富民穷。当时民谣唱道：“烹弘羊，天乃雨！”指当时主推改革的财政部长桑弘羊，说要将他杀了烹了，旱天才可能降雨，可见百姓对其有多恨。张居正的“一条鞭法”，无非是重新丈量土地，强化地方官员收税业绩的考核力度，堵塞偷税漏税的空隙。如此，国库确实增加收入，可是百姓呢？

百姓常常成为改革的受害者，所以他们对有些改革并不欢迎，甚至反对。万历时期，首辅王锡爵对吏部尚书顾宪成抱怨：“现在真奇怪！朝廷认为对的，外人一定认为不对；朝廷认为不对的，外人一定认为对。”顾宪成纠正道：“应该这样说才对：外人认为对的，朝廷一定认为不对；外人认为不对的，朝廷一定认为对！”这话有点像绕口令，但生动地揭示了朝野、官民对立的严重程度。

针对开国百年来“累世因循之弊”，王安石疾声呼吁变法，号召“天变不足畏，祖宗不足法，人言不足恤”，并直接鼓励赵顼“大有为之时，正在今日”。赵顼有中兴之志，便任用他主持推行“熙宁变法”，财政方面有均输法、青苗法、市易法、免役法、方田均税法、农田水利法；军事方面有置将法、保甲法、保马法；科举方面废除以诗赋辞章取士的旧制，恢复以《春秋》、三传、明经取士及太学“三舍法”制度，实指望通过这一系列变法实现“富国强兵”的目标。王安石的改革既广且深，引起非常大的反响。即使在今天看来，这场改革总体上对国家和平民百姓都有利，因为青苗法利息虽然高达40%，但相对于高利贷的100 ~ 300%显然轻得多。“破富民以惠贫民”，自然引起贵族、豪绅反对。然而，朝中那些没私利的士大夫反对声也非常强烈。大名鼎鼎的司马光，儒家大力宣传他砸缸救人的故事。由此可见，没读太多书时候的司马光多能打破惯性思维！但等他有本事编写《资治通鉴》的时候，反而弱智了，变得非常保守，成为王安石的最大反对派。他责问："天地不易也，日月无变也，万物自若也，性情如故也，道何为而独变哉"，对祖宗之法应当"世世相承，无有穷期"。又如大腕级文豪苏东坡鼓吹："国家之所以存亡者，在道德之浅深，不在乎强与弱；历数之所以长短者，在风俗之厚薄，不在乎富与贫。"再如享有"贤相"之誉的文彦博说"祖宗法制具在，不须更张"，他还有板有眼举报说"市易司不当差官自卖果实（指改革项目），致华山山崩"。你看看，这都是些什么"理"！王安石诚恳检讨说：

臣所以来事陛下，固愿助陛下有所为，然天下风俗法度一切颓坏。在廷之臣，庸人则安常习故而无所知，奸人则恶直丑正而有所忌。有所忌者倡之于前，而无所知者和之于后，虽有昭然独见，恐未及效功而为异论所胜。

正是这些人"和之于后"，成为奸人的帮凶，助长了反对势力，才使得改革大业"未及效功而为异论所胜"。

还值得一说的是郑侠。他是福建福清人，与王安石算是南方老乡，更重要的是他进士及第后本来只是个校书郎，王安石推荐他出任光州（今河南潢川）司法参军。但他"恩将仇报"，向中央告状，夸大一些地方官以变法之名侵害百姓的问题，被贬为京城安上门的门监。第二年光州旱蝗严重，饥民流离失所，郑侠又画了一幅《流民图》，并著《论新法进流民图疏》，以一地之灾否定全国系列改革。中书省拒绝向上转呈，郑侠便冒着欺君的风险，谎称《流民图》和疏奏是边关急报。他历数新法如何如何不好，信誓旦旦说："陛下如果停止新法，十日之内必然下雨。否则臣愿领欺君之罪，斩于宣德门外！"王安石辩解："天灾这种事，即使尧舜时代也无法避免，怎么能怪到改革头上呢？有灾派人治理即可。"赵顼还是信了郑侠的话，自省道："朕始谓可以利民，不意乃害民如此"，"朕诚为众论所惑"。第二天下"责躬诏"（即罪己诏），罢方田、保甲、青苗诸法。三天后，憋了十个月的老天碰巧真的下雨，落井下石！幸好宋朝有不杀文人的好传统，王安石只是辞职。难怪后来张居正改革时，干脆取消全国书院，并给万历解释说：花钱养这些说长道短的文人不如养条狗，狗在国家遭难时还能帮忙狂吠几下。这话当然太过，但对那些腐儒来说，不无道理。

不可忽略的是：这些反对者与那些出于私利而反对的旧的利益集团不同。那些反对者往往滋生私仇，不仅要叫停改革，而且要改革者身败名裂。这些反对者则不然。特别是北宋，那是个君子多于小人的时代。司马光在我们今天看来也是大好人。司马光对事不对人，反对改革但同时为王安石辩护："人言安石奸邪，则毁之太过；但不晓事，又执拗耳。"王安石死了，司马光还请求加封他为太傅。只不过如苏辙批评司马光"忠信有余，而才智不足，知免役之害而不知其利"，章惇批评他"虽有忧国爱民之心，而不讲变法之术，措置无方，篱行无绪"，在那场改革当中起了主要的破坏作用。郑侠的个人品质也无可挑剔，他常说："于国无功，于民无利，华衣美食，与盗何异！"他唯一的奢侈品是一把牛尾毛制的尘拂，号"一拂居士"。王安石的同母四弟王安礼，因政见不同，也成为反对派的先锋。他们不惜代价阻止王安石的改革，既然不为私利，那究竟为什么？

彭勇在《天朝落日》一书中的分析，我觉得非常到位：

王安石的失误之处恰恰在于他的追求手段，而忘记了他的根本目标。宋神宗支持王安石变法是为了巩固封建统治，解决财政困难只是巩固统治的必要条件……王安石变法中对人民有益的农田水利法、方田均税法的落实程度，远远比不上免役法、市易法、青苗法、均输法等马上来钱的政策落实得坚决……忽视了百姓真正得到了多少的利益……变法十几年，虽然在一定程度上缓和了财政困难，但是阶级矛盾却更为尖锐了。

所以，有识之士，哪怕是亲友也得站出来说公道话。

这类保守派如同现代反对党，只不过是出于政见不同，客观上也具一定积极意义。正如《历史的教训》写道：

那些抗拒改变的保守派，与提出改变的激进派具有同等的价值……老年人抵制年轻人，与年轻人刺激老年人，都是对的。经过这样的对抗，就像两性冲突和阶级斗争一样，才能产生充满张力的创造性力量，才能带来富有活力的发展，才能产生整体隐而不彰的基本统一与运动。

不仅底层的百姓需要这样的代言人，从改革本身来说，也需要一定的不同意见，有如汽车的刹车功能。只不过得注意，因为上有“为国尽忠”的正义，下有“为民请命”的旗号，他们往往比旧的利益集团更公开，更激烈，也更具破坏性。

公元前14世纪，埃及成为古代世界第一个帝国。当时，法老常常借助阿蒙神力，代表地方世袭贵族势力与国王代表的中央集团势力争夺权力。阿蒙霍特普四世（即埃赫那吞）上台后实行大改革，废止阿蒙神及其他任何地方的神，新创“阿吞教”，并将都城迁到300公里外。他还笼络了一大批文学艺术家，提倡现实主义，鼓励创作歌颂新神和新国王的作品。这些文艺作品不仅在改革大业当中发挥了鸣锣开道的作用，而且对后来埃及文学艺术也产生了极大影响。然而，一叶障目，有失偏颇。一味崇拜阿吞神，几乎荒废国政。特别是由于筑新都、新庙以及对新显贵、新祭司的赏赐，加重了财政负担，得动用军队强制交纳租税，农民没从新政中得到什么好处，连太后、王后也不满，很快出现动乱，甚至发生谋杀国王事件（未遂）。好不容易熬过18年，阿蒙霍特普四世死。他女婿继承王位，不敢将改革继续下去，恢复阿蒙神，回到旧都，补偿损失，阿蒙霍特普四世被咒为罪人，新都城也被宣布为不洁之地。

不要忽视百姓，也不要神话“群众”。早在2000年前，《尚书》就指出：“民心无常，惟惠是怀。”尽管千百年不断搞那些“忠义”之类的愚民教育，每当王朝灭亡之时，主动殉葬的鲜有普通百姓。当然，自愿殉身的官员也不多。王莽把江山由刘姓改为王姓的时候，百姓敲锣打鼓放鞭炮。见鲜卑的政策好，汉族百姓纷纷逃往北魏。每临末世，越来越多的造反军队从哪里来？还不都是本国百姓？盛世往往化敌为友，末世恰恰相反，国内国外都会涌现出一批又一批敌人。梁启超说当时“政府者，制造革命党之一大工厂也”，一点不冤！建政之初那些民变，你可以归咎于前朝遗留问题。可是几十年一两百年过去，连他们的祖宗都生在本朝长在本朝，可谓“世受国恩”，完完全全由本朝教育培养，地地道道是专制文化熏陶出来，何以也变成自己的敌人？至少得承认愚民政策的失败吧！

二、来自改革者自身

正如剧作家姚远指出：“商鞅有他的正确性，但他身上也有很多不善良的地方。他是个可敬但是不可爱的人，他的失败和他自己的性格、法家的偏执是有一定关系的。”具体看，每一个改革家都有他自身这样或那样的性格缺陷与操作失误，例如王安石“拗相公”的脾气，张居正玩弄权术且不廉洁等等，在此就不展开了。这里，着重讨论一些共性问题。

（一）改革须讲时机

理论上说，要有忧患意识，防患于未然，及时发现问题，主动采取措施，将矛盾解决在萌芽状态。我家乡俚语说：“病越拖越重，官司越拖越轻。”医生也常教导：重在预防，要常体检，有病早治。可一涉及帝王，就不能按常理论。扁鹊见蔡桓公“讳疾忌医”的典故，说明早在 2000 多年前帝王就不喜欢医生说他有病，不喜欢民众批评朝政有隐患。只有等他自己感到痛了，才可能承认有病，承认需要医生。可是，这时候往往太迟，扁鹊已逃走，蔡桓公只能等死。当今社会还常发生“医闹”呢，扁鹊要是不逃，让蔡桓公死在手术台上，会有好结果吗？

扁鹊认为“上医治未病，中医治欲病，下医治已病”，并且想做“上医”与“中医”， 奈何蔡桓公不给他机会。扁家三兄弟，两位兄长是“上医”与“中医”，扁鹊却连“下医”也做不成，只得自己逃命——太不合格了吧，却青史留名，胜似两位兄长，不能不说是一种无奈。救蔡桓公的时机不可早，当然更不能迟。掌握这种时机，几如烹饪火候，书上写着时间多少、温度多少，像德国人锅边配备天平与秒表之类，那是没用的，完全得靠感觉，机灵而动，简直是艺术。

这里，我想突出一个挽救时机的问题，迟了肯定不行！史家常将亡国责任归咎于前些任帝王，而不归咎于末代皇帝，如辽之亡不在于天祚而在于道宗、北宋之亡不在于赵桓而在于赵佶、明之亡不在于朱由检而在于万历等等，换言之，就是说到天祚、赵桓、朱由检时期想改革也太迟了，而道宗、赵佶、万历时改革还有救。

金观涛、刘青峰在《兴盛与危机》一书中指出：

纵观中国历史，历代王朝前期和中期的变法改革往往是成功的或有成效的，而后期变法不论改革者多么有作为，都注定要失败……我们可以把这一规律性现象，称为变法效果递减律。

中后期积弊过多，“利用腐败的官僚机构去整顿腐败的官僚机构，用土地兼并者去反兼并，用贪官去整顿吏治，就犹如以油灭火，越灭越烈”。所以，一般来说，改革还是越早越主动，越容易成功。这跟癌症治疗越早越好是一个道理。越早，旧的利益集团势力越弱，越迟则越强，即使不如晚期癌细胞那般无治，也积垒如山岳难撼。

可是太早也不行！最能说明问题的是“同光中兴”。清统治者的家训“敬天法祖”。威廉·麦克尼尔的《世界史》写道：

文化生活证明了中国的极端保守态度……中国学者和缙绅完全专注于古典文献，他们用细致、缜密的考据方法，阐述古代儒家著作的真正含义……中国拒绝严肃考虑来自遥远欧洲“南海蛮夷”的学术和外来思想模式……几乎毫无例外，中国人遵守常识，只是偶然注意一下耶稣会传教士带到中国的新奇事物。

早在入主中原之初的1648年，清统治者就在全国各府学、县学立一块卧碑，碑上刻着三条禁令：一是不得言事，二是不得立盟结社，三是不得刊刻文字，这三条正好是近代西方所谓的言论自由、结社自由和出版自由。

“文字狱”不是他们发明的，但几乎可以作为他们的代名词。特别是“文人皇帝”乾隆，制造了 130 多件“文字狱”，占清朝总数的 80%，其中 47 案处以死刑，欧洲称之为“中国的中世纪”。在这时期，你要是想当“上医”，胆敢建言改革，试图削减满族的特权，无异于找死。也可以说是“欲速则不达”之理。正如赵翼评论秦朝：“盖人情习见前世封建故事，不得而遽易之也。”

鸦片战争爆发，一位名叫徐继畬的山西人在福建为官，亲眼目睹了这场千古未有之战，感慨万千。1848 年，他著《瀛环志略》一书，不仅如实介绍西方的科学技术，还盛赞西方的民主制度，破天荒将华盛顿放到中国历史的参照系中予以对比：

华盛顿，异人也。起事勇于胜广，割据雄于曹刘。既已提三尺剑，开疆万里，乃不僭位号，不传子孙，而创为推举之法，几于天下为公，骎骎乎三代之遗意。其治国崇让善俗，不尚武功，亦迥与诸国异。余见其画像，气貌雄毅绝伦，呜呼，可不谓人杰矣哉！米利坚合众国之为国，幅员万里，不设王侯之号，不循世袭之规，公器付之公论，创古今未有之局，一何奇也！泰西古今人物，能不以华盛顿为称首哉！

“米利坚”即美国，“泰西”即我们现在所说西方。对于徐继畬这话，美国人也感到有新意，但美国驻华公使蒲安臣谦逊说：“华盛顿所实践的，正是中国孔夫子的思想，‘己所不欲勿施于人’，中美两国应当互相学习！”后来，还将徐继畬这段话用中文镌刻到美国的华盛顿纪念碑上，1997 年美国总统克林顿在北京大学演讲时还特地引用。然而，徐继畬在国内受到激烈批判，包括被誉为“放眼看世界第一人”林则徐也落井下石。徐继畬很快被“双开”，《瀛环志略》只是在日本畅销。中国人早就提出“天下为公”，高喊了几千年，不见半点踪影，一旦听说个“几于天下为公”的华盛顿，却如临大敌，活脱脱“叶公好龙”。我们做的，经常是自己所标榜的反面。这时期你要是想当“中医”，胆敢建议清帝向华盛顿同志学习，仍然无异于找死。

清统治者感觉更痛了，不得不承认军事、经济、文化都明显有问题了，才可能推出“洋务运动”一系列前所未有的改革。但对于政治体制改革来说，时机仍未成熟。当时挺开放，直接聘用不久前的敌人——西洋人为清廷高官。这些洋官不想尸位素餐，积极调研，为清廷全面深入改革开放出谋划策。1865年11月，时任清廷海关总税务司的英国人赫德上呈《局外旁观论》，直言不讳称：“法本善而反恶，种种非是，以致万国之内，最驯顺之百姓，竟致处处不服变乱”，“视洋人以夷，待之如狗”，战败的根本原因“皆由智浅而欲轻人，力弱而欲伏人”，为此提出一系列建议。同时，英国公使馆参赞、著名汉学家威妥玛呈报《新议略论》，也坦言如果再不“借法自强，改革振兴”，“中华日后能否保其自主”将成问题。在提交这份改革建议书的时候，英国公使还特地发了一份外交照会，郑重督促清廷加速改革开放。清廷对这三份建言虽然感到刺耳，但不能不有所重视，便转发沿江沿海各省督抚，要求他们认真读一读，并将意见呈报中央。结果，地方高官出现两派：满族高官认为这两份建言是列强“求媚于中国”，建议不予理睬；汉族高官则认为“危词恫吓”，“傲慢之谈”，如左宗棠认为英国的“来复枪”还不如我们的土枪，刘坤一认为铁路、电报没什么实际用处。曾国藩的幕僚赵烈文在日记中记载：

见示洋人在总理衙门所递议论二篇，均言中国政治之不纲，不日将为万国之役，尽情丑诋，而托为友朋劝谏之语，欲中国改从其国之法，庶可自立……阅之令人发指。窥其意旨，盖以中国捻肆猖獗，兵力不敷，故敢为此恫喝，从之则堕其计中，不从则将来起衅之端，随时皆有。

在这场大讨论中，我们看到的分明是千年前的扁鹊与蔡桓公。英国人想当“下医”，也热脸贴了冷屁股。历史证明，“中国政治之不纲，不日将为万国之役”的预判不虚。假如当时采信，那很可能避免了后来一连串战乱。

更后来些，慈禧们终于承认平等外交，派出中国第一位大使——郭嵩焘。郭嵩焘出使英国，将沿途见闻写入日记《使西纪程》，不仅盛赞西方的民主制度，还在给李鸿章的信中进而阐述自己的见闻与感想：

西洋立国两千年，政治和教育都非常修明。跟辽、金崛起的情形绝不相同……西洋富强，固不超过矿业、轮船、火车。但它们所以富强，自有原因……我们必须风俗敦厚，人民家给户足，作为基石，然后才可以谈到富强。岂有人民穷困不堪，而国家能富强之理。现在谈富强的人，把国家大事，看作跟人民无关。官员贪污，盗贼横行，水灾旱灾不断，上下交困，每天都在忧患祸乱。这时轻率地追求富强，只不过浪费金钱……船坚炮利是最末微的小事，政治制度才是立国的根本……中国之大患，在于士大夫没有远见。

在 100 多年后的今天来看，这段话还振聋发聩，在当时更是惊世骇俗。于是，郭嵩焘被骂为汉奸，开除公职，直到光绪亲政后还有京官要求开棺戮郭嵩焘的尸。郭嵩焘的改革建议还是太早，不过幸而死得也早。

只有在“洋务运动”、中日战争接连失败之后，慈禧们才勉强承认自己的政治体制确有问题，接受康有为们的政治改革建言，启动“戊戌变法”。当时，连翁同龢的思想也发生 180 度转变，军机大臣孙家鼐说：“今日臣士愿变法者，十有六七，拘不通者，不过十之二三”，几乎没有一个人公开反对。但改革一实施，旧的利益集团立即感到受伤，马上变成强烈反对，慈禧便选择守旧，变法仅百日便流产，让谭嗣同等六位扁鹊身首异处。可见，这时机还早了些，还得多遭受几年苦难。

只有“智浅而欲轻世界，力弱而欲伏世界”的宣战惨败，慈禧被八国联军狼狈赶跑，她这才深刻地认识到：“误国家者在一私字，困天下者在一例字”，于是重续“戊戌变法”香火。然而，旧的利益集团在她死后不断干扰，最终还是将改革时机让给了孙中山的革命。他们患得患失，一拖再拖，总想等一个最划算的时刻，就像等股市最高价位，一不小心眨眼间错过，一落千丈，神仙也救不了。幸好这场革命与历史上那众多改朝换代不同，没让载沣们个人丢命。

关于“戊戌变法”的失败，有人认为主要原因就在于光绪操之过急。光绪刚亲政，又受对日战争惨败的刺激，恨不能一口吃成胖子，一夜变成强国。当时《字林西报》评述：“举世都为之震惊”，“就是日本的维新速度也瞠乎其后”。著名史学家范文澜归纳了几点：一是废八股，引起全国读书人憎恨；二是改庙堂为学堂，引起各地豪绅反抗；三是裁绿营，使百万兵卒产生失业恐慌；四是裁京内外大批衙门及冗员，引起官僚们反抗；五是要求满人自谋生计，使他们失去享受了200多年的特权。因此，各种旧的利益者迅速勾结起来反对，声势很大。换言之：光绪仍然没有把握好时机。如果不那么急，分步渐进，减轻反弹，那么这次改革很可能不至于失败。如同苏东坡并非一味反对变法，而只是担心“求治太急，听言太广，进人太锐”，反而不治。另一个主角康有为也心急，口头禅是“非大变、全变、骤变不能立国”，并像孔子一样说大话：“日本改革三十年而强，而以我中国国土之大、人民之众，变法三年而宏规成，五年而条理备，八年而成效举，十年而霸图定矣”，“富强而驾万国”。

（二）顺势而为

救国毕竟与救人不同。人，有的不仅不肯自救，甚至要自尽。国家不行！天下为公，你不肯主动改革不肯刮骨疗毒、壮士断腕，而要等死，那是你个人的毁灭，国家和民族不能让你带进棺材，还有很多人要改革！要革命！要拯救国家和民族！你不改革还大有人在，那结果可能连你的皇位与性命也一起给革了。“戊戌变法”前夕，康有为在呈送光绪的《俄罗斯大彼得变政记》序文中便暗示：如果不主动改革，人民起义或帝国主义侵略将使清王朝覆灭。结果不幸被康有为言中。这样的事，历史上不是太少，而是太多！

不要神话圣人，也不要神话帝王与改革家。唐时文豪柳宗元参与过“永贞革新”的决策。他著名的《封建论》一文，主题只有一句话：“封建非圣人意也，势也。”对此，《中国改革通史隋唐五代卷》阐释：

这里的“封建”是指先秦时代的分封制。他批判分封制，主张加强中央集权。文中所议论的“势”已超出了论题本身，上升到哲学的世界观高度。按照他的理解，“势”与意志全然相对。天道有自身的运动规律，不受人道的影响。作为统治者只能顺其发展，圣人之所以为圣，就是能顺时立制。

这“势”其实也就是我们现代所说时代潮流。在那个建国立朝需“分赃”的时代，你不“分封”不行。可是，在分土建国制度一再造成内乱的情况下，不中央集权也不行。常言道：历史潮流，浩浩荡荡，顺之者昌，逆之者亡。“圣人”也不是想怎么干就能怎么干。秦始皇创千古之制并不是心血来潮，一意孤行。王莽之流浪漫主义事与愿违，轰轰烈烈而悲惨兮兮，就因为逆“势”而行。袁世凯为什么当总统成功，当皇帝失败？就因为“势”不同。“圣人”当顺时立制，顺时改制！

外国农奴制度，有些类似我们历史上长期无法彻底解决的土地兼并与奴婢问题。早在差不多我国孔子时代就有梭伦改革，当时雅典“富人与穷人之间的差距，已经达到了最高点，所以这座城市似乎处于一种危险的状态”。于是，梭伦颁布“解负令”，拔除田地里的债碑，禁止一切以人身为抵押的债务，被卖到国外为奴的由国家负责赎回。西欧农奴制在十四五世纪基本瓦解，可是俄国到十七世纪后期还存在。为此，俄国有识之士深为不安，大名鼎鼎的文人车尔尼雪夫斯基等人公开号召革命。改革派卡维林指出：农奴制“使整个国家陷入不正常状态，并使国民经济中产生危害国家机体的人为现象……如果这个制度原封不动，那么，几十年以后，它就会把整个国家毁灭”。沙皇亚历山大二世赞同，感到不能再等再拖，果断地表示：“农奴制和农民问题迟早要解决。与其等农民自下而上起来解放自己，不如自上而下来解放农民！”结果，我国在进行鸦片战争，俄国在搞农奴制改革，开始向资本主义过渡。俄国历史上长期比我国落后，就因为这时期改革顺势稍跃一步，迅速强大，屡屡欺凌我国。

关于王安石之失败，黄仁宇评论：

王安石能在今日引起中外学者的兴趣，端在他的经济思想和我们的眼光接近。他的所谓“新法”，要将财政税收大规模的商业化。他与司马光争论时，提出“不加赋而国用足”的理论，其方针乃是先用官僚资本刺激商品的生产与流通。如果经济的额量扩大，则税率不变，国库的总收入仍可以增加。这也是现代国家理财者所共信的原则，只是执行于 11 世纪的北宋，则不合实际。

换言之，就是说王安石的改革内容过早，尚未成“势”，即当时中外国家理财者都没有形成那样的原则，曲高和寡，失败容易成功难。

（三）时机成熟的标志

胥志义在《认错是改革的前提》一文中说：“改革实质上是开新政，开新政的一个前提是否定旧政。如果旧政一切很好，那就不用改革。”所言极是！秦穆公时，秦国已称霸西部，他知足，自然不会再搞什么改革。秦孝公心胸更大，认为没资格参加中原的盟会，还时常遭受韩、赵、魏等国侵扰，“诸侯卑秦，丑莫大焉”，决心提升“国际地位”，这才不惜重金从国外引进改革人才。没有正视不足，没有更大的政治抱负，不可能会有真正的改革，也就别梦想什么复兴！

刘彻《罪己诏》是个好发明，为“昭宣中兴”打下好基础！可惜，犯错犯罪的帝王源源不绝，能“罪己”的屈指可数。既要改革复兴的实惠，又想确保祖辈父辈永远正确的虚荣，天底下哪有这等好事？错都不肯认，诚意何在？人民哪有那么好愚弄？但下《罪己诏》也得讲时机，谢道清和朱由检都下过几道《罪己诏》，可都没用，就因为那时扁鹊已经逃走。

17 世纪末至 18 世纪初，俄国沙皇彼得一世一方面看到本国政治、经济和文化、军事诸方面的落后，另一方面看到西方的先进，于是放下身段，隐瞒真实身份，装成一个下士，自称是“去西欧寻师求教的学生”，亲自到西方学习。其诚其恳，令人动容。在东普鲁士，由于学业优异，被总工程师称为“出色的炮手”。在荷兰，造船厂的老师在毕业证书上称他“是一个勤奋、聪明、手艺精细的木工，学会了造船和绘图设计”。同时他学会穿西装，剪掉传统的大胡子。一年半后回国，在各方面实行大改革，改变落后、闭塞的状态，使俄国很快变成欧洲强国。在这方面，慈禧后来也可圈可点，如公开委派考察团赴西方几国考察，但与彼得一世相比显然差一截，难怪改革之功差更多。

新旧帝王交替，如同现代政府换届，是启动改革的最佳时机。前任如果干得不错，问题不明显，需要的是锦上添花，倒是不太利于推新政。前任如果干得糟，积弊显而易见，民怨挺大，需要的是拨乱反正，那更有利于改革。朱厚熜后期 27 年躲在深宫不上班，弄到宫女谋杀他的地步，可以想象暗地里多少人咒他快死。朱载垕在外生活 13 年，对时局了如指掌，但他是第三子，离太子、皇位太远，只能急在心里。没想两个兄长突然逝世，意外轮到他。当时首辅徐阶十分勤政，皇上交办的事通宵达旦也要干完。在朱厚熜临终前夕，徐阶与朱载垕一拍即合，连夜起草遗诏，利用朱厚熜的名义宣布：“凡斋醮、土木、珠宝、织作悉罢，大礼、大狱、言事得罪诸臣悉牵复之。”所谓“牵复”，即牵引回复正道。第二天一早宣布遗诏，新帝继位，新政开始，一天都不拖延。再说，以先帝本人的名义认错、纠错，可以减轻继任者行新政的压力。

无独有偶，万历更过分，留下问题更多。朱常洛如法炮制，以万历遗诏的形式罢停朝野抱怨已久的矿税、榷税及监税宦官，发放拖欠已久的 200 万两银慰问辽东前线将士，迅速开创新局面。如果他没暴亡，很可能也会开创一个中兴之世。朱厚熜与万历的遗诏，实际上相当于《罪己诏》。

历史上中兴的经验千条万条，最根本一条便是：正视遗留下来的弊政。

社会学家伯诺特指出，一个人或团体修复形象的策略或方法有五种：抵赖、诿过、大事化小、知耻和改过。知名学者徐贲最近在《东方历史评论》撰文，对此次序稍作调整：一是抵赖，即“我或我们没错”；二是大事化小，即“有些失误，并没全错”；三是诿过，即“错了，但不是我的错”；四是羞愧，即“虽不是我的错，但我也有责任”；五是改过，即“错了，由我重新开始”。所谓正视遗留下来的弊政，就是选择了后几种，至少不是第一种。只有认识到遗留下来的弊端，才可能有足够的决心拨乱反正。也只有承认过失，才可能取得人民的谅解，重新凝聚人心。否则，继续粉饰，不可能切实开新政，不可能扭转衰势。对于遗留弊政的认识程度，或者说对以上五种方式的选择层次，与改革力度及改革之功成正比。

（四）改革失败的后果

——改革者功亏一篑

改革失败的具体原因诸多，不一而足。“虎妈”蔡美儿新书《起火的世界》谈及民主为何在韩国、日本等东亚社会取得成功，却在南美、非洲很多国家失败，叶竹盛为此在《南风窗》发表一篇评论：“民主不是一场鲁莽的冒险，它需要的不仅仅是勇气，它是一项需要精雕细琢的事业。”我想借用这话说：改革不是一场鲁莽的冒险，它需要的不仅仅是勇气，它是一项需要精雕细琢的事业。

正如建设比破坏更需要技术含量，改革比革命更需要智慧。除了时机，还有其他诸多方面需要讲究策略。范仲淹的十项改革中，明黜陟、抑侥幸、精贡举、择长官、均公田五项属于吏治，另外还有重命令、推恩信两项与吏治有关，70% 涉及政治体制。他派一批官员深入各地去现场考核，自己坐镇中央指挥，将各地报来不称职者的名字一个个勾掉撤职。枢密副使富弼在旁看不过意，提醒说：“您一笔勾掉很容易，但是这一笔下去要让他一家人哭啊！”范仲淹回答说：“一家人哭总比一路人哭要好吧！”当时的“路”相当于我们现在的“省”，范仲淹心里想的是大局。可是那些官员，平时大唱“先天下之忧而忧，后天下之乐而乐”的高调，一到改革，哪怕一点“灰色收入”受影响都受不了，要反对，要闹事。结果，只一年多时间范仲淹就败下阵来。

王安石吸取范仲淹的教训，改革以经济为核心，涉及军事和教育，几乎不涉及吏治，指望阻力小些，可也以失败告终。《改革的教训》写道：“正是因为王安石变法回避了政治体制改革，所以让改革有了很大的局限性，况且，没有政治体制改革的配套，经济体制的改革也难以真正长久地成功。”

不同于王安石、范仲淹两个极端，王莽的改革可谓全面开花，政治、经济、社会、文化、外交等等全方位铺天盖地展开，结果却引起全面反弹，也败得最彻底、最悲惨。白居易诗《放言五首》值得一读：

赠君一法决狐疑，不用钻龟与祝蓍。

试玉要烧三日满，辨材须待七年期。

周公恐惧流言日，王莽谦恭未篡时。

向使当初身便死，一生真伪复谁知？

周公如果在流言说他图谋篡位之时死了，那么他在历史上的形象肯定是乱臣贼子；而王莽如果在篡权之前死了，肯定是儒家推崇的光辉楷模。王安石如果顺利完成改革，那么《宋史》肯定不敢将他写成奸佞。问题是：失败往往都在路上。

改革需要精心谋划，另一方面也需要帝王与民众善待。成语“矫枉过正”，指把弯的东西扳正又歪到另一边，比喻纠正错误超过了应有的限度，是个贬义词。可是，世事往往都须“矫枉过正”，不信你去扳一段弯竹，看只是正一下行不。分娩难免血污，革命往往伴随暴力，改革当中也常会有些“非常态”的举措。像张居正公然毁天下书院，显然是冒天下之大不韪的事，他会不知道吗？那为什么还要干？我觉得他是为了堵反对派的声音，为了保证改革的顺利进行，吸取范仲淹、王安石半途而废的教训，不得已姑且为之。拿破仑认为："在国家存亡的紧要关头，任何东西只要能拯救国家就是有理的。"革命中的暴力不是往往都被谅解吗？改革中的"非常态"往往只是策略上的无奈，姑且暂为，也应多体谅！张居正的改革没有半途而废，从这个角度看万历算是不错的。

多数改革失败是途中就出了问题。一般来说，过不了关的是当事人，建议改革者、组织改革者成为罪魁祸首，如西汉、明朝建议削藩的晁错、齐泰等人，都落得身首异处的下场，范仲淹、王安石没丢小命那是侥幸逢仁政。领导改革的皇帝，要么摇身一变为抵制改革的英明领袖，如万历；要么投降，同流合污，如李适；要么沦为俘虏，光绪就如此；甚至也许殉身，如元英宗。

蒙哥在位时"自谓遵祖宗之法，不蹈他国所为"，民族矛盾十分激烈。忽必烈继位后，实行"附会汉法"改革，缓和矛盾。但此后改革停滞，甚至与忽必烈背道而驰，无法走出泥沼，难以维护统治。英宗即位后，决意改革，但朝政被权相铁木迭儿及其党羽把持，无法作为。1322年铁木迭儿死，英宗立即行动，一边清算铁木迭儿儿子及党羽的贪赃枉法罪行，一边任命拜住为丞相。拜住挺有"民本"思想，曾说："自古帝王得天下以得民心为本，失其心则失天下。钱谷，民之膏血，多取则民困而国危，薄敛则民足而国安。"他上任后推出一系列新政：一是起用汉族官员和儒士；二是发布《振举台纲制》，广泛推举贤能；三是撤销专门负责宫廷特供的徽政院，裁减冗官，精简机构，轻徭薄赋；四是颁行《大元通制》，推行汉法，史称"英宗新政"。铁木迭儿余党担心清算到他们头上，大批贵族和官员反对这些有损他们世袭政治、经济特权的改革，阴谋叛乱。第二年8月，铁木迭儿的义子、御史大夫铁失趁英宗和拜住从上都返京，在途中将他们谋杀，另立新君泰定帝。泰定帝虽然清洗了叛逆，但"悉遵祖宗成宪"。英宗和他的改革彻底失败，旧利益集团的特权保住了，弊政继续积累。特别是大功臣伯颜，一方面大肆贪腐，“天下贡赋多入伯颜家”，另一方面疯狂推行民族压迫政策，甚至要种族灭绝式屠杀汉人。1340 年，伯颜的侄子脱脱发动政变，将伯颜罢免，恢复改革，史称“脱脱更化”或“旧政更化”，但又遭旧的利益集团强烈抵制，改革再次失败。拖到 1362 年朱元璋等民军已经势如破竹，明玉珍在蜀称帝，而元朝高层还在那里争权夺利。枢密副使李士瞻提出“悔已过以诏天下”、“罢造作以快人心”等 20 条改革建议，涉及政治、经济、文化、军事诸方面，顺帝也没采纳。1366 年，即元结束在中原统治的前两年，监察御史玉伦普还提出八项改革建议，顺帝仍然没采纳。假设，英宗或者脱脱改革成功的话，元朝非常可能也开创个中兴盛世；顺帝如果实行改革的话，或许仍有挽救的余地。

李隆基改革失败非同寻常。他初期勇于改革，并善于改革，开创“开元盛世”，将中国封建社会推至巅峰，唐朝成为当时世界最繁荣强大的国家。然而，他满足于此，陶醉于太平盛世，与前期判若两人，史称“半明半昏的皇帝”。他不再改革，前期的改革大都废弃，甚至倒退。在 2000 多年封建社会中，食封制度仅两次大改革，一是刘彻取消诸侯王对土地的直接占有和治民权利，再就是李隆基取消食封制度的独立性，意义十分重大。李隆基改“府兵制”为“募兵制”，对后世影响深远，在中国兵制改革史上具有重要地位。李隆基本人后期，却在封物数量上对食封贵族让步，其中公主封户原来削减为 500 户，又增加到 1000 户。军事方面前期还能收复失地，后期积弊成“外重内轻”，“安史之乱”都对付不了，虽然借助外力勉强镇压下去，国势却已一落千丈。

众所周知，朱由检有雄心壮志，也很勤政，各类改革举措不断。然而，他的改革没有实效。明末清初张岱评论：

先帝焦于求治，刻于理财，渴于用人，骤于刑法，以致十七年之天下，三翻四覆，夕改朝更。耳目之前，觉有一番变革，向后思之，讫无一用，不亦枉却此十七年之精励哉！

通俗来说，就是瞎改革！像家庭妇女，一天到晚抱孩子扫地做饭喂猪，十分忙乎。可是，到季末年末一盘算，没一样建树，瞎忙！改革无效，虽有“中兴之主”大志也难免成末代皇帝。

——势不可挡

那么，真是不改革比改革好，也即等死比所谓“找死”好吗？即使癌症病人，有一分希望也得百分百努力抢救，何况朝政关涉亿万人民的生命，不是个人生命所能比拟。医生说手术有风险，但毕竟有生的希望，因此总比等死好。改革也如此！

钱江潮涌是风险，更是风光。宋时潘阆观潮看得胆战心惊，却回味无穷，不禁挥笔写下《酒泉子》：

长忆观潮，满郭人争江上望。来疑沧海尽成空，万面鼓声中。

弄潮儿向涛头立，手把红旗旗不湿。别来几向梦中看，梦觉尚心寒。

是的，大男人更向往“弄潮儿”，勇敢地“向涛头立”！开国祖辈，提着脑袋造反，冒了被灭族的风险，你却连自己天下一些改革风险都不敢担当，而眼睁睁坐看国家衰亡，算得了“忠孝”么？

改革之功诱人，但绝不是皆大欢喜的。这就注定了中国历史上庸君多，乱世多，改朝换代多。傅野说：中国历史可怕的是“成功的改革不多，成功的暴力革命很多”。

不过，也正因为是一种柳宗元所说的“势”，常常是改革者虽然“出师未捷身先死”，但他们的改革事业迟早还是继续前行。回眸来看，最终身败名裂的还是那些反对、阻挡与破坏向前改革的人。正所谓：“青山遮不住，毕竟东流去”，“尔曹身与名俱裂，不废江河万古流”！

商鞅身首异处，可他推广的郡县制延续2000多年。李纯继位后虽然贬谪又赐死王叔文，可李纯一系列改革正是王叔文们的努力促成。“戊戌变法”被慈禧太后扼杀，可她不久便不得不自食其果，重启这一改革，甚至还有所扩大，其精神延续至今天。这就是改革魅力所在！

若非迫不得已，没几个人愿改革。若非迫不得已，更没几个人甘弃改革之功！正如龚自珍所说：“与其赠来者以劲改革，孰若自改革”！

剖析：改革层次之辨

《中国改革通史》从改革内容与性质的角度，将历史上的改革分为五类：一是生产方式改造型，二是富国强兵型，三是体制完善型，四是社会运行机制改良型，五是落后阶级维护统治型，这五种类型有时互相关联。中国封建社会改革的主要内容,有着不同于世界的显著个性,即中央集权制、郡县制、科举制及土地买卖制度。

我更关注改革的成效。所以，我想尝试从改革力度的视角，将历史上的改革分为这样四种类型：一是锯箭式改革，二是止痛式改革，三是疫苗式改革，四是细胞式改革。

我总认为历史上任何一个王朝都属于夭折，其任何改革都没能实现长治久安的根本目的，每一次“中兴”都只不过是回光返照，是虚幻的盛世。社会变革主要通过两种方式实现，一是革命，二是改革。当改革之路行不通的时候，便只剩革命一途。关于改革失败的根本原因，《中国改革通史》综合卷剖析得很到位：

这种以维护某一王朝利益为目的、以君权状况为基本条件、没有一定规模的社会发动的少数人推出的改革，其力度当然也是有限的。经常是在王朝统治积弊已重的时候进行，因而常常不是社会腐败势力的对手。这种往往很不彻底的改革一个重要的结果就是招来革命。而这种改革苍白乏力与农民革命的因循，就导致了中国社会周期性的大破坏，造成了中国社会发展的迟缓。

该书还生动地描述：“统治者常常是在隐孕着革命的背景下，为避免酝酿中的革命而做出改革的决定的。而革命，也莫不是在真正彻底的改革的失败后发生的……每当我们看到一个封建王朝在兴起不太长的时间后就不可避免地滋生出腐败因素，并不可遏止地腐败下去的时候，我们就知道只有革命才能解决问题。”

那么，不能深化为彻底改革的根源究竟何在？

一、锯箭式改革

改革是治理危机、拯救国难，与治病救人诸多相似。

《笑林广记》有个故事：一名中箭的士兵治伤，医生将露在外的箭杆锯掉，而不管留在肉体内的箭头。一般来说这只是笑话，但在现实生活中并非无有。《广州日报》曾报道：哥哥玩气枪不小心射中妹妹，以为只是擦破皮，将伤口包扎了事。十年后她觉得伤口隐隐作痛，便到佛山市顺德和平创伤外科医院检查，医生从她大腿里取出当年的子弹。这新闻迄今可以百度。至于手术后将纱布留在病人体内，可谓“常闻”。最奇葩是今年约旦一位妇女到医院剖腹产，回家发现肚子里有震动感觉，重新做手术，取出一部手机。可见，这比喻并不荒谬。

锯箭式改革挺常见。他们满足于解决表面问题，得过且过，不管事后洪水滔天。如宣王中兴、元和中兴和万历中兴等等，明显都属于锯箭式改革。

（一）不触及制度的改革

唐朝由盛转衰的转折点是“安史之乱”。那么，好端端的“开元盛世”怎么会突然发生那样的事？偶然在必然当中，诸因素好比几个盘子排列着各自旋转。虽然盘子上分别有些漏洞，由于漏洞位置和旋转速度都不同，光能透射一个，但一般透不了第二个、第三个，越多越难。可一旦几个漏洞偶然恰巧成线的话，光就能透过那一排盘子，事件就这样发生。我想：要成就一件好事，何尝不如此？该发生的没发生，不该发生的全发生，就是大坏事；该发生的都发生，不该发生的都没发生，就是大好事。因此我觉得这是一条放之四海皆准的公理，姑且名之“旋光原理”。借用这理论，“安史之乱”那一线寒光，是如何穿透一系列旋转着的盘子的？假设有三个转盘吧！

转盘之一：安禄山如何挤入官场？

李隆基颇重视干部队伍建设，也有原则，却偏偏重用了安禄山。安禄山的母亲是个突厥巫婆，父亲早死，一直随母做生意，凶狠毒辣。30 岁步入军旅，敢冲敢杀，诡计多端，平步青云。薛宝钗诗：“好风凭借力，送我上青云。”没有好风，跳再高也上不了青云。

安禄山特别肥，腹垂过膝，自称 300 斤，走路都不方便，跳起胡旋舞却“其疾如风”；看上去呆头呆脑，其实狡黠异常，善于用小恩小惠拉拢腐蚀到他地盘检查工作的领导干部，博得一个个钦差大臣为他说好话。同时，他十分注重密切同李隆基的关系。李隆基开玩笑问他肚子这么大尽装什么，他回答：“别无他物，只有赤心！”逗得李隆基非常开心。李隆基宠爱杨贵妃，杨贵妃比安禄山小 18 岁，安禄山却拜她为干娘，得以自由出入宫中，飚升为节度使。

转盘之二：安禄山如何拥有军政大权？

李隆基也很重视军队建设。737 年开始的二十来年是唐朝最难堪的时期，与周边四面作战，被逼得在边境集结重兵，内地空虚，突发事件一时难以应付。

安禄山是平卢节度使兼范阳节度使，权力已经够大。平卢节度使驻营州（今辽宁锦州），处于东北前线。范阳节度使驻范阳（今北京），属十镇中兵力最大。750 年李隆基赐安禄山东平郡王爵，开唐将封王之先河。同年又让他兼任河北道采访处置使。河北道统辖 24 州和安东督护府，为今河南黄河以北及山东、河北之地。安禄山原来控制的三镇兵力已达 19 万，占当时边兵的 40%，全国兵力的 1/3，后来增加到 20 多万。稍后的宰相杜佑评论：“禄山称兵内侮，未必素蓄凶谋，是故地逼则势凝，力侔则乱起，事理不得不然也。”换言之，拥有这种实力如果不谋反，那是安禄山太傻了！

转盘之三：安禄山如何有了反叛的借口？

其实，李隆基曾经是个“色戒哥”，专宠武惠妃。武惠妃死后，“上悼念不已，后宫数千，无当意者”，这表明他对女人用真情。就是在这种心灵空虚之时，杨贵妃出现。

杨贵妃本来是李隆基的儿媳妇，这时已结婚五年。此前他们没见过？不太可能。我想可能的原因是：他们那样的家庭相互见面不可能很多，而女人不是时时刻刻都异常诱人，李隆基这时开始将心思从武惠妃那里转移出来，杨贵妃的舞又特别好，偶然一见翩翩起舞的她，产生火花，立即像油田失火一样中天而烧，千辆万辆消防车也没用。问题是：她是自己的儿媳妇啊！老天就这么跟人过意不去！然而，油田烧起来，还顾及什么能烧什么不能烧吗？李隆基无法扑灭他心田之火，只好大胆去爱：先让她出家，然后从道观将她迎入后宫，娶的就不是儿媳妇而是女道士了，跟现代“洗钱”是一个道理。从道德角度看，这是可耻的“扒灰”（公公与儿媳妇私通）。从爱情角度看，该算真情。从某种意义上说，真正感人的爱情都是爱了在俗人眼中不该爱的人。宋及其之前中国人在两性方面其实很开放。李隆基的爷爷李世民不是娶了他名义上的母亲吗？几个人指责？李世民政绩好，道德没人苛求。李隆基后期政绩很糟，道德问题就不可原谅了。

与历史上妲己等“祸水”不同，杨贵妃没干政，但她的哥哥杨国忠飞扬跋扈。其实，这也不是主要原因。李林甫也不是好宰相，安禄山也没要讨伐他的想法。根本的原因在于：杨国忠早看出安禄山谋反。李隆基不相信，他还坚持举报，并于 755 年夏命首都市长到安禄山府上搜查，使得李隆基终于有些相信，可惜迟了。至此，这一组旋盘最后一个漏洞也被那一线寒光穿透！

“安史之乱”有一系列偶然因素，当然也有必然的因素。好不容易平息，可是产生安禄山的土壤——藩镇问题并没能铲除，虽然解除了一时执政的危机，但并没能解决大唐王朝的危机。此后，相继有“元和中兴”、“会昌中兴”、“大中中兴”三次复兴，都对藩镇问题做过一些手术，但这些节度使就好比那箭杆，张三李四似一根根箭杆一次次被锯掉了，可是箭头——制度问题还在肉里头，没几日便会旧病复发。

最终，大唐不是亡在造反的黄巢手里，而亡在镇压造反的朱温手里。朱温本来是黄巢的大将，看黄巢成不了气候，反叛到官方，皇帝赐名“朱全忠”——实则指望他全心全意忠于大唐。然而，经过十来年拼杀，将其他军阀吞并得差不多了，他却逼唐昭宗李晔“禅让”，朱全忠变成全不忠，改国号为“大梁”，彻底终结了 289 年的大唐。换言之，肉里的箭头终究发作，直接要了大唐的命。

（二）改革局限于某一两个方面

刘彻很有大志，一上台就改变先皇“无为而治”的国策，不再与匈奴“和亲”，不惜代价征战四方。同时，刘彻本身奢侈无度，加之天灾人祸，“财用益匮”。前 123 年，即刘彻上台第 17 年，财政部报告：“臧钱经用赋税既竭，不足以奉战士。”为此，刘彻不是悬崖勒马，停止意义不大的征战，改行节俭，而是采取一系列改革措施进一步敛财，如：

——卖官：诏令民买爵赎罪，每一级约两万钱，买到“千夫”的可以优先为官。不仅把官场搞乱，还因为买到大夫可以逃兵役，官府可征调的役夫日益减少。

——缗钱与告缗：前 117 年颁布“缗钱令”，鼓励大家揭发检举偷、漏税。随后还出悬赏，赏给查出赋税的一半。结果国家发了一笔横财，中等财产以上的人家却几乎全都破产。钱穆在《中国经济史》一书中评论：“在汉武帝的多项财政税收计划中，如从利害得失方面而言，则算缗钱与告缗这项措施，最为困扰人民了。”

——均输与平准：前 115 年开始试行“均输法”，五年后在全国实施，民间进贡土特产用不完的不必送京师，改送中央派驻各地的“均输官”，在那里暂存听候调令，多余可以就地出卖。与此配套，还有“平准法”，即由官府收储天下百货，价高时出售，价廉时买入。一是商贾无法与官府匹敌，无法获利。这两项新政说是方便百姓，实际上是官府在做生意，与民争利。二是如《盐铁论》所说“今释其所有，责其所无”，指强迫缴纳百姓所无的土特产，百姓只得将自己所有的贱价卖出，再向商贾高价购入官府所指定的。如此一卖一买，百姓两头吃亏。

——追溯富人罪：前114年推出“株送法”，即追捕“世家子弟和富人骚扰百姓”案，几千人受牵连，但其中愿意上缴财富的可以入补郎官。

此外，还有盐铁专营、用钱买刑、鼓励官民直接向国库捐款等等。从国库角度看，这些改革无疑是成功的。但从百姓或者从国家长远发展角度看则相反，无非饮鸩止渴罢了，国家危机不仅没能解除，反而加剧。换言之，财政危机的箭杆是锯掉了，箭头却还在肉里头，国家危机在表层下加剧病变。所幸他本人死前终于意识到，主动以“罪己诏”的形式悔过，取得人民谅解，为继任者的改革铺平道路。

改革不是革命。但对于难返之积重，非得有壮士断腕的坚毅与果敢不可。

二、止痛式改革

面对呻吟不已的病人，医生也急，不忍心看他继续痛苦，于是给服止痛片，或者注麻醉剂。病人不痛了，微笑道谢，医生也就此满足。至于那病，留待下次，或者留给别人去治吧！

这类医生实际上应该很少。较多出现是对那种癌症晚期病人，医生感到回天无力，百般无奈，只能给些麻醉药，让他减少痛苦，也算尽职。与锯箭式相似，但有所不同，毕竟稍尽医德。像这种治疗方式的改革就多了，如少康中兴、盘庚中兴和大中中兴等等。

（一）赵佶式救急

赵佶的嗜好是艺术，挺高雅。他不光被称为史上最大文化 Patron（赞助家），不仅在中国画和书法艺术史上有一定地位，对茶艺也精通。此外他还嗜好珍奇之物，如太湖、灵璧、慈溪、武康的花石，浙江的花竹、海错，福建的荔枝、龙眼、橄榄等等。各地竞相进贡，一次十来船，过长江、黄河得毁桥凿城。因为一批货船称一纲，所以这类贡品特称“花石纲”。官府特设机构“奉应局”，专门负责相关事务。这类官员到处搜寻，发现奇石异草，便宣布为御用，责令百姓小心看护，稍有差错就得追究。这样，百姓闻花石纲色变。太学生邓肃认为花石纲害民，写诗劝谏，被放归老家。

1119 年底，发生了被写进《水浒传》的宋江起事。宋江聚集 36 个强汉杀富济贫。他们马不停蹄转战山东、河北一带，攻陷十余郡城池，声势日盛。同时还有浙江的方腊，他利用摩尼教聚众，启发说：“天下国家，本同一理。现在我们耕织，终年劳苦，却少有衣食，稍不如意还要受鞭笞酷虐，你们甘心吗？”众人当然不甘心。方腊进而煽动：“我们赖以活命的只有漆楮竹木，却被官府征去。官人歌舞女色、搜罗奇花异石，还要贿赂西北两大仇敌，却让百姓子弟去打仗，你们能忍受吗？”众人当然忍无可忍，于是起事，见官就杀。我知道越穷越愚昧的人越容易煽动，但我实在不敢相信，那些口口声声要为民做主的“父母官”，怎么会让民众如此仇恨！究竟是官太过，还是民太过？

赵佶不以为然，只是颁旨招安。招安没用，赵佶才意识到严重性，全权委托童贯去镇压，并明确授权说：“如果事态紧急，就以诏书名义行令。”童贯到东南，地方官汇报说：“反叛难平，只因为花石纲扰民太甚。”童贯便依据授权发布“罪己诏”，宣布一些改革措施，重点是撤销苏州奉应局，罢停花石纲，以平民愤，顺利平叛。然而，1121 年闰 5 月时局稍缓，伤口止痛，尚未愈合，宰相王黼就发牢骚：“百姓造反是茶法、盐法太严激起的，跟花石纲不沾边！童贯这人太老实，被小人蒙骗，把责任推到陛下身上，下什么《罪己诏》，实在是无能！”听他这么一挑拨，赵佶感到委屈，随即下令恢复苏州奉应局。

这时，财政形势也发生了重大变化。倾河北、河东及山东三路之力供燕京一地的军需，因为各种消耗太大，用数十石才能换一石，仅仅一年时间，三路都被耗穷，人力也变紧张。诏西京、淮、浙、江、湖、四川、闽、广等地征调夫各数十万，如果要免，每夫折算钱30贯，违者军法处理。大臣宇文粹中上书说：祖宗之时，量入为出，富有节余，而如今奉应局等“妄耗百出。若非痛行裁减，将无以善后”。赵佶不听，继续采运花石纲，继续醉生梦死。

1125年10月，金灭辽，转而大举攻宋，危在旦夕，赵佶这才真正重视起来，连忙又下《罪己诏》，诏令立即实行十项改革，如将所拘收百姓的土地全归还、减省宫中费用、罢道宫及宫观所拨土地等等。这些措施跟平息方腊起事时的对策大同小异。赵佶以为这次危机也会很快应付过去，可惜历史不再给他机会。没几天，他自己也绝望了，只好诏太子监国，准备逃亡，且“去意益急”。第三年，他就成了金国的俘虏。

不难想象：假如四年前那次改革有诚心，能够坚持下去，挽回民心，是不是可以团结更多的力量抗金？赵佶对改革作用的认识肯定有，不然不会到最后关头还想到改革。然而，他没有改革的诚意，只想麻醉一下百姓，自欺欺人，终被“夷狄”欺到死。赵佶式的改革看似笑话，实际却不少。

（二）日本式救急

让我们来看看与赵佶截然不同的救急。

历史上，中国是亚洲的帝国，周边国家长期“慕夏”。日本在公元646年开展的“大化改新”运动，就是以唐朝律令制度为蓝本，从政治到经济方面进行大改革，实现从奴隶制到封建制的过渡，跟鲜卑人、契丹人、女真人、蒙古人、满族人“汉化”一样，连年号都中国化。19世纪欧美完成工业革命和资产阶级革命后，纷纷入侵亚洲，日本和中国一样被列强的大炮轰开国门，也面临亡国危机。不同的是日本及时进行深刻的自省，发现儒学已落伍。“神医”杉田玄白率先否定“中国中心论”，提出：“地者，一大球，万国分布，所居皆中，任何一国皆可为中土，支那亦东海一隅之小国也。”诚然如此。在孔子时代，“中国”其实非常之小，只不过专指中原一带。当时的楚国（今湖南、湖北及河南南部）就不属于“中国”，而受到“华”的歧视。楚王熊渠坦诚说：“我蛮夷也，不与中国之号谥。”后来交通扩大，所认识的“天下”差不多也只是亚洲，当然还是居中之国。而今，发现世界实际上是个大大的圆球，“所居皆中，任何一国皆可为中土”。更要命的是，居然还发现天边地角有比中国更为先进的文化。

荷兰是个西欧小国，才相当于两个半北京，且 70% 处于海平面之下，经不起潮汐的侵袭，人口迄今只有 1000 多万。直到 1579 年，它还只不过是西班牙王国的北方一省。但 1588 年成立荷兰联省共和国后，一鸣惊人。这是一个在人类历史上前所未有的国家，破天荒“赋予商人阶层充分的政治权利”。当时欧洲宗教迫害严重，荷兰却勇于改革开放，崇尚自由贸易，不论信奉什么宗教，都欢迎到荷兰做生意。于是，世界各地的商人都朝荷兰奔去。荷兰迅速成为航海和贸易强国，被誉为“海上马车夫”，在世界各地建立殖民地和贸易据点。这样一种骤然巨变，深深地启发了日本人。是继续学中国求稳，还是学荷兰求变？步入这“三千年未有之变局”之后，世界上任何国家都不可能再像以往千百年那样“稳”了，只能求变。这历史性的抉择，日本比中国眼明手快多了，毫不含糊。他们将荷兰文化誉为“兰学”，而将儒学贬为“固陋”，并嘲笑中国是“夜郎国”。

影响更大的是福泽谕吉 1885 年发表的《脱亚论》，其中写道：

我日本国土虽位居亚细亚的东边，但其国民的精神已脱去亚细亚的痼陋而移向西洋文明。然而不幸的是近邻有两个国家，一个叫支那，一个叫朝鲜。这两国的人民为亚细亚的政教风俗所培育，与我日本虽无大异，但或许是因为人种的由来有所不同，处于同样的政教风俗中，其遗传教育之旨却有不同。日支韩三国相对而言，支韩更为相似，此两国的共同之处就是不知国家改进之道，在交通便利的现世中对文明事物也并非没有见闻，但却视而不见，不为心动，恋恋于古风旧习，与千百年前的古代无异……间接地会成为我外交上的障碍，是我日本国一大不幸。故今日我国之上策，与其坐等邻国开明而共兴亚洲，毋宁不与他们为伍，而与西洋文明共进退；与支那朝鲜接触时，也不必因为他们是邻国就特别客气，而以西洋人的方式处理即可。与恶人交友就难免恶名，我们要从内心里谢绝亚细亚东方的恶友。

这段文字在我们今天读来也刺眼，稍可聊以自慰的是其所指为清朝。对于“不知国家改进之道，在交通便利的现世中对文明事物也并非没有见闻，但却视而不见，不为心动，恋恋于古风旧习”这批评，我思之再三，觉得入木三分。孟母也知三迁啊，怎能长期与中国、朝鲜这些“痼陋”、“恶友”为伍呢？日本民众一下就被福泽谕吉说服，实行千古大改革，舍近求远，与亚洲诀别，改而“与西洋文明国家共进退”。他们的“明治维新”比我们的“洋务运动”更迟，却更富有成效，转身就将中国这位老师打得惨败。现行 10000 日元纸钞上印的人物头像不是天皇，更不是首相，而正是这位思想家福泽谕吉。

“明治维新”留下了一大隐患：日本走上军国主义道路，在第二次世界大战中受到毁灭性反击。在这种情况下，日本又实行“民主化”改革。首先是改 1889 年制定的《明治宪法》，新宪法第九条规定日本永远放弃战争和战争手段。同时改革日本的政治制度，取消天皇总揽国家的统治权。此外，还在教育和经济等方面进行了一系列新的改革。经过几十年发展，日本又崛起为现代国家。

（三）德国式救急

无独有偶。与日本相似，德国两次肇祸于世界，遭到另一种毁灭性报复。德国不仅被分割占领，而且分别由战胜国对它进行政治、经济、文化全方位的改造，跟一般亡国没太大区别。在这种情况下，西德中产阶级及其政党迅速崛起，勇担历史重任。首先，他们对过去进行彻底清算，大力开展“非纳粹化”运动。这有外力帮助，就是国际法庭对战犯的审判，但更重要的还是他们自己对于纳粹历史进行了更为深刻的反省。对于德国来说，希特勒绝不是一无是处，更不是没有过功绩，还绝对是当时人民的选择——一票一票点出来的，在经济、文化和军事上曾给德国人民挣过很大面子。然而，擅长于哲学思考并制造精密仪器的德国人却没搞二八开还是三七开之类的文字游戏，对希特勒等人没加祀奉，几十年如一日地坚持。1970年12月7日，西德总理勃兰特在华沙犹太人纪念碑前跪下那一幕，成为战后德国人彻底忏悔纳粹历史的经典象征。现任德国总理默克尔则说：

每个德国人都必须反思自己在过去的作为和不作为。这是一个痛苦的过程，但德国正视历史的做法是对的，可以让后代不重蹈覆辙。

我在柏林街头亲眼看到，德国政府用类似公共汽车站牌一样的告示牌宣示那些历史照片，还立了不少反纳粹烈士纪念碑。我还读过格拉斯《铁皮鼓》等反战小说，德国作家勇于直面祖国最黑暗的历史，勇于担责。这部小说获得1999年诺贝尔文学奖，改编的电影也在国际上获大奖，并没有“家丑”外扬之虞。可以说：他们整个国家和民族向全世界发了《罪己诏》！

同时，他们修改《基本法》，完善民主制度，总统有权签署法律，但只能签署由联邦议院和联邦参议院通过的法律，且须得到联邦总理和有关联邦部长的副署才能生效。万一不小心再选出个“东特勒”之类的战争狂人，也不可能发动第三次世界大战了。联邦德国很快以文明的新貌屹立于世，并以和平的方式实现国家统一。在2014年度BBC全球24国民意调查中，德国受欢迎程度名列第一。德国保持这项世界冠军已多年。在欧洲一体化进程“三驾马车”即英国、法国和德国中，德国成为主心骨。他们不仅救了国，而且第一次成为欧洲的实际领导者——以和平的方式实现了他们曾经两次以武力没能实现的梦想。

日本与德国的救亡之急，都是深刻自省，步步深化改革，而不是危情一缓马上又重蹈覆辙。这样，国家不仅死里逃生，化险为夷，也日益强盛。

相比看来，赵佶的改革显然太儿戏了，没一点责任心！当然，几千年历史上找不出几个“职业道德”优良的帝王。“少康中兴”、“光武中兴”、“建炎中兴”等等在自家历史上看不错，一跟人家相比也显然逊色。东汉和南宋之初的改革，没改什么就转而忙着继承去了。西汉之末一大串娃娃皇帝，东汉之末又是，南宋之末还是，清末仍然是，继承得原汁原味，毫不走样，在一个坑里一跌再跌，一亡再亡。

三、疫苗式改革

责任心强的医生，不仅锯箭杆，还拔箭头，止痛，上药，包扎，并嘱咐明天后天来换药，认认真真要将你的病彻底治好，治断根，还进而努力不让其他人再患这种病。如果说锯箭式、止痛式是不合格“下医”的话，那么疫苗式改革则堪称“中医”，治“欲病”。

如同现代癌病、艾滋病，历史上曾经有不少可怕的疾病，如天花、黑死病、霍乱等等。天花初期像感冒，没几天就可能变成一具全身肿胀的怪物，死亡率高达25%，侥幸活下来也很可能变成一脸麻子，所以又名“痘疮”。帝王虽然拥有全国最好的医疗条件，对天花也无奈。据说在东晋著名药学家葛洪的《肘后备急方》中，有世界最早关于天花的记载，并能治疗、预防。更多人相信的传说是：清朝顺治皇帝为八个儿子中选谁为太子犯愁，康熙脸上有几颗浅浅的痘痕，居然成为入选的理由。原来当时已比较开放，任用德国传教士汤若望为钦天监。汤若望也通现代医学，说顺治患的不治之症是天花，康熙脸上有痘痕表明他出过天花具有终身免疫力，而其他皇子都没出过天花。换言之，没出过天花的还会出天花，夭折可能性更大。就这样，顺治在临死前下《罪己诏》自我检讨14条过错，并指定康熙为太子。皇室对于天花都只能听天由命，百姓更是束手无策。由此可见，中国古代对于天花的防治效果显然很有限。有据可查的是，18世纪70年代，英国医生爱德华·詹纳发现牛痘，人类从此终于能够抵御天花病毒。

后来英国又发明出预防天花的牛痘疫苗，在全世界推广。1979年10月26日，联合国世界卫生组织郑重宣布，全世界消灭天花病。

天花是人类目前消灭的唯一一个传染病。但疫苗已成为我们普通百姓防治疾病的重要方式，这些疫苗可以让人终生不患相应的疾病，是人类非常可喜的重大进步！人类历史可以就此一分为二：有XX病的时代，没有XX病的时代。近日又有新闻说：上海公共卫生临床中心与墨尔本大学合作，研发出新型疫苗有望终身抗流感。显然，疫苗已成为人类抵御流行疾病的主要方式。

疫苗式改革，历史上说得不少，如高喊“均贫富，等贵贱”之类的口号，说是要解决贫富贵贱问题，迄今也没有哪个地方真正实现。民主制度也属于此类，只是不像疫苗那般立竿见影，易于推广，不过已成世界潮流，日趋浩瀚。历史上稍像疫苗式的改革不多，如景圣中兴等。

立志“踏遍世界寻求救国救人之道”的杨恒均说：“人活着总要有那么一点理想，一个人是这样，一个社会是这样，一个国家也是这样！”但中国帝王大都不是这样！他们心目中最多只是权，夺权——稳权。不少帝王权也不顾，一心享乐或是寻仙，连最基本的“职业道德”也没有。所幸大臣中和民间有志之士，大有人在。

问题是中国儒家始终像孔子、王莽等人那样“脚步向前走而眼睛向后看”。相应地，改革也可简单划分为这样两类：一是两眼向后的改革，好比医治天花向后去找古方；二是两眼向前的改革，有如向前找疫苗。是让保守派牵着鼻子后退，还是让改革派引领前进？需要政治家作出抉择，也是人民需要参与的抉择。正如著名学者福山说：“人类只有知道应该朝着什么方向前进，才可以谈论进步。”在错误的方向“进步”，只能越来越离谱，越来越悲惨。

（一）两眼向后

这类改革的特点是：在历史上确定一个目标，然后努力将现实改回到那个目标。对此，我想细分两种：复古式改革与法祖式改革。

——法祖式改革

年富力强的嘉庆皇帝继承“康乾盛世”后，很想有番作为。他早从盛世光鲜的表象中嗅到了腐臭，亲政第二天就打下“大老虎”和珅，显得迫不及待，刻不容缓。和珅是嘉庆父皇乾隆的宠臣，这样的老虎都敢打，说明嘉庆敢于改革父皇的弊政，令人欣喜，也很快树立起新朝廷反腐倡廉的新形象，人们欢呼：“嘉庆新政”开始啦！

如果说打“大老虎”是一只鞋，那么人们很自然等待另一只鞋落下。嘉庆会有哪些改革新举措呢？

贪腐是个复杂的问题，光有决心，搞再大运动也不能从根本上解决。有的说是什么经济的必然产物，或者说思想教育不到位，纯粹瞎说！同样经济形式下，人家腐败为什么没泛滥成灾？“礼仪之邦”的儒家对那些官员的思想教育还不够吗？为什么还是如著名学者王亚南所说：“中国的二十四史，可谓贪污史。”有些朝代的反贪力度不能说小，如众所周知的明朝，但没反到点子上。杜绝腐败关键有两条：一是有效的监督，二是合理的薪水。芬纳评论：“明代官员们的俸禄严重不足……许多人在入仕过程中就已经负债累累……越来越多的非法行为已经被认为是理所当然的了……离开了腐败，它（明廷）将无法运转……它的腐败根植于政治制度之中。”那么，为什么不给他们发放合法的、足以养家糊口的工资呢？是他们家里已经富裕，居官只不过“全心全意为人民服务”而已吗？

汉代之前的贵族为官，逢国家有难，要带上自家军队还得贴钱。美国前纽约州长布隆伯格，只领每年一美元的象征性工资，连干三届 12 年。但汉至清的情况完全不一样，养不起越来越多的官！建国之初，百废待兴，没那么多钱。经过若干年发展，经济繁荣“不差钱”，可用钱的地方更多了，官员数量也大幅增加。金观涛、刘青峰在《兴盛与危机》一书中写道：

历代官僚数量虽有不同，但有一个趋势是显而易见的：任何王朝末期，官僚的数量都比王朝初期大得多，常常膨胀了数倍至十数倍。

西晋时，官员的帽子用貂尾装饰。因为赏官太多，库存的貂尾用光，补充来不及，只好用狗尾凑数，成语“狗尾续貂”就是这样被创造出来的。同时，享受特权的皇亲贵族也膨胀了 N 倍，还是养不起。

那么，精简官员吧！可是越到后期越需要“维稳”，换言之需要越多官员，实际上减不下去。而要让这么庞大的官员队伍“高薪养廉”，又得加重对百姓的剥削，导致更多造反。这样形成一种两难，恶性循环。

清朝中期还有些特殊因素，由于美洲白银大量流入，物价上涨了三倍。按理，官员俸禄也应适当上调。可是，清初统治者鉴于万历为战争加派“三饷”而掏光大明帝国根基的教训，立有“不加赋”的祖训。芬纳评论：“想要解决这个问题只有一个办法，那就是从政府税收里拿出钱来增加官员的薪水，当然这意味着要增加税收，但康熙实际上已经在 1713 年将其数额固定下来，其后的皇帝没有一位敢于改变祖宗成制。”这话说到了点子上。儒家认为远古时候什么规章制度都制定完善了，后人只要述而不作即可。孟子认为税赋也应当以尧舜的税率执行，任何增删都是错误。何况康熙还固定了数额。

嘉庆是位特别注重“祖宗成制”的皇帝。早在当太子时，他曾随父皇东巡福陵，缅怀祖辈，写了多篇以守成为主题的诗词，如：

守成继圣王，功德赡巍峨。

永怀肇造艰，克勤戒弛惰。

现在，人们等来的另一只鞋，是嘉庆改了勇惩父皇宠臣的势头，回到父皇爷皇的老道上。他依样画葫芦，率宗室及重臣东巡，远赴满族的龙兴之地——新宾（今辽宁抚顺）与盛京（今辽宁沈阳）祭奠老祖宗的陵寝，参观先祖们留下的遗物，进行革命传统教育。然后，亲自写了一篇《守成论》，说他发现“亡国之君皆由于不肯守成也”，也就是说他认为历来亡国都是改革造成的。为此，他要求那些“因循怠玩，不遵旧制”的官员认真整改，一切改回乾隆等祖辈的路线。

嘉庆努力做一个明君，号召广开言路。大臣洪亮吉深受鼓舞，大胆上了一个奏折，如实说如今政治之败坏百倍于十年二十年以前，“风俗则日趋卑下，赏罚则仍不严明，言路则似通而未通，吏治则欲肃而未肃”，“各省官员，贪者十居其九”。一听真话，嘉庆受不了，批他“自以为是”，“妄更成法”，将他发配新疆。不过，我不能漏书一点：嘉庆虽然十分恼怒，却特地派太监到刑部，传达“读书人不可动刑”的圣旨，要求善待这个政治犯。这话入了洪亮吉的两耳，让大批读书人暖了一辈子心。

张宏杰在他的《坐天下》一书中生动地描述：

如果综合评价起来，嘉庆帝可能是清代帝王甚至中国历代皇帝当中私德最好的。

他是个禁欲主义者，不给个人享受留一点空间。甚至到木兰围场围猎，都完全是“遵守祖制”的需要，而不是因为自己喜欢打猎。他严格按照先祖们的时间、路线，一点也不走样，打上两件东西，就立刻赶回去看奏折，绝不因景致优美而多耽搁一刻。“欲望”在他看来是最危险的东西。他的一生，从没有被声色、珍玩、不良嗜好所迷。

然而，这么一个私德优良的皇帝也失败得很。嘉庆的德治连自己身边的宗室都没能感化，以致他们“所为之事，竟同于市井无赖”。至于其他官僚，更是不争气，贪腐大案要案层出不穷。就说大名鼎鼎的谏官广兴吧，敢于率先揭发和珅，这样的干部不用还用谁？嘉庆派他去掌管四川军需，每年为国家节省数百万两白银。于是，嘉庆多次号召广大干部群众向他学习。万万没想到，提拔他任兵部侍郎才一年，竟敢贪污四万两，嘉庆从打虎者变养虎者，惊天动地的反腐运动也不过是锯箭疗法。

嘉庆还像他的父辈爷辈一样竭力排外。如 1805 年禁洋人刻书传教，1807 年禁外国商船雇用中国人，1811 年京师仅剩七名洋人还禁止他们到内地活动，并不许回国不许出教堂等。特别是马戛尔尼扫兴而归二十余年后的1816年，英国再派使团访华，继续请求与中国谈判，建立近代国家关系。嘉庆像乾隆当年一样苛求三跪九叩之礼，不从就立即将他们遣送回国。嘉庆还下令不准再有外国使臣进北京，并不屑一顾说："西洋玻璃是土中提取的液体，钟表可有可无，自鸣钟更是粪土，断不可用本国的珍贵特产交换这些废物！"好比说断不可用我们的算盘交换夷人的电脑。

当时，国内国外形势与100多年前清初相比发生了一系列"三千年未有之变局"。其一是世界各国经济总量和人口总量骤增，使传统社会机制的承受能力达到临界点。18世纪，世界人口从1亿增至9.19亿，增43.37%；中国则从1.5亿增至3.13亿，增108.67%。为此，欧洲大力发展工商业吸纳过剩人口，逐步走上现代化道路。嘉庆却死守祖宗成法，连雍正、乾隆时期已经试行解除海禁的政策也大开历史倒车，堵死了大批剩余劳动力的出路，流民及盗匪激增，加剧社会动荡，兵部尚书的大印被偷了三年还不知道，各类造反事件此起彼伏。总之一句话：以"嘉庆新政"启始，以"嘉庆中衰"告终。

嘉庆显然很有使命感，也非常尽心尽力，却万般无奈。张宏杰有句评论相当到位："失败的原因，是一直标榜'法祖'的嘉庆，在最核心的地方背离了祖先的传统。"是啊，开国帝王那种勇于并善于打破一切条条框框的改革与革命精神，他"法"了吗?

刻舟求剑，东施效颦，能叫"法祖"吗?

——复古式改革

这类改革第一人，当属孔子。他认为远古的尧舜禹时代非常美好，而不太远的周公已经将一切美好的社会制度制定完善了，只遗憾如今"礼崩乐坏"。改革的药方是"克己复礼"，就是说统治者应当通过克制自己欲望的方式，恢复周公那套礼仪制度。他还明确强调"述而不作"，即只要照搬周公的制度，不需要再搞什么创新。鲁公有理想也挺开明，采信孔子的政见，提拔他为代总理。礼制规定大夫的城墙不得高于三尺，可是鲁国三个大夫都超过了。孔子要求他们自觉将超高部分堕矮到规定范围内，他们不肯。孔子派出武警部队，引发内战。鲁公意志不坚定，一看出现动荡便妥协，迁就那三个大夫，而让孔子走人。

芬纳评论先秦学派：

要么主张回到过去，要么主张拒绝旧时代。儒家学派属于第一种，它是一个伤感模式，对早期的周文王、周武王和传说中国“黄金时代”抱有一种非历史的看法，特别是对于辅佐侄子摄政的周公（公元前 1042- 前 1036）更是如此。

周文王之前的历史更是不靠谱，尧舜禹的名字最早在《论语》中才出现，可见此前仅存在于口头流传当中，顾立雅说他们的故事“大半是在孔子时代之后发展起来的”，这些传说中的帝王反过来“被当成了所有儒家美德的原始模型”，甚至“有一种极可怀疑的说法是：孔子创造了这些人物”。就是对着这样一些“非历史”的目标，孔子公然有板有眼地广告：“苟有用我者，期月而已可也，三年有成。”如果采纳我的政见，那么一年便初见成效，三年就能变成周公时代那样的盛世！才三年啊，比我们现代一届政府任期还短！可以去问问现在的乡长、县长、市长或者省长，他们敢不敢公开说这样的大话？后周皇帝柴荣也雄心勃勃，但只敢说立志任期三十年，其中十年开拓疆土，十年休养生息，十年兴致太平，比孔子保守多了！

我不由联想到袁崇焕，他公开许诺说五年定可收复辽东，朱由检听了大喜，同事则替他捏把汗。袁崇焕解释说：“我看皇上对辽东战事心里很急，只好说五年，安慰安慰他！”莫非孔子三年变盛世之说也只是一种安慰？然而，帝王是可以糊弄的么？袁崇焕最后是被凌迟的，我不由庆幸孔子没被任用。据林语堂介绍，曾有剑桥大学中文教授赫伯特吉利斯说：“孔子可能只是一个好吹牛、平凡、陈腐的三家村老学究。”这话当然太过，但并不是空穴来风。

孔子这辈子最大的成功是带出几个好学生，这些学生又代代相传，前赴后继地为祖师爷的伟大抱负而奋斗。刘奭当太子时就觉得父皇刘询用刑过度，建议“纯任德教”，被教训一通。刘询去世后，刘奭继位，立即放手实行“纯任德教”改革，却很快出现负面效应，社会危机日益加深。

不久，王莽篡得汉室，更是甩开膀子大干儒家事业。他全面仿照周朝制度推行新政，连官名、地名都得按照《周官》写的改。偏偏王莽运气欠佳，时逢天灾，而他那些改革没一样有助于生产粮食。他只能派出官吏，深入基层去教导群众“煮木为酪”。木头怎么可能煮成奶酪呢？百姓能不造反吗？

除此，还有部分实行复古改革的。如南唐时期土地兼并日趋激烈，李煜的对策也是恢复“井田制”，结果遭到强烈抵制，不仅改革以失败告终，他自己也很快成为北宋的俘虏。

复古式改革与法祖式改革显然有区别。法祖式改革有“成”的目标可守，只不过刻舟求剑而已。复古式改革的问题在于：没“成”可守，说更白一点是那个目标本身就不靠谱！连夏、商时代是否存在一个大一统的政权，由于缺乏考古资料，迄今还有不少专家学者持疑。孔子和他的弟子们却固执地认为从夏、商传至西周的礼仪制度非常完美，根本不需要后人再动什么脑子，照搬照套即可。所幸帝王在这方面倒是大都比较务实，像王莽那样依周礼画瓢的并不多。

（二）两眼向前

相对于前者而言，这类改革的特点是：在时代的前方确定一个目标，然后努力将现实改向那个目标。

——超越时空局限

春秋战国时代，争雄夺霸，纷纷掀起变法运动。秦孝公感到危机，连忙发布求贤令，许诺“有能出奇计强秦者，吾且尊官，与之分土”，向国内外广招变法人才。卫国的商鞅被感动，毅然投奔，深得秦孝公赏识，主持开展变法运动。第一阶段实行《垦草令》，增加“连坐法”，轻罪用重刑；

废除旧世卿世禄制，按军功赏赐 20 等爵；奖励耕织，特别奖励垦荒，并限制商人，重征商税；焚烧儒家经典，禁止游宦之民；推行“小家庭制”，扩大赋税和兵役徭役来源。第二阶段的主要内容有：废除“井田制”，承认土地私有，允许自由买卖；推行郡县制，废除分封制；迁都咸阳，修建宫殿；统一度量衡，颁布标准器；编订户口，五家为伍，十家为什，按户按人口征收军赋；革除残留的戎狄风俗，禁止父子、兄弟同室。通过这一系列变法，社会经济大发展，秦国不仅很快摆脱危机，而且国力跃居“战国七雄”之首，为后来统一天下奠定了坚实的基础。

其中好些内容我们眼熟，秦始皇统一后在全国推广。度量衡方面的政策迄今如此，我们现代不再论斤两而论 KG，不再论尺寸而论 CM，还努力跟世界统一呢！从分封制到郡县制，就像从君主制到君主立宪——民主制一样，也是时代先驱。可见这次改革力度之大，方向之正确，影响之深远。今天看来，商鞅变法尽管有些明显的局限，还是远远大于救秦国之功。有些成为一种文化，推动着整个中华民族的发展，也对世界其他国家产生积极的影响。

两眼向前的改革，超越时空之功，中国历史上也不少。隋唐以前用人办法是推荐、自荐或者别人推荐，讲究出身，注重道德，局限性大。东汉时推荐的人才称“孝廉”，意指“孝顺亲长、廉能正直”。因为官府导向，加之利益诱惑，人们不是努力提升能力，而致力于“孝廉”，简直到变态的地步。当时已被推举为官的许武，为了两个弟弟当“先进”，在分家时故意多占田宅和奴婢，让他们荣获“克让”的美名，进而被推荐为“孝廉”。这时，许武又跟亲友们解释，当时多占只不过是为了让弟弟成名，现在如数退还，这样他又获“谦让”声誉，三兄弟皆大欢喜。中国人言行不一，喜欢弄虚作假，争相说大话，主要就从东汉开始。司马光也忍不住批评他们：“饰伪以邀誉，钓奇以惊俗。”没有儒学工具，他们饰不了伪；没有官府奖励，他们邀不到誉。正是鉴于此弊，杨坚废除延续 300 多年的“九品中正制”，而开创科举制度，按考试成绩优劣选拔人才。惟才是举，开平民入仕之先河。这种制度实行到清朝末年，无以计数的下层才子进入统治阶层，影响不可估量。芬纳说中国有两点统治经验最先进，一是官僚制度，二是常备军。这里所说的官僚制度就指科举制度，而不是专制制度。科举制度后来僵化为“八股”，变成禁锢思想的工具，阻碍改革创新，另当别论。

——超越族群樊篱

艾米·蔡的《大国兴亡录》一书，考察了历史上包括我国唐朝在内世界八个超级大国的起落兴衰，认为“宽容”是称霸世界的秘密。古罗马在公元一世纪前后扩张成为横跨欧洲、亚洲、非洲称霸地中海的庞大帝国，至 1453 年被奥斯曼帝国所灭。它的帝国时期，相当于我国东汉至明朝。艾米·蔡认为：古罗马从古希腊那里吸取经验教训，发现固执己见和民族隔离常常引发仇恨，最终导致战争。所以，罗马变得非常宽容，并以此为原则改革执政方式。罗马帝国的最高统治者，包括皇帝之职，可以来自帝国的各个地区，向所有受过良好教育的人开放，不论他是什么种族或民族，“来自粗俗和野蛮地区的人”也能参与政治，分享帝国的权力和荣耀。罗马帝国代表着一种 communis patria，即共同的祖国。有些帝国仅仅是一种战争机器，罗马则不然。J·M·罗伯特在他《新世界史》中写道：

除了其物质财富和庞大版图之外，罗马帝国成就的核心原因可以归结为一种思想，一种罗马本身所体现的思想，它代表和传播的价值，以及有朝一日被称为“罗马人”的渴望。

1790 年，美国宪法起草人之一、美国最高法院法官詹姆斯·威尔逊甚至认为：

可以这样说，并不是罗马人自己扩展了整个世界，而是世界各地的人民心甘情愿地投入了罗马人的怀抱。

在他看来，罗马的宽容是“一种扩大帝国版图的最安全的策略”。

汉民族也早就开始向其他民族学习，取长补短，互通有无。北方少数民族窄袖短衣，便于骑射，从适应战争及穿着舒适角度看，显然优于汉族的宽袖长服。早在战国时期，赵武灵王就打破“华夏贵、戎狄卑”的传统观念，主动向他们学习，引进胡服。这一改革遭到保守派反对，公子王说：

臣闻中国者，盖聪明睿智之所居也，万物财用之所聚也，贤圣之所教也，仁义之所施也，《诗》、《书》、礼、乐之所用也，异敏技能之所试也，远方之所观赴也，蛮夷之所义行也。今王舍此而袭远方之服，变古之数，易古之道，逆人之心，而怫学者，远离中国，故臣愿王图之也。

说了一通大道理，扣了一堆大帽子，没一点实质性东西。赵武灵王倒是有耐心，引导说：“循法之功，不足以高世；法古之学，不足以制今。”赵国毅然实行胡服骑射改革，提高了军队战斗力，成功抵御北方威胁，迅速强大起来。

民族和，国家强。即使处于不同国度道理也一样，宋辽和平不是双双盛世，而一旦毁约就鱼死网破吗？宋金不又如此吗？汉蒙、汉满相争，也一定程度上让列强得利。

中华文明几千年，十之八九认可唐朝最辉煌，那正是汉民族与其他各民族最融洽的时期！黄仁宇说：“唐朝具有世界主义色彩。”据说，唐与世界300多个国家和地区建立了官方关系，长安市区三分一人口是外国人，街上常见阿拉伯传教士，印度、波斯和叙利亚的商人，朝鲜和日本的学者与僧人，布哈拉、撒马尔罕、塔什干（今均属乌兹别克斯坦）的艺术家等等。国际贸易也很发达，在广州登陆的外国商船平均每天十多艘。一方面派唐僧到西天去取经，另一方面也让外国人带走中国的书，自信得很。李世民既是大唐皇帝，又兼敕勒国的可汗。李世民深有体会说：“自古皆贵中华，贱夷狄，朕独爱之如一，故其种落皆依朕如父母。”在高丽战场上，大将军李思摩（突厥人）中箭，李世民亲口为他吮血。异族大将的生命，胜于他作为帝王的尊严。他常将自己的李姓，分赐给异族功臣。同时，唐也积极吸收异族文化，例如胡乐胡舞等等。唐朝之灿烂，首先在于有一个开放的胸怀，与清朝形成鲜明的对照。金观涛、刘青峰在《兴盛与危机》一书中写道："奇怪的是，封建大国越是强大的时期，它反而越开明。"

四、细胞式改革

到现代医院体检，或是看病，血常规化验有20多个项目，医生往往首先查看白细胞（WBC）是否改变。白细胞是人体与疾病斗争的"卫士"。当病菌侵入人体时，白细胞能通过变形而穿过毛细血管壁，集中到病菌入侵部位，将病菌包围、吞噬。然而，如果体内的白细胞数量高于正常值，很可能是身体有了炎症，容易发生脑梗死，甚至造成血系统的恶性肿瘤即大众熟知的"白血病"；少了也不行，容易造成头晕、乏力，肢体酸软，食欲减退，精神萎靡、低热，即中医所谓"虚劳"。所以，要关注白细胞数量变化，多了用药物减少，少了用药物增多，保持身体健康，或治疾病。

还有更尖端的现代医学：在细胞中持续稳定表达特定基因或干扰特定基因表达，简单说是"构建稳转细胞株"。据说这种医术能保证15代以内稳定转染细胞稳定表达，也就是为你身后500来年的子孙们提供健康基础。这很容易让我联想到文化。儒家文化，不是为千古封建制提供了不可或缺的基础条件么？

百年前，阿拉伯思想家谢基卜·阿尔斯兰抱着同病相怜的态度，旁观了中西文化冲突。他冷静地写道：

中国服膺和平之道，希冀以工、农、商诸业建设成就以固国本，然而各业建设固然重要，坚兵利器仍不可缺少。即以人体为喻，红血球固然为健康身体所必需，但白血球用以抗御病毒之入侵，也必不可少。中华帝国之躯，并不缺少红血球，但白血球几告匮无。

在与西方现代文明的对比中，中国文化显得白细胞匮乏状，怎能不"虚劳”？

文化改革是全面的、深化的、彻底的改革，是整个民族的进步，乃至促进人类的进步！曲高和寡，这类改革显然不可多得。差不多近似的，我们历史上只有“孝文中兴”和“同光中兴”。很遗憾，“孝文中兴”显然猛补过头，“同光中兴”则尤显不足，所以终究还都以失败告终。

沉思：文化的此岸与彼岸

一、儒家的历史意义

（一）以纲常治天下

在《家天下是如何倒掉的》一书中，我将儒术描述为“孔子的笼子”，抱怨孔子的笼子对千年统治者没能发挥实际约束作用。除此，我还对儒家有三点不满：一是他们“脚步向前眼睛向后”的思维方式，阻碍社会进步；二是像莎士比亚笔下的牧师一边在花街柳巷流连忘返一边指引他人披荆斩棘上天堂的行为方式，口是心非，人格分裂，如托马斯·杰弗逊所揭露那样“只是让半个世界变得愚昧，而另半个世界则变得虚伪”；三是处处压抑弱势群体价值取向，在“三纲五常”约束下，下一级官员、子女及妻妾永远得夹着尾巴做人。著名清官海瑞就公开说：凡是在疑惑难辨的官司中，与其委屈做兄长的，不如委屈做弟弟的；与其委屈做叔伯的，不如委屈做子侄的。

芬纳在《统治史》一书中写道：

儒家思想，它使皇帝作为宇宙和人间纽带的角色合法化。同时，由于儒家学说主张人与人之间是不平等的，从这个意义上讲，它也使中国自古以来就存在的复杂社会分层合法化。它提出的“五伦”是所有社会互动的基础，而这五伦都是从属关系，分别是夫妻关系、父子关系、兄弟关系、朋友关系和君臣关系，而所有的人都必须服从皇帝。

不仅所有人的行动必须服从帝王，所有思想也得服从。中国帝王比武大郎开店更甚，不仅个儿不准比他高，高了不砍头削足适履，也得跪下自称奴才，不准写比帝王更好的诗不能唱比帝王更好听的歌，连如何种地如何生孩子都得听从帝王的指挥。纵观数千年历史，孔子的笼子没能有效地制约帝王，却有效地制约了除帝王以外的所有人，进而严重地制约了国家和民族的进步。

儒家有一定历史作用我并不否认，在总结盛世特征时就予以充分肯定。

美国作家诺曼·梅勒的小说《裸者与死者》中的少将师长说："军队要治理得好，像梯子那样一级畏惧一级必不可少；一定要把军队里的每一个人都纳入这样一把梯子。"我简直怀疑诺曼·梅勒这说法是从中国儒家借去的。

司马光《言阶级札子》写道：

唐自肃、代以降，务行姑息之政，是以藩镇跋扈，威侮朝廷，士卒骄横，侵逼主帅，上陵下替，无复纲纪，以至五代，天下大乱，运祚迫蹙，生民涂炭。祖宗受天景命，圣德聪明，知天下之乱生于无礼也，乃立军中之制曰一阶一级。

赵匡胤所创"阶级法"，简单说就是士兵对将校、下级对上级必须绝对服从，与诺曼·梅勒的"梯子论"不谋而合。

在儒家眼中，不仅军队，全社会都需要这样的阶级或梯子。汉代社会被正式划分为 20 个等级。第 20 级最高，包括诸侯、王公、王子及皇族；第 19 级为其他贵族，包括部分高官；第 18–10 级相当于"九卿"的官员；第 9–5 级为"大夫"，即高级官员；最后 4 级为"庶人"，即平民，依次为士、农、工、商。各阶级在穿衣、乘车等方面有一系列不同礼制，不得僭越。后世代代相袭，大同小异。朱元璋作《大诰》，连老百姓穿什么衣什么鞋都规定死了。金、元、清等少数民族统治者特别心虚，于是又多了一种民族压迫，强行规定自己民族至上而汉族地位最低。他们用一套套说辞将“三纲五常”打扮为“真理”，堂而皇之大行两千余年。这样，就不必担心子犯父、诸侯大臣犯君了！

全社会将“每一个人都纳入这样一把梯子”，显然有利于稳定。中国历代封建统治者（包括周边小国），之所以都愿意屈尊拜伏在孔子等所谓圣人泥塑像下，最根本的原因就在于此。杨坚的心腹大臣苏威引用其父的话说：“唯读《孝经》，足以立身治国，何用多为！”杨坚赞同，于是大力推行孝道，新编《五教》，讲解父义、母慈、兄友、弟恭、子孝五种伦理道德，强令被认为不文明的南方男女老少背诵牢记，反而引起叛乱。人们攻占州县，杀了官吏还要抽其肠，狠狠说：“看你还能要我背《五教》不！”当时的大臣李德林，有神童之誉，16岁就以孝名闻天下，对此也表示反对，认为“孝由天性，何须设教”。杨坚听了大怒，强调“识父子君臣之义，知尊卑长幼之序”，要求每一个人都牢记自己的社会地位，不要妄图僭越。著名学者资中筠揭露：

“孔子著《春秋》而乱臣贼子惧”。“乱臣贼子”是什么？是想造反夺取王位的人。历代帝王都自称是儒家，实际上他们并不完全按照儒家所宣传的仁义礼智去做，但取的就是这一点，就是不许造反。

张宏杰在他的新书《坐天下》中写道：中国古代“这种统治制度的根本特征是，皇帝不是为国家而存在，相反，国家是为皇帝而存在。”张宏杰还在该书中对皇帝特权进行了一系列对比，如法国路易十四最奢侈是“毫无节制地吃青豌豆”，出行排场最大是“百人警卫队”，宫廷可以让平民任意进入，中国皇帝的生活在电影电视里可多了，不需这里赘述。欧洲规定“所有君主都必须亲吻教皇的脚”，中国皇帝则只拜虚无的神灵。欧洲“国王在万人之上而在上帝和法律之下”，穷人的破屋“风能进，雨能进，国王不能进”，中国平民连个村长的强拆也阻挡不了。欧洲的皇帝只是“贵族中的第一人”，英国贵族常拒绝国王的命令，中国的皇帝则可以任意屠戮他的亲族。而且，欧洲国王的权势随着时间的流逝而日渐减少，中国的皇权却呈越来越专制之势。中国皇帝享有这一系列“优惠”，我觉得不能不归“功”于秦之后的儒家。否则，按照先秦儒家那样，如孟子主张“民为贵，社稷次之，君为轻”，换言之，如果没有董仲舒、朱熹们“三纲五常”的束缚，中国皇帝也许比欧洲皇帝更接近百姓！

中国帝王自然“感恩”儒家，也得“分赃”。儒士本来没资格像巫师和医生一样吃皇粮。蒙哥上任皇帝时，儒士高智耀趁机建议让儒家享受免徭役的特殊待遇，说：“儒者所学尧、舜、禹、汤、文、武之道，自古有国家者，用之则治，不用则否，养成其材，将以资其用也。宜蠲免徭役以教育之。”蒙哥不以为然，反诘：“儒家何如巫医？”高智耀说：“儒以纲常治天下，岂方技所得比！”听这么一说，蒙哥这才发觉儒士比巫师和医生的作用更大。

（二）儒家的积极作用其实有限

汉朝与古罗马同时期，但芬纳说“威胁汉帝国生存的中国式农民起义，在罗马却从未发生过”。他进而分析：“中国起义运动的前锋往往是强盗，也就是边缘化了的一无所有的农民，这一现象贯穿了 2000 年的中国历史。”“这一现象的背后有很多原因，但如果简单地认为中国频发农民起义是因为中国农民比罗马农民遭受了更多压迫，并且更为贫困的说法未免过于草率”。

这说法让我大吃一惊：民变更重要的原因是“农民们对于传统文化的疏远与抵制”，赤眉军、黄巾军等等都受到宗教的煽动。芬纳进而说：

我们还确信，庞大的农村并未被干瘪的儒学说教所触动，官员与普通纳税者之间的价值鸿沟，可以从帝国官员的儒学理念与农民们对社会黑势力的崇拜中反映出来。

稍冷静一想，很快为芬纳找到不少论据。

其一：庶人与宗教

宗教深入乡村，庶人也很容易利用宗教。如著名的黄巾军、太平军等等，不胜枚举。这里说一个小小的典型：睦州雉山梓桐（今浙江淳安梓桐）的女庶民陈硕真（有的作“陈硕贞”），早年丧夫，在官人家做帮工。653年清溪发生大洪灾，当地官衙不但不开仓赈粮，还照样征收各种赋税，民不聊生。陈硕真看不过意，偷偷打开东家的粮仓救济灾民，但被发现，打得遍体鳞伤。当夜，乡亲们将她救出，藏到三县交界处的覆船山。这里四周铁壁环绕，也称铁围山，素有“石门九不关，只出仙人不出官”之说。陈硕真在这里做道姑，一边疗伤，一边宣扬说她在这遇到太上老君。过了一段时间，又说得到太上老君的神谕，马上要羽化登仙，收了很多弟子。这时有人告密，官府将她抓了，以妖言惑众、图谋不轨的罪名上报。信徒们筹措资金，打通关节，让她无罪释放。这样一来，她进而宣扬刚从天上返回，法力无边，让更多人顶礼膜拜。

这年10月初，陈硕真宣布起事，仿照唐朝官制建立政权，称“文佳皇帝”。当地民众纷纷响应，几千人兵分两路，一路占桐庐，一路占睦州及于潜（今浙江昌化）。民军很快发展到数万，乘胜进攻歙州（今安徽歙县）。由于驻军防守严密，抵抗顽强，而民军大多是没受训练的普通百姓，又没有攻城器械，歙州久攻不下，不得已转攻婺州（今浙江金华）。官兵虽然强大，但是怕民军有神灵护卫，两军僵持。有天晚上，一颗陨星不偏不倚坠落陈硕真营中。婺州刺史崔义玄马上抓住这事大做文章，顺水推舟说陈硕真是天仙，但陨落了，马上就要死。官兵军心大振，民军士气则低落。崔义玄身先士卒，士兵用大盾为他避箭，他则撤去盾牌，奋不顾身。结果民军大败，陈硕真本人也被俘，不久被杀。可是当地仍然传说：就在官兵一拥而上的时刻，天边飘来一朵彩云，一只巨大凤凰降落，吓退官兵，载着陈硕真腾空而去。翦伯赞称陈硕真是中国历史上第一位女皇帝。

西方人真正信奉“君权神授”，如英国人相信亨利四世原来是上帝创造的第一个男人亚当的后裔，凡人是当不了国王的，即使偶有反抗也不会像李逵那样叫嚷“杀去东京夺了鸟位”，改朝换代自然不多。

其二：庶人与儒教

那么，陈硕真们为什么不像信仰道教、佛教、白莲教、回教、天主教之类宗教那样信仰“儒教”呢？

主观上，孔子的笼子本来就没想去约束陈硕真们，孔子明说“礼不下庶人”。客观上，儒家那一套礼也让平民百姓消受不了。庶民如果也要守孝三年，不早饿死了吗？“三纲五常”是深入群众了，因为宗法制度无孔不入，不忠不孝历代被列为“十恶不赦”之首，《大清律例》还将处死“不贞”女人的权力下放到宗族，我们常听说族长将奸淫男女用猪笼装去沉江之类的故事，但实际上不可能普遍。如《福建通志》上的贞女泰宁罗氏，足不出户，悬夫像于房，每食必奠，竟然“五十余年未尝一启口笑”。闽县王氏，奔未婚夫已死的婆家，独居小楼，饮食从窗口吊竹筐上下，还毁容自残。这是庶民家庭能够做到的吗？就算有那个贞洁之心，也没那个财力。

在安徽乡村，迄今可以看到一些高大的“贞节牌坊”。这些牌坊描写留给我们这样的印象：“一人节烈，全家光荣”，甚至全族、全村都光荣，所以人人争当，唯恐当不上。实际上并非如此！闽县林氏，未婚夫死了，绝食殉夫。父母求她进食，她回应：“父在读书时尝教女儿以名节，其可忽乎？”拿那些自己都不相信的东西教育人，自欺欺人，追悔莫及啊！

我还从福建清流旧县志上读到一段愤愤不平的议论：

贞烈之坊，与忠孝并荣，亦甚矣！而世之言曰：“今之节妇皆甘节，而非苦节也；皆富妇，而非贫妇也。若其贫矣，子孙弱且夭，奚其节？”然而报节妇者，又必隐其甘而托于苦，匿其富而捏为贫，而其饮冰茹蘖者，方阒然。闺中饮烟不举，惟是剖心良人，自明不负而已，岂能与富争甘苦哉？

该志披露：父老曰“当修志时，无润笔者不书”。原来，当节妇烈女还得富贵，得行贿！

如此反人性而又虚假的东西，怎么可能让那些不吃皇粮的庶民信服呢？

中国历史一方面是农民造反次数之多、规模之大属世界罕见，另一方面是2000多年中只有频繁地改朝换代，却不曾有过一次真正的革命，好不容易有次辛亥革命也是“夹生饭”。

学术界有个重要问题：中国封建社会何以成为“超稳定系统”？众说纷纭。行文至此，我似乎忽然明白：这种“超稳定”是儒家的功劳。在它的笼子里，姬宜臼、刘秀和赵构等人重建政权不敢改姓，周公、霍光和萧绰等人摄政而不敢篡位，常常遇到皇帝没有亲生儿子接班也得在他家族当中找个娃娃传承。

然而，庶人可不受孔子笼子的约束！“有奶便是娘”，高兴就做顺民良民，一旦生活艰难便做刁民暴民。

饱读儒书的人一旦不如意，也会愤然将孔子的笼子砸个稀烂。从武则天开始，科举最后一关殿试，由皇帝亲自“面试”，若不能让龙颜大悦，得黜落进士资格，功亏一篑。黄巢虽然商人世家出身，却一心想科举入仕。他文武全才，一举获得武状元资格。给猴子都颁过五品官爵的昏君李儇却一本正经起来，嫌黄巢貌丑，让他煮熟的鸭子飞了。黄巢怒发冲冠，写了一首诗《不第后赋菊》：

待到秋来九月八，我花开后百花杀。

冲天香阵透长安，满城尽带黄金甲。

这诗充满杀气和“大逆不道”的野心。完全可以设想，假如不是被剥夺状元资格，而能顺利为官，关进孔子的笼子，黄巢非常可能也会满口仁义道德，进而为忠臣贤臣甚至成为保卫大唐的中流砥柱。

北宋更多学子因此恼羞成怒，叛逃西夏。影响最大的是个叫张元的举人，一连多次在最后一关被黜落，叛逃后官方抓他家属出气。这时，群臣纷纷站出来说公道话，归咎于殿试。仁宗上台后不得不予以改革，面试只定状元榜眼探花，不再黜落。

贵族知识分子李密投奔瓦岗军后，纠正民军“旦夕偷生草间”的毛病，引导他们“取天下之策”，所起作用远胜于那些没读儒书的民军。明末周钟职位不高，但在翰林院是皇帝的近侍，跟现代高级秘书一样往往是储备高干。可是朱由检一死，他便吹捧李自成“比尧舜而多武功，迈汤武而无惭德”。旁人提醒他李自成杀人如麻，他还坚持说：“想当年，咱太祖皇上不也一样？”就这样摇身一变，他在新政权如鱼得水。洪承畴读了那么多儒书，受明朝皇帝那样重用，转眼间也变成“开清第一功”。洪秀全两次名落孙山，怒发冲冠，砸了孔子牌位，装疯一个多月，然后宣称上天堂受了上帝的救世之命，创立“上帝会”，率教徒造反，建“太平天国”。假如科举顺利入官，他很可能会是礼部侍郎之类呢！儒术跟他们手里的刀枪何异？

何况“君权神授”是把双刃剑。《历史上的 60 年》写道：“天命之说吓得住善良的百姓，吓不住觊觎皇位的野心家”。你周公说商王因无德被收回天命，所以周革商命是正义，如今我为何不能说你周失德被收回天命，灭你周为什么就不能说是正义？特别是董仲舒的“五行”说，即金木水火土五德顺序，皇帝轮流做，论证了汉朝“火德”取代秦“水德”的“合法性”。然而，西汉末，人们也因此认为汉之火运将尽，土德皇帝将要出现，早在昭帝时就有人劝他顺天应人让出帝位，宣帝时又有人建议他让贤。王莽时，他几乎是被朝野“选举”上台的，加九赐竟然有 487572 人上书表示支持，这数字是班固写入《汉书》的。当时全国人口不过几千万，有文化的不过几百万，能够上书的知识分子总共不会比 48 万多太多，这就是说几乎全国“选民”都参与了，支持率肯定达 95% 以上。在高层官员中，支持的多达 902 人，也几乎是全部。而在王莽覆灭的最后时刻，还有 1000 多身着盛装的公卿大夫、官臣跟随在他身边，并未众叛亲离。这么多人支持江山易姓，说明了什么？王莽“和平演变”大捷（最后失败另当别论）能不归功于儒家？

据学者们研究，西欧 8 — 16 世纪的 800 年间，几十个国家里数得上的农民起义总共不过七八次，没有一个王朝是农民起义推翻的。西欧农民偶有造反，只是想“照往昔一样地生活”，很少有人想当皇帝。中国仅清代200多年间，散见于《清实录》的农民起义就有300次以上，平均每年超过一次半。历史上的造反者往往都想自己当皇帝，而且常常很多人争，相互也拼杀。汉末、唐末、明末都如此，民国之初还土皇帝林立。更不可思议的是1949年以后还常有人“称帝”。如1982年，一名叫张清安的老农在偏僻的大巴山称皇帝，宣布建立“中原皇清国”，刻玉玺，起年号，设后宫，分封副皇帝、丞相及文武百官，拟旨册封蒋介石为“威国王”（不知其已故），颁布新王朝大纲《天律森吏》，将人分为11等，打算定都巴中县，把巴中川剧团大楼当皇宫，甚至要“御驾亲征”，结果还没出师就被当地公安机关捣了，贻笑大方。张宏杰说：将皇帝梦“付诸实际操作的中国人，肯定多过世界上其他国家之总和”。

芬纳说：“上天授命”成为有效统治的条件，这一原则成了后来所有统治者的标杆。“上天”收回成命的证据就是推翻统治者。因此，反叛被证明是正当的，这就为后来的继任者提供了一种简单的循环思想。

一种理论既能为统治所用，也能为推翻其统治所用，其作用究竟该如何评价？特别是那2000多年间，并没能使中国的昏君暴君更少，也没能使中国的“乱臣贼子”与刁民暴民更少，却让中国的造反动乱比世界其他国家更多，儒家之功究竟多大？

二、儒家的现实意义

（一）儒家的“剩余价值”

那么，儒家可能成为21世纪中国人的精神支柱，甚至引领西方文化吗？有些人正在这样努力，包括一些外国学者，如西方著名的汉学家、美国芝加哥大学教授、美国东方学会会长顾立雅等。当然也有不少人持异议，如芬纳写道：

首先它（指儒家）没有丝毫关于政治和社会平等的概念；其次，它也不存在一丁点儿关于民主和大众政府的概念。当顾立雅和其他人在孔子身上发现民主的时候，他们所看到的其实只是孔子宣称的一些主张，比如人人都可以成为“君子”，人人分享共同的“仁爱”，“天下一家”。这只是宣扬照顾所有人的义务，以及生活中的美德。孔子推崇普世性的“仁”，但还是要服从于“仁慈”的家长式权威统治之下。这并不是民主。

孟子使“民”成为核心，但他从未暗示可以实现“民治”。后儒竭力推销“三纲五常”与“革尽人欲，复尽天理”。人性正在解放的现代中国民众、人性早已解放的西方民众，他们会接受专门制造“人上人”与“人下人”的儒家那一套吗？我不信！

心理学认为：所有的生命体都有朝向自然、健康与成长的驱动力。那种“革尽人欲，复尽天理”之类的反动，注定要彻底失败！

我觉得儒家与现代文明的矛盾是显而易见的，真不明白为什么会有那么多专家学者在那里强行狡辩。学者王霄认为以儒家为主体的传统文化不足在于：修身齐家还可以，治国平天下不行。他还具体分析：

传统文化之不适应于今天世界潮流，就其政治思想学说部分而言，可以简要分析归纳一下原因。政治学说所要研究和解决的，在我看来，大约是三个问题：一是权力的来源和制约，二是权力的组织、运行和效率，三是权力的获取和保卫。在这三个方面，中国传统文化对第一个问题的价值略大于零，即已经基本失去解释能力；在第二个问题上利弊相驳，结果可能为正，但价值不太大；在第三个问题上基本是负数，即虽然可能有效，但都是不符合现代政治文明的权术伎俩。

他强调：“在实现民主与法治之前，中国传统文化还是不要进入中国政治，以免加大中国政治的丑恶一面。即使要有所借鉴，也要小心地剔除其糟粕。”

中山大学哲学教授袁伟时最近在《财经》杂志发表《中国传统文化：辉煌·历史危机·现实危险》一文，一针见血地揭露：

时至今天仍有自封或互相吹捧的儒家“大师”，信誓旦旦断言儒学可以医治中国乃至世界的痼疾。他们故意回避17世纪至19世纪中国向现代社会转型失败的主要障碍就是儒学！

我最欣赏孔子“己所不欲，勿施于人”之句，在《家天下是如何倒掉的》一书中还加以推崇。可是袁伟时说：各大宗教几乎都有类似的格言，如犹太教：“你不愿施诸自己的，就不要施诸别人。”印度教：“你自己不想经受的事，不要对别人做。”《圣经·路加福音》：“你们要别人怎样待你们，你们也要怎样待他们。”穆罕默德：“你自己觉得什么是痛苦，就该想到对别的所有人来说它也是痛苦。”心同理同，各民族人性基本相同，中国人并没有什么太特别。

我们远古的老祖宗出于时代的局限，想象“天圆地方”，自己所在是世界的中心，呈“回”字形向四周伸延，最中心是王所在的京城，之外是华夏或诸夏，再外就是夷狄。“夏”就是“雅”，就是文明，距京城越远越荒芜，越野蛮，所以蔑称：南蛮、北狄、西戎、东夷。唐代文人皇甫湜写道：“所以中国者，礼义也；所谓夷狄者，无礼义也。”因此自己是“礼仪之邦”，其他地方都是野蛮人。其实不然。杭州师范大学中国哲学与文化研究所所长朱晓鹏在他的《传统思想的现代维度》一书中写道：

尽管我国历史上被看作是“礼仪之邦”，传统文化历来也是以注重道德伦理型文化而著称，然而当我们用现代标准、现代批判意识来审视我国传统文化时，却可以看到古代道德律令、实际道德生活规则中也存在许多不道德的现象。

这话是否可以理解出这样两层意思：其一，我国历史上著称的仅是道德中伦理型的文化，而道德实践则不一定为人称道；其二，现代看来历史上存在诸多不道德，不应当盲目搬到今天。朱晓鹏该书还具体归纳了几种“在我们今天看来是不道德的现象”，一是“对生命的践踏和剥夺”，二是“轻视物欲、压抑情感”，三是“平等意识的淡薄”，四是“荣辱意识的错位”。

所以，诸多学者提出“传统文化的创造性转化”。

中国传统文化过于注重道德伦理，对封建统治者有一定意义，对于现代国家民族进步及人民幸福没什么好处。王小波毫不客气地指出：“如果说，这就是中华文化遗产的主要部分，那我就要说，这点东西太少了，拢共就是人际关系里那么一点事，再加上后来的阴阳五行。这么多读书人研究了两千年，实在太过分。”《南方都市报》和《新京报》创办人之一、前总编辑程益中说得更透彻：“中国最大的糟粕，就是所谓的做人学问，中国人缺乏的是率真和纯粹。”早在 80 年代初，就有人才学家认为传统教育“强调团结互助、集体主义等协调性道德，却往往忽略了发挥个人勇敢、个人兴趣、自信独创等进取性道德”。

（二）道德现实

法国著名学者弗雷德里克·鲁维洛瓦在他的《礼貌史》一书中写道：

只要有人类社会存在的地方，就会有礼貌存在。礼貌以这样或那样的形式驻扎在各个国家，只不过，每一个国家的礼貌都有自己的特色，或多或少与它们邻国的有所不同。

他甚至认为：没有礼貌规范，妓院都开不下去。法国著名民意调查机构索弗瑞 2003 年一项调查显示：该国青少年眼中最无法容忍的行为竟然是违反礼貌规范，96% 认为是侮辱老师，94% 认为是不尊重父母，他们觉得这两项比那些可能遭刑事处罚的（如考试作弊、打黑工和吸毒）更严重。还有调查显示：1999 年 68% 的法国民众认为言谈举止有教养很重要，2003 年持这种观点的超过 70%。如果在我们现实中搞个真实的调查，会有这么多人推崇礼貌吗？我很怀疑。我在欧洲旅游时对他们的民风深有体会，比如投宿不用交押金、退房时等查房要等老半天，而这些民居里面精美的小物品非常多，可我们离开时照样只要将钥匙留在里头关门走人便是。他们的建筑往往有地下一层，临街留个小“天井”，一般用铁栅围着，可我在英国爱丁堡看到一个小窗就在街边行人的脚边，窗边长着几支鲜嫩小草，玻璃普通，房内一目了然，想必那主人从来不用担心被顺脚一踹……

道德并不是中国特产，世界上并没有哪个国家贫乏，急需从我国进口。现实还很可能恰恰相反，我们可以常读到国人在外国旅游出丑的新闻。前不久因为“发现有第三方机构有组织地为这些论文提供虚假同行评审”，英国大型医学学术机构 BioMed Central 宣布撤销在其属下刊物发表的 43 篇论文，其中 41 篇来自中国。如果说那些不文明的游客是“土豪”素质差，那么这些虚假论文的作者呢？

我们早已开始“社会主义精神文明建设”，近年还在大力恢复所谓传统文化，不能说不重视。然而，具体做了些什么呢？前些天一条新闻：安徽六安市为弘扬“孝道传统美德”，在大街上大做“公益广告”，原原本本搬出历史上的“二十四孝”，包括“埋儿奉母”，舆论哗然。

（三）长龙如何飞舞

记得联合国有份报告将 20 年前中国社会的生产力比喻为百足虫，头进步很快，但尾巴太长，整体也就难以前进。我忽然想：今日中国的经济何尝不如此？政治、文化不也如此？我们的封建尾巴太长太长了！

百足虫学名“蜈蚣”，也叫“天龙”。我老家正月舞灯笼，竞相赛长，用很多条板凳相连，在大片田埂上绕来绕去。其实“长龙”不可能在天上飞舞。2013 年，英国《每日邮报》曾报道中国最新考古研究证实始祖鸟有四个翅膀，但那是一亿多年前的事，也就是说“脚”多——包袱重不利于飞行，早消亡了。不将封建这条长长的尾巴切割，很难想象中国龙在现代世界的天空怎么飞舞。

传统文化有“优良传统”与“糟粕”（或曰“痼陋”）之分。历史地看，秦制距当时天下诸侯体制，美国宪法与当时世界奴隶与封建体制，日本当年“脱亚入欧”，都离“痼陋”很远，所以特别成功。凡强大国家，无不通过重大改革迅速崛起，领世风之先，而不是恋恋于古风。描述一个国家或民族强大常常用“崛起”一词，就意味着曾经长期平淡，现在改革，迅速突兀而起。中国封建社会后期有如“老头树”，如果没有外部侵扰，有可能再苟活百年千年，但永远别指望它长成参天大树！

工业文明与农业文明，科举制与“举孝廉”，热兵器与冷兵器，都距离很远，所以才有质的飞跃。泼污水当然不能连婴儿一起泼掉，可是抱婴儿也不能连污水抱住不放。

如同欧洲人当年从神的枷锁中解放出来，中国人急待从孔子的笼子中彻底解放出来！

柏拉图有个著名的“洞穴之喻”，假设地穴中有一批囚徒，他们自小被束缚在那里，只能看面前洞壁上的影子，便认为影子是唯一真实的。如果有一个获释，返回去拯救他的同伴，会发现很难说服他们跟他走出洞穴。我们从 100 多年前开始走出那个孔子的笼子，是不是也如此？

三、传统文化的现代转化

（一）文化输出

半个世纪前，德国哲学家雅斯贝尔斯提出一个著名的理论：公元前 800 年至前 200 年，特别是前 600 年至 300 年为人类文明的“轴心时代”，出现了一群伟大的精神导师，如古希腊的苏格拉底、柏拉图、亚里士多德，古印度的释迦牟尼，中国的孔子、老子等等，标志着人类文明取得重大突破。虽然分别生活在不同的地区，具体时代也略有差异，相互间不可能交通，但他们的文化传统却有着诸多相通的地方。西方学者说：迄今为止的一切西方哲学都是对古希腊哲学的注释。同理，吴稼祥认为“秦汉以来的所有中国哲学也都是对春秋诸子哲学的注释，只是注释得不如人家好罢了”。中国传统文化以儒家为主。历史上，周边一些国家积极主动学习引进儒家思想，并作为自己的“国教”。如日本、朝鲜、越南、新加坡等等，迄今仍然有着明显的影响。

儒家文化也曾影响欧洲。17 — 18 世纪，欧洲人开始反对世袭贵族制，四处寻找思想武器，通过耶稣会士教团发现中国儒学和政治是平等而宽容的，十分高兴。儒家提倡“仁政”，他们很自然认为“儒学是人民反对暴政的正义斗争的卫士，是一种赞成社会和政治改良（如果不是革命）的力量”。他们还认为“孔子为使中国社会走向民主政治开了一个好头”，因为孔子“一再澄清说，仅仅是具有家族继承权的人尚无权进行统治，而任何不称其职的统治者也没有资格在位”，“在《论语》中，孔子反复强调了完全以德行和才能作基础来挑选、提拔官员的重要性”。顾立雅总结：“17 和 18 世纪的德国、英国和法国，有大量的学者、哲学家和政治家受到了中国思想的影响”，在“18 世纪 6 种法国思想中，每一种都与《论语》中的和真正早期的儒学思想之间具有不同寻常的相似性”。

然而，好景不长，欧洲人很快发现受骗上当。比如，法国著名思想家伏尔泰把乾隆皇帝在位时的中国称为政治宽容的典范，而实际上“文字狱”盛行，乾隆是“中国历史上最大的（以禁止‘危险思想’为名的）文献毁坏者之一”。第 15 章已述，中国文化主要是通过传教士传播到欧洲的。人们觉得耶稣会士教团过于美化中国儒学与统治者，耶稣会士教团于是失去各方面的信任，1773 年被教皇取缔。西方主流世界也从此不再对中国感兴趣，很快走向战争。儒家只得“出口转内销”，并在中外文化交流中处于守势。

（二）文化抗战

最近，蔡历提出一个问题：为何历史上的中国会出现多次对儒家的偏离？答案是遭遇外来文化的冲击。最近一次偏离及其原因，是大家熟知的 1840 年，在欧洲坚船利炮打击下，中国逐渐放弃儒家，而接受西方思想，进行现代化。再往前一次也基本为大家熟知，是东汉末中国逐渐开始接纳甚至崇拜来自印度的佛教思想，唐代达到高潮。确实如蔡先生所说，董仲舒“天人感应”说、几次禁佛运动、程朱理学均是抵御外来文化的产物。纵观大几千年抵抗史，可谓屡战屡败，而又屡败屡战。

唐中后期那场“古文运动”，让人很自然产生与欧洲的“文艺复兴”之间的联想。它的背景是“五胡乱华”乱了中华江山，更乱了儒家文化。“古文运动”的旗手韩愈批判“佛本夷狄之人，与中国言语不通，衣服殊制，口不道先王之法言，身不服先王之法服，不知君臣之义、父子之情”，并斥责道教误国害民，甚至贻害君主。另一位旗手柳宗元则批判董仲舒“天人合一”及阴阳五行学说，否定汉晋以来盛行的传统思想和正统观念。著名学者陈寅恪评论：他们是想“一扫腐化不适用人生之骈体文，作此尝试而能成功者，故名虽复古，实则通今，在当时为最便宣传，甚合实际之文体也”。“古文运动”的成果只是扫除了华而不实的“骈体文”，树立了散文新风，并未影响到思想界、政界，所以佛教、道教依然迅猛发展。后来新生程朱理学不仅没能恢复孔孟儒家的生气，反而更加僵化，终遭历史摒弃。“古文运动”只不过流芳中国文学史，与欧洲“文艺复兴”不可同日而语。直至清末，还有所谓“理学中兴”，疯狂反对“洋务运动”，妄图将政局拉回闭关锁国的时代，也只不过螳臂挡车。

当今中华民族复兴需要一种什么样的文化？学界争论挺多。我觉得首先必须彻底抛弃“独尊儒术”这样一种思维。“独尊儒术”实际上是个“伪命题”，始作俑者刘彻就没有真正实行过。北师大文艺学研究中心主任李春青在他的《趣味的历史》一书中写道：“武帝时接受大儒董仲舒建议，独尊儒术，立五经博士，儒学看上去很兴旺，但实际上儒学并未真正成为有效的社会意识形态”，“儒学真谛未能实现为人们的社会行为，而是停留在书本上”；“半个世纪后，到了西汉后期，孔子学说、儒家正统思想也还是受到来自那些实干的政治家们的严重质疑”，“盐铁会议”激烈争论的“核心就是儒家思想究竟对富国强兵有没用的问题”。即使名副其实“独尊”过，那也好比中医，在历史上已经“独尊”了几千年，肯定拯救过无数人的生命，不能完全否定它。然而，在 21 世纪的“地球村”，仍然“独尊”中医而拒绝西医，你问问身边的百姓，几人愿意？

然而，一些所谓专家学者趁重视传统文化之风，却公然贩卖历史垃圾。比如声称“今天我们复兴儒家价值，像《列女传》一类的儒家女性教化书籍，仍然是现代社会对女性进行教化的重要教材”，“只有儒家能安顿现代女性”；广东“女德班”向北京、山东、河北、陕西等地推广，居然以“打不还手，骂不还口，逆来顺受，绝不离婚”16字为“女德”四项基本原则，还提出“如果要做女强人，就得切掉子宫、切除乳房，放弃所有女性特点”；甚至主张恢复跪拜，梦想恢复“宗族制”……赤裸裸地与现代文明对抗。

程朱理学没能帮助南宋免于被元灭亡，没能帮助元朝免于被明灭，没能帮助明朝免于被清灭，更没能帮助清朝免遭帝国主义欺凌，甚至没能帮助那些王朝免遭农民军的反抗。明清时期闭关锁国，我们得到了什么？“文化大革命”时期，本国历史被作为封建主义摒弃，西方世界被作为帝国主义炮轰，其他社会主义则被作为修正主义批判，胜利得很完美，好像悠悠数千年、浩瀚全球唯有我伟大光荣正确，可又给我们带来了什么？时代这只舟，已行至21世纪，难道还要重返2000多年前去寻捞那只鞋，且不惜削砍我们活生生的足去适应它吗？

用现代的CM、KM去丈量董仲舒、朱熹们欠妥，而用董仲舒、朱熹们来丈量现实，削足适履，将更悲惨。现在有些人忽然又重视儒学，无非是想用以抵御新的外来文化，用心良苦，药方未必得当。儒家在100多年前就开始在异族面前屡屡失效，还能对付比100多年前又有一系列飞跃发展的西方文化？当心变成现代“义和团”！

我们今天要有效地抵御“文化侵略”，唯有扎扎实实地创造新的、让世界人民喜闻乐见的中华文化，而不能幻想从古墓里挖出什么稀世宝贝。正如著名学者资中筠指出：

现在谈要建立文化，除了去找老祖宗之外，就没有其他什么办法了。但其实用不着你找老祖宗，《论语》、《孟子》以及其他先秦诸子的经典著作已经翻成了许多文字，早就传播出去了，现在仍有西方汉学家在研究这些东西，还用你现在去输出吗？人家要看的是你现在能拿出什么新东西来……

另一位学者黄卧云也说：

能够成为“实力”的肯定是现实的、当下的力量，而不是某个历史时间的实力。埃及不可能凭借金字塔增强自己的国际地位，尽管它举世无双的魅力吸引着世界游客。德国产生了一系列影响世界的思想家和哲学家，为德国赢得了独特的历史声誉，但我们难以想象，今天德国依靠康德、黑格尔、马克思诸人，而不是依靠它领先的制造业在世界上赢得自己的特殊声誉和地位。试想一下，西方今天要用柏拉图来增强其对世界的影响力将意味着什么？

时常有些“儒家文明将领导全球”之类的狂言，我是绝不相信的。西方国家基本上达成了共识：一切社会问题的根源都是源于人与人之间的不平等。

华东师大中国现代思想文化研究所常务副所长许纪霖最近在评论美国前国务卿基辛格新书《世界秩序》一书时指出：

凡欲挑战全球核心价值的最终难免失败，而顺应普世文明又有所发展的，将有可能以新的文明领导世界，成为地球方舟的新一代掌舵人。

我也真挚地希望中华文明能够光照全人类，但我想这种文明首先要能够让现代人接受和喜爱。

（三）文化涅槃

近 20 年前，我在单位编一份小刊，曾有位同事写了篇小稿《算盘不能丢》。当时，电脑不是很普及，算盘在银行还偶然用用，但这篇稿子的主要论据却是周恩来曾经说过“不要把算盘丢掉”。为了鼓励写稿，我刊发这一篇，但特地对作者说明：“你这篇文章的观点和论证，我是不同意的。算盘能不能丢，不是某个大人物说了算，而要电脑说了算。”实际上，这种思维方式相当有代表性。百度一下，还可以查到 2013 年 12 月 8 日的《半岛晨报》新闻:“上海市珠算心算协会会长张德和等学者认为,珠算是国宝,不能丢。电子计算机不可能完全代替算盘,使用算盘和使用电子计算工具并不矛盾。”屁股指挥脑袋,毫不奇怪。珠算协会会长说算盘不能丢,跟儒学专家说儒学不能丢,弓箭手说弓箭不能丢,“宗社党”说皇位不能丢是一样的逻辑。他们的心情是可以理解的,继续做做学术研究也是必要的,我并不想敲人家的饭碗,只是想请他们不要误导时代的发展。

21 世纪的今天建构“孝”文化,不去致力创造与完善养老制度,却指望什么陈腐的“二十四孝”!

葛兆光认为:站在“交错文化史”角度看,历史上的“西域”很像地中海,而自蒙元之后,“东海”(包括近世欧洲人经由海上途径到东亚的“南海”)是一个新的“西域”,这说法令人耳目一新。一些“愤青”整天嚷着“抵制日货”,嫖对方妓也是“报仇雪恨”之类,实在是肤浅,甚至变态。最近一些国人到日本“爆购”马桶垫、大米之类,甚至出现堂堂的复旦大学校庆宣传片抄袭日本东京大学,就很说明问题。资中筠指出:

日本侵略中国,确实对我们有很大的破坏,最大的破坏就是打断了我们现代化的进程,但在这之后,那么多年来就没有外国人侵略我们,我们自己做了什么?

我们应当努力创造一种让日本人像“大化改新”时期那样口服心服的中华新文化,复兴中华文化在亚洲乃至世界相应的“软实力”,这才是正事!

2000 多年前,孔子想乘竹筏“流亡”海外的时候,说“中国”是天下中心,完全可以理解。1000 多年前,由于交通所限与海外交往不多,强调“华夷之辨”,也能理解。100 多年前,西方文明已经展现在中国本土了,还要坚持“天朝”,实属不该,但仍然体谅。30 多年前,在所谓封建的、帝国的与修正的全被批判的情况下,说台湾人民处在水深火热当中,全世界有三分之二的人民渴盼我们去解放,我也曾天真地相信过。而如今,改革开放已 30 多年,越来越多人亲眼目睹到世界的真面目,我们日常生活所需也越来越多地来自海外，却还像那庙里的和尚硬要说山下的美女是吃人的老虎，我不能不怀疑极“左”的动机与智商！

中国固然需要爱国主义，但首先需要提防张佩纶们再一次误国！

我曾在《中国盛世》中写道：“当农业文明结束，儒家文化便显得无能为力了”，“兆示着儒家地位的历史终结”。最近读了《历史的教训》，更坚信这一点！

腐儒为什么要顽固不化地维护封建统治呢？无非是为了从它那里分享点残羹冷炙，却置人民的利益于不顾，“仁”在何方？终结儒家的独霸地位，让其在中华文化中涅槃是再正常不过的事。

请不要害怕历史文明的死亡！正如《历史的教训》所说：“所有人都同意一点，即文明都会经历生长、繁荣、没落、消亡的过程——或者说由以前生机勃勃的洪流变成一潭死水”；“希腊文明并不是真的死了，而只是外壳不再存在了，栖居地发生改变了，内涵得到延伸了”，因此“我们不应当为我们的文明也会像其他文明一样死亡而过于烦恼”。哲人尼采说：“不蜕皮的蛇只有死路一条。人类也不例外。若是抓着旧思想的皮不放，人便会从内部开始腐败，不仅无法成长，还会迎来死亡。要脱胎换骨，就必须让思维也进行新陈代谢。”

《历史的教训》指出：“罗马引进了希腊文明，并向西欧输出；美国从欧洲文明中获益，以前所未有的技术方式，再次传播出去。”高铁动车是外来文明，购买日本、德国、法国和加拿大等国技术，经过十几年“消化，再创新”，现在正成为我们走向世界的拳头产品。我们应当多一些这样的改革创新，而不要老是炫耀并恋恋不舍我们千年前的马镫。中华文明凤凰涅槃，本该是 100 多年前的历史使命，我们这一代不能再逃避！

根据汤因比的研究，人类历史上曾有 21 种文明，其中 16 种已绝迹，4 种正在衰朽，只有古希腊文明转化出的工业文明，正席卷全球。而这些消亡的文明，无一是他杀，而全都是自杀——失去了创新的活力，被历史淘汰。

我们优秀的传统文化也不是被外来文化打败的，而是被朱熹们阉割掉的。比如“人日”为西汉东方朔创设，内容是女性在脸上画各式图，如“斜红”、“面靥”等，涂唇“万金红”、“大红春”、“内家圆”，这类妆早在春秋战国时就有。由此可见，古代中国女性也非常爱美，并善于美化。可是，此俗流传至宋就没了，朱熹甚至反对女性露面往来，要求女人上街戴“面兜”，差点将中国女人变成阿拉伯女人！清明节古时又叫“踏青节”，趁着春暖花开到郊外游玩，可现在这乐趣也给弄丢了，只剩“路上行人欲断魂”的悲悲戚戚。“革尽人欲，复尽天理”的传统节日庄严有余而愉悦不足，当然让人不开心，当然没“情人节”、“圣诞节”之类受欢迎。我们一些官员只知学朱熹那样下“红头文件”、锁闭校门，却不知学“文艺复兴”，从传统文化中挖掘人性价值，推动现代的发展。

诚如朱晓鹏教授指出：“我认为传统思想文化的研究归根结底是为了现代人的生活和思考，是为现时代以及未来人们寻求一种更合理、更有意义的生活服务的。”中共十一届三中全会公报号召：“改变一切不相适应的管理方式、生活方式和思想方式”。30多年过去，社会生活发生了日新月异的变化，可是一些官员的管理方式和思想方式，却仍然没有多少改变，封建时代、战争时代及“文革”时代的东西常常堂而皇之地再现。那种搬出“埋儿奉母”之类“传统文化”到现代大街上的官员，不客气地说实属愚不可及，成事不足败事有余！

前文所说锯箭式、止痛式、疫苗式、细胞式四个层次的改革，并非强调由浅入深，按部就班。各层次的改革可以同时进行，深层次的改革必然包含低层次的改革。有些改革浅尝辄止，虽救不了帝王一世，更救不了国家和民族，但总比没有好。不难想象远古的人类社会多么简单粗糙，正因为有了改革，一次次改进一些，历经无数次，从量变到质变，才有美好千万倍的今天。那一次次改革，好比运送航天器上太空的火箭，不可能一节完成。只有一节又一节接力，才可能达到那个高度。

古今中外，没有哪一次改革一帆风顺，一蹴而就。秦始皇的郡县制并非横空出世，此前300年秦武公便开始试行，100余年前商鞅变法开始推广，晋国在春秋晚期首创，赵国也曾试行。英国17世纪资产阶级革命胜利后，19世纪30年代开始几十年间，相继又在政治、经济、军事、教育、卫生等各个领域进行了改革，史称“改革的时代”，经过了200来年的自我调整与完善。日本资产阶级近代化进程算是最快的，但也历经半个来世纪。

当然不是说人家的电脑从无到有历经几十几百年，我们也得重新摸着石头过河，连人家走过的弯路也不可少。我只是想强调：孙中山们“俟河之清，人寿几何”的心情是可以理解的，但欲速不达，不必太急，不怕受挫，只要能坚持改革，不断向前推进就好。

中兴是以改革者的心胸为半径画圆。半径多长，决定其复兴之功多大。历史上的中兴之所以无不短暂，甚至昙花一现，成为回光返照的代名词，只因为那些改革者（帝王）的心胸过小，超越不了个人的小九九，超越不了小集团樊篱，超越不了时代局限，也就不可能有千秋之功。鲜卑族虽然能够大胆汉化改革，实现本民族跳跃式发展，但不能站在中华民族的高度进行更深层次的改革，其复兴之功也就很有限。契丹、女真、蒙古和满族的历史，也都说明了这一点。

没有伟大的改革者，哪来伟大的复兴？

18世纪英国著名政治家埃德蒙·柏克说：“政治上的宽宏大量往往是最为明智的，一个伟大的帝国与狭隘的心胸合在一起就糟了。”更早的柏拉图则说：

如果一个人犯了破坏比例法则的罪，使一个太小去负担一个太大的体积——船太小而帆太大，身体太小而食太多，心灵太小而权力太大——其结果一定是全部破坏。

在每一个朝代之末，都可以看到这种“伟大的帝国与狭隘的心胸合在一起”、“心灵太小而权力太大”的现象。他们不能像慈禧后期那样认识到“误国家者在一私字，困天下者在一例字”，跳不出为私所困于“例”的樊笼，也就不可能有制度上、文化上的改革，顶多是些锯箭式、止痛式小花招，感冒发烧小毛病也治不了，何况百孔千疮！朱由检很有中兴之志，可他将权力与金钱捂得太死，只能一步步走上煤山的吊环。慈禧死后突变，就因为“宗社党”心胸太小，而听不见全国各地愈来愈强烈的加速改革呼声，难怪让革命抢了道。

明清统治者如果有伟大的心胸，不受一家一族私利羁绊，及时主动地改革开放，像我们这样地大物博、人口众多、GDP占绝对优势、海上军事也一度领先的帝国，肯定具有一流的综合实力，何至于让异族甚至让葡萄样的小国从天边跑来欺凌？且莫怨东风，东风正怨侬！

畅想：明天之历史

解读历史，往往带着主题，见仁见智。前些年，美国著名学者萨缪尔·亨廷顿提出“文明冲突论”，享誉全球。美国另一位知名学者威廉·麦克尼尔则认为各种“文明之间一直是相互联系的，这些联系常常是社会变化的通衢”，其代表作《世界史》的副题便是“从史前到21世纪全球文明的互动”。美国耶鲁法学院教授艾米·蔡眼中的世界历史又有所不同，她说：“无论哪一个帝国，宽容性都是其获得世界霸权不可或缺的关键因素”，其《大国兴亡录》一书的主题为“宽容”二字。所以，也请允许我用“改革”两字解读中兴的历史。

纵观古今，畅想未来，我想将人类历史描绘为这样一张示意图：

人们常说历史呈兴亡周期律，以创立、兴盛、覆亡三点作圆，循环反复，

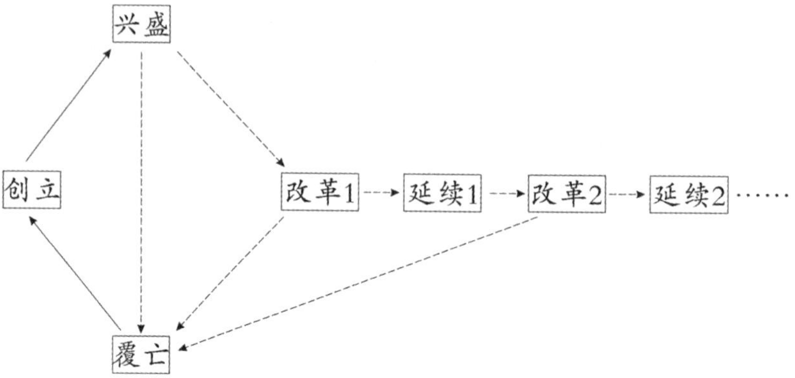

纵观成一条环链。最早提出的，可能追溯到东汉末思想家仲长统，他考察春秋至汉末近 500 年的历史，认为每个朝代都经历了兴起—守业—衰亡三个阶段，“存亡以之迭代，政乱从此周复，天道常然之大数也”。他叹道：

悲夫！不及五百年，大难三起，中间之乱，尚不数焉。变而弥猜，下而加酷，推此以往，可及于尽矣。嗟呼！不知来世圣人救此道，将何用也？又不知天若穷此之数，欲何至邪？

仲长统悲观极了，不难想象他“独怆然而涕下”的样子。我们现代人比他多看了 2000 余年的兴亡，一方面完全有理由更悲观，另一方面则应当惊喜地发现“救此道”的希望——正如毛泽东 70 年前非常自信地回答：

我们已经找到新路，我们能跳出这周期率。这条新路，就是民主。只有让人民来监督政府，政府才不敢松懈。只有人人起来负责，才不会人亡政息。

对此，我十分赞同！其实，这正是当今世界越来越多国家正在走的新路。只要我们稍加正视，就不难发现：民主化与全球化、市场化，是当前世界三大新潮流。专制国家在 100 年前约占 90%，50 年前降至 50% 以下，如今剩余不到 10%，由此足见中国在 1911 年、1949 年选择的政体是正确的，也可见 1978 年选择改革开放是符合世界潮流的。中共中央党校党建教研部主任王长江前不久在《学习时报》撰文强调：要“坚定不移地高举民主的旗帜。不是别人举，我们就不举；而是别人举，我们比别人举得更高。”

鉴于历史上的中兴现象，我想将周期率三点改为四点，即在兴盛之余的走向，可能直接覆亡，如车祸断崖，但更多如人之生老病死，在死亡之前治病康复，这便是改革中兴。改革中兴失败，再衰亡。

不仅如此。人不大可能只病一次、康复一次，一般都有多次。改革与中兴也可能如此。

任何比喻都是有缺陷的，以人喻史也不例外。作为个体的人生命有极限，而人民生生不息。《家天下是如何倒掉的》着眼末世，思考的却是国家永恒的问题。其结语《家天下夭折之必然与国家永恒之可能》，分析历史发展的环链式与拉链式，提出一种“射线式”发展轨迹。我激动地写道：

之所以成圆，是因为兴升至盛之时开始衰落。有人民的监督，政府不敢松懈，一出现衰势就及时得以纠正，那么盛之后就不再是一段下落的弧，而将是一条射线……我中学数学学不好，行文至此却不知怎么鬼使神差，会突发灵感冒出几何学上“射线”这个概念。不大放心，马上查百度，描述其特点：一是只有一个端点和一个方向；二是不可度量，通常形象地把它看作是手电筒发出的光线。

当然，这射线只是个象征性说法。世界上没有几样事物能像手电筒的光亮那样笔直，太阳月亮也有日食月食，再美好的社会也不可能微波不惊，我只是深信民主之路可望让国家的历史在一个方向不可度量地、基本平稳地发展，大致呈射线式，而不再呈拉链式或者环链式。换言之，诚如夏王桀所说“天之有日，犹吾之有民”（请不要因人废言），或如美国总统奥巴马所说“一个为了人民的政府是不会从地球上消亡的”！

人民不死，国之永恒！

这里强调民主的制度可以使弊政不断及时得以纠正。正如托克维尔说：“美国之伟大不在于她比其他国家更为聪明，而在于她有更多能力修补自己犯下的错误。”换言之，就是说美国人善于改革！

使弊政可能不断及时得以纠正的，正是改革！民主则是其工具，中兴是成果。不断的改革让历史呈射线式不息地发展。《历史的教训》写道：

历数民主的缺陷之后，它还是要比任何其他形式的政治都要好。它的害处较少而优点较多。它给人民带来的热情、友善，远远超过它的缺陷和瑕疵。它给了人们思想、科学、事业以自由，这是使其得以运行和成长必不可少的。它推倒了特权和阶级的城墙，在每一代人中，它从各个阶层和地位的人中选拔出一些出类拔萃的人物……它用勇气和能力来保卫自己，抵御外国独裁制度的攻击，也不会让独裁政治在国内出现。

民主能治扁鹊所说的"未病"，就是"上医"！中共中央编译局副局长兼北京大学中国政府创新研究中心主任、清华大学政治发展研究所所长俞可平最近在接受《中国新闻周刊》专访时指出："不断地从统治走向治理，是人类在全球化时代新的政治发展趋势，中国要走向社会现代化，必然要走向国家治理的现代化。"他强调：

中国能够在社会基本稳定的前提下保持经济的长期发展，很大程度上得益于中国治理改革的成功……我们现存的治理体系和治理能力还相对落后，跟不上社会现代化的步伐，不能满足人民日益增长的政治经济需求。如果不采取突破性的改革举措解决国家治理中存在的紧迫问题，那么我们目前局部存在的治理危机有可能转变为全面的执政危机。化解治理危机的根本途径，就是以巨大的政治勇气，沿着民主法治的道路，坚定地进行政治体制和社会体制的改革，推进国家治理体系的现代化。

我想：只有在民主的制度下，人民有权监督政权、有心揭露弊政并有机会参与改革，换言之就是100多年前便提出的"人人有亡天下之责，人人有救天下之权"，改革才可能不断成功，中兴也就不再是昙花一现，历史不再呈环链式、拉链式，而呈射线式发展！

我坚信：只要人民之心不死，国必将永恒！

主要参考文献

张习孔，田珏．中国历史大事编年[M].北京：北京出版社，1997。

杜建民．中国历代帝王世系年表[M].济南：齐鲁书社，1995。

柏杨．中国人史纲[M]，北京：同心出版社，2005。

郭伯南，刘福元．新编中国史话[M].上海：上海人民出版社，1984。

黄仁宇．中国大历史[M].北京：三联书店，2007。

黄仁宇．万历十五年（增订纪念本）[M].北京：中华书局，2006。

崔瑞德，费正清．剑桥中国史[M].中国社会科学院历史研究所西方汉学研究课题组译．北京：中国社会科学出版社，1992。

宫本一夫等．中国的历史[M]，吴菲等译．桂林：广西师范大学出版社，2014。

许海山．古中国简史[M].北京：中国言实出版社，2006。

许倬云．西周史（增补二版）[M]，北京：三联书店，2012。

托克维尔．旧制度与大革命[M].傅国强译．北京：中国画报出版社，2013。

托克维尔．论美国的民主[M].曹冬雪译．南京：译林出版社，2012。

钱穆．中国历代政治的得失[M].北京：三联书店，2005。

吴思．潜规则（修订版）[M].上海：复旦大学出版社，2009。

杜君立 . 历史的细节 [M]. 上海：上海三联书店，2013。

马勇 . 清亡启示录 [M]. 北京：中信出版社，2012。

许知远 . 时代的稻草人 [M]. 北京：群言出版社，广西师范大学出版社，2013。

杨恒均 . 说中国 [M]. 武汉：湖北科学技术出版社，2014。

杨师群 . 中国历史的教训 [M]. 杭州：浙江大学出版社，2012。

王寿南 . 照照历史的镜子 [M]. 北京：新华出版社，2012。

许苏民 . 李贽的真与奇 [M]. 南京：南京出版社，1998。

成君忆 . 中国历史的周期率 [M]. 北京：北京理工大学出版社，2013。

段雪莲 . 正说中华一百帝 [M]. 长春：吉林出版集团有限公司，2013。

钱穆 . 中国经济史 [M]. 北京：北京联合出版公司，2014。

艾米 · 蔡 . 大国兴亡录 [M]. 刘海青、杨礼武译 . 北京：新世界出版社，2013。

塞缪尔 · E · 芬纳 . 统治史 [M]. 王震、马百亮译 . 上海：华东师范大学出版社，2014。

威廉·麦克尼尔 . 世界史(第四版)[M]. 施诚、赵婧译 . 北京：中信出版社，2013。

弗雷德里克 · 鲁维洛瓦 . 礼貌史 [M]. 王琪译 . 上海：上海文艺出版社，2014。

安格斯 · 麦迪森 . 世界经济千年史 [M]，伍晓鹰，许宪春，叶燕斐，施发启译 . 北京：北京大学出版社，2003。

马戛尔尼 . 乾隆英使觐见记 [M]. 刘半农译 . 天津：百花文艺出版社，2010。

金观涛，刘青峰 . 兴盛与危机 [M]. 长沙：湖南人民出版社，1984。

易中天 . 易中天中华史 [M]. 杭州：浙江文艺出版社，2013。

葛兆光 . 宅兹中国 [M]. 北京：中华书局，2011。

雪珥．帝国政改 [M]. 北京：线装书局，2012。

漆侠．中国改革通史 [M]. 石家庄：河北教育出版社，1997。

苗枫林．世界改革史 [M]. 济南：山东人民出版社，1991。

威尔·杜兰特，阿里尔·杜兰特．历史的教训 [M]. 倪玉平、张闶译．北京：中国方正出版社，2015。

朱晓鹏．传统思想的现代维度 [M]. 北京：中国社会科学出版社，2011。

傅野．国家救赎 [M]. 福州：福建教育出版社，2013。

彭勇．天朝落日 [M]. 北京：东方出版社，2013。

李春青．趣味的历史 [M]. 北京：三联书店，2014。

张宏杰．坐天下 [M]. 北京：人民文学出版社，2015。

李仕权．改革的教训 [M]. 北京：中信出版集团，2015。

顾立雅．孔子与中国之道 [M]. 高专诚译．郑州：大象出版社，2000。

吴稼祥．公天下 [M]. 桂林：广西师范大学出版社，2013。

冯敏飞．历史上的 60 年 [M]. 福州：福建人民出版社，2009。

冯敏飞．中国盛世 [M]. 北京：新华出版社，2014。

冯敏飞．家天下是如何倒掉的 [M]. 北京：新华出版社，2015。

山国敞扉阅春秋
（代后记）

一

我生长于闽西北泰宁一个碧水丹山边上的镇子，大学才考出100多公里，有次工作调动据说是到省城但“中途”搁浅，迄今囿于“东南山国”，挺没出息。就是在这山国，一方面我贪婪地阅读古人留下的与世界各地翻译来的各类文字，试图从中解读人生的真相；另一方面，我也不断尝试将自己的人生体验写成多类文字，奢望传递给天南地北甚至未来的读者。就这样不太合时宜，一恍读写了几十个春秋。

给这本书画上句号，标志着我的历史随笔“王朝三部曲”告成，很自然想到我第一本书——散文集《人性·自然·历史》。攀龙附凤，那书请了原国家文化部长、著名作家王蒙题写书名，时任国家旅游局长刘毅作序，还请同学朋友萧春雷写跋。萧春雷那跋诚挚地写道：

敏飞离开县志办后，便到金湖管委会，开始不遗余力地了解和宣传泰宁的旅游资源。他的主题由尘封的文献改为活生生的自然。敏飞治学行事十分严谨热忱，对于泰宁旅游业的开发很有贡献，社会已有公论。由于这两方面的经历，我将他推许为熟悉泰宁历史地理的第一人。

敏飞曾经说过，他试图通过对一个县的政治、经济、社会习俗等方面的深刻了解，作为开启更广大的中国文化与社会的钥匙。他这项策略的前半部分差不多成功，然而我始终有点担心他要为此付出代价。我不希望他像我们的前辈学子一样，很小的一个世界，满足于成为一个乡贤。这也是泰宁这份平淡的历史遗产的危险之处。幸好他正在开始摆脱其过分影响，最近发表了一些很好的小说。志于文学一直是他梦寐所求，但这些年来，他写得更多的还是即时实用文章。这在某种程度上妨碍了他的才华的彻底展开。有比泰宁更广大的空间，有比眼前更永恒的时间。这话很平庸，但可以用来给我们两人自警。

老友溢美过奖，但仿佛警世预言，这书出版不及半年，便因帮他人写一篇“官样文章”，一个极偶然的机会，我调离泰宁。后来尽管偶尔还写写泰宁，但毕竟在一定程度上摆脱了那环境的制约。如今20年整过去，那么我“开启更广大的中国文化与社会”的夙愿如何？

刚好完成这第四本读史随笔，好比学生递交考卷，心里惶惶然。

二

写作挺辛苦，尤其是写历史，因为涉及面既长又宽，需要查找的百科资料太多。

为集中精力写这几本书，我与亲朋好友都疏远了些，没日没夜关在书房。岳母娘偶然目睹了心疼，临走时特嘱妻子：“你叫敏飞少写点哩，钱是赚不完的，不要那么累！”其实，我这些书虽能正常出版，但都不够“畅销”，有时还遭遇无良书商，赚不到几个碎银。殊不知读历史、写历史也有诸多别样之乐：

——发现之乐：不是说发现什么新的史料，我几乎没存这种奢望，仅指我所新读到的而已。我不是科班出身，历史课本之类没读太多，但由于众所周知的原因，错误印象倒不少。关于慈禧，本来印象很坏，如残酷地扼杀“戊戌变法”，自私地挪用海军经费为自己造颐和园，愚蠢地利用“义和团”疯狂地对世界宣战，而战争真正一来又狼狈地逃跑……简直坏透了！然而，细看一下晚清史，冷静地想想，我又不能不予以理解与肯定。物极必反。正是那次逃亡，面壁思过，她找到了问题的根源：“误国家者在一私字，困天下者在一例字”，开始正视现实，一方面对外和解，不再幻想依靠“义和团”之类巫术对抗世界；另一方面调整皇族与百姓的关系，顺应潮流，顺应民心，支持“君主立宪”改革，有些还超出了“戊戌变法”计划。我总觉得，如果慈禧迟些死，“君主立宪”改革非常可能成功。“误国家者在一私字，困天下者在一例字”，简直堪称古今中外政治病症的最佳诊断书，很了不起！

——感悟之乐：也不敢奢望总结什么“历史规律”，但确实有所感有所悟。《历史上的60年》从天时地利人和角度纵观中国封建3000年，《中国盛世》谈追求新的盛世，《家天下是如何倒掉的》论“国之永恒”的可能性，这本书则着重探讨中兴与改革的关系，我不敢说这些观点有多新，也不知能否被认可，反正我收获了一种思想的快感。

——人生之乐：“前不见古人，后不见来者。念天地之悠悠，独怆然而涕下。”陈子昂将人生之孤独写到极致，但我觉得通过读史能够前“见”古人，而通过写作则又可能后“见”来者，虽孤灯青影也不觉孤独。在《中国盛世》新书发布会上，我坦言读史虽不能延长人的寿命但能丰厚人生，中国新闻网记者上官云还以此为题写了新闻。我很早得罪睡神，安眠药一买整瓶或几盒，但近些年枕上读史，基本可不用安眠药了……

奥地利著名作家茨威格说：“一个人命中最大的幸运，莫过于在他的人生中途，在他年富力强的时候，发现了生活的使命。”写作这三部读史随笔，我真有种完成此生一大使命的感觉。

三

由衷地感激中国社会科学院近代史研究所研究员，中国社会科学院研究生院教授、博士生导师马勇老师，百忙中予以指导，并屈尊作了序。感激连续出版这三部历史随笔的新华出版社，特别是副总编黄绪国与责任编辑张谦，他们为此常在我写作中就提出了不少宝贵意见。

泰宁碧水丹山，现在是世界自然遗产地和世界地质公园。我虽然生于斯长于斯，并在此供职多年，但调离已 20 年整，无有片瓦。然而，这里还有我诸多亲友，更有我的文学之源，即使写历史随笔也难免时不时要涉及。近来，福建省文艺创作（泰宁）基地为我回乡生活、创作提供了诸多便利，一并鸣谢！

前不久，我在《金融时报》专访中说："我这辈子要感谢文学给我双翼，超越时空。也要感谢建行让我衣食无忧，不梦想升官，也不妄想发财，能够业余潜心于书房。"在此，也让我重申这一由衷的感激之情。

本书初稿完成的时候，女儿冯之凌出阁，我和她都要开始新生活了！借此机会，特给她留句永久的祝福！

2016/09/23